전산+AT
합본

2024

전산회계 FAT 2급

이상은 저

도서출판
어울림
www.aubook.co.kr

" 일상 생활 속의 회계 "

대부분의 사람들은 "회계"라는 용어를 들으면 경리사원이나 세무사, 공인회계사들만이 하는 고도의 전문지식을 지닌 사람만이 할 수 있는 것으로 잘못 이해하고 있다. 그래서, 대다수의 사람들은 '나는 회계를 몰라도 된다' 또는 '회계는 어렵다'라는 선입견을 갖고 있는 것이 사실이다.

그러나, 회계는 많은 사람들이 생각하는 것처럼 그렇게 어려운 전문분야가 아니고, 개인의 용돈 관리, 가정에서는 어머니의 가계부 쓰기 등 돈의 계산과 기록에 관한 모든 활동이 회계인 것이다. 그러므로, 우리의 일상적인 경제생활은 모두 계산과 기록에 연관되며, 회계를 떠나서 살 수 없는 일상생활과 아주 밀접한 관계가 있다고 볼 수 있다.

본 교재는 회계 기초의 기본에 충실할 수 있도록 아주 쉬운 용어로 상세히 설명하였으며, 나아가 요즘 취업의 필수품이 된 회계프로그램을 이용한 자격증 취득을 쉽게 할 수 있게 구성하였다.

저자의 30년 이상 된 오랜 강의 경험을 바탕으로 회계를 배우는 모든 이들의 마중물이 되었으면 하는 바람에서 이 책을 발간하게 되었으며, 현대사회는 전문인을 요구하는 시대이기에, 수험생들에게 본 교재가 전산회계 및 FAT 자격시험에 자신감을 갖고, 회계를 배우고 자격증 취득함에 있어 조금이나마 도움이 되었으면 한다.

끝으로, 이 교재가 완성되기까지 도와주신 도서출판 어울림의 관계자 여러분께 감사를 드리며, 수험생 여러분의 많은 합격을 기원하는 바이다.

2024년 3월
경남 창원에서 저자 씀

전산회계 2급 시험개요 및 안내

1. 시험 일정

회 차	구 분	원서 접수	시험일자	합격발표	원서비
제112회	이론/실기 동시 시험	01/04 ~ 01/10	02/04 (일)	02/22 (목)	급수당 30,000원
제113회		02/28 ~ 03/05	04/06 (토)	04/25 (목)	
제114회		05/02 ~ 05/08	06/01 (토)	06/20 (목)	
제115회		07/04 ~ 07/10	08/03 (토)	08/22 (목)	
제116회		08/29 ~ 09/04	10/06 (일)	10/24 (목)	
제117회		10/31 ~ 11/06	12/07 (토)	12/26 (목)	

2. 시험시간

등 급	전산세무 1급	전산세무 2급	전산회계 1급	전산회계 2급
시험시간	15 : 00~16 : 30	12 : 30~14 : 00	15 : 00~16 : 00	12 : 30~13 : 30
	90분	90분	60분	60분

3. 시험 안내

1) 시험의 목표

상업계 고등학교 수준의 회계원리에 관한 기본적 지식을 갖추고, 기업체의 회계실무자로서 전산세무회계 프로그램을 활용한 회계 기본업무를 처리할 수 있는지에 대한 능력을 평가한다.

2) 검정방법

• 이론시험과 실기시험 동시진행
• 실무수행프로그램(회계 · 세무 S/W프로그램) : 케이렙(세무사랑) 실무교육 프로그램

3) 응시원서 접수방법

각 회차별 접수기간 중 한국세무사회 자격시험 홈페이지(http://license.kacpta.or.kr)로 접속 한 후 회원 가입하여 단체 및 개인별로 접수한다.(회원 가입 시 사진등록 필요)

4) 합격 결정 기준

• 이론시험 30점 + 실기시험 70점 → 100점 만점에 70점 이상 합격

5) 문의처

• 문의 : Tel. (02)521 - 8389~9 / Fax. (02)597 - 2940

4. 검정방법 및 시험과목

등급	검정방법		시 험 과 목
전산 회계 2급	이론 (30%)	회계원리	회계의 기본원리, 당좌자산, 재고자산, 유형자산, 부채, 자본금, 수익과 비용
	실기 (70%)	기초정보 등록	회사등록, 거래처등록, 계정과목 및 적요등록, 전기분재무제표의 추가등록 및 오류정정, 거래처별초기이월
		거래자료 입력	일반전표 입력 및 수정, 결산정리사항 입력
		장부조회	입력된 자료의 조회, 장부 조회

5. 세부평가 범위

1) 이론시험(15문항, 문항당 각 2점)

평 가 범 위	출 제 유 형
1. 회계의 기본원리	자산·부채·자본 및 수익·비용의 개념, 회계의 순환과정, 결산
2. 당좌자산	현금및현금성자산, 단기금융상품, 매출채권, 외상매출금 등
3. 재고자산	재고자산의 개념과 종류, 상품 등
4. 유형자산	유형자산의 개념과 종류, 유형자산의 취득과 처분, 감가상각 등
5. 부　　채	부채의 개념과 종류, 매입채무, 미지급금 등
6. 자　　본	자본의 분류, 개인기업의 자본금, 인출금 등
7. 수익과 비용	수익과 비용의 분류

2) 실기시험(7문항) : 개인기업인 상기업(도매, 소매업)을 대상으로 출제됨

구 분	평 가 범 위	출 제 유 형
기초정보 등록·수정 (20%)	1. 회사등록	사업자등록증에 의한 회사등록
	2. 거래처등록	거래처 자료에 의한 거래처등록
	3. 계정과목 및 적요등록	계정과목·적요의 추가등록 및 변경
	4. 초기이월	전기분 재무제표를 보고 추가등록, 오류정정
거래자료 입 력 (40%)	1. 일반전표의 입력	거래내용에 따른 일반전표의 입력
	2. 입력자료의 수정·삭제	입력 자료의 계정과 금액 등 수정, 중복자료 삭제
	3. 결산정리사항 입력	결산정리사항을 일반전표 입력 메뉴에 입력 (상기업에 한함)
입력자료 및 제장부 조회 (10%)	1. 전표입력 자료의 조회	입력된 자료에 대한 금액, 건수, 거래처 등을 조회
	2. 장부의 조회	특정 계정과목·거래처·기간의 장부상의 금액 조회

※ 각 부분별 ±10% 이내에서 범위를 조정할 수 있다.

FAT(회계실무) 2급 시험개요 및 안내

1. 시험 일정

회 차	구 분	원서 접수	시험일자	합격발표	원서비
제69회		02/01 ~ 02/07	02/17 (토)	02/23 (금)	
제71회		04/04 ~ 04/11	04/20 (토)	04/26 (금)	
제73회	FAT 2급	05/30 ~ 06/05	06/15 (토)	06/21 (금)	급수당
제75회	(필기/실기 동시)	08/01 ~ 08/07	08/17 (토)	08/23 (금)	39,000원
제76회		10/03 ~ 10/10	10/19 (토)	10/25 (금)	
제78회		12/05 ~ 12/11	12/21 (토)	12/27 (금)	

2. 시험 시간

등 급	TAT(세무실무)		FAT(회계실무)	
	TAT 1급	TAT 2급	FAT 1급	FAT 2급
시험시간	14 : 00 ~ 15 : 30	10 : 00 ~ 11 : 30	14 : 00 ~ 15 : 00	10 : 00 ~ 11 : 00
	90분	90분	60분	60분

3. 시험 안내

1) 검정기준

회계기본 순환과정을 이해하고 증빙관리 및 상거래 활동에서 발생하는 회계정보의 활용능력을 평가

2) 검정방법

• 실무이론시험과 실무수행시험 동시 진행
• 실무수행프로그램(회계 · 세무 S/W프로그램) : 더존 Smart A(I PLUS) 실무교육 프로그램

3) 응시원서 접수방법

각 회차별 접수기간 중 한국공인회계사회 AT자격시험 홈페이지(http://at.kicpa.or.kr)로 접속한 후 회원 가입하여 단체 및 개인별로 접수한다.(회원 가입 시 사진등록 필요)

4) 합격 결정 기준

이론시험 30점 + 실기시험 70점 → 100점 만점에 70점 이상 합격

5) 문의처

문의 : Tel. (02)3149 - 0225

4. 검정방법 및 출제범위

등급	검정방법	시 험 과 목	
FAT 2급	실무이론 (30%)	회계원리	회계의 순환, 계정별 회계처리, 상기업의 재무상태표, 손익계산서 작성, 결산
	실무수행 (70%)	기초정보	시스템 회계기초 정보등록
		회계정보관리	상기업의 회계정보(증빙포함)의 발생, 입력, 수정, 조회, 결산 및 재무제표작성
		회계정보분석	• 제장부의 조회 및 회계정보 분석 • 경리일보 및 어음정보 조회

5. 세부 평가 범위

구분	과목	배점	평가 범위	세부 평가 범위	
				주요항목	세부 항목
이론	회계 원리	30점	재무 회계 기초	회계의 기초	• 회계의 기본개념 • 기업의 재무상태와 재무상태표 • 기업의 경영성과와 손익계산서 • 회계의 기록과 증빙관리 • 계정과목별 회계처리 • 결산 • 내부통제제도와 내부회계 관리제도

구분	과목	배점	평가 범위	세부 평가 범위	
				주요항목	세부 항목
실기	기초 정보 관리	10점	기초 정보 관리의 이해	기초 정보등록	• 사업자등록증에 의한 회사등록 수정 • 환경설정 수정 • 사업자등록증에 의한 거래처등록 • 계정과목추가 및 적요등록 수정
				전기분 재무제표	• 전기분재무상태표, 손익계산서의 입력 및 수정 • 거래처별 초기이월(일반채권, 채무, 어음관리)등록 및 수정

	회계
	정보
	관리
		36점	거래
			자료
			입력
				적격증빙의
				이해
					• 증빙에 의한 전표입력
					  → 영수증, 신용카드영수증, 현금
					  → 영수증, 보험료영수증, 자동차세 등
					  → 영수증, 전기요금영수증 등

				어음관리	• 약속어음 수취거래 • 약속어음 발행거래
				통장거래 정리	• 통장사본에 의한 거래입력 • 통장잔액확인 등
				상품의 매입매출	• 재고자산의 매입과 매출 거래입력
				유형자산 관련	• 유 · 무형자산의 구입 • 유 · 무형자산의 매각
				기타 일반거래	• 단기매매증권 구입 및 매각 • 대손의 발생과 설정 • 출장비 정산, 급여지급, 임차료지급, 운반비지급, 계약금지급, 가지급금, 가수금, 예수금, 사회보험, 인출금 거래
		8점	전표 수정	입력자료수정	• 거래처 · 계정과목 · 일자변경 및 금액수정
		8점	결산	수동결산	• 손익의 예상과 이연 및 기타 결산정리
				자동결산	• 결산자료입력에 의한 자동결산 → 상품매출원가, 감가상각비, 대손상각비 등
	회계 정보 분석	8점	자료 조회	제장부조회	• 일/월계표, 계정별원장, 거래처원장
				자금정보조회	• 경리일보, 일일자금명세, 받을어음현황, 지급어음현황
				재무제표조회	• 재무상태표, 손익계산서, 합계잔액시산표

● ─ 목 차 ─ ●

Part 6. 기출문제 해답 ———————————————— **441**

Part. 1
회계의 기초

SECTION 1
회계의 기본원리

1. 회계의 기본 개념

(1) 회계의 뜻

회계란, 기업 경영을 위해 소유하는 현금, 상품 등 각종 재화의 증가·감소, 채권·채무 및 자본의 증감 변화를 일정한 원리원칙(일반기업회계기준, 국제회계기준)에 따라 조직적으로 장부에 기록·계산·정리하여, 그 원인과 결과를 회계정보이용자들의 합리적인 의사결정에 유용한 정보를 제공하는 것을 말한다.
(부기란 → 장부기입, 장부기장의 준말, 장부를 수기로 직접 기록하는 것)

> ♣ 회계정보이용자 : 투자자, 경영자, 채권자, 거래처, 세무관청, 소비자, 종업원, 일반대중 등

(2) 전산회계의 뜻

전산회계란, 회계프로그램을 이용하여 경영의 주체인 기업이 소유하는 현금, 물품 등의 각종 증가와 감소, 채권이나 채무 및 자본의 증감 변화를 일정한 원리원칙에 따라 체계적으로 수집·기록·정리하여 기업의 이해관계자에게 유용한 회계정보를 제공하는 체계를 말한다.
(회계프로그램 : 더존 I Plus, Samrt A - 한국공인회계사회, KcLep - 한국세무사회)

2. 회계의 목적

회계정보이용자의 합리적인 의사결정에 유용한 회계정보를 제공하는 것이다.

(1) 주 목 적

① 기업의 일정시점의 재무상태 파악 → 재무상태표 작성
② 기업의 일정기간의 경영성과 파악 → 손익계산서 작성

(2) 부 목 적 (장부의 기능)

① 투자자(주주, 은행 등)에게 방향을 결정할 수 있는 자료를 제공한다.
② 기업의 경영자에게 장차 경영방침 수립에 참고 자료를 제공한다.

③ 정부기관인 세무관서에 세금을 부과하는 과세 결정 자료를 제공한다.

④ 후일 발생할지 모를 분쟁·소송시에 증거자료를 제공한다.

3. 회계의 종류

(1) 회계정보이용자들의 기준에 따른 분류

① **재무회계** : 기업의 **외부 정보이용자인 투자자나 채권자**(은행 등) 등에게 경제적 의사결정
에 유용한 회계정보를 제공할 목적으로 하는 회계이다. (회계원리)

② **관리회계** : 기업의 **내부 정보이용자인 경영자(관리자)** 등에게 관리적 의사결정에 유용한
회계 정보를 제공할 목적으로 하는 회계이다. (원가회계)

③ **세무회계** : 기업의 **외부 정보이용자인 국세청(세무서)**의 세금 조달을 위하여 세법의 규정
에 의하여 공평하고 타당한 조세부담의 기준인 과세소득을 계산하고 파악, 납
부할 목적으로 하는 회계이다. (소득세, 법인세, 부가가치세)

(2) 기록·계산하는 방법에 따른 분류(기장방법)

① **단식회계** : 일정한 원리원칙이 없이 단순한 현금 입출금만 기입하는 불완전한 회계를 말한
다. (예 : 가계부기 등)

② **복식회계** : 일정한 원리원칙에 따라 재화의 증감은 물론 손익의 발생을 조직적으로 처리
하는 완전한 회계를 말한다.(예 : 회계원리 등)

※ 일반기업회계기준서, 국제회계기준(K - IFRS)

	단식회계	복식회계
원 칙	일정한 원리원칙이 없다.	일정한 원리원칙이 있다.
기 록	현금 입출금과 채권·채무만 기록	전체재산 모든 변화를 기록한다.
기 능	자기검증 기능이 없다.	자기 검증기능이 있어 정확성이 높다.
정 확 성	재무 및 손익 파악이 불완전하다.	재무 및 손익 파악이 완전하다.
적 용	소규모 가게에 이용	영리, 비영리 및 대규모 기업에 이용

(3) 이용자의 영리성의 유·무에 따른 분류(이용목적)

① **영리회계** : 영리를 목적으로 하는 기업에서 사용하는 회계를 말한다.
(상업회계, 공업회계, 은행회계, 건설업회계, 수산업회계, 농업회계 등)

② **비영리회계** : 영리를 목적으로 하지 않는 가계나 학교, 관공서 등에서 사용하는 회계를 말한다.(가계부기, 학교회계, 관청회계, 비영리재단회계 등)

4. 회계의 발달 과정

(1) 복식회계의 최초 소개 : 1494년 이탈리아의 상업도시 베니스에서 수학박사인 루카파치올리(복식회계의 아버지)가 저술한 '산술, 기하, 비 및 비율총람'(Summa)중의 제2부 '기록·계산에 대하여'라는 부분에서 최초 소개 되었다.

(2) 16세기경 전유럽으로 전해지면서 영국의 산업혁명과 주식회사의 발달로 더욱 발전하게 되었다. (20세기 - 미국식회계, 21세기 - 국제회계기준)

(3) 우리나라는 이보다 200여년 앞선 12세기경 고려시대 개성상인에 의하여 창안된 '**사개송도치부법(송도부기, 개성부기)**'의 고유의 회계가 있었으나 계승·발전이 되지 못하고, 지금 우리가 사용하는 회계는 20세기 초 외국에서 도입된 것이다.

5. 회계단위

기업이 소유하고 있는 현금, 물품, 채권, 채무 등의 증감변화를 기록·계산하기 위한 **장소적 범위를 회계단위**라고 한다. (예 : 본점과 지점, 본사와 공장)

6. 회계연도, 회계기간

기업은 설립과 동시에 경영활동이 무한히 계속되므로 그 기간 전체에 대한 경영성과를 파악하기가 어렵기 때문에, 인위적으로 1년 이내의 기간적 범위를 설정하여야 하는데, 이 때 설정하는 기간을 **회계연도** 또는 **회계기간**이라 한다.

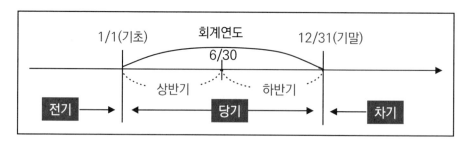

♣참고 ▶ 회계연도는 1년을 초과하지 못하며, 1년에 한번이상 결산을 하도록 규정 함.
　　　▶ 전기 : 앞 회계연도,　　▶ 당기 : 현재 회계연도,　　▶ 차기 : 다음 회계연도
　　　▶ 기초, 기말 : 회계연도가 시작 하는날과 끝나는날,　　▶ 이월 : 다음으로 넘김

단원별 연습문제

01 다음 (   )안에 알맞은 용어를 써 넣으시오.

(1) 전산회계란, 회계프로그램을 이용하여 기업이 가지고 있는 (   ) 및 (   )의 증감 변화를 일정한 원리 원칙에 의하여 체계적으로 수집·기록·정리하여 기업의 이해관계자에게 유용한 (   )를 제공하는 체계를 말한다.

(2) 회계의 목적은 일정한 시점에 있어서 기업의 정확한 (   )를 파악하고, 일정기간의 정확한 (   )를 파악하는 것이며, 이것으로 경영주는 장래의 적절한 (   )을 세울 수 있다.

(3) 회계는 기록·계산 방법에 따라 (   )와 (   )로 나누어지며, 또한 이용 자의 영리성 유·무에 따라 (   )와 (   )로 나누어진다.

(4) 은행회계와 건설업회계는 (   )회계이며, 가계부와 관청회계는 비영리회계이다.

(5) 자산, 부채, 자본의 증감변화를 기록·계산하는 장소적 범위를 (   )라 하고, 기업의 재무상태와 경영성과를 파악하기 위하여 인위적으로 설정한 기간적 범위를 (   ), 또는 (   )이라 한다.

02 다음 중 영리회계에는 '영', 비영리회계에는 '비'를 표 안에 기입하시오.

(1)	가계부기		(2)	은행회계		(3)	관청회계	
(4)	상업회계		(5)	공업회계		(6)	건설업회계	
(7)	학교회계		(8)	광업회계		(9)	수산업회계	
(10)	비영리재단회계		(11)	농업회계		(12)	보험업회계	

03 다음 보기에서 아래의 설명에 해당하는 용어의 기호를 기입하시오.

ⓐ 복식회계	ⓑ 당　기	ⓒ 기　　초	ⓓ 차　기	ⓔ 회계연도
ⓕ 회계단위	ⓖ 기　말	ⓗ 전　　기	ⓘ 전기이월	ⓙ 차기이월
ⓚ 영리회계	ⓛ 전월이월	ⓜ 루카 파치올리	ⓝ 차월이월	

(1)	세계 최초로 복식 회계를 소개한 사람	
(2)	회계연도가 끝나는 날	
(3)	앞의 회계연도	
(4)	현재 회계연도	
(5)	다음 회계연도	
(6)	장부에 기록하는 장소적 범위	
(7)	장부에 기록하는 시간적 구분	
(8)	앞의 회계연도에서 넘어오다	
(9)	다음 회계연도로 넘어가다	
(10)	지난달에서 이번달로 넘어오다	
(11)	이번달에서 다음달로 넘어가다	

이론 기출문제

01 다음 중 부기를 기록, 계산하는 방법에 따라 분류할 때 아래의 특징에 해당하는 부기로 옳은 것은?

> 일정한 원리나 원칙에 따라 현금이나 재화의 증감은 물론 손익의 발생을 조직적으로 기록, 계산하는 부기로 대차평균의 원리에 의하여 오류를 자동으로 검증하는 자기검증기능이 있다.

① 단식부기(회계)
② 복식부기(회계)
③ 영리부기(회계)
④ 비영리부기(회계)

02 다음의 의미를 가장 잘 나타내는 것은?

> 회계정보이용자의 합리적인 의사결정에 유용한 정보를 제공

① 회계목적
② 회계분류
③ 회계연도
④ 회계단위

03 재무회계의 목적으로 옳지 <u>않은</u> 것은?

① 기업의 경영성과와 재무상태에 관한 정보를 제공하는 것이다.
② 기업의 경영자만을 위해 기업의 경영성과를 화폐의 단위로 측정하는 것이다.
③ 기업의 불특정 외부이해관계자에게 경제적 의사 결정을 하는데 유용한 정보를 제공하는 것이다.
④ 경영자의 수탁 책임에 대한 평가에 유용한 정보를 제공한다.

단원별 연습문제 해답

01			
1	각종의 재화, 채권, 회계정보	2	재무상태, 경영성과, 경영방침(계획)
3	단식회계, 복식회계, 영리회계, 비영리회계	4	영리
5	회계단위, 회계연도, 회계기간		

02											
1	2	3	4	5	6	7	8	9	10	11	12
비	영	비	영	영	영	비	영	영	비	영	영

03											
1	루카파치올리	2	기말	3	전기	4	당기	5	차기	6	회계단위
7	회계연도,회계기간	8	전기이월	9	차기이월	10	전월이월	11	차월이월		

이론 기출문제 해답

01 ② 복식부기의 특징이다.

02 ① 회계의 목적을 의미한다.

03 ② 경영자를 위한 것은 관리회계이다.

SECTION 2
기업의 재무상태(자산 · 부채 · 자본 → 재무상태표)

1. 자산 (資産, 총재산)

기업이 경영활동을 위하여 소유하고 있는 각종 재화나 채권을 말한다.

① 기업이 소유하는 금전적 가치가 있는 물품 등 (눈으로 확인 됨) ➔ 재화
② 기업이 타인으로부터 돈을 받을 권리 (남에게 받을 것) ➔ 채권
③ 자산은 1년기준(현금화 할 수 있는 기간)으로 유동자산과 비유동자산으로 분류 된다.

	계 정 과 목	거 래 내 용
1	현 금	한국은행에서 발행한 주화와 지폐, 통화대용증권(자기앞수표 등)
2	당 좌 예 금	당좌수표를 발행할 목적으로 은행에 현금을 예입하면 (요구불예금)
3	보 통 예 금	입출금이 자유로운 예금, 저축예금 등 (요구불 예금)
4	현금및현금성자산	재무상태표 작성시 통합계정과목 (현금 + 각종예금 등)
5	단 기 금 융 상 품	만기가 1년 이내의 정기예금 · 정기적금 등 (통합계정과목)
6	단 기 매 매 증 권	단기 투자목적으로 공채, 주식, 국채, 사채 등을 구입 하면
7	외 상 매 출 금	상품을 외상으로 매출하면
8	받 을 어 음	상품을 매출하고, 약속어음을 받으면
9	매 출 채 권	재무상태표 작성시 통합계정과목 (외상매출금 + 받을어음)
10	미 수 금	상품 아닌 물건(건물, 토지)을 외상으로 처분하면
11	단 기 대 여 금	현금을 빌려주고, 차용증서를 받은 경우
12	선 급 금	상품을 매입하기로 하고, 계약금(예약금)을 미리 지급하면
13	주.임.종.단기채권	종업원에게 급여의 일부를 미리 지급하는 경우(가불금)
14	가 지 급 금	출장가는 사원에게 출장비를 개산 · 가지급했을 때 일시적으로 처리
15	상 품	판매를 목적으로 외부로부터 매입한 물품
16	소 모 품	사무용으로 필요한 사무용품을 구입하면 (자산주의)
17	비 품	영업용으로 사용하는 책상, 컴퓨터, 복사기, 공기청정기 등을 구입하면
18	건 물	영업용으로 사용하는 사무실, 창고 등을 구입한 것 (설비자산)
19	토 지	영업용으로 사용하는 땅을 구입한 것 (운동장, 주차장 등)
20	차 량 운 반 구	영업용으로 사용하는 트럭, 승용차, 오토바이 등을 구입한 것
21	구 축 물	건물 이외의 구조물, 동상, 교량, 나무 등

2. 부채 (負債, 타인재산)

기업이 장래에 타인에게 일정한 금액을 갚아야 할 채무(빚)를 말한다.

♣ 부채의 분류 : 1년기준에 따라 유동부채와 비유동부채로 나누어 진다.

	계 정 과 목	거 래 내 용
1	외 상 매 입 금	상품을 외상으로 매입하면
2	지 급 어 음	상품을 매입하고, 약속어음을 발행한 경우
3	매 입 채 무	재무상태표 작성시 통합계정과목 (외상매입금＋지급어음)
4	미 지 급 금	상품 아닌 물건(건물, 토지)을 외상으로 구입하면
5	단 기 차 입 금	현금을 빌려오고, 차용증서를 작성한 경우
6	선 수 금	상품을 매출하기로 하고, 계약금(예약금)을 미리 받으면
7	예 수 금	급여 지급시 원천징수한 금액(소득세 등)을 일시 소유하는 것
8	가 수 금	출장간 사원한테 원인 불명의 송금액을 받았을 때 일시적으로 처리

3. 자본 (資本, 순재산)

기업의 자산총액에서 부채총액을 차감한 잔액으로 **자본 또는 순재산**이라고도 한다.
개인기업에서 사장이 영업활동을 위하여 현금, 물품 등을 출자하는 것을 자본금이라 한다.

자본등식 ➡ 자산 – 부채 = 자본

♣ 인출금 : 개인기업에서 사장이 개인적인 목적으로 회사 돈(상품 등)을 사용하는 경우

【자산의 분류(유동성배열법)】

1. **유동자산**
   ① **당좌자산** : 현금, 당좌예금, 보통예금, 단기매매증권, 외상매출금, 받을어음 등
   ② **재고자산** : 상품, 제품, 반제품, 재공품, 원재료, 소모품 등
2. **비유동자산**
   ① **투자자산** : 투자부동산, 장기금융상품, 매도가능증권, 장기대여금 등
   ② **유형자산** : 토지, 건물, 기계장치, 비품, 차량운반구, 구축물, 건설중인자산 등
   ③ **무형자산** : 영업권, 특허권, 실용신안권, 의장권, 상표권, 차지권, 저작권 등
   ④ **기타비유동자산** : 임차보증금, 장기성매출채권 등

4. 재무상태표

기업의 일정시점(기초, 기말)에 있어서 재무상태를 나타내는 결산보고서 이다.

【재무상태표 작성시 주의사항】

① 회계에서 왼쪽을 **차변**, 오른쪽을 **대변**이라 한다.
② 차변에 자산, 대변에 부채 및 자본을 기입한다.
③ 현금, 당좌예금, 보통예금 등을 통합하여 **'현금및현금성자산'**으로 표시한다.
④ 정기예금, 정기적금 등을 통합하여 **'단기금융상품'**으로 표시한다.
⑤ 외상매출금, 받을어음을 통합하여 **'매출채권'**으로, 외상매입금, 지급어음을 통합하여 **'매입채무'**로 표시한다.
⑥ 단기금융상품, 단기매매증권, 단기대여금 등을 통합하여 **'단기투자자산'**으로 표시한다.

재 무 상 태 표

정우회계   2024년 1월 1일   단위 : 원

자 산	금 액	부 채 · 자 본	금 액
현 금 및 현 금 성 자 산	1,300,000	매 입 채 무	700,000
단 기 금 융 상 품	500,000	단 기 차 입 금	300,000
매 출 채 권	1,200,000	자 본 금	4,000,000
상 품	500,000		
건 물	1,500,000		
	5,000,000		5,000,000

재무상태표 등식 ➡ 자산 = 부채 + 자본

재무상태표(기초)

| 기초 자산 | 기초 부채 |
| | 기초 자본 |

재무상태표(기말)

기말 자산	기말 부채	
	*기말자본	기초자본
		(+)순이익
		(-)순손실

♣ 기말자본 = 기초자본 + 순이익
    또는, 기말자본 = 기초자본 - 순손실

단원별 연습문제

01 다음 ( )안에 알맞을 말을 써 넣으시오.

(1) 기업이 경영활동을 위하여 소유하고 있는 각종 ( )나 ( )을 자산이라 한다.

(2) 기업이 타인에게 금전, 재화 또는 용역 등을 장래에 제공하여야 할 채무를 ( )라 한다.

(3) 기업의 ( ) 총액에서 ( ) 총액을 차감한 잔액을 자본이라 하며, 순자산(순재산)이라고도 한다.

(4) 복식회계에서는 장부에 기록하는 장소 중 왼쪽을 ( ), 오른쪽을 ( )이라 한다.

(5) 일정시점에 있어서 기업의 재무상태를 나타내는 일람표를 ( )라 한다.

(6) 자본등식은 ( ) - ( ) = ( )이다.

(7) 재무상태표 등식은 ( ) = ( ) + ( )

(8) ( ) - ( ) = 기초자본, ( ) - ( ) = 기말자본

(9) 재산법에 의한 순손익 계산의 등식은 다음과 같다.
① 순이익 = 기말자본 - ( )
② 순손실 = 기초자본 - ( )

(10) 기말재무상태표 작성시 차변합계가 대변합계 보다 많으면 당기 ( )이 발생하고, 차변합계가 대변합계 보다 적으면 당기 ( )이 발생한다.

02 다음 과목 중 자산은 "자", 부채는 "부", 자본은 "자본"으로 표시하시오.

(1)	현 금	(2)	건 물	(3)	단기차입금	(4)	외상매출금
(5)	외상매입금	(6)	당좌예금	(7)	미 수 금	(8)	미지급금
(9)	상 품	(10)	단기대여금	(11)	매출채권	(12)	매입채무
(13)	차량운반구	(14)	자 본 금	(15)	선 급 금	(16)	선 수 금
(17)	비 품	(18)	소 모 품	(19)	단기매매증권	(20)	받을어음
(21)	지급어음	(22)	토 지	(23)	현금 및 현금성자산	(24)	단기금융상품

03 다음 표의 (   )안에 알맞은 금액을 기입하시오.

No.	자 산	부 채	자 본
(1)	5,000,000	2,000,000	( )
(2)	( )	3,000,000	5,000,000
(3)	2,000,000	( )	1,500,000

04 정우상회의 자산·부채에 관한 자료는 다음과 같다. 자산총액과 부채총액 및 자본총액은 얼마인가?

현 금	500,000	당 좌 예 금	300,000	정 기 적 금	200,000
단 기 매 매 증 권	200,000	외 상 매 출 금	400,000	받 을 어 음	200,000
상 품	400,000	건 물	800,000	외 상 매 입 금	350,000
지 급 어 음	250,000	단 기 차 입 금	400,000	자 본 금	( )

자산총액		부채총액		자본총액	

05 2024년 1월 1일 병찬상회의 자산, 부채에 관한 자료에 의하여 재무상태표를 작성하시오.

현 금	450,000	당 좌 예 금	250,000	정 기 예 금	300,000
단 기 매 매 증 권	300,000	외 상 매 출 금	300,000	받 을 어 음	200,000
상 품	500,000	건 물	1,000,000	외 상 매 입 금	500,000
지 급 어 음	600,000	단 기 차 입 금	200,000	자 본 금	(?)

재 무 상 태 표

병찬상회		2024년 1월 1일		단위 : 원

자 산	금 액	부 채 · 자 본	금 액

06 효정상회의 자산 · 부채에 관한 자료는 다음과 같다. 자본등식과 재무상태표등식을 금액으로 표시하시오.

현 금	300,000	보 통 예 금	100,000	단 기 매 매 증 권	150,000
외 상 매 출 금	450,000	상 품	200,000	비 품	300,000
외 상 매 입 금	250,000	단 기 차 입 금	100,000	미 지 급 금	150,000

자 본 등 식	
재무상태표등식	

07 예림상회의 다음 주어진 자산, 부채에 의하여 기초 재무상태표를 작성하시오.

현 금	500,000	당 좌 예 금	400,000	정기예·적금	500,000
외 상 매 출 금	200,000	받 을 어 음	400,000	단 기 대 여 금	300,000
상 품	500,000	건 물	1,700,000	외 상 매 입 금	350,000
지 급 어 음	850,000	단 기 차 입 금	300,000	자 본 금	(?)

재 무 상 태 표

예림상회　　　　　　　　　2024년 1월 1일　　　　　　　　　단위 : 원

자 산	금 액	부 채 · 자 본	금 액

이론 기출문제

01 다음 중 비유동자산에 해당하지 않는 것은?

① 보통예금   ② 장기대여금   ③ 투자부동산   ④ 건물

02 자산과 자본이 다음과 같을 때 부채총액은 얼마인가?

• 상 품 : 200,000원	• 비 품 : 100,000원
• 차량운반구 : 150,000원	• 자본금 : 200,000원

① 200,000원   ② 250,000원   ③ 300,000원   ④ 350,000원

03 다음 중 재무상태표상 유동자산에 속하는 계정과목이 아닌 것은?

① 받을어음   ② 기계장치   ③ 단기대여금   ④ 외상매출금

04 다음 중 유동자산 항목으로만 구성된 것은?

① 매출채권, 건물, 토지, 기계장치
② 상품, 선급금, 현금, 당좌예금
③ 현금, 받을어음, 미수금, 구축물
④ 매출채권, 미수이자, 건물, 투자유가증권

05 자산, 부채, 자본에 대한 설명으로 적절하지 않은 것은?

① 기업이 경영활동을 위하여 소유하고 있는 각종의 재화와 채권을 자산이라 한다.
② 기업이 장래에 타인에게 갚아야 할 채무를 부채라 한다.
③ 기업의 부채에서 자본을 차감한 것을 자산이라 한다.
④ 자산, 부채, 자본은 기업의 재무상태를 나타낸다.

06 다음 중 재무상태표에 표시되지 않는 계정은?

① 매출채권   ② 단기차입금   ③ 소모품비   ④ 단기금융상품

07 재무상태표와 관련된 설명으로 옳지 <u>않은</u> 것은?

① 재무상태표는 일정기간 동안 기업의 경영성과에 대한 정보를 제공한다.

② 재무상태표의 차변합계와 대변합계는 일치한다.

③ 재무상태표는 정보이용자들이 기업의 유동성과 수익성을 평가하는데 유용한 정보를 제공한다.

④ 재무상태표의 자산은 유동자산과 비유동자산으로 구분한다.

08 재무상태표에 표시되는 매입채무계정에 해당하는 것은?

① 미수금과 미지급금   ② 외상매입금과 지급어음

③ 외상매입급과 미지급금   ④ 외상매출금과 받을어음

단원별 연습문제 해답

01

1	재화, 채권	2	부채	3	자산, 부채	4	차변, 대변	5	재무상태표
6	자산 − 부채 = 자본	7	자산 = 부채 + 자본	8	기초자산 − 기초부채 = 기초자본 기말자산 − 기말부채 = 기말자본				
9	① 기말자본 − 기초자본 ② 기초자본 − 기말자본			10	순이익, 순손실				

02

자산	1, 2, 4, 6, 7, 9, 10, 11, 13, 15, 17, 18, 19, 20, 22, 23, 24
부채	3, 5, 8, 12, 16, 21
자본	14

03

1	3,000,000	2	8,000,000	3	500,000

04

자산총액	현금,당좌예금,단기금융상품,단기매매증권,외상매출금, 받을어음,상품,건물	3,000,000
부채총액	외상매입금, 지급어음, 단기차입금	1,000,000
자본총액	자산 − 부채 = 자본	2,000,000

05

재무상태표(병찬상회. 1월1일)

자 산	금 액	부채 · 자본	금 액
현금및현금성자산	700,000	매 입 채 무	1,100,000
단 기 금 융 상 품	300,000	단 기 차 입 금	200,000
단 기 매 매 증 권	300,000	자 본 금	2,000,000
매 출 채 권	500,000		
상 품	500,000		
건 물	1,000,000		
	3,300,000		3,300,000

06

자 본 등 식	자산 − 부채 = 자본 1,500,000 − 500,000 = 1,000,000
재무상태표등식	자산 = 부채 + 자본 1,500,000 = 500,000 + 1,000,000

07

재무상태표(예림상회. 1월1일)

자 산	금 액	부채·자본	금 액
현금및현금성자산	900,000	매 입 채 무	1,200,000
단 기 금 융 상 품	500,000	단 기 차 입 금	300,000
매 출 채 권	600,000	자 본 금	3,000,000
단 기 대 여 금	300,000		
상 품	500,000		
건 물	1,700,000		
	4,500,000		4,500,000

이론 기출문제 해답

01 ① 보통예금은 유동자산이다.

02 ② 자산 – 부채 = 자본, 450,000 – (250,000) = 200,000

03 ② 기계장치는 비유동자산이다.

04 ②

① 건물, 토지, 기계장치 – 비유동자산

③ 구축물 – 비유동자산

④ 건물 – 비유동자산

05 ③ 부채와 자본을 합한 금액이 자산이다.

06 ③ 소모품비는 비용이므로 손익계산서 항목이다.

07 ① 재무상태표는 일정시점의 재무상태를 나타내는 일람표이다.

08 ② 매입채무 – 외상매입금, 지급어음,

매출채권 – 외상매출금, 받을어음

SECTION *3*
기업의 경영성과(수익 · 비용 → 손익계산서)

1. 수익(收益)

기업의 일정기간 동안 경영활동의 결과로, 순재산(자본)의 증가 원인으로 자산의 증가나 부채의 감소를 가져오는 결과가 나타난다.

	계 정 과 목	거 래 내 용
1	상 품 매 출 이 익 (매 출 총 이 익)	상품을 원가 이상으로 매출했을 때 생기는 이익
2	이 자 수 익	대여금, 은행예금에 대한 이자를 받으면
3	임 대 료	건물, 토지 등을 빌려주고, 월세 및 지대를 받으면
4	수 수 료 수 익	용역을 제공하거나 상품매매 중개역할을 하고, 수수료를 받으면
5	단기매매증권처분이익	주식, 사채 등을 원가 이상으로 처분 하였을 때의 이익
6	유 형 자 산 처 분 이 익	유형자산(건물, 비품 등)을 원가 이상으로 처분 하였을 때의 이익
7	배 당 금 수 익	주주가 수령하는 현금배당금
8	외 화 환 산 이 익	외화 채권, 채무의 기말평가시 발생하는 이익
9	외 환 차 익	외화 채권, 채무 상환시 발생하는 이익
10	보 험 금 수 익	보험회사로부터 받은(을) 보험금(보험실비 등)
11	자 산 수 증 이 익	자산을 무상으로 증여 받으면(무상 기증 받을 시)
12	채 무 면 제 이 익	갚아야 할 부채(채무)를 면제 받으면
13	잡 이 익	영업활동 이외에서 발생하는 금액이 적은 이익(폐품 수입금 등)
14	상 품 매 출	상품을 매출하면(2분법 처리시, 회계프로그램 입력시)

2. 비용(費用)

기업의 일정기간 동안 경영활동의 결과, 수익을 얻기 위해 사용된 대가로서 자본의 감소를 가져오는 원인을 말한다.

	계 정 과 목	거 래 내 용
1	상 품 매 출 손 실	상품을 원가 이하로 매출했을 때 생기는 손실(매출총손실)
2	임 차 료	건물, 토지 등을 빌리고, 월세 및 사용료를 지급하면
3	통 신 비	전화료, 우편료, 인터넷사용료, 핸드폰사용료를 납부하면
4	급 여	임직원(사무직원 등)에게 월급을 지급하면 (일용직 일당 – 잡급)
5	여 비 교 통 비	회사업무를 위한 출장비(교통비, 식대, 숙박비) 등을 지급하면
6	수 도 광 열 비	수도세, 전기세, 가스세, 난방비 등을 납부하면
7	소 모 품 비	업무용으로 사용할 사무용품, 청소용품 등을 구입하면(비용주의)
8	세 금 과 공 과	재산세, 자동차세, 협회비, 상공회의소회비, 조합비 등을 납부하면
9	보 험 료	화재보험료, 자동차보험료 등을 납부하면
10	광 고 선 전 비	상품 판매를 위하여 홍보비, 광고비 등을 지급하면
11	운 반 비	상품을 매출시 운반비, 택배비, 퀵서비스 비용을 지급하면
12	수 선 비	건물, 기계장치 등의 수리비를 지급하면(수익적지출 → 능률유지)
13	차 량 유 지 비	주차비, 통행료, 유류대, 차량수리비 등을 지급하면(수익적지출)
14	도 서 인 쇄 비	신문구독료, 도서구입비, 명함인쇄비, 사진현상비 등을 지급하면
15	복 리 후 생 비	종업원을 위한 지출(작업복비, 회식비, 경조사비 등)
16	교 육 훈 련 비	종업원의 학원비(교육비), 강연료를 지급하면
17	기 업 업 무 추 진 비	거래처를 위한 지출(식대, 선물비, 경조사비 등)
18	수 수 료 비 용	용역을 제공받고, 수수료를 지급하면
19	이 자 비 용	차입금에 대한 이자를 지급하면
20	기 부 금	각종 단체에 대가성 없이 현금, 물품 등을 기부하면
21	매 출 채 권 처 분 손 실	어음을 만기일 이전에 할인했을 때의 할인료(매각거래)
22	재 해 손 실	각종 사고로 인한 손실, 화재, 천재지변 등으로 발생한 손실
23	단기매매증권처분손실	단기매매증권을 원가 이하로 처분하였을 때 발생한 손실
24	유 형 자 산 처 분 손 실	유형자산을 원가 이하로 처분하였을 때 발생한 손실
25	잡 손 실	영업활동과 관계없이 생기는 금액이 적은 손실(도난, 분실)

3. 손익계산서

기업의 일정기간(1/1~12/31) 동안 경영성과를 나타내는 결산보고서이다.

손 익 계 산 서

정우회계   2024. 1/1 ~ 12/31   단위 : 원

비 용	금 액	수 익	금 액
급 여	450,000	임 대 료	800,000
통 신 비	80,000	이 자 수 익	150,000
수 도 광 열 비	60,000	수 수 료 수 익	50,000
이 자 비 용	130,000		
당 기 순 이 익	280,000		
	1,000,000		1,000,000

손익계산서 등식 (순이익 발생시)	총비용 + 당기순이익 = 총수익
손익계산서 등식 (순손실 발생시)	총비용 = 총수익 + 당기순손실

♣ 손익계산서의 당기순손익(손실, 이익)은 적색으로 기입한다.

단원별 연습문제

01 다음 (   )안에 알맞은 말을 써 넣으시오.

(1) 영업활동의 결과 자본의 증가원인이 되는 것을(   )이라고 하며, 자본의 감소 원인이 되는 것을 (   )이라 한다.

(2) 총수익과 총비용을 비교하여 총수익이 많으면 (   )이 생기고, 자본금을 (   ) 시킨다.

(3) 총수익과 총비용을 비교하여 총비용이 많으면 (   )이 생기고, 자본금을 (   ) 시킨다.

(4) 일정기간 동안의 기업의 경영성과를 나타내는 일람표를 (   )라 한다.

(5) 손익계산서 등식은 총비용+(   )=(   )이고, 총비용=(   )+(   )이 된다.

(6) 손익계산서의 당기순손익은 (   )으로 기입한다.

02 다음 과목 중 수익과목은 "수", 비용과목은 "비"를 표 안에 표기하시오.

(1)	이자수익		(2)	이자비용		(3)	상품매출이익	
(4)	급 여		(5)	임 차 료		(6)	임 대 료	
(7)	기업업무추진비		(8)	잡 이 익		(9)	잡 손 실	
(10)	수수료수익		(11)	수수료비용		(12)	광고선전비	
(13)	보 험 료		(14)	세금과공과		(15)	복리후생비	
(16)	단기매매증권 처분이익		(17)	소모품비		(18)	수도광열비	
(19)	통 신 비		(20)	유형자산처분이익		(21)	여비교통비	

03 다음 (   )안에 알맞은 금액을 써 넣으시오. 단, '-'는 순손실이다.

구분 \ 번호	(1)	(2)	(3)	(4)	(5)	(6)
총 수 익	350,000	250,000	( )	800,000	( )	500,000
총 비 용	300,000	350,000	200,000	( )	300,000	( )
당기순손익	( )	( )	80,000	50,000	-20,000	-40,000

04 병찬상회의 2024년 수익과 비용에 관한 다음 자료에 의하여 손익계산서를 작성하시오.

이 자 수 익	320,000	수 수 료 수 익	80,000	임 대 료	50,000
급 여	120,000	보 험 료	30,000	여 비 교 통 비	40,000
통 신 비	60,000	수 도 광 열 비	50,000	광 고 선 전 비	30,000

손 익 계 산 서

병찬상회   2024. 1/1 ~ 12/31   단위 : 원

비 용	금 액	수 익	금 액

05 다음 경남상회의 수익과 비용에 관한 자료에 의하여 손익계산서를 작성하시오.

상품매출이익	450,000	이 자 수 익	80,000	임 대 료	50,000
급 여	280,000	보 험 료	(?)	여비교통비	40,000
세 금 과 공 과	60,000	광 고 선 전 비	120,000	당 기 순 손 실	50,000

손 익 계 산 서

경남상회   2024. 1/1 ~ 12/31   단위 : 원

비 용	금 액	수 익	금 액

이론 기출문제

01 다음 중 일정 기간 동안 기업의 경영성과에 대한 정보를 제공하는 재무보고서는 무엇인가?

① 주석   ② 재무상태표   ③ 현금흐름표   ④ 손익계산서

02 다음 신문기사에 나타난 내용을 회계처리할 때 나타나는 계정과목으로 옳은 것은?

> 정우학원은 연말연시를 맞아 교육부에서 추천한 소년·소녀 가장에게 장학금을 지급하는 행사를 가졌다.
>
> – 경남신문, 2024년 12월 23일 자 –

① 대손상각비   ② 급여   ③ 기업업무추진비   ④ 기부금

단원별 연습문제 해답

01

1	수익, 비용	2	당기순이익, 증가	3	당기순손실, 감소	4	손익계산서
5	당기순이익, 총수익		총수익, 당기순손실			6	적색(붉은색)

02

수익	1, 3, 6, 8, 10, 16, 20
비용	2, 4, 5, 7, 9, 11, 12, 13, 14, 15, 17, 18, 19, 21

03 수익 – 비용 = 당기순이익,　비용 – 수익 = 당기순손실

1	2	3	4	5	6
50,000	– 100,000	280,000	750,000	280,000	540,000

04

손익계산서(병찬상회)

비　　　용	금　액	수　　　익	금　액
급　　　　　여	120,000	상 품 매 출 이 익	320,000
보　　험　　료	30,000	수 수 료 수 익	80,000
여 비 교 통 비	40,000	임　　대　　료	50,000
통　　신　　비	60,000		
수 도 광 열 비	50,000		
광 고 선 전 비	30,000		
당 기 순 이 익	**120,000**		
	450,000		450,000

05

손익계산서(경남상회)

비　　　용	금　액	수　　　익	금　액
급　　　　　여	280,000	상 품 매 출 이 익	450,000
보　　험　　료	130,000	이 　자 　수 　익	80,000
여 비 교 통 비	40,000	임　　대　　료	50,000
세 금 과 공 과	60,000	당 기 순 손 실	**50,000**
광 고 선 전 비	120,000		
	630,000		630,000

이론 기출문제 해답

01 ④ 일정기간의 경영성과에 대한 정보는 손익계산서이다.

02 ④ 기부금 계정과목에 대한 설명이다.

SECTION *4*
기업의 순손익 계산

1. 순손익 계산

기업은 일정기간 동안 영업활동의 결과로서 순이익 또는 순손실을 계산하여야 한다. 이러한 순손익의 계산 방법으로는 재산법과 손익법이 있다.

2. 순손익의 계산 방법

(1) 재산법

기업의 기말자본과 기초자본을 비교하여 순손익을 계산하는 방법이다.

즉, 기업의 순재산(자본)을 비교하여 순손익을 구하는 방법이다.

재 산 법 등 식	기초자본 〈 기말자본	기말자본 – 기초자본 = 순이익
	기초자본 〉 기말자본	기초자본 – 기말자본 = 순손실

(2) 손익법

일정기간의 수익총액과 비용총액을 비교하여 순손익을 계산하는 방법이다.

손 익 법 등 식	총비용 〈 총수익	총수익 – 총비용 = 순이익
	총비용 〉 총수익	총비용 – 총수익 = 순손실

♣ 참고 하세요.
 ㉮ 재산법의 순손익과 손익법 순손익은 반드시 일치한다.(복식회계의 특징)
 ㉯ 재무상태표 작성시 기업의 명칭, 작성일자(기초, 기말), 금액(단위)을 표시해야 한다.
 ㉰ 손익계산서에는 기업의 명칭과 회계기간 및 금액(단위)를 표시하여야 하며, 당기순이익(또는 당기순손실)은 붉은색으로 기입한다.

단원별 연습문제

(문제 1~5) 다음 표의 빈 칸에 알맞은 금액을 써 넣으시오. (단, '–'는 순손실 표시이다)

	기초자본	기말자본	총수익	총비용	당기순손익
01	130,000	150,000		85,000	65,000	( )
02	150,000	180,000	( )	20,000	( )
03	70,000	( )	80,000	65,000	( )
04	( )	650,000	350,000	( )	50,000
05	( )	250,000	( )	80,000	– 20,000

(문제 6~12) 다음 내용을 잘 읽고, 맞으면 ○표, 틀리면 ×표를 (   )안에 기입하시오.

06 재무상태표에서 자산의 합계액과 부채, 자본의 합계액은 일치하지 않는다. (   )

07 기초 재무상태표에는 당기순손익이 표시되지 않는다. (   )

08 기말 자본에는 당기순손익이 포함되어 있다. (   )

09 손익계산서는 일정시점의 재무상태를 나타내는 일람표이다. (   )

10 재무상태표와 손익계산서의 당기순손익의 금액은 반드시 일치한다. (   )

11 재무상태표 작성시 외상매출금, 미수금을 통합하여 매출채권으로 표시한다. (   )

12 재무상태표 작성시 외상매입금, 지급어음을 통합하여 매입채무로 표시한다. (   )

13 창원상회의 다음 자료들을 보고, 기초 재무상태표와 기말 재무상태표 및 손익계산서를 작성하고, 물음에 알맞은 답을 기입하시오.

(1) 2024년 1월 1일(기초)의 재무상태

현 금	200,000	당 좌 예 금	200,000	단 기 매 매 증 권	300,000
외 상 매 출 금	250,000	단 기 대 여 금	150,000	상 품	500,000
건 물	1,000,000	외 상 매 입 금	450,000	지 급 어 음	150,000
단 기 차 입 금	300,000	미 지 급 금	200,000	자 본 금	(?)

(2) 2024년 12월 31일(기말)의 재무상태

현 금	350,000	당 좌 예 금	250,000	단 기 매 매 증 권	300,000
외 상 매 출 금	300,000	단 기 대 여 금	100,000	상 품	600,000
건 물	1,500,000	외 상 매 입 금	650,000	지 급 어 음	200,000
단 기 차 입 금	250,000	미 지 급 금	700,000	자 본 금	(?)

(3) 2024년 1월 1일 ~ 12월 31일까지 발생한 수익과 비용

임 대 료	450,000	이 자 수 익	80,000	잡 이 익	70,000
급 여	280,000	보 험 료	120,000	소 모 품 비	30,000
통 신 비	50,000	여 비 교 통 비	20,000		

재무상태표(기초)			재무상태표(기말)		
창원상회	2024년 1월 1일		창원상회	2024년 12월 31일	

<u>손 익 계 산 서</u>

창원상회   2024. 1/1 ~ 12/31

[물 음]

기초 자산총액은 얼마인가?	(	원)
기초 부채총액은 얼마인가?	(	원)
기초 자본금은 얼마인가?	(	원)
기말 자산총액은 얼마인가?	(	원)
기말 부채총액은 얼마인가?	(	원)
기말 자본금은 얼마인가?	(	원)
총수익은 얼마인가?	(	원)
당기순이익은 얼마인가?	(	원)

14 경남상회는 2024년 1월 1일에 현금 500,000원을 출자하여 영업을 시작한 결과 2024년 12월 31일의 재무상태와 기간 중의 수익과 비용은 다음과 같다. 2024년 12월 31일의 재무상태표와 손익계산서를 작성하시오.

12월 31일의 재무상태

현 금	300,000	당 좌 예 금	200,000	정 기 적 금	400,000
외 상 매 출 금	350,000	상 품	450,000	건 물	500,000
외 상 매 입 금	650,000	지 급 어 음	400,000	단 기 차 입 금	600,000
자 본 금	(?)				

1/1 ~ 12/31 경영성과

수 수 료 수 익	350,000	이 자 수 익	40,000	임 대 료	20,000
급 여	160,000	여 비 교 통 비	20,000	통 신 비	50,000
광 고 선 전 비	100,000	복 리 후 생 비	30,000		

재 무 상 태 표		손 익 계 산 서	
경남상회	2024년 12월31일	경남상회	2024. 1/1 ~ 12/31

15 마산상회는 2024년 1월 1일에 현금 1,000,000원을 출자하여 영업을 시작한 결과 2024년 12월 31일의 재무상태와 기간 중의 손익상황은 다음과 같다. 2024년 12월 31일의 재무상태표와 손익계산서를 작성하시오.

기말의 재무상태와 경영성과 현황

현 금	300,000	당 좌 예 금	250,000	외 상 매 출 금	350,000
단 기 대 여 금	100,000	상 품	350,000	건 물	500,000
외 상 매 입 금	420,000	단 기 차 입 금	230,000	자 본 금	(?)
이 자 수 익	380,000	수 수 료 수 익	40,000	잡 이 익	30,000
급 여	120,000	보 험 료	15,000	통 신 비	25,000
소 모 품 비	40,000	여 비 교 통 비	50,000		

재 무 상 태 표		손 익 계 산 서	

이론 기출문제

01 다음 중 회계기간을 설명한 것으로 알맞은 것은?

① 기업의 경영활동을 기록·계산하는 기간적 범위이다.

② 기업의 경영활동을 기록·계산하는 장소적 범위이다.

③ 거래가 발생하면 각 항목별로 기록하는 단위이다.

④ 채권과 채무가 소멸할 때까지를 말한다.

02 다음 자료에 의한 기말부채(가)와 기말자본금(나)을 계산하면 얼마인가?

> • 기초자산 : 500,000원 • 기말자산 : 800,000원 • 기초부채 : 200,000원
> • 총 수 익 : 1,000,000원 • 총 비 용 : 700,000원

① (가) 300,000원   (나) 400,000원   ② (가) 200,000원   (나) 600,000원

③ (가) 400,000원   (나) 300,000원   ④ (가) 600,000원   (나) 200,000원

03 그림의 (가)에 들어갈 금액으로 옳은 것은?

2024년 재무상태		
기초자산 15,000원	총수익 (가)	기말자산 15,000원
기초부채 10,000원	총비용 4,000원	기말부채 7,000원

① 1,000원   ② 7,000원   ③ 8,000원   ④ 12,000원

04 다음은 팔도상사의 재무자료이다. 아래의 자료를 이용하여 회계기간 중 발생한 비용총액을 계산하면 얼마인가?

> • 전기말 자산총계 : 5,000,000원 • 전기말 부채총계 : 2,000,000원
> • 당기말 자산총계 : 6,300,000원 • 당기말 부채총계 : 3,000,000원
> • 당기중 수익총액 : 2,800,000원

① 2,400,000원   ② 2,500,000원   ③ 2,600,000원   ④ 2,700,000원

05 다음의 재무상태표 등식과 손익계산서 등식 중에서 올바른 것만 선택한 것은?

> ㉮ 자산 = 부채 + 자본   ㉯ 부채 = 자산 + 자본
>
> ㉰ 총비용 + 당기순이익 = 총수익 ㉱ 총비용 + 당기순손실 = 총수익

① ㉮, ㉰   ② ㉮, ㉱   ③ ㉯, ㉰   ④ ㉯, ㉱

06 2024. 12. 31. 장부를 조사하여 다음과 같은 자료를 얻었다. 2024년 기초 자본은 얼마인가?

> • 자산총액 : 150,000원   • 수익총액 : 300,000원
>
> • 부채총액 : 80,000원   • 비용총액 : 280,000원

① 20,000원   ② 40,000원   ③ 50,000원   ④ 70,000원

07 다음 중 빈칸에 가장 알맞은 것은?

> 기초자산 = 기초부채 + (㉠)
>
> 기말자산 = 기말부채 + 기초자본 + (㉡)

① ㉠기초자본 ㉡당기순이익   ② ㉠기말자산 ㉡당기순이익

③ ㉠기말부채 ㉡기말자본   ④ ㉠기말자산 ㉡기초부채

08 주어진 자료를 활용하여 빈 칸에 들어갈 금액을 계산하면?

기초자산	기초부채	기말자본	총수익	총비용
500,000원	200,000원	350,000원	250,000원	?

① 200,000원 ② 150,000원 ③ 100,000원 ④ 50,000원

09 기초자산 720,000원, 기초부채 350,000원, 기말부채 250,000원이다. 회계 기간 중의 수익총액은 520,000원, 비용총액은 400,000원인 경우 기말자산은 얼마인가?

① 740,000원 ② 750,000원 ③ 760,000원 ④ 770,000원

10 다음 자료에서 기초자본과 총수익은 얼마인가?

기초자본	기말자산	기말부채	기말자본	총수익	총비용	당기순이익
	550,000원	250,000원			200,000원	80,000원

① 기초자본 210,000원, 총수익 270,000원

② 기초자본 220,000원, 총수익 270,000원

③ 기초자본 220,000원, 총수익 280,000원

④ 기초자본 210,000원, 총수익 280,000원

11 다음 자료에 의하여 기초자본과 비용총액을 계산하면 얼마인가?

- 기초자산 250,000원
- 기말자본 160,000원
- 기초부채 120,000원
- 수익총액   80,000원

	기초자본	비용총액		기초자본	비용총액
①	100,000원	30,000원	②	100,000원	50,000원
③	130,000원	30,000원	④	130,000원	50,000원

12 다음 중 괄호안의 금액이 잘못 기입된 것은?

	회사명	기초자본	기말자본	총수익	총비용
①	동도상사	200,000	(340,000)	190,000	50,000
②	서도상사	(70,000)	180,000	150,000	40,000
③	남도상사	420,000	650,000	(330,000)	120,000
④	북도상사	210,000	400,000	220,000	(30,000)

13 다음 (주)한공의 재무자료를 이용하여 회계기간 중 발생한 비용총액을 계산하면 얼마인가?(회계기간 중 이익잉여금 외 자본의 증감액은 없는 것으로 가정한다.)

- 전기말 자산총계 : 6,000,000원
- 당기말 자산총계 : 7,500,000원
- 당기중 수익총액 : 2,600,000원
- 전기말 부채총계 : 3,000,000원
- 당기말 부채총계 : 4,000,000원

① 1,100,000원   ② 2,100,000원   ③ 3,000,000원   ④ 3,500,000원

단원별 연습문제 해답

01	02	03	04	05
20,000	50,000, 30,000	85,000, 15,000	600,000, 300,000	270,000, 60,000

06	07	08	09	10	11	12
×	○	○	×	○	×	○

13

재무상태표(1월 1일)

자 산	금 액	부채·자본	금 액
현금및현금성자산	400,000	매 입 채 무	600,000
단 기 매 매 증 권	300,000	단 기 차 입 금	300,000
매 출 채 권	250,000	미 지 급 금	200,000
단 기 대 여 금	150,000	자 본 금	1,500,000
상 품	500,000		
건 물	1,000,000		
	2,600,000		2,600,000

재무상태표(12월31일)

자 산	금 액	부채·자본	금 액
현금및현금성자산	600,000	매 입 채 무	850,000
단 기 매 매 증 권	300,000	단 기 차 입 금	250,000
매 출 채 권	300,000	미 지 급 금	700,000
단 기 대 여 금	100,000	자 본 금	1,600,000
상 품	600,000	(당 기 순 이 익	100,000)
건 물	1,500,000		
	3,400,000		3,400,000

손익계산서

비 용	금 액	수 익	금 액
급 여	280,000	임 대 료	450,000
보 험 료	120,000	이 자 수 익	80,000
소 모 품 비	30,000	잡 이 익	70,000
통 신 비	50,000		
여 비 교 통 비	20,000		
당 기 순 이 익	100,000		
	600,000		600,000

1	2	3	4	5	6	7	8
2,600,000	1,100,000	1,500,000	3,400,000	1,800,000	1,600,000	600,000	100,000

14

재무상태표(12월31일)

자 산	금 액	부채 · 자본	금 액
현금및현금성자산	500,000	매 입 채 무	1,050,000
단 기 금 융 상 품	400,000	단 기 차 입 금	600,000
매 출 채 권	350,000	자 본 금	550,000
상 품	450,000	(당 기 순 이 익	50,000)
건 물	500,000		
	2,200,000		2,200,000

손익계산서

비 용	금 액	수 익	금 액
급 여	160,000	수 수 료 수 익	350,000
여 비 교 통 비	20,000	이 자 수 익	40,000
통 신 비	50,000	임 대 료	20,000
광 고 선 전 비	100,000		
복 리 후 생 비	30,000		
당 기 순 이 익	50,000		
	410,000		410,000

15

재무상태표(12월31일)

자 산	금 액	부채 · 자본	금 액
현금및현금성자산	550,000	매 입 채 무	420,000
매 출 채 권	350,000	단 기 차 입 금	230,000
단 기 대 여 금	100,000	자 본 금	1,200,000
상 품	350,000	(당 기 순 이 익	200,000)
건 물	500,000		
	1,850,000		1,850,000

손익계산서

비 용	금 액	수 익	금 액
급 여	120,000	이 자 수 익	380,000
보 험 료	15,000	수 수 료 수 익	40,000
통 신 비	25,000	잡 이 익	30,000
소 모 품 비	40,000		
여 비 교 통 비	50,000		
당 기 순 이 익	200,000		
	450,000		450,000

이론 기출문제 해답

01 ① 기간적 범위, 회계연도

02 ② 기초자산 500,000 – 기초부채 200,000 = 기초자본 300,000

총수익 1,000,000 – 총비용 700,000 = 당기순이익 300,000

기초자본 300,000 + 당기순이익 300,000 = 기말자본 600,000

기말자산 800,000 – 기말부채(200,000) = 기말자본 600,000

03 ② 기초자산 15,000 – 기초부채 10,000 = 기초자본 5,000

기말자산 15,000 – 기말부채7,000 = 기말자산 8,000

기말자본 8,000 – 기초자본 5,000 = 당기순이익 3,000

총수익 (7,000) – 총비용 4,000 = 당기순이익 3,000

04 ② 기초자산 5,000,000 - 기초부채 2,000,000 = 기초자본 3,000,000

기말자산 6,300,000 - 기말부채 3,000,000 = 기말자산 3,300,000

기말자본 3,300,000 - 기초자본 3,000,000 = 당기순이익 300,000

총수익 2,800,000 - 총비용(2,500,000) = 당기순이익 300,000

05 ① 재무상태표 등식 : 자산 = 부채 + 자본

손익계산서 등식 : 총비용 + 당기순이익 = 총수익

06 ③ 기말자산 150,000 - 기말부채 80,000 = 기말자본 70,000

총수익 300,000 - 총비용 280,000 = 당기순이익 = 20,000

기말자본 70,000 - 당기순이익 20,000 = 기초자본 50,000

07 ① 기초자산 = 기초부채 + 기초자본

기말자산 = 기말부채 + 기말자본(기초자본 + 당기순이익)

08 ① 기초자산 500,000 - 기초부채 200,000 = 기초자본 300,000

기말자본 350,000 - 기초자본 300,000 = 당기순이익 50,000

총수익 250,000 - 총비용(200,000) = 당기순이익 50,000

09 ① 기초자산 720,000 - 기초부채 350,000 = 기초자본 370,000

총수익 520,000 - 총비용 400,000 = 당기순이익 120,000

기초자본 370,000 + 당기순이익 120,000 = 기말자본 490,000

기말자산(740,000) - 기말부채 250,000 = 기말자본 490,000

10 ③ 기말자산 550,000 - 기말부채 250,000 = 기말자본 3000,000

기말자본 300,000 - 당기순이익 80,000 = 기초자본 (220,000)

총수익 (280,000) - 총비용 200,000 = 당기순이익 80,000

11 ④ 기초자산 250,000 - 기초부채 120,000 = 기초자본 (130,000)

기말자본 160,000 - 기초자본 120,000 = 당기순이익 40,000

12 ③ 기말자본 650,000 - 기초자본 420,000 = 당기순이익 230,000

총수익 (350,000) - 총비용 120,000 = 당기순이익 230,000

13 ② 기초자산 6,000,000 - 기초부채 3,000,000 = 기초자본 3,000,000

기말자산 7,500,000 - 기말부채 4,000,000 = 기말자본 3,500,000

기말자본 3,500,000 - 기초자본 3,000,000 = 당기순이익 500,000

총수익 2,600,000 - 총비용 (2,100,000) = 당기순이익 500,000

SECTION *5*
거 래 (去來)

1. 거래의 뜻

거래란, 기업의 경영활동에 의하여 자산, 부채, 자본의 증감변화와 수익·비용이 발생, 또는 소멸하는 일체의 현상을 회계상의 **거래**라 한다.

(반드시, 소유권의 이전이 있어야 하며, 계정과목이 2개 이상 있으면 회계상 거래이다.)

회 계 상　거 래		회계상 거래 아님
화재, 천재지변, 도난, 분실, 대손(상각), 감가(상각) 등	상품매매, 채권·채무의 증감 수익·비용의 발생	주문, 직원채용, 계약 보관, 약속, 담보설정 등
일상생활상 거래 아님	일 상　생 활 상　거 래	

2. 거래의 8요소

회계상의 모든 거래는 자산의 증가와 감소, 부채의 증가와 감소, 자본의 증가와 감소, 수익·비용의 발생이라는 8개의 요소로 구성되는데 이것을 거래의 8요소라 하며, 회계상의 거래는 8요소들이 차변요소와 대변요소가 연결관계를 이루며 성립하는데 이를 거래의 결합관계라 한다.

【거래의 8요소(결합관계)】

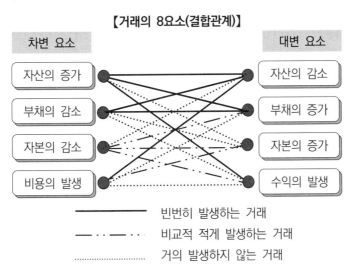

3. 거래의 이중성

회계상의 모든 거래는 그 발생이 반드시 차변요소와 대변요소가 대립되어 성립하며, 양쪽에 같은 금액으로 이중으로 기입되는데, 이것을 **거래의 이중성**이라 한다.

4. 거래의 종류

(1) 교환거래 : 자산, 부채, 자본의 증가와 감소만 발생하는 거래로서 기업의 손익에 영향을 주지 않는 거래이다.

   예) 자산의 증가 ××× / 자산의 감소 ×××

(2) 손익거래 : 거래의 총액이 수익이나 비용으로 발생하는 거래 (한변에 수익, 비용만 발생)

   예) 비용의 발생 ××× / 자산의 감소 ×××

(3) 혼합거래 : 하나의 거래에서 교환거래와 손익거래가 동시에 발생하는 거래이다.

   예) 자산의 증가 ××× / 자산의 감소 ×××

            수익의 발생 ×××

🐾 다음 문제 중 회계상의 거래인 것은 ○, 아닌 것은 ×표를 앞의 (　)속에 표시하고, 거래인 것 중 교환거래는 "교", 손익거래는 "손", 혼합거래는 "혼"이라고 뒤의 (　　)안에 표시하시오.

(1) 월급 250,000원을 지급하기로 하고, 종업원을 신규 채용하다.	(　) (　)
(2) 회사 금고에 보관중인 현금 20,000원을 도난당하다.	(　) (　)
(3) 화재로 인하여 상품 30,000원이 소실되다.	(　) (　)
(4) 창고회사에 상품 500,000원을 보관하다.	(　) (　)
(5) 차입금 500,000원과 이자 20,000원을 지급할 기일이 되어 현금으로 지급하다.	(　) (　)
(6) 점주(사장)가 거래처의 외상매출금 400,000원을 받아 가계비로 사용하다.	(　) (　)

5. 대차평균의 원리

모든 회계 거래는 반드시 어떤 계정의 차변과 다른 계정의 대변에 같은 금액을 기입(거래의 이중성)하므로, 아무리 많은 거래가 발생되어 기입되더라도 계정 전체적으로 차변금액의 합계와 대변금액의 합계는 반드시 일치하게 되는데, 이것을 대차평균의 원리라 한다.

(복식회계의 자기검증 기능)

단원별 연습문제

(문제 1~20) 다음 거래 중 회계상 거래는 O표, 아닌 것은 ×표를 (   )에 표기하시오.
단, 회계상 거래가 된다면 계정과목 2개를 기입하시오.

01 화재로 인하여 건물 1,000,000원이 소실되다. (   )

02 진해상회에서 상품 300,000원을 외상으로 매입하다. (   )

03 급여 700,000원을 주기로 하고, 손흥민을 종업원으로 채용하다. (   )

04 창고에 보관 중인 상품 250,000원을 도난당하다. (   )

05 건물을 월세 200,000원을 주기로 하고, 1년간 임대차계약을 맺다. (   )

06 현금 2,000,000원을 출자하여 상품 매매업을 시작하다. (   )

07 마산상회에 상품 500,000원을 주문하고 계약금 50,000원을 현금으로 지급하다. (   )

08 경남은행에서 현금 3,000,000원을 3년 후 상환조건으로 차입하다. (   )

09 거래처의 파산으로 외상매출금 500,000원이 회수불능(대손)되다. (   )

10 더존상회에서 현금 100,000원을 차입하기로 약속하다. (   )

11 결산시 영업용 건물에 대하여 100,000원 감가상각하다. (   )

12 상품 300,000원을 매출하고, 대금은 1개월 후에 받기로 하다. (   )

13 옆 사무실에서 의자 10개를 빌려오다. (   )

14 불우이웃돕기 성금으로 케이렙방송국에 현금 450,000원을 기탁하다. (   )

15 상품을 창고회사에 보관하면서 보관료 10,000원을 현금으로 지급하다. (   )

16 은행 차입금에 대한 담보물(근저당)로서 건물 5,000,000원을 제공하다. (   )

17 영업용 책상 등을 500,000원에 구입하고, 대금은 월말에 지급하기로 하다. (   )

18 이달분 경남신문 구독료 15,000원을 현금으로 지급하다. (   )

19 거래처 김해상점에 현금 230,000원을 6개월간 대여하다. (   )

20 태풍으로 인하여 상품 보관용 창고 5,000,000원이 강풍에 날아가다. (   )

(문제 21~63) 다음 거래를 잘 읽고 거래의 결합관계(분개)를 기입하시오.

삼성전자에서 업무용 컴퓨터 1,000,000원을 구입하고, 대금은 현금으로 지급하다.		
거래의 8요소	자산의 증가 (비품)	자산의 감소 (현금)
분 개	비 품 1,000,000	현 금 1,000,000

21 창원상점에서 상품 100,000원을 매입하고, 대금은 현금으로 지급하다.

차변		대변	

22 사무실에서 사용할 공기청정기를 100,000원에 구입하고, 대금은 현금으로 지급하다.

차변		대변	

23 영업용 건물 10,000,000원을 현금으로 구입하다.

차변		대변	

24 영업용 화물자동차를 5,000,000원에 현금으로 구입하다.

차변		대변	

25 무학상점에서 상품 100,000원을 매입하고, 대금은 월말에 지급하기로 하다.

차변		대변	

26 진해상회에서 사무용 책상, 의자 100,000원에 구입하고, 대금은 외상으로 하다.

차변		대변	

27 영업용 건물 10,000,000원에 구입하고, 대금은 월말에 지급하기로 하다.

차변		대변	

28 기아자동차에서 화물자동차 5,000,000원을 12개월 할부로 구입하다.

차변		대변	

29 영업용 컴퓨터를 1,000,000원에 구입하고, 대금은 수표를 발행하여 지급하다.

차변		대변	

30 중앙상회에서 상품 100,000원을 매입하고, 대금은 보통예금계좌에서 이체하다.

차변		대변	

31 김해상회에서 상품 500,000원을 매입하고, 대금 중 300,000원은 현금으로 지급하고, 잔액은 외상으로 하다.

차변		대변	

32 마산상회에서 상품 600,000원을 매입하고, 대금 중 200,000원은 현금으로 지급하고, 잔액은 월말에 지급하기로 하다.

차변		대변	

33 정우상회에 상품 300,000원을 매출하고, 대금은 현금으로 받다.

차변		대변	

34 장유상회에 상품 500,000원을 매출하고, 대금은 월말에 받기로 하다.

차변		대변	

35 로또상회에 상품 1,000,000원을 매출하고, 대금 중 반액은 현금으로 받고, 잔액은 외상으로 하다.

차변		대변	

36 사용중이던 컴퓨터를 300,000원에 처분하고, 대금은 현금으로 받아 당좌예입하다.

차변		대변	

37 사용중인 차량 1,000,000원을 매각하고, 대금은 월말에 받기로 하다.

차변		대변	

38 현금 1,000,000원을 출자하여 상품 매매업을 시작하다.

차변		대변	

39 현금 500,000원, 상품 300,000원, 건물 400,000원을 출자하여 영업을 개시하다.

차변		대변	

40 현금 1,000,000원을 차입(10개월 만기)하여 영업을 시작하다.

차변		대변	

41 현금 2,000,000원(이중 장기차입금 800,000원 포함)을 출자하여 영업을 개시하다.

차변		대변	

42 외상매출금 100,000원을 현금으로 회수하여, 즉시 보통예금하다.

차변		대변	

43 웰가상회에 현금 200,000원을 2개월간 대여하다.

차변		대변	

44 웰가상회에 대여한 현금 200,000원을 회수하다.

차변		대변	

45 제주은행에서 현금 300,000원을 6개월간 차입하다.

차변		대변	

46 제주은행에서 차입한 현금 300,000원을 상환하다.

차변		대변	

47 합격상회에서 상품 1,000,000원을 매입하고, 대금 중 200,000원은 현금으로 지급하고, 300,000원은 수표를 발행하여 지급하고, 잔액은 약속어음을 발행하여 지급하다.

차변		대변	

48 키다리상회에 상품 300,000원을 매출하고, 대금은 약속어음으로 받다.

차변		대변	

49 종업원 송흥민의 급여 300,000원을 현금으로 지급하다.

차변		대변	

50 건물의 화재보험료 500,000원을 수표를 발행하여 지급하다.

차변		대변	

51 경남신문 구독료 10,000원을 현금으로 지급하다.

차변		대변	

52 업무용 자동차에 대한 자동차 세금 250,000원을 현금으로 지급하다.

차변		대변	

53 단기차입금에 대한 이자 10,000원을 현금으로 지급하다.

차변		대변	

54 이달분 사무실에 대한 월세 300,000원이 보통예금계좌에서 자동이체 되다.

차변		대변	

55 사무실 금고에 보관중인 현금 250,000원을 도난 당하다.

차변		대변	

56 인터넷사용료 260,000원과 핸드폰 사용료 120,000원이 보통예금계좌에서 자동이체 되다.

차변		대변	

57 농협은행 예금에 대한 이자 15,000원이 보통예금 계좌에 입금되다.

차변		대변	

58 상품판매를 알선하고, 중개수수료 50,000원을 현금으로 받다.

차변		대변	

59 단기대여금 1,000,000원과 그에 대한 이자 100,000원을 현금으로 회수하다.

차변		대변	

60 단기차입금 1,000,000원에 대한 이자 100,000원을 현금으로 지급하다.

차변		대변	

61 폭우로 인한 자연재해 피해자를 돕기 위해 현금 500,000원을 성산구청에 지급하다.

차변		대변	

62 상품 견본을 거래처 한서전자에 발송하고, 택배비 30,000원을 현금으로 지급하다.

차변		대변	

63 연말을 맞이하여 상품 포장을 위해 일용직근로자 3명을 채용하고, 일당 300,000원을 현금으로 지급하다.

차변		대변	

이론 기출문제

01 다음 거래의 유형 중 혼합거래에 해당하는 것은?

① 상품 500,000원을 매입하고 대금은 현금으로 지급하다.

② 상품 700,000원을 매출하고 대금 중 500,000원은 현금으로 받고 잔액은 외상으로 하다.

③ 8월분 직원 급여 2,000,000원을 보통예금에서 계좌이체 하다.

④ 단기차입금 500,000원과 이자 30,000원을 현금으로 상환하다.

02 다음과 같은 거래요소의 결합관계로 이루어지는 거래는?

(차변) 자산의 증가　　　　　　　(대변) 자산의 감소

① 사회기부단체에 500,000원을 보통예금에서 계좌이체하여 기부하다.

② 현금 100,000,000원을 출자하여 영업을 개시하다.

③ 사무실 임차보증금 5,000,000원을 당좌수표를 발행하여 지급하다.

④ 사무실에서 사용할 컴퓨터를 2,000,000원에 구매하고 신용카드로 결제하다.

03 다음 보기에서 발생되는 영향으로 올바른 것은?

상지상사는 낙동강 상수원 수질정화사업을 위한 기금으로 안동시청에 1개월 만기결제 약속어음 10,000,000원을 기부하였다.

① (차변) 비용의 발생　　　(대변) 자산의 감소

② (차변) 자본의 감소　　　(대변) 부채의 감소

③ (차변) 비용의 발생　　　(대변) 부채의 증가

④ (차변) 자본의 감소　　　(대변) 자산의 감소

04 다음 중 회계상의 거래에 해당하는 것은?

① 회사 업무용 차량이 필요하여 15,000,000원에 주문하다.

② 신입 사원을 채용하고 매월 2,000,000원을 지급하기로 근로계약을 하다.

③ 판매장에서 사용할 에어컨 구입계약을 하다.

④ 장마로 인한 홍수피해로 회사 창고에 보관중인 상품의 손실이 3,000,000원 발생하였다.

05 거래내용과 거래요소의 결합관계를 적절하게 나타내지 않은 것은?

	거래 내용	거래요소의 결합관계
①	대여금에 대한 이자를 현금으로 받다.	자산의 증가 – 자산의 감소
②	외상매입금을 약속어음으로 발행하여 지급하다.	부채의 감소 – 부채의 증가
③	업무용 컴퓨터를 현금으로 매입하다.	자산의 증가 – 자산의 감소
④	이번 달 전화요금이 보통예금에서 이체되다.	비용의 발생 – 자산의 감소

06 다음 내용과 관련 있는 회계 용어로 옳은 것은?

> "복식부기에서는 모든 계정의 차변합계와 대변합계는 항상 일치하여 자기 검증기능을 갖는다."

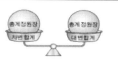

① 거래의 8요소　　　　　　　　② 거래의 이중성
③ 대차평균의 원리　　　　　　　④ 수익, 비용 대응의 원리

07 다음 중 회계상 거래에 해당되지 않는 것은?

① 보관중인 현금 100,000원을 도난당하였다.
② 화재로 인해 창고에 보관되어 있던 상품 3,000,000원이 소실되었다.
③ ㈜햇님과 1억원의 상품판매 계약을 체결하였다.
④ 현금 30,000,000원을 기업주명의 통장으로 출자하다.

08 다음 중 결합관계가 성립될 수 없는 회계처리는?

	차변	대변		차변	대변
①	자산의 증가	자산의 감소	②	비용의 발생	부채의 증가
③	부채의 감소	수익의 발생	④	자산의 증가	부채의 감소

09 다음 중 회계상 거래에 해당하지 않은 것은?

① 상품매매계약을 체결하고 계약금을 수취하였다.
② 종업원을 채용하고 근로계약서를 작성하였다.
③ 창고에 보관 중이던 상품을 도난당했다.
④ 거래처의 파산으로 외상대금에 대한 대손이 발생하였다.

10 다음 중 일상적인 거래와 회계상의 거래가 동시에 발생하는 것은?

① 매출채권의 대손상각비 ② 유형자산의 감가상각비

③ 종업원 채용 약속 ④ 상품의 매출과 매출채권의 발생

11 다음 거래 요소의 결합 관계에 해당하는 거래로 옳은 것은?

(차변요소) 자산의증가	(대변요소) 자산의 감소

① 거래처에 현금 500,000원을 3개월간 대여하다.

② 당월 분 전기요금 160,000원을 현금으로 지급하다.

③ 정기예금에 대한 이자 180,000원을 현금으로 받다.

④ 거래처의 외상 대금 550,000원을 현금으로 지급하다.

12 다음 중 출금거래가 아닌 것은?

① 상품 1,000,000원을 매입하고, 상품대금은 지폐로 지급하다.

② 상품 1,000,000원을 매입하고, 상품대금은 자기앞수표로 지급하다.

③ 상품 1,000,000원을 매입하고, 상품대금은 당좌수표를 발행하여 지급하다.

④ 상품 1,000,000원을 매입하고, 상품대금은 받아두었던 타인발행수표로 지급하다.

13 다음 중 각 날짜별 분개에 대한 거래의 종류로 옳은 것은?

10/6 : 차) 단기차입금	30,000,000원	대) 현 금		31,000,000원
이자비용	1,000,000원			
10/9 : 차) 현금	10,000,000원	대) 자본금	10,000,000원	

① 10/6 : 혼합거래, 10/9 : 손익거래 ② 10/6 : 혼합거래, 10/9 : 교환거래

③ 10/6 : 손익거래, 10/9 : 교환거래 ④ 10/6 : 교환거래, 10/9 : 손익거래

14 다음 중 회계상의 거래로 인식되지 <u>않은</u> 것은?

① 상품 200,000원을 매출하고 대금은 월말에 받기로 하다.

② 거래 은행에서 영업자금으로 1,000,000원을 차입하고 6개월 후에 상환하기로 하다.

③ 월 급여 1,200,000원을 지급하기로 약속하고 직원 김정희를 채용하다.

④ 거래처에 사원을 출장 보내고 여비 예상액 100,000원을 현금으로 지급하다.

단원별 연습문제 해답

01	○	건물, 재해손실	11	○	건물, 감가상각비
02	○	상품, 외상매입금	12	○	상품매출, 외상매출금
03	×	거래 안 됨	13	×	거래 안 됨
04	○	상품, 잡손실	14	○	현금, 기부금
05	×	거래 안 됨	15	○	보관료 or 수수료비용, 현금
06	○	현금, 자본금	16	×	거래 안 됨
07	○	선급금, 현금	17	○	비품, 미지급금
08	○	현금, 장기차입금	18	○	현금, 도서인쇄비
09	○	외상매출금, 대손상각비	19	○	현금, 단기대여금
10	×	거래 안 됨	20	○	건물, 재해손실

	차 변		대 변	
21	상 품	100,000	현 금	100,000
22	비 품	100,000	현 금	100,000
23	건 물	10,000,000	현 금	10,000,000
24	차 량 운 반 구	5,000,000	현 금	5,000,000
25	상 품	100,000	외 상 매 입 금	100,000
26	비 품	100,000	미 지 급 금	100,000
27	건 물	10,000,000	미 지 급 금	10,000,000
28	차 량 운 반 구	5,000,000	미 지 급 금	5,000,000
29	비 품	1,000,000	당 좌 예 금	1,000,000
30	상 품	100,000	보 통 예 금	100,000
31	상 품	500,000	현 금 외 상 매 입 금	300,000 200,000
32	상 품	600,000	현 금 외 상 매 입 금	200,000 400,000
33	현 금	300,000	상 품 매 출	300,000
34	외 상 매 출 금	500,000	상 품 매 출	500,000
35	현 금 외 상 매 출 금	500,000 500,000	상 품 매 출	1,000,000
36	당 좌 예 금	300,000	비 품	300,000

	차 변		대 변	
37	미 수 금	1,000,000	차 량 운 반 구	1,000,000
38	현 금	1,000,000	자 본 금	1,000,000
39	현 금 상 품 건 물	500,000 300,000 400,000	자 본 금	1,200,000
40	현 금	1,000,000	단 기 차 입 금	1,000,000
41	현 금	2,000,000	단 기 차 입 금 자 본 금	800,000 1,200,000
42	보 통 예 금	100,000	외 상 매 출 금	100,000
43	단 기 대 여 금	200,000	현 금	200,000
44	현 금	200,000	단 기 대 여 금	200,000
45	현 금	300,000	단 기 차 입 금	300,000
46	단 기 차 입 금	300,000	현 금	300,000
47	상 품	1,000,000	현 금 당 좌 예 금 지 급 어 음	200,000 300,000 500,000
48	받 을 어 음	300,000	상 품 매 출	300,000
49	급 여	300,000	현 금	300,000
50	보 험 료	500,000	당 좌 예 금	500,000
51	도 서 인 쇄 비	10,000	현 금	10,000
52	세 금 과 공 과	250,000	현 금	250,000
53	이 자 비 용	10,000	현 금	10,000
54	임 차 료	300,000	보 통 예 금	300,000
55	잡 손 실	250,000	현 금	250,000
56	통 신 비	380,000	보 통 예 금	380,000
57	보 통 예 금	15,000	이 자 수 익	15,000
58	현 금	50,000	수 수 료 수 익	50,000
59	현 금	1,100,000	단 기 대 여 금 이 자 수 익	1,000,000 100,000
60	이 자 비 용	100,000	현 금	100,000
61	기 부 금	500,000	현 금	500,000
62	운 반 비	30,000	현 금	30,000
63	잡 급	300,000	현 금	300,000

이론 기출문제 해답

01 ④, ① 상품 / 현금 - 교환거래,

② 현금, 외상매출금 / 상품매출 - 손익거래

③ 급여 / 보통예금 - 손익거래,

④ 단기차입금, 이자비용 / 현금 - 혼합거래

02 ③, ① 기부금 / 보통예금,

② 현금 / 자본금,

③ 임차보증금(자산) / 당좌예금

④ 비품 / 미지급금

03 ③ 기부금 / 미지급금, 대변에 일반적인 상거래가 아니므로 미지급금으로 회계처리

04 ④

05 ① 현금 / 이자수익

06 ③ 대차평균의 원리에 대한 설명이다.

07 ③ 계약만 체결하는 경우에는 회계상 거래가 아니다.

08 ④ 자산의 증가 / 부채의 증가, 부채의 감소는 차변에 기입한다.

09 ② 계약서만 작성하는 경우에는 회계상 거래가 아니다.

10 ④, ①② 회계상 거래,

③ 일상적인 거래

11 ①, ① 단기대여금 / 현금,

② 수도광열비 / 현금,

③ 현금 / 이자수익,

④ 외상매입금 / 현금

12 ③ 당좌수표를 발행하면 대변에 당좌예금 이다.

13 ②, 10/6 부채의 감소, 이자비용 / 현금 : 혼합거래

10/9 자산의 증가 / 자본의 증가 : 교환거래

14 ③ 직원을 채용하고, 금전거래가 없으면 회계상 거래가 아니다.

SECTION *6*
계 정 (計定)

거래가 발생하면 자산, 부채, 자본의 증감변화와 수익과 비용이 발생하게 되는데, 이러한 증감변화를 구체적으로 기록, 계산, 정리하기 위하여 설정되는 단위를 "**계정(account a/c)**"이라 하고, 현금계정 등과 같이 계정에 붙이는 이름을 "**계정과목**"이라 하고, 계정을 기록하는 지면(장소)을 "**계정계좌**"라 한다.

1. 계정의 분류

계정은 재무상태표 계정과 손익계산서 계정으로 분류할 수 있다.

재무상태표 계정	자산계정	현금, 당좌예금, 외상매출금, 상품, 건물 등
	부채계정	외상매입금, 지급어음, 미지급금, 예수금 등
	자본계정	자본금, 인출금 등
손익계산서 계정	수익계정	이자수익, 임대료, 수수료수익, 잡이익 등
	비용계정	급여, 보험료, 여비교통비, 복리후생비 등

2. 계정의 기입 방법(법칙)

(1) **자산계정**은 증가를 차변에, 감소를 대변에 기입하며, 잔액은 반드시 **차변**에 남는다.
(2) **부채계정**은 증가를 대변에, 감소를 차변에 기입하며, 잔액은 반드시 **대변**에 남는다.
(3) **자본계정**은 증가를 대변에, 감소를 차변에 기입하며, 잔액은 반드시 **대변**에 남는다.
(4) **수익계정**은 발생을 대변에, 소멸을 차변에 기입하며, 잔액은 반드시 **대변**에 남는다.
(5) **비용계정**은 발생을 차변에, 소멸을 대변에 기입하며, 잔액은 반드시 **차변**에 남는다.

자산 · 비용	차 변
부채 · 자본 · 수익	대 변
잔액은 반드시 자기 자리에 남는다.	

3. 계정의 형식

계정의 형식에는 표준식과 잔액식이 있으며 회계의 학습을 편리하게 하기 위하여 표준식을 간단하게 변화시킨 T자형(약식)의 계정을 많이 사용한다.

(표준식 계정)   **현   금**   (1)

2024년	적 요	분면	금 액	2024년	적 요	분면	금 액

(잔액식 계정)   **현   금**   (1)

2024년	적 요	분면	차 변	대 변	차 · 대	잔 액

♣ 참고 : 분면은 분개장 면수를 줄여서 나타내는 것입니다.
　　　　차 · 대는 차변잔액, 대변잔액을 표기합니다.

〈계정 기입(방법)에 관한 연습문제〉

다음 중 계정의 증가, 감소, 발생, 소멸을 나타낸 것으로 잘못된 것은?

① ___외상매입금___

감소	증가

② ___미수금___

감소	증가

③ ___예수금___

감소	증가

④ ___수수료수익___

소멸	발생

계정과목 분류 총 복습문제

순번	거 래 내 용	계정과목	계정분류
1	한국은행에서 발행한 주화와 지폐(동점발행수표)	현금	자산
2	영업용으로 사용하는 트럭, 승용차, 오토바이 등을 구입하면		
3	상품을 매출하기로 하고, 계약금을 미리 받은 경우		
4	어음을 만기일 이전에 할인했을 때의 할인료(매각거래)		
5	영업활동 이외에서 생기는 금액이 적은 이익		
6	신문구독료, 각종인쇄비, 도서구입 대금을 지급하면		
7	당좌수표를 발행할 목적으로 은행에 돈을 예입한 것		
8	영업용으로 사용할 땅을 구입하면(운동장, 주차장 등)		
9	타인으로부터 현금을 단기간 빌리고, 차용증서를 써 준 경우		
10	영업활동과 관계없이 생기는 금액이 적은 손실		
11	거래처 사장(직원)을 접대하면		
12	단기차입금에 대한 이자를 지급하면		
13	만기가 1년 이내의 정기예금, 정기적금 등(통합계정과목)		
14	영업용으로 사용하는 사무실, 창고 등을 구입하면		
15	건물, 기계장치 등의 수리비를 지급하면(수익적지출)		
16	건물, 토지 등을 빌리고, 집세 및 지대를 지급하면		
17	단기 투자목적으로 주식, 국채, 사채, 공채증서 등을 하면		
18	영업용으로 사용하는 책상, 컴퓨터, 검기청정기 등을 구입하면		
19	상품이 아닌 물건을 구입하고, 대금은 나중에 주기로 하면		
20	종업원에게 출장을 명하고, 출장비를 가지급하면		
21	용역 등을 제공하고, 수수료를 받으면		
22	종업원에게 월급을 지급하면		
23	상품을 매출하고, 대금은 외상으로 하면		
24	사무용으로 필요한 사무용품을 구입한 것(비용처리)		

순번	거 래 내 용	계정과목	계정분류
25	상품을 매입하고, 대금은 외상으로 한 경우		
26	용역을 제공받고, 수수료를 지급하면		
27	화재보험료, 자동차보험료 등을 지급하면		
28	상품이 아닌 것을 매각하고, 대금은 나중에 받기로 하면		
29	각종 단체에 대가성 없이 현금, 물품 등을 기부하면		
30	종업원을 위한 지출(작업복비, 회식비, 결혼축하금 등)		
31	출장 간 종업원이 원인 모르는 금액을 입금 했을 때		
32	상품 판매를 위한 광고비, 홍보비를 지급하면		
33	단기대여금 또는 은행예금에서 생기는 이자를 받으면		
34	상품을 매출하고, 대금은 약속어음을 받은 경우		
35	상품을 매입하기로 하고, 대금의 일부를 미리 지급하면		
36	전화, 우편, 인터넷사용료 등을 이용한 대금		
37	상품을 매출하고, 신용카드로 결제 받으면		
38	상품이외의 것을 구입하고, 신용카드로 결제하면		
39	당점발행의 수표를 받으면(당점은 우리회사를 뜻함)		
40	재산세, 자동차세, 상공회의소회비 등을 지급하면		
41	종업원의 학원비(교육비)를 지출하면		
42	현금을 6개월간 빌려주고, 차용증서를 받은 경우		
43	급여 지급시 소득세 등을 예수하면(일시보관하면)		
44	신용카드 수수료를 지급하면		
45	업무용 차량에 대한지출(유류대, 주차비, 도로통행료)		
46	건물 이외의 구조물, 동상, 교량, 나무 등		
47	자산을 무상으로 기증 받으면		
48	갚아야 할 채무를 면제 받으면		
49	주식, 사채 등을 원가 이상으로 처분 하였을 때의 이익		
50	유형자산을 원가 이하로 처분하였을 때 발생한 손실		

계정과목 분류 총 복습문제 해답

1	현금(자산)	2	차량운반구(자산)	3	선수금(부채)
4	매출채권처분손실(비용)	5	잡이익(수익)	6	도서인쇄비(비용)
7	당좌예금(자산)	8	토지(자산)	9	단기차입금(부채)
10	잡손실(비용)	11	기업업무추진비(비용)	12	이자비용(비용)
13	단기금융상품(자산)	14	건물(자산)	15	수선비(비용)
16	임차료(비용)	17	단기매매증권(자산)	18	비품(자산)
19	미지급금(부채)	20	가지급금(자산)	21	수수료수익(수익)
22	급여(비용)	23	외상매출금(자산)	24	소모품비(비용)
25	외상매입금(부채)	26	수수료비용(비용)	27	보험료(비용)
28	미수금(자산)	29	기부금(비용)	30	복리후생비(비용)
31	가수금(부채)	32	광고선전비(비용)	33	이자수익(수익)
34	받을어음(자산)	35	선급금(자산)	36	통신비(비용)
37	외상매출금(자산)	38	미지급금(부채)	39	당좌예금(자산)
40	세금과공과(비용)	41	교육훈련비(비용)	42	단기대여금(자산)
43	예수금(부채)	44	수수료비용(비용)	45	차량유지비(비용)
46	구축물(자산)	47	자산수증이익(수익)	48	채무면제이익(수익)
49	단기매매증권처분이익(수익)	50	유형자산처분손실(비용)		

SECTION 7
분개(分介)와 전기(轉記)

1. 분개의 뜻

거래가 발생하면 각 계정에 기입하기 전의 준비단계로서 거래를 차변요소와 대변요소로 구분하여 계정에 기입할 과목과 금액을 결정하는 것을 "**분개**"라 한다.

	분 개 절 차
1	발생한 거래가 회계상 거래인지를 확인
2	거래를 차변요소와 대변요소로 구분
3	계정과목을 결정
4	기입될 금액을 결정

2. 전 기

분개한 것을 해당 계정의 계정계좌(총계정원장)에 옮겨 적는 절차를 "**전기**"라 한다.
①차변에 분개된 금액은 해당계정의 차변에, 대변은 해당계정의 대변에 기입하고, ②거래날짜를 기입하며, ③상대계정과목을 기입 하는데, 만약 상대계정과목이 2개 이상이면 제좌(제계정계좌)라고 기입하고, ④금액은 반드시 자기 금액을 기입하게 되는데 이 절차가 전기하는 순서이다.

〈분개 및 전기의 예제〉

1/2 현금 100,000원을 출자하여 영업을 개시하다.
1/3 현금 100,000원과 비품 200,000원을 추가로 출자하다.

1/2		
1/3		

현 금

자 본 금

비 품

단원별 연습문제

※ 다음 거래를 분개하시오.

01 병찬상회는 현금 1,000,000원을 출자하여 상품매매업을 시작하다.

차변	대변

02 효정상회에서 상품 500,000원을 매입하고, 대금은 현금으로 지급하다.

차변	대변

03 예림가구에서 사무용 책상을 300,000원에 구입하고, 대금은 현금을 지급하다.

차변	대변

04 경남은행으로부터 현금 1,500,000원을 6개월간 차입하다.

차변	대변

05 한서상점에서 상품 100,000원을 외상으로 매입하다.

차변	대변

06 영업용 건물 5,000,000원을 구입하고, 대금 중 3,000,000원은 현금으로 지급하고, 잔액은 월말에 지급하기로 하다.

차변	대변

07 장유상회에서 상품 400,000원을 매입하고, 대금 중 200,000원은 현금으로 지급하고, 잔액은 월말에 지급하기로 하다.

차변		대변	

08 장유상회의 외상매입금 중 150,000원을 수표를 발행하여 지급하다.

차변		대변	

09 현금 200,000원을 중앙은행에 당좌예입하다.

차변		대변	

10 영업부 직원 황정민의 급여 500,000원을 현금으로 지급하다.

차변		대변	

11 단기차입금 300,000원과 그 이자 30,000원을 함께 현금으로 지급하다.

차변		대변	

12 단기대여금에 대한 이자 40,000원을 현금으로 회수하여 당좌예입하다.

차변		대변	

13 경남신문사 구독료 10,000원을 현금으로 지급하다.

차변		대변	

14 창원상회의 외상매입금 100,000원을 현금으로 지급하다.

차변		대변	

15 창원우체국에서 우표 등을 10,000원에 구입하고, 대금은 현금으로 지급하다.

차변		대변	

16 영업용 트럭 10,000,000원을 구입하고, 대금 중 6,000,000원은 수표를 발행하여 지급하고, 잔액은 5개월 할부로 하다.

차변		대변	

17 하이마트에서 냉온풍기를 100,000원에 구입하고, 하나카드로 결제하다.

차변		대변	

18 키다리빌딩에 대한 월세 200,000원을 현금으로 지급하다.

차변		대변	

19 거래처에 현금 500,000원을 2개월 후 상환조건으로 대여하다.

차변		대변	

20 한서상회에 상품 300,000원을 매출하고, 대금은 추후에 받기로 하다.

차변		대변	

21 오거리상회에 상품 500,000원을 외상으로 매출하고, 발송운임 10,000원은 현금으로 지급하다.

차변		대변	

22 김해상점에서 상품 300,000원을 외상으로 매입하고, 인수운임 5,000원은 현금으로 지급하다.

차변		대변	

23 진해상점에 대한 외상매출금 500,000원 중 200,000원을 현금으로 회수하다.

차변		대변	

24 SK주유소에서 난방용 석유대금 50,000원을 현금으로 구입하다.

차변		대변	

25 상품대금으로 발행하였던 약속어음 150,000원이 만기가 되어 현금으로 지급하다.

차변		대변	

26 기업은행에 만기 1년의 정기예금을 개설하고, 현금 1,000,000원을 예탁하다.

차변		대변	

27 현금 1,000,000원(단기차입금 300,000원 포함)으로 상품매매업을 개시하다.

차변		대변	

28 현금 500,000원을 국민은행에 당좌예입하다.

차변		대변	

29 회사 금고에 보관 중이던 현금 300,000원을 도난당하다.

차변		대변	

30 너거문방구에서 사무용품 100,000원을 현금으로 구입하다.(비용처리)

차변		대변	

31 상품 500,000원을 매입하고, 대금 중 반액은 수표를 발행하고, 잔액은 약속어음을 발행하여 지급하다.

차변		대변	

32 현대증권에서 ㈜정우학원의 주식 500,000원을 보통예금으로 구입하다.

차변		대변	

33 외상으로 구입하였던 비품 대금 100,000원을 현금으로 지급하다.

차변		대변	

34 메리츠화재에 자동차 보험료 700,000원을 수표 발행하여 납부하다.

차변		대변	

35 업무용 자동차에 대한 반년분 세금 300,000원을 현금으로 납부하다.

차변		대변	

36 거래처 직원 결혼 축하금 300,000원을 현금으로 지급하다.

차변		대변	

37 업무용 차량을 한창카에서 수리하고, 현금 30,000원을 지급하다.

차변		대변	

38 직원 근무복 300,000원을 구입하고, 대금은 수표를 발행하여 지급하다.

차변		대변	

39 불우이웃돕기 성금으로 경남신문사에 현금 1,000,000원을 기탁하다.

차변		대변	

40 상품매매를 알선하고, 알선수수료 50,000원을 현금으로 받다.

차변		대변	

41 당월분 인터넷 통신요금 60,000원이 당사 보통예금계좌에서 자동이체 되다.

차변		대변	

42 마산상사에서 상품 5,000,000원을 매입하기로 계약하고, 계약금 500,000원을 당좌수표를 발행하여 지급하다.

차변		대변	

43 회사 업무용 화물차에 주유하고, 그 대금 50,000원을 현금으로 지급하다.

차변		대변	

44 매장의 일부를 빌려주고 3개월분 사용료 300,000원을 현금으로 받다.

차변		대변	

45 새마을금고에서 현금 1,500,000원을 3개월 후 상환조건으로 차입하다.

차변		대변	

46 상품을 7,000,000원에 매출하기로 하고, 계약금 700,000원을 수표로 받다.

차변		대변	

47 업무용 차량의 월주차비 50,000원을 현금으로 지급하고, 현금영수증을 받다.

차변		대변	

48 영업용 화물차를 30,000,000원에 구입하고, 대금은 24개월 할부로 하다.

차변		대변	

49 다음의 계정계좌의 기입면을 보고 날짜순으로 분개를 추정하시오.

	현 금			당좌예금	
2/17 자 본 금	870,000	2/26 외상매입금 200,000		2/24 비 품	240,000
25 제 좌	250,000	27 급 여 380,000			

	상 품			비 품	
2/20 외상매입금	350,000	2/25 현 금 175,000	2/17 자본금	150,000	
			2/24 당좌예금	240,000	

	외상매입금			자 본 금	
2/26 현 금	200,000	2/20 상 품 350,000		2/17 제좌	1,020,000

	급 여			상품매출이익	
2/27 현 금	380,000			2/25 현 금	75,000

월일	계 정 과 목	금 액	계 정 과 목	금 액
2/17				
2/20				
2/24				
2/25				
2/26				
2/27				

이론 기출문제

01 다음 그림의 (가) 절차에 대한 설명으로 옳은 것만을 〈보기〉에서 있는 대로 고른 것은?

| 거 래 | ⇒ | 분 개 장 | (가)
⇒ | 총계정원장 |

| 보기 | ㄱ. 분개장의 기입 내용을 해당 계정에 옮겨 적는 과정이다.
ㄴ. 전산회계에서는 자동 처리되므로 (가)의 과정이 생략된다.
ㄷ. (가)는 어느 계정, 어느 변에 얼마를 기입할 것인가를 결정하는 절차이다. |

① ㄱ   ② ㄱ, ㄴ   ③ ㄴ, ㄷ   ④ ㄱ, ㄴ, ㄷ

02 다음은 우리상사의 분개장 일부이다. 10월 7일 '적요'란 (가)의 내용으로 가장 적절한 것은?

분 개 장

날짜		적 요	원면	차 변	대 변
10	5	(현 금)	1	800,000	
		(자 본 금)	7		800,000
		현금 출자 개업			
	7	(상 품)	4	100,000	
		(현 금)	1		100,000
		(가)			

① 업무용 책상 구입   ② 판매용 컴퓨터 구입

③ 장기투자 목적 토지 구입   ④ 대표자 개인용 승용차 구입

03 다음의 계정과 분개장에 기록하는 방법의 묶음이 옳지 않은 것은?

① 외상매출금 계정 : 증가할 때 차변에 기록

② 미수금 계정 : 감소할 때 대변에 기록

③ 보험료 계정 : 발생할 때 차변에 기록

④ 차입금 계정 : 증가할 때 차변에 기록

04 다음 중 빈 칸 안에 들어갈 (가), (나) 용어가 순서대로 되어 있는 것은?

> 발생한 거래 내역을 순서에 따라 장부에 분개하여 적는 장부를 (가)라 하고, 이러한 거래를 계정과목별로 기록, 계산, 요약하는 장부를 (나)라 한다.

	(가)	(나)		(가)	(나)
①	현금출납장	분개장	②	총계정원장	분개장
③	분개장	매출처원장	④	분개장	총계정원장

05 다음 그림의 (가)에 들어갈 내용으로 옳은 것은?

거 래	분개 ⇒	분 개 장	전기 ⇒	(가)

① 시산표   ② 정산표   ③ 재무상태표   ④ 총계정원장

06 다음 중 회계상의 모든 거래를 발생 순서대로 빠짐없이 기입하는 장부는?

① 분개장   ② 매입처원장   ③ 매출처원장   ④ 현금출납장

07 다음은 한공기업 분개장의 일부이다. (가)에 들어갈 계정과목으로 옳은 것은?

분 개 장

일자	적 요	차 변	대 변
3.15.	(가)	1,000,000원	
	(현금)		1,000,000원
	직원 체육대회비 지급		

① 복리후생비   ② 접대비   ③ 기부금   ④ 광고선전비

08 다음은 무엇에 관한 설명인가?

> • 각 계정과목별로 기록한다.   • 분개장 기입 후 전기하는 장부이다.

① 시산표   ② 정산표   ③ 총계정원장   ④ 매출처원장

09 다음 총계정원장에서 파악할 수 있는 거래가 <u>아닌</u> 것은?

단기차입금

6/15 현 금 300,000원	⋮	

이 자 비 용

6/15 현 금 10,000원	⋮	

① 자산 증가   ② 자산 감소   ③ 부채 감소   ④ 비용 발생

10 다음 중 설명이 적절하지 않은 것은?

① 자산, 부채, 자본의 증감변화와 수익, 비용의 발생을 구체적인 항목을 세워 기록, 계산, 정리하기 위하여 설정된 단위를 계정이라 한다.

② 모든 거래는 어떤 계정의 차변과 다른 계정의 대변에 같은 금액을 기입하므로, 많은 거래가 기입되더라도 차변합계액과 대변합계 금액이 항상 일치하게 되는 것은 대차평균의 원리라 한다.

③ 회계기말에 모든 장부를 마감하여 일정시점의 재무상태와 일정기간 동안의 경영성과를 정확하게 파악하는 것을 결산이라 한다.

④ 거래가 발생하여 어느 계정에 기입하고, 그 계정의 어느 변에 기입할 것인가, 얼마의 금액을 기입할 것인가를 미리 결정하는 절차를 전기라 한다.

11 다음 괄호 안에 들어갈 적절한 용어가 순서대로 정렬되어 있는 것은?

> 기업에서 발생하는 거래를 발생 순서에 따라 분개하여 기입하는 장부를 (　　　)(이)라하고, 이를 해당 계정에 옮겨 적는 것을 (　　　)(이)라 하는데, 이 때 이들 각 계정이 설정되어 있는 장부를 (　　　)(이)라고 한다.

① 총계정원장 - 전기 - 분개장   ② 총계정원장 - 대체 - 분개장

③ 분개장 - 전기 - 총계정원장   ④ 분개장 - 분개 - 총계정원장

12 '거래를 분개 시 차변 금액과 대변 금액이 같으므로, 계정 전체의 차변 합계액과 대변 합계액이 일치해야 한다'와 관련 있는 회계 용어는?

① 분개의 원리   ② 대차 평균의 원리

③ 거래 요소의 결합   ④ 거래의 이중성

단원별 연습문제 해답

	차 변		대 변	
1	현 금	1,000,000	자 본 금	1,000,000
2	상 품	500,000	현 금	500,000
3	비 품	300,000	현 금	300,000
4	현 금	1,500,000	단 기 차 입 금	1,500,000
5	상 품	100,000	외 상 매 입 금	100,000
6	건 물	5,000,000	현 금 미 지 급 금	3,000,000 2,000,000
7	상 품	400,000	현 금 외 상 매 입 금	200,000 200,000
8	외 상 매 입 금	150,000	당 좌 예 금	150,000
9	당 좌 예 금	200,000	현 금	200,000
10	급 여	500,000	현 금	500,000
11	단 기 차 입 금 이 자 비 용	300,000 30,000	현 금	330,000
12	당 좌 예 금	40,000	이 자 수 익	40,000
13	도 서 인 쇄 비	10,000	현 금	10,000
14	외 상 매 입 금	100,000	현 금	100,000
15	통 신 비	10,000	현 금	10,000
16	차 량 운 반 구	10,000,000	당 좌 예 금 미 지 급 금	6,000,000 4,000,000
17	비 품	100,000	미 지 급 금	100,000
18	임 차 료	200,000	현 금	200,000
19	단 기 대 여 금	500,000	현 금	500,000
20	외 상 매 출 금	300,000	상 품 매 출	300,000
21	외 상 매 출 금 운 반 비	500,000 10,000	상 품 매 출 현 금	500,000 10,000
22	상 품	305,000	외 상 매 입 금 현 금	300,000 5,000
23	현 금	200,000	외 상 매 출 금	200,000
24	수 도 광 열 비	50,000	현 금	50,000
25	지 급 어 음	150,000	현 금	150,000
26	정 기 예 금	1,000,000	현 금	1,000,000

	차 변		대 변	
27	현 금	1,000,000	단 기 차 입 금 자 본 금	300,000 700,000
28	당 좌 예 금	500,000	현 금	500,000
29	잡 손 실	300,000	현 금	300,000
30	소 모 품 비	100,000	현 금	100,000
31	상 품	500,000	당 좌 예 금 지 급 어 음	250,000 250,000
32	단 기 매 매 증 권	500,000	보 통 예 금	500,000
33	미 지 급 금	100,000	현 금	100,000
34	보 험 료	700,000	당 좌 예 금	700,000
35	세 금 과 공 과	300,000	현 금	300,000
36	기 업 업 무 추 진 비	300,000	현 금	300,000
37	차 량 유 지 비	30,000	현 금	30,000
38	복 리 후 생 비	300,000	당 좌 예 금	300,000
39	기 부 금	1,000,000	현 금	1,000,000
40	현 금	50,000	수 수 료 수 익	50,000
41	통 신 비	60,000	보 통 예 금	60,000
42	선 급 금	500,000	당 좌 예 금	500,000
43	도 서 인 쇄 비	30,000	현 금	30,000
44	현 금	300,000	임 대 료	300,000
45	현 금	1,500,000	단 기 차 입 금	1,500,000
46	현 금	700,000	선 수 금	700,000
47	차 량 유 지 비	50,000	현 금	50,000
48	차 량 운 반 구	30,000,000	장 기 미 지 급 금	30,000,000

49	과 목	금 액	과 목	금 액
2/17	현 금 비 품	870,000 150,000	자 본 금	1,020,000
2/20	상 품	350,000	외 상 매 입 금	350,000
2/24	비 품	240,000	당 좌 예 금	240,000
2/25	현 금	250,000	상 품 상 품 매 출 이 익	175,000 75,000
2/26	외 상 매 입 금	200,000	현 금	200,000
2/27	급 여	380,000	현 금	380,000

이론 기출문제 해답

01 ② (가)에 들어갈 말은 전기이다.

ㄱ, ㄴ 전기에 대한 내용이다.

ㄷ은 분개에 대한 내용이다.

02 ② 차변에 상품이면 상품을 매입했다는 것이고, 대변에 현금이면 현금을 지급했다는 것이므로, 상품을 매입하고 현금을 지급하다. 판매용컴퓨터는 상품으로 처리

03 ④ 차입금은 부채인데, 부채의 증가는 대변

04 ④ (가)분개장, (나)총계정원장

05 ④ 분개장의 내용을 전기하는 장부는 총계정원장이다.

06 ① 거래를 분개해서 기입하는 장부는 분개장이다.

07 ① 직원 체육대회비는 복리후생비로 처리한다.

08 ③ 분개장을 전기하는 장부는 총계정원장이다.

09 ① 분개를 하면 단기차입금 300,000, 이자비용 10,000 / 현금 310,000

10 ④ 분개에 대한 설명이다.

11 ③ 분개장 – 전기 – 총계정원장

12 ② 대차평균의 원리에 대한 설명이다.

SECTION *8*
장부(帳簿) 및 결산(決算)

1. 장 부

기업의 경영활동에서 발생하는 모든 거래를 조직적, 계속적으로 기록·계산·정리하여 기업의 경영활동에 관한 원인과 결과를 명백히 하기 위한 기록상의 지면을 "**장부**"라 한다.

2. 장부의 분류

장 부	주요부	분 개 장 : 모든 거래를 발생 순서대로 분개하여 기입하는 장부
		총계정원장 : 분개장에 분개된 내용을 해당계정에 옮겨 적는 장부
	보조부	보조기입장 : 현금출납장, 당좌예금출납장, 매입장, 매출장.....등
		보 조 원 장 : 상품재고장, 매출처원장, 매입처원장 등

3. 분개장

모든 거래를 발생 순서대로 분개하여 기입하는 장부를 "**분개장**"이라 하며, 양식에는 병립식과 분할식이 있다.

4. 총계정원장

분개장에 분개 기입된 거래내용을 계정과목별로 전기하여 기록할 수 있도록 모든 계정계좌가 설정되어 있는 장부를 "**총계정원장**" 또는 원장이라 하며 표준식과 잔액식이 있다.(학습편의상 T자형 사용)

【장부의 흐름】

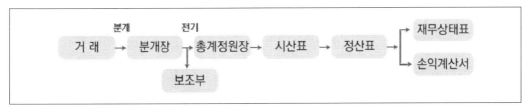

87

5. 전표회계

전표란, 거래를 최초로 기록하고 또 관련부서에 전달할 수 있도록 일정한 양식을 갖춘 용지를 말한다.

(1) 전표의 기능

일반적으로 기업에서는 분개장 대신에 전표를 사용하는 경우가 많은데, 전표는 다음과 같은 기능을 종합적으로 수행하기 때문이다.

① 거래의 발생 사실을 증명하는 증빙서류가 된다.

② 기업 내부에서 거래승인에 대한 결재서류로서 이용된다.

③ 분개장의 역할을 한다. 이때 입금전표와 출금전표는 특수 분개장인 현금수입장과 현금지출장의 기능을 수행한다.

(2) 전표회계의 장점

① 기장사무의 분담을 촉진한다.

② 분개장의 대용으로 장부조직을 간소화 할 수 있다.

③ 장부검사의 수단으로 이용할 수 있다.

④ 기록에 대한 책임소재가 명확해 진다.

⑤ 거래 내용을 신속하게 전달할 수 있다.

(3) 전표의 종류 (실무에서는 3전표제나 5전표제를 사용한다.)

① 1전표제 : 분개전표

② 3전표제 : 입금전표, 출금전표, 대체전표

③ 5전표제 : 입금전표, 출금전표, 대체전표, 매입전표, 매출전표

(4) 전표의 집계와 원장 전기

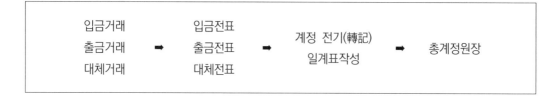

6. 결산의 뜻

회계기말에 모든 장부를 정리, 마감하여 기업의 재무상태와 경영성과를 정확하게 파악하는 절차를 "**결산**"이라 한다.

(1) 결산의 절차

결산의 절차는 예비절차, 본절차, 결산보고서 작성절차로 나눌 수 있다.

1) 결산의 예비절차	① 시산표의 작성 ② 결산 정리사항의 수정(재고조사표) ③ 기말정리사항 수정 및 분개 ④ 수정 후 시산표 작성 ⑤ 정산표 작성(임의사항임)
2) 결산의 본절차	① 총계정원장 및 제장부의 마감 ② 이월시산표 작성 ③ 기타 장부의 마감
3) 결산보고서 작성절차 (후절차 : 재무제표 작성)	① 손익계산서의 작성 ② 재무상태표의 작성 ③ 현금흐름표 작성 ④ 자본변동표 작성 ⑤ 주석 등

(2) 총계정원장의 마감

1) 수익 · 비용계정의 마감

집합계정인 손익계정을 설정하고 모든 수익 · 비용계정의 잔액을 손익계정에 대체한다. (수익은 손익계정 대변, 비용은 손익계정 차변)

수익의 손익계정에 대체	(차) (수익 항목)	×××	(대) 손 익	×××
비용의 손익계정에 대체	(차) 손 익	×××	(대) (비용 항목)	×××

2) 순손익의 자본금계정에 대체

당기순이익의 결산 대체	(차) 손 익	×××	(대) 자 본 금	×××
당기순손실의 결산 대체	(차) 자 본 금	×××	(대) 손 익	×××

3) 자산·부채·자본계정의 마감

남은 잔액을 **"차기이월"**(적서)로 마감하고, 각 계정의 잔액을 이월시산표에 집계한다.

7. 시산표

분개장에서 총계정원장의 전기가 정확하게 되었는가를 검증하기 위하여 작성하는 계정 집계표를 **"시산표"**라고 하며, 시산표는 연도말에 작성되는 것은 아니고, 매월(월계표), 매주(주계표), 매일(일계표)로 작성하기도 한다.

(1) 시산표의 작성 목적

① 총계정원장의 기록(전기)이 정확한가를 검증하기 위해 작성한다.
② 합계시산표를 통하여 거래총액을 파악하기 위하여 작성한다.
③ 결산의 예비절차로서 개략적인 재무상태와 경영성과를 파악하기 위하여 작성한다.

(2) 종류 : 합계시산표, 잔액시산표, 합계잔액시산표

1) 합계시산표

원장 각계정의 차변합계액과 대변합계액을 집계하여 작성한 것으로 합계시산표의 대·차 합계액은 거래총액을 나타내며, 분개장의 대·차 합계액과도 일치한다.

합계시산표

차 변	계정과목	대 변

2) 잔액시산표

원장의 각 계정의 잔액을 산출하여 작성하는 시산표이다.

잔액시산표

차 변	계정과목	대 변

3) 합계잔액시산표

합계시산표와 잔액시산표를 동시에 작성하는 표이다.

합계잔액시산표

차 변		계정과목	대 변	
잔 액	합 계		잔 액	합 계

(3) 등식 : 기말자산＋총비용＝기말부채＋기초자본＋총수익

(4) 시산표 오류의 정정

1) 시산표에서 발견할 수 없는 오류(대·차 차액이 없는 오류)

① 분개 입력시 계정과목의 혼돈으로 차변과 대변과목이 잘못 입력한 경우
② 분개 입력시 차변과 대변 금액의 동일금액을 동시에 잘못 입력한 경우
③ 거래 전체의 분개 입력이 누락된 경우
④ 한 거래를 이중으로 분개 입력한 경우
⑤ 두개의 잘못이 서로 우연히 상계된 경우

2) 시산표에서 발견할 수 있는 오류(대·차 차액이 발생한 오류)

① 분개나 전기시 차변금액과 대변금액을 서로 다르게 기록한 경우
② 분개장에서 총계정원장으로 전기시 대차불일치 전기의 오류
③ 총계정원장에서 시산표로 이기시 대차금액의 오류
④ 분개, 전기, 이기시 대차 한쪽을 기입하지 않은 경우

8. 정산표

잔액시산표를 기초로 하여 손익계산서와 재무상태표가 작성 되기까지의 과정을 하나의 일람표로 나타내는 것을 **"정산표"**라 한다. (가결산 보고서)

(1) 정산표의 종류

① 6위식 정산표 : 잔액시산표, 손익계산서, 재무상태표(각각의 차변과 대변)
② 8위식 정산표 : 잔액시산표, 기말정리사항, 손익계산서, 재무상태표
③ 10위식 정산표 : 잔액시산표, 기말정리사항, 수정후 잔액시산표, 손익계산서, 재무상태표

(2) 정산표의 작성방법

① 잔액시산표의 각 계정의 금액을 대차 그대로 정산표의 잔액시산표란에 기입
② 잔액시산표의 자산, 부채, 자본에 속하는 계정은 재무상태표란에 기입하고, 수익과 비용에 속하는 계정은 손익계산서란에 이동 기입한다.
③ 재무상태표와 손익계산서의 대차합계를 계산 후 당기순손익을 기입하고 마감한다.

(3) 정산표 양식

정 산 표

계정과목	잔액시산표		손익계산서		재무상태표	
	차변	대변	차변	대변	차변	대변

연습문제

※ 다음 총계정원장에 의하여 합계시산표, 잔액시산표, 합계잔액시산표를 작성하시오.

현 금	(1)
450,000	300,000

단기매매증권	(2)
230,000	130,000

외상매출금	(3)
320,000	240,000

상 품	(4)
480,000	250,000

비 품	(5)
140,000	

외상매입금	(6)
150,000	250,000

지 급 어 음	(7)
80,000	130,000

단기차입금	(8)
	100,000

자 본 금	(9)
	400,000

상품매출이익	(10)
	130,000

수수료수익	(11)
	30,000

잡 이 익	(12)
	20,000

급 여	(13)
70,000	

보 험 료	(14)
15,000	

세금과공과	(15)
5,000	

임 차 료	(16)
30,000	

이 자 비 용	(17)
10,000	

합 계 시 산 표

차 변	원면	계 정 과 목	대 변

잔 액 시 산 표

차 변	원면	계 정 과 목	대 변

합 계 잔 액 시 산 표

차 변		원면	계 정 과 목	대 변	
잔 액	합 계			합 계	잔 액

정 산 표

계정과목	잔액시산표		손익계산서		재무상태표	
	차변	대변	차변	대변	차변	대변

단원별 연습문제 및 이론 기출문제

※ 다음 문제를 잘 읽고, 정답을 고르시오.

01 다음 중 그 잔액을 차기로 이월할 수 없는 계정은?

① 복리후생비　　　② 토지　　　　　③ 자본금　　　　④ 매입채무

02 다음 중 보조원장의 종류가 아닌 것은?

① 상품재고장　　　② 현금출납장　　　③ 매출처원장　　　④ 매입처원장

03 다음의 장부 중 주요부에 속하는 것은?

① 총계정원장　　　② 매입장　　　　　③ 현금출납장　　　④ 상품재고장

04 다음 중 시산표 작성시 발견이 가능한 오류는?

① 분개할 때 성격이 다른 계정과목을 사용하였다.
② 거래내용의 전체가 누락되었다.
③ 같은 거래를 이중으로 기록하였다.
④ 차변과 대변의 금액을 다르게 기록하였다.

05 분개장에 분개된 거래가 총계정원장에 바르게 전기되었는지의 정확성여부를 대차평균의 원리에 따라 검증하기 위하여 작성하는 것은?

① 시산표　　　② 손익계산서　　　③ 정산표　　　④ 재무상태표

06 기업회계기준서에서 정하고 있는 재무제표가 아닌 것은?

① 손익계산서　　　② 시산표　　　③ 현금흐름표　　　④ 재무상태표

07 결산절차에서 결산의 예비절차에 속하지 않는 것은?

① 정산표 작성　　　② 시산표 작성　　　③ 재무상태표 작성　　　④ 재고조사표 작성

08 다음 중 회계처리의 순환과정 순서로 옳은 것은?

① 분개장 – 시산표 – 정산표 – 원장

② 분개장 – 원장 – 시산표 – 정산표

③ 시산표 – 정산표 – 원장 – 분개장

④ 시산표 – 분개장 – 원장 – 정산표

09 다음 중 시산표에 대한 설명으로 틀린 것은?

① 기중 거래기록의 정확성 여부를 검증하는 표이다.

② 결산을 위해 반드시 필요하다.

③ 복식회계의 원리가 그대로 적용되지는 않는다.

④ 합계시산표, 잔액시산표, 합계잔액시산표가 있다.

10 기말 결산시 손익계정으로 대체되는 계정과목은?

① 외상매출금　　　② 대손상각비　　　③ 자본금　　　④ 단기차입금

11 다음 (가), (나)의 물음에 관련된 내용으로 옳은 것은?

> (가) 거래가 분개장에서 총계정원장으로 올바르게 옮겨졌는가?
> (나) 일정기간 동안 수익과 비용은 얼마이며, 이익은 얼마인지?

① (가) 시산표, (나) 재무상태표　　　② (가) 시산표, (나) 손익계산서

③ (가) 정산표, (나) 손익계산서　　　④ (가) 정산표, (나) 재무상태표

12 다음 거래를 기입해야 할 회계장부와 관련이 없는 것은?

> 효정상점으로부터 상품 100,000원을 외상으로 매입하고, 당점 부담 운반비 5,000원을 현금으로 지급하다.

① 매입장　　　② 상품재고장　　　③ 매출처원장　　　④ 현금출납장

연습문제 해답

합 계 시 산 표				잔 액 시 산 표			
차 변	원면	계 정 과 목	대 변	차 변	원면	계 정 과 목	대 변
450,000	1	현　　　　금	300,000	150,000	1	현　　　　금	
230,000	2	단 기 매 매 증 권	130,000	100,000	2	단 기 매 매 증 권	
320,000	3	외 상 매 출 금	240,000	80,000	3	외 상 매 출 금	
480,000	4	상　　　　품	250,000	230,000	4	상　　　　품	
140,000	5	비　　　　품		140,000	5	비　　　　품	
150,000	6	외 상 매 입 금	250,000		6	외 상 매 입 금	100,000
80,000	7	지 급 어 음	130,000		7	지 급 어 음	50,000
	8	단 기 차 입 금	100,000		8	단 기 차 입 금	100,000
	9	자　　본　　금	400,000		9	자　　본　　금	400,000
	10	상 품 매 출 이 익	130,000		10	상 품 매 출 이 익	130,000
	11	수 수 료 수 익	30,000		11	수 수 료 수 익	30,000
	12	잡　　이　　익	20,000		12	잡　　이　　익	20,000
70,000	13	급　　　　여		70,000	13	급　　　　여	
15,000	14	보　　험　　료		15,000	14	보　　험　　료	
5,000	15	세 금 과 공 과		5,000	15	세 금 과 공 과	
30,000	16	임　　차　　료		30,000	16	임　　차　　료	
10,000	17	이 자 비 용		10,000	17	이 자 비 용	
1,980,000			1,980,000	830,000			830,000

합 계 잔 액 시 산 표

차 변		원면	계 정 과 목	대 변	
잔 액	합 계			합 계	잔 액
150,000	450,000	1	현　　　　　금	300,000	
100,000	230,000	2	단 기 매 매 증 권	130,000	
80,000	320,000	3	외 상 매 출 금	240,000	
230,000	480,000	4	상　　　　　품	250,000	
140,000	140,000	5	비　　　　　품		
	150,000	6	외 상 매 입 금	250,000	100,000
	80,000	7	지 급 어 음	130,000	50,000
		8	단 기 차 입 금	100,000	100,000
		9	자 본 금	400,000	400,000
		10	상 품 매 출 이 익	130,000	130,000
		11	수 수 료 수 익	30,000	30,000
		12	잡 이 익	20,000	20,000
70,000	70,000	13	급　　　　　여		
15,000	15,000	14	보 험 료		
5,000	5,000	15	세 금 과 공 과		
30,000	30,000	16	임 차 료		
10,000	10,000	17	이 자 비 용		
830,000	1,980,000			1,980,000	830,000

정 산 표

계정과목	잔액시산표		손익계산서		재무상태표	
	차변	대변	차변	대변	차변	대변
현 금	150,000				150,000	
단 기 매 매 증 권	100,000				100,000	
외 상 매 출 금	80,000				80,000	
상 품	230,000				230,000	
비 품	140,000				140,000	
외 상 매 입 금		100,000				100,000
지 급 어 음		50,000				50,000
단 기 차 입 금		100,000				100,000
자 본 금		400,000				400,000
상 품 매 출 이 익		130,000		130,000		
수 수 료 수 익		30,000		30,000		
잡 이 익		20,000		20,000		
급 여	70,000		70,000			
보 험 료	15,000		15,000			
세 금 과 공 과	5,000		5,000			
임 차 료	30,000		30,000			
이 자 비 용	10,000		10,000			
당 기 순 이 익			50,000			50,000
	830,000	830,000	180,000	180,000	700,000	700,000

단원별 연습문제 및 이론 기출문제 해답

01 ① 차기로 이월할 수 있는 것은 자산, 부채, 자본이다. 복리후생비는 비용이다.

02 ② 보조원장은 상품재고장, 매출처원장, 매입처원장

현금출납장은 보조기입장이다.

03 ① 주요부에는 분개장과 총계정원장이 있고,

보조부에는 보조원장과 보조기입장이 있다.

04 ④ 차변과 대변의 합계가 다른 것은 발견할 수 있으나, 나머지는 알수 없다.

05 ① 시산표는 자기 검증 기능(대차평균의 원리)이 있다.

06 ② 재무제표는 재무상태표, 손익계산서, 현금흐름표, 자본변동표, 주석이 있다.

07 ③ 예비절차에는 시산표작성, 재고조사표작성, 정산표작성(선택적)이 있다.

08 ② 분개장 - 총계정원장 - 시산표 - 정산표

09 ③ 복식회계의 원리가 그대로 적용된 장부이다.

10 ② 수익과 비용은 손익으로 대체, 자산, 부채, 자본은 차기이월로 마감한다.

11 ② (가) 시산표, (나) 손익계산서

12 ③ 상품(매입장, 상품재고장) / 외상매입금(매입처원장), 현금(현금출납장)

상품매입시 운반비는 상품에 포함한다.

Part. 2

자산 · 부채 · 자본 · 수익 · 비용

SECTION 1
현금에 관한 거래

1. 현 금

한국은행이 발행한 통화(주화, 지폐)와 통화대용증권 등을 말한다.

현금	통화	현재 통용되는 화폐로 주화와 지폐
	통화대용증권	• 언제든지 통화와 교환할 수 있는 증권(증서) 타인(동점)발행수표, 자기앞수표, 가계수표, 송금수표, 송금환, 여행자수표, 우편환증서, 대체저금환급증서, 배당금영수증, 공·사채만기이자표, 국고송금통지서, 일람출급어음 등

• 일람출급어음 : 지급을 제시하면 제시가 있었던 날을 만기로 하는 어음
• 여행자수표 : 여행 중에 현금 대신 사용하거나 현금으로 교환할 수 있는 수표
• 우편환증서 : 은행의 송금과는 달리 가입계좌 없이 우편을 이용해 현금을 수송하는 제도
• 송금수표 : 현금을 보낼 사람이 수표를 발행하여 등기우편으로 상대방에게 보내면 상대방이
　　　　　　거래은행을 통하여 지급은행에 수표를 제시함으로써 지급받는다.

수 표	동점(타인)발행 수표	현　금
	당점(자기)발행 수표	당좌예금

♣ 통화 대용증권에 포함되지 않는 것
　• 우표 등 : 통신비로 처리
　• 수입인지 : 세금과공과
　• 타인발행어음 수취 & 선일자수표 수취 : 받을어음으로 처리
　• 약속어음 발행 & 선일자수표 발행 : 지급어음으로 처리

【통화대용증권 예시】

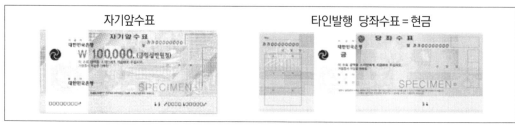

자기앞수표	타인발행 당좌수표 = 현금

SECTION 2
당좌예금 · 당좌차월에 관한 거래

1. 당좌예금

은행과 당좌거래 계약을 맺고, 현금을 당좌예입한 후, 필요에 따라 수시로 수표를 발행하여 사용할 수 있는 무이자의 예금으로, 예입은 차변에, 수표를 발행(인출)하면 대변에 기입한다.

구 분	차 변	대 변
현금을 당좌예입하면	당 좌 예 금 10,000	현 금 10,000
상품을 매입하고 수표발행하여 지급하면	상 품 6,000	당 좌 예 금 6,000

2. 당좌차월(= 단기차입금, 부채계정)

당좌수표의 발행은 당좌예금 잔액 한도 내에서만 가능하지만, 은행에 담보(근저당)를 제공하여 당좌차월계약을 맺으면, 당좌수표를 예금액이상 초과 발행할 수 있는데 그 초과액을 **당좌차월**이라 한다.

▸ 회계프로그램 입력시 당좌차월 계정이 없으면 단기차입금으로 회계처리 한다.

당좌계정	당좌 1계정제	당 좌(혼합계정)
	당좌 2계정제	당좌예금, 당좌차월

구 분	차 변		대 변	
당좌예금잔액 초과 수표발행시 (당좌예금 잔액 4,000원)	상 품	7,000	당좌예금 당좌차월	4,000 3,000
현금을 당좌예입하면	당 좌 차 월 당 좌 예 금	3,000 2,000	현 금	5,000

【기타의 은행예금 】

은행예금	요구불예금	입출금이 자유로운 예금(편리함) 당좌예금, 보통예금, 저축예금 등	현금 및 현금성자산
	저축성예금	입출금이 제한적인 예금(저축목적) 정기적금, 정기예금 등(만기가 있음)	단기금융상품 또는 장기금융상품

단원별 연습문제 및 이론 기출문제

01 갑작스런 폭설로 피해를 입은 농민을 돕기 위해 현금 3,000,000원을 한국방송공사에 지급하다.

차변		대변	

02 영업부 직원들에게 명절선물용 한우선물세트를 너거동네 큰마트에서 구입하고, 대금 1,000,000원을 현금으로 지급하다.

차변		대변	

03 키다리전자에서 판매용컴퓨터 600,000원을 구입하고, 대금 중 반액은 당점발행수표로 지급하고, 잔액은 1개월 후에 지급하기로 하다.

차변		대변	

04 진해상회에 상품 1,000,000원을 매출하고, 대금 중 400,000원은 당점발행수표로 받고, 잔액은 경남은행 발행수표로 받다.

차변		대변	

05 김해상회에 대한 외상매입금 500,000원을 수표를 발행하여 지급하다.
단, 당좌예금 잔액은 400,000원이며, 당좌차월 한도액은 600,000원이다.

차변		대변	

06 경남상점에 대한 외상매출금 900,000원 중 500,000원을 수표로 받아 당좌예입하다. 단, 당좌차월 잔액 400,000원이 있다.

차변		대변	

07 거래처 효정패션의 외상매출금 5,000,000원을 전액 현금으로 회수하여 당좌예입하다.

차변		대변	

08 타 지방은행 발행의 자기앞수표 100,000원을 너거은행에서 현금으로 교환하고, 수수료 1,000원을 현금으로 지급하였다.

차변		대변	

09 다음 중 통화대용증권(현금)으로 회계처리하기에 타당하지 않는 것은?

① 송금수표　　　　② 일람출금어음　　　③ 선일자수표　　　④ 타인발행수표

10 재무상태표에 현금및현금성자산 계정과목으로 표시할 수 없는 것은?

① 현금　　　　　　　　　　② 받을어음
③ 취득일로부터 만기가 3개월 이내인 예금　④ 당좌예금

11 현금계정 차변에 기입해야 되는 거래는?

① 상품을 매출하고 약속어음을 받다.
② 상품 외상대금을 당좌수표를 발행하여 지급하다.
③ 외상매출금을 거래처 발행 당좌수표로 받다.
④ 소지하고 있던 자기앞수표를 거래은행에 당좌예입하다.

12 다음 중 재무상태표의 현금및현금성자산의 과목으로 표시해야 할 계정은?

① 당좌예금　　　　② 받을어음　　　　③ 단기매매증권　　　④ 단기금융상품

13 다음 현금및현금성자산의 종류 중 그 성격상 분류가 다른 하나는 무엇인가?

① 자기앞수표

② 타인(동점)발행수표

③ 일람출급어음

④ 취득당시 만기가 3개월 이내에 도래하는 채권

14 다음 중 회계상 현금 계정으로 처리할 수 없는 것은?

① 당점 발행 당좌수표

② 경남은행 발행 자기앞수표

③ 배당금지급통지표

④ 우편환증서

15 아래의 자료를 토대로 재무상태표에 현금 및 현금성자산으로 합산되어 기록되는 금액은?

• 현　　　　금 : 120,000원	• 선　급　금 : 240,000원	• 외상매출금 : 110,000원
• 보 통 예 금 : 150,000원	• 당 좌 예 금 : 180,000원	• 단기대여금 : 100,000원

① 270,000원　　　② 300,000원　　　③ 450,000원　　　④ 560,000원

16 당좌차월계약을 맺은 후 당좌예금잔액을 초과하여 발행한 수표금액을 회계처리하는 계정과목으로 가장 적절한 것은?

① 현금　　　　② 미지급금　　　③ 지급어음　　　④ 단기차입금

17 다음 설명에 해당되는 계정과목은?

당좌예금 잔액의 범위를 초과하여 당좌수표를 발행하여도 거래은행과 약정에 의한 일정한도까지는 거래은행이 부도처리 하지 않고 당좌수표를 발행할 수 있도록 하는 것을 말한다.

① 당좌예금　　　② 지급어음　　　③ 당좌차월　　　④ 보통예금

18 다음 중 재무상태표상의 현금및현금성자산에 해당하지 않는 것은?

① 당좌예금

② 타인발행수표

③ 가입당시 만기가 3개월 이내에 도래하는 정기예금

④ 만기가 6개월 후에 도래하는 정기적금

단원별 연습문제 및 이론 기출문제 해답

	차 변		대 변	
01	기 부 금	3,000,000	현 금	3,000,000
02	복 리 후 생 비	1,000,000	현 금	1,000,000
03	상 품	600,000	당 좌 예 금 외 상 매 입 금	300,000 300,000
04	당 좌 예 금 현 금	400,000 600,000	상 품 매 출	1,000,000
05	외 상 매 입 금	500,000	당 좌 예 금 당좌차월(단기차입금)	400,000 100,000
06	당좌차월(단기차입금) 당 좌 예 금	400,000 100,000	외 상 매 출 금	500,000
07	당 좌 예 금	5,000,000	외 상 매 출 금	5,000,000
08	수 수 료 비 용	1,000	현 금	1,000

09 ③ 선일자수표는 어음으로 회계처리 하고, 일람출급어음은 현금으로 회계처리 한다.

10 ② 받을어음은 매출채권(외상매출금과 받을어음)이다.

11 ③, ① 받을어음 / 상품매출, ② 외상매입금 / 당좌예금

③ 현금 / 외상매출금, ④ 당좌예금 / 현금

12 ①, ② 받을어음 - 매출채권, ③④ 단기매매증권, 단기대여금 - 단기투자자산

13 ④, ①②③은 통화대용증권, ④현금성자산

14 ① 당점발행 당좌수표는 당좌예금(당점은 우리회사)

15 ③ 현금 120,000＋보통예금 150,000＋당좌예금 180,000＝450,000

16 ④ 단기차입금(입력시 당좌차월 계정과목이 있으면 당좌차월로 입력한다.)

17 ③ 당좌차월(당좌차월이 없으면 단기차입금이 정답)

18 ④ 만기가 6개월 후에 도래하는 정기적금은 단기금융상품이다.

SECTION 3
현금과부족에 관한 거래

1. 현금과부족(임시계정, 가계정)

현금의 장부액(현금출납장잔액)과 실제액(금고잔액)이 일치하지 않을 경우 그 원인이 판명될 때까지 일시적으로 처리하는 가계정으로 불일치의 원인이 판명되면 해당 계정에 대체한다. 결산일까지 불일치의 원인이 판명되지 않으면 부족액은 "잡손실"계정으로, 초과액은 "잡이익"계정으로 처리한다.

(1) 현금부족시 회계처리(장부잔액 〉 실제잔액)

구 분	차 변		대 변	
장부잔액 50,000원, 실제잔액 40,000원	현금과부족	10,000	현　　　금	10,000
전화요금 7,000원 기장누락으로 확인 시	통　신　비	7,000	현금과부족	7,000
부족액 3,000원 결산일까지 원인불명 시	잡　손　실	3,000	현금과부족	3,000
결산 당일 현금 부족액을 발견 시	잡　손　실	10,000	현　　　금	10,000

(2) 현금과잉시 회계처리(장부잔액 〈 실제잔액)

구 분	차 변		대 변	
장부잔액 50,000원, 실제잔액 60,000원	현　　　금	10,000	현금과부족	10,000
외상매출금 7,000원 회수 기장누락으로 판명	현금과부족	7,000	외상매출금	7,000
과잉액 3,000원 결산일까지 원인불명 시	현금과부족	3,000	잡　이　익	3,000
결산 당일 현금 과잉액을 발견 시	현　　　금	10,000	잡　이　익	10,000

(3) 결산 당일에 현금 잔액이 불일치하면 현금과부족 대신 잡손실, 잡이익으로 회계처리한다.

① 기말 결산시에 현금잔액이 과잉이면(장부잔액 〈 실제잔액)
   ➔ 현금 실제 잔액이 많으면 : 현금　×××　/　잡이익　×××
② 기말 결산시에 현금잔액이 부족하면(장부잔액 〉 실제잔액)
   ➔ 현금 장부 잔액이 많으면 : 잡손실　×××　/　현금　×××

단원별 연습문제 및 이론 기출문제

01－1 기중에 현금 장부잔액 80,000원, 실제액 100,000원으로 확인되다.

차변		대변	

01－2 위 과잉분 중 15,000원은 집세수입의 기장누락으로 판명하다.

차변		대변	

01－3 기말을 맞아 현금과부족계정을 정리하다.

차변		대변	

02 현금의 실제액을 조사한 바 현금계정 장부잔액은 538,000원인데, 금고상의 실제잔액 500,000원
이었다. 현재로서는 원인을 알 수 없어 그 원인을 조사중이다.

차변		대변	

03 현금과부족으로 처리한 80,000원 중 50,000원은 이자지급의 기장누락으로 판명하고, 잔액은 계
속 조사 중이다.

차변		대변	

04 현금과부족 차변잔액 100,000원 중 85,000원은 보험료 지급의 기장누락으로 판명되고, 잔액은
원인 불명인 채 결산일을 맞다.

차변		대변	

05 기말 결산시 현금 금고잔액은 300,000원이고, 현금출납장 잔액은 250,000원으로 확인되다.

차변		대변	

06 현금과부족계정에 기입된 현금부족액 150,000원 중 100,000원은 시내교통비 지급액의 누락임이 판명되었고, 잔액은 원인을 밝혀내지 못하고 결산일을 맞이하다.

차변		대변	

07 회계기간 중 현금 실제 잔액이 장부 잔액보다 10,000원이 많은 경우의 분개시 차변 계정과목으로 올바른 것은?

① 가수금　　　　② 현금과부족　　　③ 현금　　　　④ 잡이익

08 현금과부족에 대한 설명으로 가장 옳은 것은?

① 회계기간 중 현금의 실제잔액이 장부잔액보다 많은 경우에만 처리하는 계정과목이다.
② 회계기간 중 현금의 실제잔액이 장부잔액보다 적은 경우에만 처리하는 계정과목이다.
③ 기말결산시 현금의 장부잔액과 실제잔액의 차이가 발생하는 경우 처리하는 계정과목이다.
④ 회계기간 중 현금의 장부잔액과 실제잔액의 차이가 발생하는 경우 처리하는 계정과목이다.

09 현금과부족에 대한 설명으로 잘못 된 것은?

① 기중에 실제잔액보다 장부잔액이 많음을 발견시 (차)현금 (대)현금과부족으로 분개 한다.
② 현금 실제액이 장부잔액과 일치하지 않을 때 사용하는 계정과목이다.
③ 기말 재무상태표상에는 표시되지 않는 임시계정이다.
④ 결산시에 현금부족액의 원인을 발견하지 못한 경우 잡손실로 처리한다.

10 현금시재액이 장부상시재액보다 50,000원 부족한 경우 해야 할 적절한 조치는?

① 당좌차월계정으로 대체한다.　　② 선급금계정으로 대체한다.
③ 현금과부족 계정에 대체한다.　　④ 소액현금계정으로 대체한다.

단원별 연습문제 및 이론 기출문제 해답

		차 변		대 변	
01-1	현　　　　금	20,000	현 금 과 부 족		20,000
01-2	현 금 과 부 족	15,000	임　　대　　료		15,000
01-3	현 금 과 부 족	5,000	잡　　이　　익		5,000
02	현 금 과 부 족	38,000	현　　　　금		38,000
03	이 자 비 용	50,000	현 금 과 부 족		50,000
04	보　　험　　료 잡　　손　　실	85,000 15,000	현 금 과 부 족		100,000
05	현　　　　금	50,000	잡　　이　　익		50,000
06	여 비 교 통 비 잡　　손　　실	100,000 50,000	현 금 과 부 족		150,000

07 ③ 현금 / 현금과부족

08 ④ 현금이 기중에 차이가 나면 현금과부족, 기말에 차이가 나면 잡이익, 잡손실

09 ① 장부잔액이 많으면 자산의 감소(현금)

　　현금과부족 / 현금

10 ③ 현금과부족 50,000 / 현금 50,000

SECTION 4
소액현금에 관한 거래

1. 소액현금(전도금)

소액의 비용을 지출하기 위해 회계과(재무과, 경리과)에서 용도계(인사과 등)에 매월 일정액을 전도(선급)하는 보급액(회계과에서 회계처리 함)을 말한다.

2. 소액현금의 선급(전도) 방법

(1) 정액자금선급법

매월초 잔액을 일정액으로 유지하도록 자금을 보급(선급)하는 방법으로 정기적으로 사용액을 보충해 주는 방법을 말한다.
① 월초보급법 : 매월초에 지출액을 선급해 주는 방법이다.
② 월말보급법 : 매월말에 지출액을 선급해 주는 방법이다.

(2) 부정액자금선급법(수시자금선급법)

자금부족(필요)시마다 수시로 추가 보충해 주는 방법을 말한다.

3. 소액현금출납장

용도계에서 소액현금의 수입과 지출의 내용을 상세히 기록하기 위한 보조기입장으로 매월 회계과에 보고해야 한다.

♣ 소액현금은 자산계정이므로 재무상태표에 기입시 현금및현금성자산 계정에 포함 한다.

SECTION *5*
각종 예금에 관한 거래

1. 보통예금 : 입출금이 자유로운 예금(요구불예금)을 말한다.

이자 입금시 이자수익으로 회계처리 한다.

▸ 이자가 통장에 입금되면 : 보통예금 ××× / 이자수익 ×××

요구불예금은 회계처리 시 중요성에 따라 예금종류별로 별도의 계정과목(개별계정)을 설정
하여 처리할 수도 있고, 통합계정과목으로 사용하기도 한다.

2. 정기예금, 정기적금 (분개시 각각의 계정과목 사용)

만기가 3개월 이상인 정기예금과 정기적금 등을 재무상태표에 단기(장기)금융상품으로 통합
하여 기재한다.

No	구 분	차 변	대 변
(1)	1년 이내 만기 정기예금을 하면	정 기 예 금 10,000	현 금 10,000
(2)	만기일에 원금과 이자를 받으면	현 금 11,000	정 기 예 금 10,000 이 자 수 익 1,000

3. 현금성자산

현금의 전환이 용이한 것으로 <u>취득 당시 만기가 3개월 이내에 도래하는</u> 단기매매증권(공·
사채 등), 또는 단기금융상품(정기예금) 등을 말한다.

① 큰 거래 비용 없이 현금의 전환이 용이하고,

② 시장이자율 변동에 따른 가치변동의 위험이 적은 채무증권이나,

③ 단기금융자산으로 취득 당시에 만기 또는 상환일이 3개월 이내에 도래하는 것을 말한다.

> ▸ 만기 3개월 이내의 정기예금 등을 예입하면
>   차) 현금성자산   ×××   대) 현   금   ×××

단원별 연습문제

01 신입사원에게 지급할 컴퓨터를 1,000,000원에 구입하고, 보통예금에서 계좌이체 하였다.

차변		대변	

02 경남은행의 보통예금에 대한 이자 3,000원이 통장에 입금된 내용을 확인하다.

차변		대변	

03 지난 달 사용한 현대카드 사용대금 1,530,000원이 당사의 보통예금계좌에서 인출되었음을 확인하다.

차변		대변	

04 우리은행에 보통예금에서 이체하여 600,000원을 80일간 정기예입하다.

차변		대변	

05 신한은행의 보통예금 500,000원 중 200,000원을 현금으로 인출하다.

차변		대변	

06 영업부가 사용하는 본사 사무실의 관리비 300,000원을 보통예금에서 이체하였다.

차변		대변	

07 새마을금고의 정기적금 900,000원과 그에 대한 이자 90,000원이 만기가 되어 현금으로 받다.

차변		대변	

08 당월 분 사무실 인터넷 사용료 34,000원이 보통예금통장에서 자동이체 인출되었다.

차변		대변	

09 거래처 민국완구에서 받은 약속어음 1,000,000원이 만기가 되어 당점 보통예금계좌에 입금된 사실을 인터넷뱅킹을 통하여 확인하다.

차변		대변	

단원별 연습문제 해답

	차 변		대 변	
01	비 품	1,000,000	보 통 예 금	1,000,000
02	보 통 예 금	3,000	이 자 수 익	3,000
03	미 지 급 금	1,530,000	보 통 예 금	1,530,000
04	현 금 성 자 산	600,000	보 통 예 금	600,000
05	현 금	200,000	보 통 예 금	200,000
06	건 물 관 리 비	300,000	보 통 예 금	300,000
07	현 금	990,000	정 기 적 금 이 자 수 익	900,000 90,000
08	통 신 비	34,000	보 통 예 금	34,000
09	보 통 예 금	1,000,000	받 을 어 음	1,000,000

SECTION *6*
단기금융상품에 관한 거래

1. 단기금융상품

단기금융상품	만기가 1년 이내인 정기예금 및 정기적금 등
	감채기금예금(특수목적으로 사용) 등 사용이 제한되어 있는 예금
	양도성예금증서 등과 같은 기타 정형화된 상품

【계정과목 분류 기준】

소 유 기 간	계정과목	계정분류
취득시 만기가 3개월 이내에 도래	현금성자산	당좌자산
3개월 이상 ~ 결산일로부터 만기가 1년 이내에 도래	단기금융상품	당좌자산
결산일로부터 만기가 1년 이상 장기적인 것	장기금융상품	투자자산

2. 단기금융상품의 종류

(1) 재무상태표 기준일로부터 만기가 1년 이내에 도래하는 정기예금, 정기적금 등

(2) 사용이 제한되어 있는 예금

사채상환 목적의 감채기금예금, 담보제공 된 예금, 당좌개설보증금 등 사용이 제한된 예금으로서 사용에 제한을 받는 기간이 1년 이내인 예금을 말한다.

(3) 기타 정형화된 금융상품

① 양도성예금증서(CD)

무기명 정기예금증서로 금융시장에서 자유로이 매매할 수 있는 양도가 자유로운 정기예금증서이다.

② 어음관리구좌(CMA)

투자를 부탁한 고객의 자금을 금융자산이나 국·공채 등의 채권에 투자하여 발생한 수익을 고객에게 돌려주는 금융상품이다.

③ 금전신탁(MMF)

투자신탁 회사가 고객의 자금을 모아 단기금융상품에 투자하여 수익을 얻는 초단기금융수익 상품이다.

④ 환매채(RP)

일정기간 후에(보통 3개월) 다시 매입하는 조건으로 채권을 매각하고, 이 기간이 경과한 후 약정된 이자를 포함한 금액으로 다시 매입하는 채권이다.

⑤ **신종기업어음, 표지어음 등도 포함된다.**

〈예제문제〉

① 만기가 5개월인 양도성예금증서 액면 5,000,000원을 이자 500,000원 제외한 잔액을 현금으로 지급하고 구입하다.

(차) 단기금융상품   4,500,000   (대) 현   금   4,500,000

② 위 양도성예금증서가 만기일이 되어, 대금을 현금으로 받아 보통예입하다.

(차) 보 통 예 금   5,000,000   (대) 단기금융상품   4,500,000

                                     이 자 수 익   500,000

(4) 선일자수표

수표증서에 발행일을 실제발행일로 기재하지 않고, 일정기간 후 수표에 대한 대금지급 청구를 하는 조건으로 수취인과의 사전약정에 의해 발행하는 수표로서 지급청구 약정일을 발행일자로 교부하는 경우이다. 이러한 약정은 법률적으로는 효력이 없지만 상관행상 인정되고 있는데, 이 경우의 **회계처리는 어음에 대한 회계처리**에 준한다.

거 래 내 용	발 행 인	수 취 인
상품매매대금으로 선일자수표를 교부한 경우	상 품 ××× 지급어음 ×××	받을어음 ××× 상품매출 ×××
대금이 만기 결제시	지급어음 ××× 현 금 ×××	현 금 ××× 받을어음 ×××
상품거래 이외의 대금으로 선일자수표를 교부한 경우	비 품 ××× 미지급금 ×××	미 수 금 ××× 비 품 ×××
대금이 만기 결제시	미지급금 ××× 현 금 ×××	현 금 ××× 미 수 금 ×××

이론 기출문제

01 다음에 설명하는 항목과 통합계정으로 재무제표에 표시되는 것이 아닌 것은?

> 큰 거래비용 없이 현금으로 전환이 용이하고 이자율 변동에 따른 가치변동의 위험이 중요하지 않은 금융상품으로서 취득 당시 만기일(또는 상환일)이 3개월 이내인 것

① 통화 및 타인발행수표　　　　② 당좌예금
③ 보통예금　　　　　　　　　　④ 매출채권

02 다음 중 현금 및 현금성자산에 포함되지 않는 것은?

① 당좌예금　　　　　　　　　　② 통화대용증권
③ 우편환증서　　　　　　　　　④ 받을어음

03 다음 중 아래의 빈칸에 들어갈 내용으로 적합한 것은?

> 단기금융상품은 만기가 결산일로부터 (　　　　)이내에 도래하는 금융상품으로서 현금성자산이 아닌 것을 말한다.

① 1개월　　　　　　　　　　　② 3개월
③ 6개월　　　　　　　　　　　④ 1년

이론 기출문제 해답

01 ④ 현금성자산에 대한 내용이며, ①②③은 현금및현금성자산이고,
　　④ 매출채권은 외상매출금과 받을어음 통합계정과목이다.
02 ④ 받을어음은 매출채권이다.
03 ④ 단기금융상품은 취득일로부터 만기가 3개월 이상 1년 이내 이다.

SECTION 7
단기매매증권에 관한 거래

1. 단기매매증권(단기투자자산)

기업이 단기투자 목적으로 시장성 있는 공채증서, 주식, 국채, 사채 등을 구입하여 보유하고 있는 것을 말한다.

증　　권	종　　류
자본증권	• 지분증권 – 주식 • 채무증권 – 공채, 국채, 사채 등
금전증권	어음, 수표
상품증권	화물상환증, 선하증권, 창고증권, 항공증권

(1) 취득시 수수료

단기매매증권 취득시 수수료 등 제비용은 **수수료비용(영업외비용)**으로 회계처리한다.

(2) 처분시

단기매매증권을 처분시 원가를 대변에 기입하고, 수수료 등의 제비용은 일반적 상거래에서 발생하는 것이 아니므로 별도의 계정을 사용하지 않고, 처분가액에서 차감되므로 단기매매증권처분이익에서 차감되거나, 단기매매증권처분손실에 가산한다.

구　　분	차　　변		대　　변	
취 득 시 (제비용은 별도의 비용처리)	단기매매증권 수수료비용(영업외 비용)	100,000 1,000	보통예금	101,000
처 분 시 (장부가액 〈 처분가액)	보통예금	110,000	단기매매증권 단기매매증권처분이익	100,000 10,000
처 분 시 (장부가액 〉 처분가액)	보통예금 단기매매증권처분손실	90,000 10,000	단 기 매 매 증 권	100,000

(3) 기말 평가시(공정가액주의, 시가주의)

기말 결산시 단기매매증권(주식 · 채권)의 공정가액(시가)과 장부가액(취득원가)이 다른 경우, 공정가액으로 평가하여 재무상태표에 표시하여야 한다.

구 분	차 변		대 변	
하 락 시 (장부가액 110,000원 〈 기말 공정가액 100,000원)	단기매매증권평가손실	10,000	단기매매증권	10,000
상 승 시 (장부가액 100,000원 〈 기말 공정가액 110,000원)	단기매매증권	10,000	단기매매증권평가이익	10,000

(4) 단기매매증권 관련 수익 인식

구 분	차 변		대 변	
보유 공·사채 등에 대한 이자를 받으면	보통예금	×××	이 자 수 익	×××
보유 주식에 대한 배당금을 받으면	보통예금	×××	배 당 금 수 익	×××

2. 단기매매증권의 취득원가 산출

주식은 1주 액면금액 100원 이상, 사채는 1좌 액면금액 10,000원

- 주식 : 구입 주식수×1주당 매입단가 = 취득원가
- 공·사채 : 액면총액 × $\dfrac{1좌당\ 매입단가}{1좌당\ 액면}$ = 취득원가

3. 유가증권의 계정과목 분류

단기매매증권	단기매매차익 목적의 시장성 있는 유가증권을 취득
만기보유증권	채무증권을 만기일까지 소유할 것을 목적으로 취득
매도가능증권	단기매매증권 및 만기보유증권에 해당하지 않는 유가증권을 취득
지분법적용 투자주식	타 회사에 중대한 영향력(통제, 지배)을 행사할 목적으로 취득 20%이상 소유하면 대주주

♣ 주의 : 단기매매증권 구입시 수수료 등의 제비용은 "수수료비용"으로 당기 영업외비용으로
　　　　회계처리하고, 나머지 유가증권을 구입시 제비용은 취득원가에 포함한다.

단원별 연습문제 및 이론 기출문제

01 일시소유 목적으로 주식 500주를 액면 @5,000원에 대하여 @6,000원에 구입하고, 대금은 수표를 발행하여 지급하다.

차변		대변	

02 사채 500좌(@10,000원)를 @9,000원에 구입하고, 대금 중 3,000,000원은 수표를 발행하여 지급하고, 잔액은 외상으로 하다.

차변		대변	

03 사채액면 20,000,000원(@10,000원)을 @9,000원에 구입하고, 대금 중 10,000,000원은 수표를 발행하여 지급하고, 잔액은 외상으로 하다. 그리고, 구입수수료 50,000원은 현금으로 지급하다.

차변		대변	

04 일시소유 목적으로 주식 4,000주를 액면 @5,000원에 대하여 @8,000원에 구입하고, 대금 중 반액은 당점발행 수표로 지급하고, 잔액은 외상으로 하다. 그리고, 구입수수료 60,000원은 현금으로 지급하다.

차변		대변	

05 일시소유 목적으로 취득한 주식 3,000주(@5,000원)를 원가 @4,500원에 대하여 @6,000원에 매각하고, 대금은 수표로 받다.

차변		대변	

06 일시소유 목적으로 사채 1,000좌(@10,000원)를 장부 @8,000원에 대하여 @9,000원에 처분하고, 대금 중 반액은 당좌예입하고, 잔액은 외상으로 하다.

차변		대변	

07 단기보유목적으로 구입한 주식 600주를 액면 @5,000원에 대하여 @6,000원에 매각하고, 처분수수료 50,000원을 차감한 실수금은 당좌예입하다. 이 주식의 장부가액은 @4,500원이다.

차변		대변	

08 기말 결산시 소유중인 주식 장부가액(취득원가) 500,000원을 공정가액(시가) 650,000원으로 평가하다.

차변		대변	

09 소유하고 있는 주식에 대하여 330,000원의 배당금이 당좌예입 되다.

차변		대변	

10 단기보유목적으로 구입하였던 상장회사 (주)쎄다전기 주식 1,000주(장부가액 : 7,000,000원)를 현대증권에 1주당 7,900원에 모두 처분하고 대금은 전액 현금으로 받았다.

차변		대변	

11 보유중인 유가증권 (보통주 10,000주, 장부가액 30,000,000원)에 대한 배당금 670,000원을 금일 현금으로 수령하였다.

차변		대변	

12 단기매매를 목적으로 ㈜창원의 주식을 1주당 @20,000원에 100주를 구입하다. 구입수수료는 구입가액의 1%이다. 대금은 모두 현금으로 지급하였다.

차변		대변	

13 주식을 1주당(액면가액 @500원) @1,000원에 100주를 구입하고, 구입수수료 10,000원과 함께 현금으로 지급하다. 취득원가는 얼마인가?

① 50,000원   ② 110,000원   ③ 60,000원   ④ 100,000원

14 다음은 2023년 단기매매목적으로 구입하여 2024년 매각한 (주)창원의 주식관련 자료이다.

일 자	거래 내역
2023년 2월 20일	주식 매입 (100주, 주당 1,000원)
2023년 12월 31일	주당 시가 1,200원
2024년 3월 3일	주식 처분 (100주, 주당 1,300원)

2024년 3월 3일 처분시점에 인식할 (주)창원의 단기매매증권처분손익으로 옳은 것은?

① 단기매매증권처분이익 10,000원

② 단기매매증권처분손실 10,000원

③ 단기매매증권처분이익 30,000원

④ 단기매매증권처분손실 30,000원

15 다음 빈칸에 들어갈 내용으로 올바른 것은?

> 결산일 현재 보유하고 있는 단기매매증권은 (㉠   ) 으로 평가하고 단기매매증권 평가손익은 (㉡   ) 으로 보고한다.

① ㉠취득가액 ㉡판매비와관리비

② ㉠공정가액 ㉡판매비와관리비

③ ㉠공정가액 ㉡영업외손익

④ ㉠취득가액 ㉡영업외손익

단원별 연습문제 및 이론 기출문제 해답

	차 변		대 변	
01	단 기 매 매 증 권	3,000,000	당 좌 예 금	3,000,000
02	단 기 매 매 증 권	4,500,000	당 좌 예 금 미 지 급 금	3,000,000 1,500,000
03	단 기 매 매 증 권 수수료비용(영업외비용)	18,000,000 50,000	당 좌 예 금 미 지 급 금 현 금	10,000,000 8,000,000 50,000
04	단 기 매 매 증 권 수수료비용(영업외비용)	32,000,000 60,000	당 좌 예 금 미 지 급 금 현 금	16,000,000 16,000,000 60,000
05	현 금	18,000,000	단 기 매 매 증 권 단기매매증권처분이익	13,500,000 4,500,000
06	당 좌 예 금 미 수 금	4,500,000 4,500,000	단 기 매 매 증 권 단기매매증권처분이익	8,000,000 1,000,000
07	당 좌 예 금	3,550,000	단 기 매 매 증 권 단기매매증권처분이익	2,700,000 850,000
08	단 기 매 매 증 권	150,000	단기매매증권평가이익	150,000
09	당 좌 예 금	330,000	배 당 금 수 익	330,000
10	현 금	7,900,000	단 기 매 매 증 권 단기매매증권처분이익	7,000,000 900,000
11	현 금	670,000	배 당 금 수 익	670,000
12	단 기 매 매 증 권 수수료비용(영업외비용)	2,000,000 20,000	현 금	2,020,000

13 ④ 취득원가는 100주 × 1,000 = 100,000

　　 취득시 구입수수료는 수수료비용(영업외비용)으로 회계처리 한다.

14 ① 2023. 2/20.　단기매매증권 100,000 / 현금 100,000

　　　　　 12/31. 단기매매증권 20,000 / 단기매매증권평가이익 20,000

　　　 2024. 3/3.　 현금 130,000 / 단기매매증권 120,000, 단기매매증권처분이익 10,000

15 ③ 단기매매증권은 공정가액으로 평가하고, 단기매매증권평가손익은 영업외손익

SECTION *8*
상품(재고자산)에 관한 거래

1. 상품

기업의 영업 주목적인 판매이익을 추구할 목적으로 외부에서 매입하여 소유하는 물품을 처리하는 재고자산 계정이다.

> 회계프로그램 입력시 2분법 사용 ▶ 상품(자산), 상품매출(수익)

▶ 재고자산의 종류 : 상품, 제품, 재공품, 반제품, 원재료, 소모품 등

(1) 상품계정의 분류(단일계정과 분할계정)

분 류	회 계 처 리	상품매입시(차변)	상품매출시(대변)
단일상품계정	순수계정(분기법)	상 품(원가)	상품(원가), 이익 구분
	혼합계정(총기법)	상 품(원가)	상품(매가)
분할상품계정	2분법(상품, 상품매출)	상 품(원가)	상품매출(매가)
	3분법(이월상품, 매입, 매출)	매 입(원가)	매출(매가)

(2) 상품계정의 회계처리시 분개 예시

회계처리	매출 거래 내역	상품 매입시	상품 매출시
순수계정	상 품 100원(원가 80원) 외상으로 매출	차) 상 품 80 대) 외상매입금 80	차) 외상매출금 100 대) 상품 80, 상품매출이익 20
혼합계정		차) 상 품 80 대) 외상매입금 80	차) 외상매출금 100 대) 상 품 100
2 분 법		**차) 상 품 80** **대) 외상매입금 80**	**차) 외상매출금 100** **대) 상품 매출 100**
3 분 법		차) 매 입 80 대) 외상매입금 80	차) 외상매출금 100 대) 매 출 100

(3) 상품계정 회계처리시 용어 해설

① 매출 환입 : 매출한 상품 중 불량품, 파손 등의 이유로 반품되어 온 상품 등을 말한다.

② 매출에누리 : 매출한 상품 중 불량품, 파손품, 견본상이품 등의 이유로 상품의 값을 깎아 주는 것을 말한다.

③ 매출 할인 : 외상매출금을 조기 회수하게 되어 외상대금의 일부를 할인하여 주는 것을 말한다.

④ 매입 환출 : 매입한 상품 중 불량품, 파손 등이 이유로 반품하는 것을 말한다.

⑤ 매입에누리 : 매입한 상품 중 불량품, 파손품, 등급착오 등의 이유로 상품의 값을 깎아 주는 것을 말한다.

⑥ 매입 할인 : 외상매입금을 조기 지급하는 경우 외상대금 일부를 할인받은 것을 말한다.

> ♣ ①~⑥ 회계처리시 분개는 역분개한다. (예 : 외상매입금 ** / 상품 **)
> 또는 외상매입금 ** / 매입환출 **

(4) 상품계정의 회계처리시 기본 공식(매출이익계산)

① 순 매 출 액 = 총매출액 – 매출에누리와 환입 및 매출할인

② 총 매 입 액 = 매입가격 + 매입시 운반비(제비용)

③ 순 매 입 액 = 총매입액 – 매입에누리와 환출 및 매입할인

④ 상품매출원가 = 기초상품재고액 + 당기상품순매입액 – 기말상품재고액

⑤ 매 출 총 이 익 = 순매출액 – 상품매출원가

⑥ 영 업 이 익 = 매출총이익 – 판매비와관리비

(5) 상품계정의 운반비에 관한 회계처리

1) 상품 매입시 운반비 처리(당점부담 : 원가에 포함)

	정우상사에서 상품 100,000원을 외상으로 매입하고 (2분법으로 회계처리)				
①	운반비 5,000원 현금 지급	상 품	105,000	외상매입금 현 금	100,000 5,000
②	당점부담 운반비 5,000원 동점이 대신지급	상 품	105,000	외상매입금	105,000
③	동점부담 운반비 5,000원 당점이 대신 현금 지급	상 품	100,000	외상매입금 현 금	95,000 5,000

2) 상품 매출시 운반비 처리(당점부담 : 운반비계정 처리)

정우상사에 상품 200,000원을 외상으로 매출하고 (2분법으로 회계처리)						
①	운반비 5,000원 현금 지급	외상매출금 운 반 비	200,000 5,000	상품매출 현 금	200,000 5,000	
②	당점부담 운반비 5,000원 동점이 대신지급	외상매출금 운 반 비	195,000 5,000	상품매출	200,000	
③	동점부담 운반비 5,000원 당점이 대신 현금 지급	외상매출금	205,000	상품매출 현 금	200,000 5,000	

2. 3분법에 의한 상품계정의 분할

단일 상품계정을 이월상품, 매입, 매출계정으로 분할하여 처리하는 방법이다.

이월상품		매 입		매 출	
기초상품 원 가	매출원가에 가산 대체	총매입액 (매입제비용 포함)	환출, 에누리, 할인	환입, 에누리, 할인	총매출액
매출원가에 차감 대체	기말상품 원 가		(순매입액)	(순매출액)	

(1) 매입, 매출에 관한 회계처리

No	구 분	차 변		대 변	
(1)	상품을 외상으로 매입시	매 입	×××	외 상 매 입 금	×××
(2)	환출 및 매입에누리시	외 상 매 입 금	×××	매 입	×××
(3)	상품을 외상으로 매출시	외 상 매 출 금	×××	매 출	×××
(4)	환입 및 매출에누리시	매 출	×××	외 상 매 출 금	×××

(2) 3분법 회계처리(계정마감)

No	구 분	차 변		대 변	
(1)	기초상품재고액 ▶ 매입계정 대체	매 입	×××	이 월 상 품	×××
(2)	기말상품재고액 ▶ 매입계정 대체	이 월 상 품	×××	매 입	×××
(3)	매출원가 ▶ 손익계정 대체	손 익	×××	매 입	×××
(4)	순매출액 ▶ 손익계정 대체	매 출	×××	손 익	×××

이월상품	
기초상품 원　　가	매입계정에 대체
매입계정에 대체	기말상품 원　　가

매　　입	
총매입액 (매입제비용 포함)	매입환출, 에누리, 할인
	기말상품
기초상품	매출원가 (손익대체)

매　　출	
환출환입, 에누리, 할인	총매출액
순매출액 (손익대체)	

손　　익	
매입 (매출원가)	매출 (순매출액)

3. 상품계정에 관한 보조부

(1) 보조기입장 : 매입장, 매출장

① 매입장 : 매입장은 상품을 매입한 날짜, 거래처명, 품목명, 수량, 단가, 금액 등 매입에 관한 사항을 날짜순으로 상세하게 기록하는 장부이다.

② 매출장 : 매출장은 상품을 매출한 날짜, 거래처명, 품목명, 수량, 단가, 금액 등 매출에 관한 사항을 날짜순으로 상세하게 기록하는 장부이다.

(2) 보조원장 : 상품재고장

1) 상품재고장(재고자산 단가 결정 방법)

상품의 매입(인수)과 매출(인도)을 상품의 종류별로 기록하여 현재 창고에 보관 중인 상품에 대한 재고의 수량과 금액을 장부상으로 확인할 수 있도록 기입하는 보조원장이다. 반드시 원가로 기입하여 작성한다.

▸ 상품재고장 작성 목적 : 재고 파악, 매출단가 결정

2) 상품재고장 매출단가 결정 방법(종류)

① 선입선출법

먼저 매입한 상품을 먼저 매출하는 방법(매입순법)이다.

㉮ 장점 : 기말재고액이 가장 최근의 시가로 표시된다.

㉯ 단점 : 인플레이션시(물가상승, 화폐가치 하락) 이익이 과대계상된다.

② 후입선출법

국제회계기준(K - IFRS)에서는 인정하지 않는 방법이다. 나중에 매입한 상품을 먼저 매출하는 방법(매입역법)이다.

㉮ 장점 : 상품의 매출시 가장 최근의 시가로 매출원가가 계상되므로 현실적이다.

㉯ 단점 : 디플레이션시에 이익이 과대계상된다.

③ 이동평균법

단가가 다른 상품을 매입할 때마다 평균단가를 구하여 매출하는 상품에 적용한다.

(잔액란 금액＋매입금액) ÷ (잔액란 수량＋매입수량)＝평균단가

④ 총평균법

일정기간의 순매입액에 순매입수량으로 나누어 총평균단가를 산출한다.

(기초상품원가＋매입금액) ÷ (기초상품수량＋매입수량)＝총평균단가

⑤ 개별법

단가가 다른 상품을 각각 개별적으로 기록 관리하여, 판매된 것은 매출원가로 미판매된 것은 기말재고원가로 결정하는 방법이다. (고가의 개별적 특성을 가진 물품을 주로 취급하는 부동산 매매업 및 골동품 매매업, 중고차매매업 등에서 적용)

※ 재고자산의 수량결정 방법
▸ 계속기록법   ▸ 실지재고조사법   ▸ 혼합법

단원별 연습문제 및 기출문제

01 현주상점에서 상품 500,000원을 매입하고, 대금은 수표를 발행하여 지급하다. 그리고, 운임 5,000원은 현금 지급하다.

차변		대변	

02 현주상점에서 매입한 상품 중 100,000원을 불량품이므로 반품시키고, 대금은 현금으로 받다.

차변		대변	

03 제주산업에 상품 720,000원을 외상으로 매출하고, 당점 부담의 운반비 3,000원은 현금으로 지급하였다.

차변		대변	

04 유진상회에서 상품 800,000원을 매입하고, 대금 중 550,000원은 수표를 발행하여 지급하고, 잔액은 외상으로 하다. 그리고, 운반비 15,000원은 현금으로 지급하다.

차변		대변	

05 혜진상점에 상품 1,000,000원을 매출하고, 대금 중 반액은 현금으로 받아 당좌예입하고, 잔액은 외상으로 하다. 그리고, 운임 30,000원은 현금 지급하다.

차변		대변	

※ 상품 100,000원을 외상으로 매입하다.(06 – 1 ~ 4)

06 – 1 운반비 10,000원은 현금으로 지급하다.

차변		대변	

06 – 2 운반비 10,000원은 월말에 지급하기로 하다.

차변		대변	

06 – 3 운반비 10,000원은 당점 부담이지만 동점이 대신 지급하다.

차변		대변	

06 – 4 운반비 10,000원은 동점 부담이지만 당점이 대신 현금으로 지급하다.

차변		대변	

07 한공회상회의 외상대금 500,000원을 약정일 이전에 지급하게 되어 2% 할인을 받고, 잔액은 현금으로 지급하다.

차변		대변	

08 다음 자료에서 당기 순매출액을 계산하면 얼마인가?

• 기초상품재고액 1,000원	• 기말상품재고액 3,000원
• 당기순매입액 8,000원	• 매출총이익 2,000원

① 7,000원   ② 8,000원   ③ 9,000원   ④ 10,000원

09 다음 자료에 의하여 기초상품재고액을 계산하면 얼마인가?

> • 당기매입액 50,000원   • 기말상품재고액 5,000원
> • 당기매출액 80,000원   • 매출총이익   15,000원

① 5,000원   ② 10,000원   ③ 15,000원   ④ 20,000원

10 다음 중 재고자산에 해당되지 않은 것은?

① 비품   ② 상품   ③ 제품   ④ 원재료

11 재고자산의 평가방법에 해당되지 않는 것은?

① 개별법   ② 선입선출법   ③ 후입선출법   ④ 정액법

12 순매출액에서 매출원가를 차감하여 구하는 것은?

① 매출총이익   ② 영업이익   ③ 당기순이익   ④ 경상이익

13 다음 중 재고자산의 취득원가에 차감되는 항목은?

① 매입운임   ② 매입수수료   ③ 매입관세   ④ 매입할인

14 판매한 상품이 주문한 상품과 품질상의 차이가 있어 값을 깎아주었을 경우 관련 있는 항목은?

① 매출환입   ② 매출할인   ③ 매출에누리   ④ 매입에누리

15 매출원가를 산출하는데 있어 관계가 없는 항목은?

① 기초재고액   ② 기말재고액   ③ 매입환출액   ④ 매출액

16 다음 자료에 의하여 매출원가를 구하면?

> • 기초 상품 재고액 : 700,000원　　　　• 당기 총매입액 : 1,200,000원
> • 기말 상품 재고액 : 400,000원　　　　• 매입환출 및 에누리 : 150,000원
> • 상품 매입시 운반비 : 20,000원

① 1,070,000원　　　② 1,370,000원　　　③ 1,530,000원　　　④ 1,770,000원

17 아래의 등식으로 구할 수 있는 내용은?

> 기초상품재고액 + 당기상품매입액 − 기말상품재고액

① 매출원가　　　　　　　　　　② 판매가능상품원가
③ 매출총이익　　　　　　　　　　④ 영업이익

18 다음 중 매출액을 계산하는데 포함되지 않는 계정은?

① 매출환입　　　② 매출에누리　　　③ 매출운반비　　　④ 매출할인

19 다음 설명의 (Ⓐ), (Ⓑ)의 내용으로 옳은 것은?

> 정상적인 영업과정에서 판매할 목적으로 자산을 취득하면 (Ⓐ)으로, 시세차익을 목적으로 자산을 취득하면 (Ⓑ)으로 처리한다.

	Ⓐ	Ⓑ		Ⓐ	Ⓑ
①	투자자산	유형자산	②	재고자산	투자자산
③	무형자산	당좌자산	④	유형자산	비유동자산

20 다음 중 상품을 외상 및 어음으로 매입, 매출시 발생하는 계정과목이 아닌 것은?

① 외상매출금　　　② 외상매입금　　　③ 받을어음　　　④ 미지급금

21 다음 중 재고자산의 취득원가에서 차감하지 않는 것은?

① 매입부대비용　　　② 매입환출　　　③ 매입에누리　　　④ 매입할인

22 의류매매업의 3월 중 거래이다. 이익을 계산한 금액으로 옳은 것은?

> 1. 의류 5벌(@50,000원)을 외상으로 매입하고, 운반비 5,000원은 현금지급
> 2. 위의 의류를 모두 450,000원에 판매하고 대금은 현금으로 받다.
> 3. 당월 분 매장 전기요금 60,000원을 현금으로 납부

① 135,000원   ② 140,000원   ③ 195,000원   ④ 200,000원

23 다음과 같은 자료의 등식을 만족시키는 것은?

> (㉮   ) = 총매출액 – 매출환입 및 매출에누리, 매출할인
> (㉯   ) = 총매입액 – 매입환출 및 매입에누리, 매입할인
> 매출원가 = 기초상품재고액 + (㉰   ) – 기말상품재고액
> 매출총이익 = (㉱   ) – 매출원가

	㉮	㉯	㉰	㉱
①	순매출액	순매입액	순매출액	순매입액
②	순매출액	순매입액	순매입액	순매출액
③	순매입액	순매출액	순매입액	순매출액
④	순매입액	순매출액	순매출액	순매입액

24 아래 내용의 (가)에 해당하는 계정과목으로 옳은 것은?

> 자산은 1년을 기준으로 유동자산과 비유동자산으로 구분되며, 유동자산은 당좌자산과 (가)으로 분류된다.

① 비품   ② 상품   ③ 외상매출금   ④ 차량운반구

25 다음의 매출, 매입관련 내용 중 가장 적합하지 않은 내용은?

① 매입에누리란 구매자가 구입한 상품에 결함이 발견되어 당초의 매입가격을 감액받는 것을 말한다.
② 매입할인이란 구매자가 외상매입대금을 일정기간 이내에 지급하여 감액 받는 것이다.
③ 상품을 매입하는 경우 취득원가는 매입가격만을 말하여, 매입운반비등은 취득원가에 포함하지 않고, 비용으로 처리한다.
④ 매출할인이란 판매자가 외상매출대금을 조기에 회수하여 대금을 감액해준 경우를 말한다.

26 다음 중 재고자산에 대한 회계처리로 올바른 것은?

> 상품을 받기 전에 미리 지급하는 금액은 (㉠) 이라고 하며, 매입한 상품이 파손되어 반품하는
> 것을 (㉡) 이라고 한다.

① ㉠선급금   ㉡매입할인   ② ㉠선급금   ㉡매입환출

③ ㉠선급비용   ㉡매입에누리   ④ ㉠선수금   ㉡매입할인

27 다음의 재고자산에 대한 설명 중 틀린 것은?

① 판매를 목적으로 보유하는 자산은 재고자산에 해당한다.

② 재고자산은 유동자산에 속하는 자산이다.

③ 재고자산은 취득원가를 장부금액으로 한다. 다만, 시가가 취득원가보다 낮은 경우에는
   시가를 장부금액으로 한다.

④ 재고자산을 판매하기 위하여 발생하는 비용도 재고자산의 취득원가에 포함된다.

28 다음의 매출거래에 대하여 설명 한 것 중 옳은 것은?

> 매출 6,200,000원   매출할인 180,000원   매출에누리 200,000원

① 순매출액은 5,820,000원이다.

② 순매출액은 6,000,000원이고, 영업외비용은 180,000원이다.

③ 순매출액은 6,020,000원이고, 영업외비용은 200,000원이다.

④ 순매출액은 6,200,000원이고, 영업외비용은 380,000원이다.

29 다음 거래에서 표시될 수 없는 계정과목은?

> 8/5 목포상회로부터 상품 200,000원을 매입하고 대금은 3개월만기 약속어음으로 지급하고, 운임
>   5,000원은 현금으로 지급하다.

① 상품   ② 지급어음   ③ 현금   ④ 운반비

30 선입선출법에 의한 블루진상사의 기말 상품재고액은 얼마인가?

> - 기초상품 : 100개(@2,000원)
> - 당기상품판매 : 800개(@4,000원)
> - 당기상품매입 : 900개(@3,000원)

① 300,000원   ② 360,000원   ③ 400,000원   ④ 600,000원

31 다음 중 재고자산으로 분류되는 것은?

① 투자 목적으로 취득한 건물
② 사무실에서 사용하는 책상과 의자
③ 부동산매매업자가 판매하기 위해 보유하고 있는 토지
④ 직원용 휴게실에 비치되어 있는 TV

32 다음 자료에 의하여 기말상품 재고액을 계산하면?

> - 당기상품 순매출액 : 150,000원
> - 당기 매출총이익 : 80,000원
> - 당기상품 순매입액 : 120,000원
> - 기초상품 재고액 : 70,000원

① 60,000원   ② 80,000원   ③ 100,000원   ④ 120,000원

33 외상대금의 조기회수로 인한 매출할인을 당기 총매출액에서 차감하지 않고, 영업외비용으로 처리하였을 경우 손익계산서상 매출총이익과 당기순이익에 미치는 영향으로 옳은 것은?

	매출총이익	당기순이익		매출총이익	당기순이익
①	과소계상	과대계상	②	과소계상	불변
③	과대계상	불변	④	과대계상	과소계상

34 다음은 컴퓨터를 판매하는 회사인 버럭컴퓨터의 거래자료이다. 10월 31일자 회계처리로 올바른 것은?

> • 10/1 : 판매용 컴퓨터를 1,000,000원에 외상으로 구입하다.
> • 10/31 : 10/1의 외상구입대금을 당좌수표 발행하여 지급하다.

① (차) 미지급금 1,000,000 (대) 당좌예금 1,000,000
② (차) 외상매입금 1,000,000 (대) 당좌예금 1,000,000
③ (차) 비품 1,000,000 (대) 미지급금 1,000,000
④ (차) 상품 1,000,000 (대) 외상매입금 1,000,000

35 다음 자료로 기말상품재고액을 계산한 것으로 옳은 것은?

> • 기초상품재고액 50,000원
> • 당기 매입액 350,000원
> • 당기 매출액 500,000원
> • 매출총이익은 당기 매출액의 30%이다

① 50,000원 ② 60,000원 ③ 70,000원 ④ 80,000원

단원별 연습문제 및 이론 기출문제 해답

	차 변			대 변	
01	상 품	505,000	당 좌 예 금 현 금		500,000 5,000
02	현 금	100,000	매입환출 or 상품		100,000
03	외 상 매 출 금 운 반 비	720,000 3,000	상 품 매 출 현 금		720,000 3,000
04	상 품	815,000	당 좌 예 금 외 상 매 입 금 현 금		550,000 250,000 15,000
05	당 좌 예 금 외 상 매 출 금 운 반 비	500,000 500,000 30,000	상 품 매 출 현 금		1,000,000 30,000
06 − 1	상 품	110,000	외 상 매 입 금 현 금		100,000 10,000
06 − 2	상 품	110,000	외 상 매 입 금 미 지 급 금		100,000 10,000
06 − 3	상 품	110,000	외 상 매 입 금		110,000
06 − 4	상 품	100,000	외 상 매 입 금 현 금		90,000 10,000
07	외 상 매 입 금	500,000	매입할인 or 상품 현 금		10,000 490,000

08 ② 기초상품 1,000 + 순매입액 8,000 - 기말상품 3,000 = 매출원가 6,000

순매출액(8,000) - 매출원가 6,000 = 매출총이익 2,000

09 ④ 순매출액 80,000 - 매출원가(65,000) = 매출총이익 15,000

기초상품(20,000) + 순매입액 50,000 - 기말상품 5,000 = 매출원가 65,000

10 ① 비품은 비유동자산 중에서 유형자산에 해당 된다.

11 ④ 선입선출법, 후입선출법, 이동평균법, 총평균법, 개별법

12 ① 순매출액 - 매출원가 = 매출총이익

13 ④ 매입할인은 차감항목 이다.

14 ③ 상품의 금액을 깎는 것은 에누리이다.

15 ④ 매출액은 매출총이익을 구할 때 필요한 항목이다.

16 ② 총매입액 1,200,000 + 매입 운반비 20,000 - 매입환출 및 에누리 150,000
= 순매입액 1,070,000

기초상품 700,000 + 순매입액 1,070,000 - 기말상품 400,000 = 매출원가 1,370,000

17 ① 매출원가를 구하는 공식이다.

18 ③ 총매출액 - 매출환입, 매출에누리, 매출할인 = 순매출액

매출운반비는 비용(판매비와관리비)으로 처리한다.

19 ② 판매할 목적으로 취득하면 상품(재고자산),

시세차익을 목적으로 취득하면 투자부동산 등(투자자산)

20 ④ 미지급금은 상품과 상관없을 경우에 처리하는 계정과목 이다.

21 ③ 매입부대비용은 취득원가에 포함한다.

22 ① 매입원가 255,000, 매출액 450,000, 매출총이익 195,000

매출총이익 195,000 - 판매비와관리비(수도광열비) 60,000 = 135,000

23 ②

24 ② 유동자산은 당좌자산과 재고자산(상품 등)

25 ③ 매입운반비는 상품(매입원가)에 포함해야 한다.

26 ②

27 ④ 판매(매출)할 때 운반비는 운반비(판매비와관리비)로 회계처리 한다.

28 ① 총매출액 6,200,000 - 매출할인 및 매출에누리 380,000 = 순매출액 5,800,000

29 ④ 상품 205,000 / 지급어음 200,000, 현금 5,000

30 ④ 기초재고 100개 × 2,000 = 200,000   상품매입 900개 × 3,000 = 2,700,000

상품매출 100개 × 2,000 = 200,000(기초재고), 700개 × 3,000 = 2,100,000(상품매입)

기초재고는 모두 매출, 상품매입액 중 700개 매출,

기말재고액(나머지) 200개 × 3,000 = 600,000

31 ③, ① 투자부동산(투자자산) ② 비품(유형자산) ③ 상품(재고자산) ④ 비품(재고자산)

32 ④ 순매출액 150,000 - 매출원가(70,000) = 매출총이익 80,000

기초상품 70,000 + 순매입액 120,000 - 기말상품(120,000) = 매출원가 70,000

33 ③ 총매출액에서 차감해야 되는데 차감을 하지 않았기 때문에 매출총이익은 과대

영업외비용에서 차감했으므로 당기순이익에는 변동이 없다.

34 ② 10/1. 상품 1,000,000 / 외상매입금 1,000,000

10/31. 외상매입금 1,000,000 / 당좌예금 1,000,000

35 ① 매출액 500,000 × 30% = 매출총이익 150,000

순매출액 500,000 - 매출원가(350,000) = 매출총이익 150,000

기초상품 50,000 + 순매입액 350,000 - 기말상품(50,000) = 매출원가 35,000

SECTION 9
외상매출금 · 외상매입금에 관한 거래

1. 통제계정

거래처 수가 많을 경우, 상품 외상매출의 채권은 외상매출금, 외상매입의 채무는 외상매입금으로 일괄하여 처리하는 방법이다.

▸ 매출처원장(외상매출금), 매입처원장(외상매입금) ☞ 보조원장

2. 인명계정

외상채권, 채무를 기장 관리할 때 외상매출금 계정과 외상매입금 계정을 사용하지 않고, 각 거래처의 상호를 사용하여 외상채권, 채무의 내용을 각 거래처별로 관리하는 것을 인명계정이라 한다.(거래처 수가 비교적 적은 경우에 사용한다.)

▸ 참고 : 매출채권(외상매출금, 받을어음), 매입채무(외상매입금, 지급어음)
　　　회계프로그램 입력시 통제계정에 거래처를 입력하는 방법으로 한다.

구 분	통 제 계 정		인 명 계 정	
	차 변	대 변	차 변	대 변
상품외상매입시	상　　품 ×××	외상매입금 ×××	상　　품 ×××	창원상점 ×××
상품외상매출시	외상매출금 ×××	상 품 매 출 ×××	마산상점 ×××	상품매출 ×××

3. 매출채권과 매입채무 회계처리

거 래 내 용	차 변		대 변	
상품을 외상으로 매출	외상매출금	×××	상 품 매 출	×××
상품을 매출하고 대금은 어음 수취	받 을 어 음	×××	상 품 매 출	×××
상품을 외상으로 매입	상　　품	×××	외상매입금	×××
상품을 매입하고 대금은 어음 발행	상　　품	×××	지 급 어 음	×××

4. 외상매출금과 외상매입금

상품을 외상으로 매출하거나, 외상으로 매입 하였을 때 사용하는 계정과목이다.

외상매출금

전기 미회수액(기초)	×××	매출환입액, 할인액	×××
당기 외상매출액	×××	매출에누리액	×××
		외상매출금 회수액	×××
		당기 미회수액(기말)	×××

외상매입금

매입환출액, 할인액	×××	전기 미지급액(기초)	×××
매입에누리액	×××	당기 외상매입액	×××
외상매입금 지급액	×××		
당기 미지급액(기말)	×××		

단원별 연습문제 및 이론 기출문제

01 민정상점에 상품 700,000원을 외상으로 매출 하다.

차변		대변	

02 위 상품 중 50,000원은 불량품이므로 반품되어 오고, 견본 상품에 대하여 20,000원의 에누리를 해 주다.

	통 제 계 정	인 명 계 정
1		
2		

03 판매용 운동화A 200족(@5,000원)과 운동화B 100족(@5,500원)을 외상으로 매입하고, 당점부담 운반비 20,000원은 현금으로 지급하였다.

차변		대변	

04 매입처 (주)경희상사의 12월 19일까지 거래분에 대한 외상매입금 잔액(4,800,000원)에 대하여 약속어음을 발행 하여 지급하였다.

차변		대변	

05 다음의 외상매출 자료에서 외상매출금 기말잔액은 얼마인가? (단, 모든 거래는 외상거래임)

- 기초잔액   20,000원
- 외상매출액 250,000원
- 회 수 액 100,000원
- 매출환입액   10,000원

① 140,000원   ② 150,000원   ③ 160,000원   ④ 170,000원

06 다음 중 매입채무계정에 해당하는 것은?

① 외상매입금과 받을어음

② 외상매출금과 지급어음

③ 외상매출금과 받을어음

④ 외상매입금과 지급어음

07 외상매입금계정 대변에 기입되는 거래는?

① 외상매입 대금을 현금으로 지급했을 때

② 외상매입한 상품을 반품했을 때

③ 외상매입 대금을 에누리 받았을 때

④ 상품을 외상으로 매입했을 때

08 매출채권은 일반적 상거래에서 발생한 외상매출금과 받을어음을 말한다. 여기서 '일반적 상거래'의 의미를 가장 적절하게 설명한 것은?

① 당해 회사의 사업목적을 위한 정상적 영업활동에서 발생한 거래

② 회계상의 거래가 아니면서 일반적인 거래에 해당되는 것

③ 회계상의 거래이면서 일반적인 거래에 해당하는 것

④ 일반적인 거래가 아니면서 회계상의 거래에 해당되는 것

09 모든 매출은 외상으로 판매하고 1개월 후에 현금 또는 보통예금으로 회수하는 신원상사의 매출채권과 관련한 다음 자료를 보고 당기총매출액을 계산하면 얼마인가? (단, 대손이나 매출할인 등의 변동요인은 없다.)

전기이월액	차기이월액	현금회수액	수표회수액	총매출액
370,000원	260,000원	260,000원	200,000원	?

① 570,000원　　② 350,000원　　③ 630,000원　　④ 720,000원

10 다음은 한국상사의 상품매출과 관련된 내용이다. 당월에 회수한 외상매출금은 얼마인가?

> • 외상매출금 월초 잔액 : 250,000원
> • 당월 외상매출액 : 400,000원
> • 외상매출액 중 환입액 : 70,000원
> • 외상매출금 월말 잔액 : 120,000원

① 390,000원　　　② 460,000원　　　③ 530,000원　　　④ 600,000원

11 아래의 당기 외상매출금 자료를 이용하여 외상매출금 당기 수령액을 계산하면 얼마인가?

> • 기초잔액 : 4,000,000원
> • 기말잔액 : 2,000,000원
> • 외상매출액 : 3,000,000원
> • 외상매출액 중 매출취소액 : 1,000,000원

① 3,000,000원　　　② 4,000,000원　　　③ 5,000,000원　　　④ 6,000,000원

12 다음 자료에 의하여 당기 외상매입금 지급액을 계산하면 얼마인가?

> • 외상매입금 기초잔액 : 600,000원
> • 당기의 외상매입액 : 3,200,000원
> • 외상매입금 기말잔액 : 400,000원

① 3,400,000원　　　② 3,200,000원　　　③ 2,600,000원　　　④ 600,000원

13 다음의 대화에서 박대리의 답변을 분개하는 경우 대변 계정과목으로 옳은 것은?

> 김부장 : 박대리님. 매출처 대한상점에 대한 외상 대금은 받았습니까?
> 박대리 : 네. 외상대금 100만원이 당사 보통예금 계좌에 입금된 것을 확인하였습니다.

① 현금　　　② 보통예금　　　③ 외상매출금　　　④ 외상매입금

단원별 연습문제 및 이론 기출문제 해답

	차 변		대 변	
01	통제 : 외 상 매 출 금	700,000	상 품 매 출	700,000
	인 명 : 민 정 상 점	70,000	상 품 매 출	700,000
02	통 제 계 정 : 매입환출 및 에누리 o r 상 품 매 출	70,000	외 상 매 출 금	70,000
	인 명 계 정 : 매입환출 및 에누리 o r 상 품 매 출	70,000	민 정 상 점	70,000
03	상 품	1,570,000	외 상 매 입 금 현 금	1,550,000 20,000
04	외 상 매 입 금	4,800,000	지 급 어 음	4,800,000

05 ③ 기초잔액 20,000 + 외상매출액 250,000 – 회수액 100,000 – 매출환입액 10,000
= 기말잔액 160,000

06 ④ 매입채무는 외상매입금과 지급어음

07 ④ 상품을 외상으로 매입하면 대변에 외상매입금, 나머지는 모두 차변에 외상매입금

08 ① 정상적인(일반적인) 상거래는 회사에서 주로(사업목적) 매매하는 거래를 말한다.

09 ② 전기이월 + 총매출액 = 현금회수액 + 수표회수액 – 차기이월

10 ② 월초 잔액 + 당월 외상매출액 – 환입액 – 월말 잔액 = 회수한 외상매출금

11 ② 기초잔액 + 외상매출액 – 매출취소액 – 기말잔액 = 당기 수령액

12 ① 기초잔액 + 외상매입액 – 기말잔액 = 외상매입금 지급액

13 ③ 보통예금 / 외상매출금

SECTION 10
어음에 관한 거래

1. 어음의 뜻

일정한 금액(액면금액)을 일정한 기일(지급기일, 만기일)에 일정한 장소(은행)에서 무조건 지급하겠다는 증서이다.

(1) 약속어음(전자어음)

발행인(지급인)이 수취인(소지인)에게 일정한 기일에 일정한 금액을 지급할 것을 약속하는 어음을 말한다.

No.	구 분	차 변	대 변
①	수취인(소지인) : 받을어음(자산)증가	받을어음 ×××	상품매출 ×××
②	발행인(지급인) : 지급어음(부채)증가	상 품 ×××	지급어음 ×××

어음을 받으면 받을어음(자산), 어음을 발행하면 지급어음(부채)

어 음	동점(타인회사)발행 어음	받을어음(자산)
	당점(우리회사)발행 어음	지급어음(부채)

(2) 기타 어음 채권 · 채무

어음을 일반적 상거래에서 대금의 결제수단으로 사용한 경우에는 "받을어음, 지급어음"으로 회계처리하고, 기타의 용도로 사용한 경우에는 "미수금, 미지급금"으로 처리한다.

No	구 분	차 변	대 변
①	현금을 대여하고 차용증서 대신 약속어음을 수취한 경우	단기대여금 ×××	현 금 ×××
②	현금을 차입하고 차용증서 대신 약속어음을 발행한 경우	현 금 ×××	단기차입금 ×××
③	상품이외의 물품을 처분하고 약속어음을 수취한 경우	미 수 금 ×××	건 물 ×××
④	상품이외의 물품을 구입하고 약속어음을 발행한 경우	건 물 ×××	미 지 급 금 ×××

2. 어음의 배서와 할인

어음 소지인은 어음의 만기일 이전에 어음 뒷면에 있는 배서란에 기명날인(서명)하여 타인에게 양도하는 것을 말한다.

▸ 어음의 배서에는 추심위임 배서와 어음의 배서양도, 어음의 할인이 있다.

(1) 추심위임배서(어음상 권리이전이 안 됨 / 추심완료시 어음상 권리 이전 됨)

소유하고 있는 어음을 회수할 목적으로 거래 은행에 의뢰하여 일시 보관 시키는 것을 말한다.

No.	구 분	차 변		대 변	
①	추심의뢰시	회계상 거래 아님 (분개 없음)			
②	추심료 지급시	수수료비용	5,000	현 금	5,000
③	추심완료 되어 보통 입금	보통 예금	100,000	받을 어음	100,000
④	추심료를 추심완료시 지급 (②번과 ③번 동시에 분개)	수수료비용 보통 예금	5,000 95,000	받을 어음	100,000

(2) 대금 결제를 위한 배서양도

상품의 매입 대금이나 외상대금을 지급할 목적으로 소유 어음을 타인에게 배서양도하는 것을 말한다.

No.	구 분	차 변		대 변	
①	배서 양도시	상품(외상매입금)	×××	받을 어음	×××
②	만기 결제시	분개 없음			
③	만기 부도시	부도 어음 (부도제비용 포함)	×××	보통 예금	×××

참고) 배서양도한 어음이 부도시(발행인이 지급거절시) 우선 배서한 어음대금을 배서인이 피배서인에게 대신 변제하여야 한다.

(3) 어음할인을 위한 배서양도

자금을 융통할 목적으로 소유 어음을 만기일 이전에 거래은행에 배서양도하고 어음 할인일로부터 만기일까지의 이자(할인료 : 매출채권처분손실)를 차감한 잔액은 융통할 수 있는데, 이것을 어음의 할인이라고 한다.

No	구 분	매 각 거 래	차 입 거 래
①	어음의 할인시	보 통 예 금 ××× / 받을어음 ××× 매출채권처분손실 ×××	보 통 예 금 ××× / 단기차입금 ××× 이 자 비 용 ×××
②	만 기 결제시	회계 처리 없음	단 기 차 입 금 ××× / 받을어음 ×××
③	부도시	부도어음과수표 ××× / 보통예금 ×××	단 기 차 입 금 ××× / 보통예금 ××× 부도어음과수표 ××× / 받을어음 ×××

▸ 실무에서는 어음의 할인거래는 매각거래로 사용되고 있다.

$$할인료(이자) = 액면금액 \times 연이율 \times \frac{할인일수(개월수)}{365일(12개월)}$$

3. 어음의 개서

어음의 지급인(발행인)이 만기일에 지급할 자금이 없을 경우, 어음 소지인(수취인)과 합의하여 지급 기일을 연기하고, 새로운 어음을 발행하여 구어음과 교환하는 것을 말한다.

구 분	차변 과목	금 액	대변 과목	금 액
받을어음 개서 (이자현금수취)	받 을 어 음(신) 현 금	1,000,000 10,000	받 을 어 음(구) 이 자 수 익	1,000,000 10,000
지급어음 개서 (이자어음포함)	지 급 어 음(구) 이 자 비 용	2,000,000 15,000	지 급 어 음(신)	2,015,000

▸ 이자를 신어음 금액에 포함할 수 있다.

단원별 연습문제 및 이론 기출문제

01 만두상회에서 상품 500,000원을 매입하고, 대금은 약속어음을 발행하여 지급하다.

차변		대변	

02 만식상점에 상품 800,000원을 매출하고, 대금 중 400,000원은 약속어음으로 받고, 잔액은 외상으로 하다.

차변		대변	

03 만수상사에서 상품 700,000원을 매입하고, 대금 중 500,000원은 약속어음을 발행하여 지급하고, 잔액은 수표를 발행하여 지급하다.

차변		대변	

04 만득상점에 상품 450,000원을 매출하고, 대금 중 200,000원은 동점발행 약속어음으로 받고, 잔액은 외상으로 하다. 발송운임 5,000원은 현금으로 지급하다.

차변		대변	

05 사용중이던 창고 건물 장부가액 1,000,000원을 매각하고, 대금은 3개월 만기의 약속어음으로 받다.

차변		대변	

06 왔나전자에서 사무실에 사용할 컴퓨터를 1,000,000원에 구입하고, 대금은 약속어음을 발행하여 지급하다.

차변	대변

07－1 진주상사 발행의 약속어음 800,000원을 거래은행에 추심의뢰하고, 추심수수료 8,000원을 현금으로 지급하다.

차변	대변

07－2 위의 추심어음이 추심완료 되어 당점 당좌예금에 입금 되었음을 확인하다.

차변	대변

08－1 민정상점 발행의 약속어음 1,000,000원을 거래은행에 추심의뢰 하다.

차변	대변

08－2 위의 어음이 추심되어 추심료 7,000원을 차감한 잔액이 보통예금통장에 입금되었다는 통지를 받다.

차변	대변

09 은주상점에서 상품 500,000원을 매입하고, 대금은 소유하고 있던 약속어음을 배서양도 하다.

차변	대변

10 소유하고 있던 진영상사 발행의 약속어음 800,000원을 우리은행에서 할인하고, 할인료 30,000원을 차감한 실수금은 당좌예금하다.

차변		대변	

11 동점 발행, 당점 소유의 약속어음 500,000원이 만기가 되었으나 동점의 자금사정으로 2개월간 연기를 해주고, 새로운 약속어음을 받다. 그리고, 이자 50,000원은 현금으로 받다.

차변		대변	

12 김해상사로부터 외상대금으로 받은 약속어음 13,000,000원이 만기가 되어 추심 의뢰한 결과 금일 당점 당좌예금계좌에 추심 되었음을 통지 받았다.

차변		대변	

13 북면상회에서 판매용 의류 900,000원을 매입하고, 대금 중 500,000원은 소유하고 있던 가나의류 발행의 약속어음을 배서양도하고 잔액은 외상으로 하다.

차변		대변	

14 제주상회로부터 수취하여 보관중인 약속어음 5,000,000원을 은행에서 할인한 바 할인료 150,000원을 차감한 잔액이 당사 보통예금계좌로 입금되었다.(매각거래로 처리할 것.)

차변		대변	

15 소유하고 있던 천국모아 발행의 약속어음 700,000원이 만기가 되어 제시한바, 당사 보통예금계좌에 입금되었음을 확인하다.

차변		대변	

16 정일미디어에서 상품 7,000,000원을 매입하고 4,000,000원은 현금지급하고 잔액은 약속어음을 발행하여 지급하다.

차변		대변	

17 다음 중 지급어음계정의 차변에 기입되는 거래는?

① 상품 1,000,000원을 매입하고 약속어음을 발행하여 지급하다.
② 상품 3,000,000원을 매입하고 소지하고 있던 약속어음을 배서양도하다.
③ 외상매입금 5,000,000원을 약속어음을 발행하여 지급하다.
④ 당점 발행의 약속어음 6,000,000원이 만기가 되어 현금으로 지급하다.

18 다음 중 받을어음계정을 대변에 기입하는 거래내용은?

① 외상매출대금을 타인발행 약속어음으로 받은 경우
② 외상매입대금을 타인에게 받았던 약속어음으로 지급한 경우
③ 발행하였던 약속어음이 만기가 되어 현금으로 지급한 경우
④ 상품을 매입하고 약속어음을 발행하여 지급한 경우

19 다음 보기 내용에 맞는 올바른 회계처리는?

> 제품을 공급하고 받은 약속어음 550,000원을 주 거래 국민은행에서 50,000원 할인비용을 차감한 후 보통예금계좌로 입금 받았다.(매각거래로 처리할 것.)

① (차) 보통예금   500,000원   (대) 받을어음   550,000원
　　　 매출채권처분손실   50,000원

② (차) 보통예금   500,000원   (대) 받을어음   500,000원
　　　 매출채권처분손실   50,000원   　　 현　　금   50,000원

③ (차) 보통예금   500,000원   (대) 받을어음   550,000원
　　　 수수료비용   50,000원

④ (차) 보통예금   500,000원   (대) 받을어음   500,000원

20 다음 분개를 보고 거래 내용을 바르게 추정한 것은?

> [차] 외상매입금 500,000   [대] 지급어음 500,000

① 어음대금 현금 지급
② 외상대금 약속어음으로 회수
③ 외상대금 약속어음 발행 지급
④ 상품 주문하고 약속어음 발행

21 다음 계정기입에 대한 설명으로 옳은 것은?

외 상 매 입 금

지 급 어 음	250,000	

① 외상매입금 250,000원을 약속어음으로 받다.
② 상품을 250,000원을 매입하고 약속어음을 발행하다.
③ 어음 대금 250,000원이 만기가 되어 현금으로 지급하다.
④ 외상매입금 250,000원을 약속어음을 발행하여 지급하다.

22 어음의 소지인이 만기일 이전에 어음을 타인에게 양도하는 것을 무엇이라고 하는가?

① 소구   ② 인수   ③ 부도   ④ 배서

23 다음 중 받을어음 계정의 대변에 올 수 없는 거래는?

① 어음대금의 회수   ② 약속어음의 수취
③ 어음의 예치   ④ 소지한 어음의 부도

단원별 연습문제 및 이론 기출문제 해답

	차 변			대 변	
01	상 품	500,000	지 급 어 음		500,000
02	받 을 어 음 외 상 매 출 금	400,000 400,000	상 품 매 출		800,000
03	상 품	700,000	지 급 어 음 당 좌 예 금		500,000 200,000
04	받 을 어 음 외 상 매 출 금 운 반 비	200,000 250,000 5,000	상 품 매 출 현 금		450,000 5,000
05	미 수 금	1,000,000	건 물		1,000,000
06	상 비	1,000,000	미 지 급 금		1,000,000
07-1	수 수 료 비 용	8,000	현 금		8,000
07-2	당 좌 예 금	800,000	받 을 어 음		800,000
08-1	회계상 거래가 아님				
08-2	수 수 료 비 용 보 통 예 금	7,000 993,000	받 을 어 음		1,000,000
09	상 품	500,000	받 을 어 음		500,000
10	매출채권처분손실 당 좌 예 금	30,000 770,000	받 을 어 음		800,000
11	받 을 어 음 현 금	500,000 50,000	받 을 어 음 이 자 수 익		500,000 50,000
12	당 좌 예 금	13,000,000	받 을 어 음		13,000,000
13	상 품	900,000	받 을 어 음 외 상 매 입 금		500,000 400,000
14	매출채권처분손실 보 통 예 금	150,000 4,850,000	받 을 어 음		5,000,000
15	보 통 예 금	700,000	받 을 어 음		700,000
16	상 품	7,000,000	현 금 지 급 어 음		4,000,000 3,000,000

17 ④, ① 상품 / 지급어음,

② 상품 / 받을어음,

③ 외상매입금 / 지급어음

④ 지급어음 / 현금

18 ②, ① 받을어음 / 외상매출금,

② 외상매입금 / 받을어음

③ 지급어음 / 현금,

④ 상품 / 지급어음

19 ①

20 ③

21 ④ 외상매입금 250,000 / 지급어음 250,000

22 ④

23 ② 어음대금을 회수하면 대변에 받을어음

SECTION 11
기타 채권·채무에 관한 거래

일반적인 상거래 이외에서 발생하는 채권, 채무로써 매출채권, 매입채무 이외의 기타 채권, 채무를 말한다.

1. 차용증서에 의해서 금전을 빌려주거나 빌려오면

(1) **단기대여금(자산)** : 금전을 빌려주고 차용증서를 받으면(상환기간이 1년이내)
(2) **단기차입금(부채)** : 금전을 빌려오고 차용증서를 써주면(상환기간이 1년이내)

No	구 분	차 변	대 변
①	차용증서를 받고 현금을 단기 대여시	단 기 대 여 금 10,000	보 통 예 금 10,000
②	단기대여금과 이자 회수시	보 통 예 금 11,000	단 기 대 여 금 10,000 이 자 수 익 1,000
③	차용증서를 발행하고 현금을 단기차입시	보 통 예 금 10,000	단 기 차 입 금 10,000
④	단기차입금과 이자 지급시	단 기 차 입 금 10,000 이 자 비 용 1,000	보 통 예 금 11,000

2. 상품 이외의 것을 매매하고, 대금을 외상으로 하면

(1) **미 수 금(자산)** : 상품 이외의 것을 외상으로 처분하고 받아야 할 금액을 말한다.
(2) **미지급금(부채)** : 상품 이외의 것을 외상으로 구입한 경우 지급할 금액 또는, 비용을 아직 지급하지 않았을 경우(기중)에 사용한다.

No	구 분	차 변	대 변
①	건물 등을 외상으로 매각시	미 수 금 ×××	건 물 ×××
②	비품 등을 외상으로 구입시	비 품 ×××	미 지 급 금 ×××

3. 상품 계약금(예약금, 상품 매매시 소멸 됨)을 받거나 지급하면

(1) **선급금(자산)** : 상품을 매입하기로 주문하고, 미리 지급한 계약금을 말한다.
(2) **선수금(부채)** : 상품의 매출을 주문받고, 미리 받은 계약금을 말한다.

No	구 분	매 입 자		매 출 자	
		차 변	대 변	차 변	대 변
①	계약금지급, 수취시	선 급 금 100	보 통 예 금 100	보 통 예 금 100	선 수 금 100
②	주문상품의 인수, 발송시	상 품 1,000	선 급 금 100 외상매입금 900	선 수 금 100 외상매출금 900	상품매출 1,000

4. 출장과 연계되는 계정과목(가계정, 임시계정, 원인 판명시 소멸)

(1) **가지급금(자산)** : 출장가는 사원에게 출장비를 개산 · 가지급했을 때 처리하는 계정.

(2) **가 수 금(부채)** : 출장간 사원에게서 원인 불명의 송금액을 받은 경우에 사용하는 임시
적인 부채계정이다.

No	구 분	차 변	대 변
①	출장여비를 개산 지급시	가 지 급 금 10,000	보 통 예 금 10,000
②	출장사원이 귀사하여 여비를 정산시	여 비 교 통 비 8,000 보 통 예 금 2,000	가 지 급 금 10,000
③	내용불명의 송금액을 받으면	보 통 예 금 5,000	가 수 금 5,000
④	외상대금 및 계약금으로 수취시	가 수 금 5,000	외 상 매 출 금 3,000 선 수 금 2,000

5. 급여와 관련되는 계정과목

(1) **주.임.종.단기채권(자산)** : 종업원에게 급여의 일부를 미리 주는 것을 말한다.(가불금)

(2) **예수금(부채)** : 급여 지급시 원천징수한 금액(소득세등, 사회보험료)을 말한다.

No	구 분	차 변	대 변
①	종업원에게 가불금 지급시	주.임.종.단기채권 10,000	보 통 예 금 10,000
②	급여지급시	급 여 100,000	주.임.종.단기채권 10,000 예 수 금 5,000 보 통 예 금 85,000
③	원천징수한 소득세 납부시	예 수 금 2,000	보 통 예 금 5,000
④	원천징수한 건강보험료 납부시	예 수 금 3,000 복 리 후 생 비 3,000	보 통 예 금 6,000

※ 사회보험료의 회사부담분 계정과목 분류
- ▶ 건강보험료, 노인장기요양보험료, 고용보험료 : 복리후생비
- ▶ 국민연금보험료 : 세금과공과
- ▶ 산재보험료 : 보험료   ▶ 근로자 본인 부담분 : 예수금(부채)

6. 상품권선수금(부채)

백화점이나 대형마트 등에서 고객으로부터 현금을 받고, 그 금액에 상당하는 상품을 인도한다는 조건으로 발행하는 증권을 상품권이라 하며, 상품권선수금이라는 부채계정으로 회계 처리한다.

회계프로그램 입력시 상품권선수금이 없으면, 선수금으로 회계처리 한다.

No	구 분	차 변		대 변	
①	상품권을 발행하면	현 금	10,000	상품권선수금	100,000
②	상품권을 받고 상품매출	상품권선수금 현 금	100,000 20,000	상 품 매 출	120,000

7. 유형자산 등의 재해로 인한 보험금청구 및 미결산

화재보험에 가입된 자산이 소실되어 보험회사에 보험금을 청구하는 경우 해당자산의 장부가액을 **재해손실**로 처리하고, 그 보상금액이 확정되었을 때 "보험금수익"으로 회계처리 한다. (화재보험에 가입과 상관없이 재해손실로 회계처리)

미결산이란, 손해배상 청구나 소송이 진행중인 채권에 대하여 그 보상금액이 확정될 때까지 일시적으로 처리하는 임시적인 자산계정이다.

구 분	차 변		대 변	
보험금을 청구시	건물감가상각누계액 재 해 손 실	30,000 70,000	건 물	100,000
보험금 보상 확정시	보통예금(미수금)	100,000	보 험 금 수 익 (보 험 수 익)	100,000

구 분	차 변		대 변	
횡령 등으로 인한 보증인에게 배상 청구 시	미 결 산	×××	외 상 매 출 금	×××
손해배상 확정 시	보통예금(미수금)	×××	미 결 산	×××

단원별 연습문제(1)

01 단기대여금 2,000,000원 중 1,500,000원을 수표로 받다.

차변		대변	

02 단기대여금 5,000,000원과 그 이자 500,000원을 수표로 받아 당좌예입하다.

차변		대변	

03 현희상사에 3,000,000원을 대여함에 있어 선이자 300,000원을 차감한 실수금은 현금으로 지급하다.

차변		대변	

04 거래은행에서 현금 1,000,000원을 대출받다, 단, 상환기간은 3년임.

차변		대변	

05 다음 거래에서 계정의 증감 내용이 기입될 계좌로 바른 것을 모두 고른 것은?

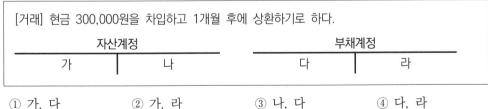

① 가, 다   ② 가, 라   ③ 나, 다   ④ 다, 라

06 다음 중 잔액이 대변에 발생하는 계정은?

① 단기대여금   ② 미수금   ③ 선급금   ④ 단기차입금

단원별 연습문제(2)

01 영업용 컴퓨터 900,000원을 구입하고, 대금 중 500,000원은 수표를 발행하여 지급하고, 잔액은 외상으로 하다.

차변		대변	

02 비품 외상대금 1,500,000원 중 500,000원을 당점발행 수표로 지급하다.

차변		대변	

03 오늘 신용카드 결제일이 되어 사용액 2,000,000원이 보통예금 통장에서 인출되다.

차변		대변	

04 영업용 차량을 10,000,000원에 구입하고, 대금은 24개월 할부로 하다.

차변		대변	

05 차량 할부금 500,000원을 현금으로 지급하다.

차변		대변	

06 나라복사에 사무실 복사기의 유지보수료 50,000원과 소모자재인 복사용지와 토너의 구입대금 100,000원을 월말에 지급하기로 하였다.(소모자재는 비용으로 회계처리 함)

차변		대변	

07 종업원의 유니폼을 한국복장에서 구입하고 대금 300,000원은 월말에 지급하기로 하다.(전액 비용 처리 할 것)

차변		대변	

08 사용하지 않는 비품을 매각하고 대금은 1개월 후에 받기로 하다. 분개시 차변에 계정과목은?

① 외상매출금　　　　　　　　　② 외상매입금
③ 가수금　　　　　　　　　　　④ 미수금

09 대한가구점의 아래 거래를 분개시 (가),(나)의 대변 계정과목으로 옳은 것은?

> * 대한가구점 책상(@500,000원) 10대 구입 (대금은 월말 지급)
> 　(가) 판매용 책상 9대　　　　　　　　　(나) 직원 사무용 책상 1대

① (가) 외상매입금 (나) 외상매입금
② (가) 외상매입금 (나) 미지급금
③ (가) 미지급금　 (나) 외상매입금
④ (가) 미지급금　 (나) 미지급금

단원별 연습문제(3)

01-1 저거상사에 상품 5,000,000원을 주문하고, 계약금 500,000원을 현금 지급하다.

차변		대변	

01-2 앞서 주문한 상품을 인수받고, 계약금을 차감한 잔액은 외상으로 하다.

차변		대변	

02 영미상사에서 주문 받은 상품 2,500,000원을 발송하고, 앞서 받은 계약금 250,000원을 차감한 실수금은 월말에 받기로 하다.

차변		대변	

03 다음 계정들의 성격이 알맞지 않은 것은?

① 선 수 금 - 감소시 차변계정   ② 선 급 금 - 감소시 차변계정

③ 단기차입금 - 증가시 대변계정   ④ 미 수 금 - 증가시 차변계정

04 다음 중 자산계정에 속하지 않는 것은?

① 선급금   ② 단기대여금   ③ 선수금   ④ 미수금

05 거래처로부터 상품의 주문을 받고, 계약금을 받은 경우 대변에 기입할 계정과목은?

① 가수금   ② 미수금   ③ 예수금   ④ 선수금

06 다음 계정들의 성격이 알맞지 않은 것은?

① 미수금계정 - 감소시 대변기록   ② 선수금계정 - 증가시 대변기록

③ 미지금금계정 - 감소시 차변기록   ④ 선급금계정 - 증가시 대변기록

단원별 연습문제(4)

01－1 출장 가는 사원에게 여비 개산액 300,000원을 현금으로 지급하다.

차변		대변	

01－2 위 출장간 사원이 돌아와 여비잔액 25,000원을 현금으로 반환받다.

차변		대변	

01－3 위 출장간 사원이 돌아와 여비 부족액 30,000원을 현금으로 지급하다.

차변		대변	

02－1 출장간 사원으로부터 내용불명의 송금수표 500,000원을 받다.

차변		대변	

02－2 출장간 사원이 돌아와 위 송금액은 외상대금 회수액으로 밝혀지다.

차변		대변	

03 출장간 직원 배승수가 귀사하여 송금액 1,000,000원의 내역 중 300,000원은 외상매출금 회수분으로 판명되고 잔액은 상품 주문 계약금으로 판명되다.

차변		대변	

04 3월 30일 영업사원 나영업에게 지급한 500,000원의 출장비를 아래와 같이 정산하고 잔액은 현금으로 회수하였다.

항공료 200,000원, 숙박비 150,000원, 식사대 100,000원

차변		대변	

05 지방출장 중인 사원으로부터 출처를 알 수 없는 현금 100,000원이 송금되어 온 경우, 분개시 대변 계정과목은?

① 가수금 　　　　② 선수금 　　　　③ 예수금 　　　　④ 미수금

06 다음 (가)와 (나)를 분개할 때, 차변 계정과목으로 옳은 것은?

> (가) 출장 가는 사원에게 어림잡아 출장비 100,000원을 현금 지급하다.
> (나) 거래처에 상품을 주문하고, 계약금으로 50,000원을 현금 지급하다.

① (가) 가수금　(나) 선급금　　　　② (가) 가수금　(나) 선수금
③ (가) 가지급금 (나) 선급금　　　　④ (가) 가지급금 (나) 선수금

07 아래의 계정 중 잔액은 항상 차변에 있으며, 임시계정으로 원인이 판명되거나 또는 상품 매매활동 등이 완료되면 없어지는 계정으로 짝지어 진 것은?

① 가수금, 선급금　　　　② 선수금, 가수금
③ 가지급금, 선급금　　　　④ 선수금, 가지급금

08 다음 (가)에 들어갈 계정과목으로 옳은 것은?

> 현금의 지출이 있었으나, 계정과목이나 금액이 미확정인 경우에는 (가)계정을 사용하여 일시적으로 처리한다.

① 선급금 　　　　② 가지급금 　　　　③ 가수금 　　　　④ 선수금

단원별 연습문제(5)

01 - 1 종업원 장하다의 급여 1,000,000원 일부에서 현금 100,000원을 미리 지급하다.

차변		대변	

01 - 2 위의 급여를 지급함에 있어 가불금을 차감한 잔액은 현금으로 지급하다

차변		대변	

02 - 1 급여 1,000,000원 중 소득세 등 50,000원을 차감한 실수금은 보통예금에서 이체하다.

차변		대변	

02 - 2 위의 급여에서 원천징수한 소득세 등을 보통예금 계좌에서 이체 지급하다.

차변		대변	

03 급여 2,600,000원을 지급함에 있어 소득세 등 120,000원과 가불금 300,000원을 차감한 실수금은 보통예금 계좌에서 이체시키다.

차변		대변	

04 7월분 직원들의 급여를 다음과 같이 보통예금에서 지급하였다.

사 원 명	급여총계	소득세	지방소득세	차감지급액
김수연(본사)	1,500,000	21,000	2,100	1,476,900
김진수(매장)	800,000	19,000	1,900	779,100
신유리(본사)	700,000	15,000	1,500	683,500
계	3,000,000	55,000	5,500	2,939,500

차변		대변	

05 종업원의 급여지급시 근로소득세 등, 사회보험료 등에 대해 일시적으로 차감하여 보관하는 경우 해당하는 계정과목은?

① 가수금   ② 미수금   ③ 예수금   ④ 선수금

단원별 연습문제(6)

01-1 롯데백화점은 고객으로부터 현금 500,000원을 받고, 상품권을 발행해 주다.

차변		대변	

01-2 상품 600,000원을 매출하고, 대금 중 500,000원은 위의 상품권으로 받고, 잔액은 신용카드로 결제 받다.

차변		대변	

단원별 연습문제(7)

01 수금사원 이강인이 거래처 외상대금 300,000원을 현금으로 회수하여 행방불명이 되어 사원 이강인의 재정보증인에게 외상대금을 요구하다.

차변		대변	

02 거래관계가 있는 인천상점에 대여한 500,000원이 상환기일이 경과되었으나 지급의사가 없으므로 법원에 상환청구소송을 제기하고, 소송비용 30,000원을 현금으로 지급하다.

차변		대변	

03 - 1 화재로 인하여 장부가액 3,000,000원의 건물과 창고에 보관중인 상품(당기매입분) 800,000원이 소실되어 보험회사에 보험금을 청구하다.

차변		대변	

03 - 2 보험회사에서 위 (3 - 1)의 화재손실액을 조사한 결과 보상액이 3,500,000원으로 결정되었다는 통지를 받다.

차변		대변	

이론 기출문제

01 다음은 급여명세표의 일부이다. 공제 내역의 (가) 내용을 예수금 계정으로 회계 처리하는 경우 (가)
의 내용으로 적절하지 않은 것은?

성 명 : 김창원		직급(호봉) : ×××(××)	
실수령액 : 2,120,000원			
급여 내역		공제 내역	
기 본 급	1,900,000원	(가)	180,000원
가족수당	100,000원		
직책수당	200,000원		
식 대	100,000원		
급여 계	2,300,000원	공제 계	180,000원

① 소득세 등   ② 상여금   ③ 국민연금   ④ 건강보험료

02 거래처에 상품을 5,000,000원에 판매하기로 하고 계약금(판매금액의 10%)을 거래처에서 발행한
당좌수표로 받았다. 이에 대한 분개로 옳은 것은?

① (차) 당좌예금 500,000원   (대) 선수금 500,000원
② (차) 현   금 500,000원   (대) 선수금 500,000원
③ (차) 현   금 500,000원   (대) 상품매출 500,000원
④ (차) 당좌예금 500,000원   (대) 상품매출 500,000원

03 다음 선수금계정에서 4월 8일 거래의 설명으로 옳은 것은?

선수금

4/8 상품매출	150,000	4/6 현 금	150,000

① 상품을 주문하고 계약금을 지급하다.
② 상품을 주문받고 계약금을 받다.
③ 상품을 매입하고 계약금을 차감하다.
④ 상품을 매출하고 계약금을 차감하다.

04 다음 거래의 결합관계에 해당하지 <u>않는</u> 것은?

> 출장 중인 직원이 보내온 내용불명의 입금액 300,000원 중 200,000원은 매출처 ㈜한공에 대한 외상대금의 회수액이며, 나머지는 상품주문 대금을 미리 받은 것으로 확인되었다.

① 비용의 발생 ② 자산의 감소

③ 부채의 감소 ④ 부채의 증가

05 다음 거래를 회계처리할 때 (가)에 해당하는 계정과목으로 옳은 것은?

> 주문받은 상품 1,000,000원을 인도하고, 계약금 200,000원을 차감한 잔액은 보통예금 계좌로 이체 받다.
> (차) 보통예금 800,000원   (대) 상품매출 1,000,000원
> (가) 200,000원

① 선급금 ② 외상매출금 ③ 가수금 ④ 선수금

06 (가), (나)에 해당하는 계정과목으로 옳은 것은?

> (가) 사무실에서 사용하는 컴퓨터를 처분하고 아직 받지 못한 금액
> (나) 상품을 매입하기 위하여 선 지급한 금액

	(가)	(나)
①	선수금	미수금
②	외상매출금	선급금
③	미수금	선수금
④	미수금	선급금

07 한공상사가 서울상사에 1,000,000원의 상품을 주문하고 계약금으로 현금 100,000원을 지급한 경우 각 회사가 인식할 계정과목으로 옳은 것은?

	한공상사	서울상사
①	선급금	선수금
②	지급어음	받을어음
③	매입채무	매출채권
④	선급비용	선수수익

08 다음 거래의 결과로 나타나는 항목이 올바르게 연결된 것은?

① 1년분 임차료를 미리 지급했다 - 선수수익

② 이자비용이 발생했으나 지급기일 미도래로 지급하지 않았다 - 미지급비용

③ 대여금에 대한 1년분 이자를 미리 받았다 - 선급비용

④ 상품 매출에 대한 운반비를 지급하지 않았다 - 미수수익

09 다음 자료에 의한 7월 5일의 회계처리로 옳은 것은?

> 7월 2일   경리담당자는 영업팀 김대리에게 출장비 300,000원을 사전에 현금으로 지급하였다.
> 7월 5일   출장을 마치고 돌아온 김대리는 증빙을 첨부하여 출장비로 350,000원을 보고하였으며, 차액은 현금으로 정산되었다.

	차 변		대 변	
①	여비교통비	300,000원	현 금	300,000원
②	가지급금	300,000원	현 금	300,000원
③	여비교통비	350,000원	현 금	50,000원
			가지급금	300,000원
④	가 수 금	350,000원	현 금	50,000원
			가지급금	300,000원

단원별 연습문제(1) 해답

	차 변		대 변	
01	현 금	1,500,000	단 기 대 여 금	1,500,000
02	당 좌 예 금	5,500,000	단 기 대 여 금 이 자 수 익	5,000,000 500,000
03	단 기 대 여 금	3,000,000	이 자 수 익 현 금	300,000 2,700,000
04	현 금	1,000,000	장 기 차 입 금	1,000,000

05 ② 현금 / 단기차입금, 현금(자산)은 차변, 단기차입금(부채)은 대변에 기입

06 ④ 잔액이 대변에 남으면 부채,자본,수익 → 단기차입금은 부채이므로 대변 잔액

단원별 연습문제(2) 해답

	차 변		대 변	
01	비 품	900,000	당 좌 예 금 미 지 급 금	500,000 400,000
02	미 지 급 금	500,000	당 좌 예 금	500,000
03	미 지 급 금	2,000,000	보 통 예 금	2,000,000
04	차 량 운 반 구	10,000,000	장 기 미 지 급 금	10,000,000
05	미 지 급 금	500,000	현 금	500,000
06	수 수 료 비 용 소 모 품 비	50,000 100,000	미 지 급 금	150,000
07	복 리 후 생 비	300,000	미 지 급 금	300,000

08 ④ 미수금 / 비품

09 ② 상품 4,500,000, 비품 500,000 / 외상매입금 4,500,000, 미지급금 500,000

단원별 연습문제(3) 해답

	차 변		대 변	
01-1	선 급 금	500,000	현 금	500,000
01-2	상 품	5,000,000	선 급 금	500,000
			외 상 매 입 금	4,500,000
02	선 수 금	250,000	상 품 매 출	2,500,000
	외 상 매 출 금	2,250,000		

03 ② 자산은 차변에 증가, 대변에 감소, 부채는 대변에 증가, 차변에 감소

04 ③

05 ④

06 ④ 자산은 차변에 증가, 대변에 감소, 부채는 대변에 증가, 차변에 감소

단원별 연습문제(4) 해답

	차 변		대 변	
01-1	가 지 급 금	300,000	현 금	300,000
01-2	현 금	25,000	가 지 급 금	300,000
	여 비 교 통 비	275,000		
01-3	여 비 교 통 비	330,000	가 지 급 금	300,000
			현 금	30,000
02-1	현 금	500,000	가 수 금	500,000
02-2	가 수 금	500,000	외 상 매 출 금	500,000
03	가 수 금	1,000,000	외 상 매 출 금	300,000
			선 수 금	700,000
04	여 비 교 통 비	450,000	가 지 급 금	500,000
	현 금	50,000		

05 ① 현금 / 가수금

06 ③ (가) 가지급금 100,000 / 현금 100,000, (나) 선급금 50,000 / 현금 50,000

07 ③

08 ②

단원별 연습문제(5) 해답

	차 변		대 변	
01-1	주.임.종.단기채권	100,000	현 금	100,000
01-2	급 여	1,000,000	주.임.종.단기채권	100,000
			현 금	900,000
02-1	급 여	1,000,000	예 수 금	50,000
			보 통 예 금	950,000
02-2	예 수 금	50,000	보 통 예 금	50,000
03	급 여	2,600,000	예 수 금	120,000
			주.임.종.단기채권	300,000
			보 통 예 금	2,180,000
04	급 여	3,000,000	예 수 금	60,500
			보 통 예 금	2,939,500

05 ③

단원별 연습문제(6) 해답

	차 변		대 변	
01-1	현 금	500,000	상 품 권 선 수 금	500,000
01-2	상 품 권 선 수 금	500,000	상 품 매 출	600,000
	외 상 매 출 금	100,000		

단원별 연습문제(7) 해답

	차 변		대 변	
01	미 결 산	300,000	외 상 매 출 금	300,000
02	미 결 산	530,000	단 기 대 여 금	500,000
			현 금	30,000
3-1	재 해 손 실	3,800,000	건 물	3,000,000
			상 품	800,000
3-2	미 수 금	3,500,000	보 험 금 수 익	3,500,000

이론 기출문제 해답

01 ② 예수금 → 소득세 등, 건강보험, 장기요양보험, 국민연금보험, 고용보험 등

02 ②

03 ④ 4/8. 선수금 / 상품매출

04 ① 가수금 300,000 / 외상매출금 200,000, 선수금 100,000

05 ④

06 ④

07 ① 한공상사 : 선급금 / 현금,

　　　서울상사 : 현금 / 선수금

08 ②, ① 선급비용

　　　③ 선수수익

　　　④ 미지급비용

09 ② 7/2. 가지급금 / 현금

SECTION *12*
대손에 관한 거래

외상매출금, 받을어음 등의 매출채권이 거래처의 파산, 행방불명 등의 사유로 인하여 회수불능되는 것을 대손이라 하며, 대손이 발생되는 경우에는 비용계정인 대손상각비 계정으로 회계처리 한다.
 1. 대손의 예상(기말)
 2. 실제의 대손
 3. 대손의 회수(당기분, 전기분)
 ▶ 기타의 채권이 대손처리 되면 → 기타의대손상각비(영업외비용)로 회계처리 한다.

1. 대손의 예상(설정)에 관한 기장 방법(기말 결산시 회수불능액 예상)

기말결산시 매출채권(외상매출금, 받을어음)에 대하여 그 회수가능성을 검토하고, 회수가 불가능한 채권을 예상하여 대손상각비계정 차변과 대손충당금계정 대변에 기입한다.
(결산시 대손을 예상하다 = 대손충당금을 설정하다)

 ▶ 공식 : 매출채권 × 대손예상율 = 대손예상액 – 대손충당금잔액 = 추가설정액
    ▶ 대손상각비(판매비와관리비)
    ▶ 대손충당금환입(판매비와관리비의 차감계정)
    ▶ 대손충당금(매출채권의 차감적 평가계정)

$$\text{대손예상액(보충법)} = (\text{매출채권잔액} \times \text{대손예상율}) - \text{대손충당금잔액} = \begin{cases} +\text{상각} \\ -\text{환입} \\ 0 \text{ 분개없음} \end{cases}$$

No	대손예상액	대손충당금잔액	차 변		대 변	
①	10,000	없음	대손상각비	10,000	(외상)대손충당금	10,000
②	10,000	8,000	대손상각비	2,000	(외상)대손충당금	2,000
③	10,000	10,000	분 개 없 음			
④	10,000	15,000	(외상)대손충당금	5,000	대손충당금환입	5,000

외상매출금 잔액 1,000,000원에 대하여 1% 대손을 예상하다.(보충법)
1,000,000 × 1% = 10,000(대손예상액)

【대손충당금의 재무상태표 표시 방법】

재무상태표

| 외상매출금 | 1,000,000 | 대손충당금 | 10,000 |

재무상태표

자 산	금 액		부채 · 자본	금 액	
외 상 매 출 금	1,000,000				
대 손 충 당 금	10,000	990,000			

2. 실제 대손에 관한 기장 방법

매출채권(외상매출금 · 받을어음)이 회수불능 되는 것을 실제의 대손이라 한다.

	거래처가 파산하여 외상매출금 100,000원이 회수불능 되다.					
①	대손충당금 잔액	0	대손상각비	100,000	외상매출금	100,000
②	대손충당금 잔액	60,000	(외상)대손충당금	60,000	외상매출금	100,000
			대손상각비	40,000		
③	대손충당금 잔액	100,000	(외상)대손충당금	100,000	외상매출금	100,000
④	대손충당금 잔액	150,000	(외상)대손충당금	100,000	외상매출금	100,000

3. 대손처리한 채권의 회수(상각채권 추심)

대손 처리한 매출채권 대금을 회수 하는 것을 대손의 회수라 하며, 대손의 회수에는 당기분 회수과 전기분 회수로 구분한다.

1) 당기에 대손처리한 외상매출금을 회수시(대손처리시 차변분개를 역분개함)

2) 전기에 대손처리한 외상매출금을 회수시(무조건 대변에 대손충당금)

No	구 분	차 변		대 변	
①	전기에 대손처리한 채권의 회수	보 통 예 금	50,000	(외상)대손충당금	50,000
②	당기에 대손처리한 채권의 회수	보 통 예 금	50,000	(외상)대손충당금 (또는 대손상각비)	50,000

단원별 연습문제 및 이론 기출문제

(문제 1~3) 결산시 외상매출금 잔액 1,000,000원에 대하여 2%의 대손충당금을 설정하다.

01 (외상)대손충당금 잔액 10,000원 있다.

차변		대변	

02 (외상)대손충당금 잔액 20,000원 있다.

차변		대변	

03 (외상)대손충당금 잔액 25,000원 있다.

차변		대변	

04 거래처 중앙상회의 파산으로 인하여 외상매출금 1,000,000원 중 400,000원은 현금으로 회수하고, 잔액은 대손으로 처리하다. 단, (외상)대손충당금 잔액 450,000원 있음

차변		대변	

(문제 5~7) 거래처의 파산으로 인하여 외상매출금 200,000원이 회수불능 되다.

05 (외상)대손충당금 잔액 50,000원 있다.

차변		대변	

06 (외상)대손충당금 잔액 200,000원 있다.

차변		대변	

07 (외상)대손충당금 잔액 300,000원 있다.

차변		대변	

08 매출처 은정상사의 파산으로 인하여 받을어음 2,500,000원 중 500,000원은 현금으로 회수하고, 500,000원은 매출한 상품으로 회수하고, 잔액은 대손처리하다. 단, (받을)대손충당금 잔액 2,000,000원 있음.

차변		대변	

09 전기에 대손으로 처리한 외상매출금 700,000원 중 500,000원을 현금으로 회수(추심)하다.

차변		대변	

10 당기에 대손으로 처리한 외상매출금 400,000원을 현금으로 회수하다.
단, 대손시 (외상)대손충당금잔액은 없었다.

차변		대변	

11 당기에 대손으로 처리한 받을어음 1,000,000원을 현금으로 회수하다.
단, 대손시 (받을)대손충당금잔액 800,000원이 설정되어 있었다.

차변		대변	

12 매출처 동원마트가 법원으로부터 파산선고를 받아 외상매출금 525,600원이 회수 불가능하게 되어 대손 처리 하였다. 기초재무상태표에 대손충당금(외상매출금) 220,000원이 있다.

차변		대변	

13 매출채권에 대한 대손충당금계정의 성격으로 옳은 것은?

① 자산계정　　　　② 부채계정　　　　③ 차감적 평가계정　　④ 수익계정

14 전기까지 대손충당금을 설정하지 않았고 당기말에 대손과 관련된 자료가 다음과 같은 경우, 손익계산서에 보고되는 대손상각비는 얼마인가?

기말에 외상매출금 잔액 3,000,000원에 대해 3%의 대손을 추정하다.

① 30,000원　　　　② 50,000원　　　　③ 90,000원　　　　④ 60,000원

15 다음 자료에서 당기 손익계산서에 보고되는 대손상각비는 얼마인가?

전기말 대손충당금이 20,000원이다. 당기중 대손충당금에 변화가 없다. 당기말 외상매출금 잔액 5,000,000원에 대해 1%의 대손을 설정하다.

① 10,000원　　　　② 20,000원　　　　③ 30,000원　　　　④ 40,000원

16 다음은 2024년 하나상사의 매출채권과 대손충당금 관련 사항들이다. 설명 중 맞는 것은?

• 기초 대손충당금 잔액　　　　　:　　　　100,000원 • 5월 매출채권 대손처리액　　　 :　　　　500,000원 • 기말 매출채권 잔액　　　　　　:　　　30,000,000원 • 대손충당금은 매출채권의 1%로 한다.

① 대손충당금 당기 감소액은 600,000원이다.
② 기말 대손충당금 설정액은 300,000원이다.
③ 2025년도로 이월되는 대손충당금 잔액은 800,000원이다.
④ 2024년 대손상각비는 300,000원이다.

17 대손충당금을 설정할 경우의 거래내용과 회계처리가 적절하지 않은 것은?

	거래 내용	회계 처리
①	대손충당금 잔액이 없을 경우	: (차) 대손상각비 *** (대) 대손충당금 ***
②	대손예상액 〉대손충당금잔액	: (차) 대손상각비 *** (대) 대손충당금 ***
③	대손예상액 = 대손충당금잔액	: (차) 대손상각비 *** (대) 대손충당금 ***
④	대손예상액 〈 대손충당금잔액	: (차) 대손충당금 *** (대) 대손충당금환입 ***

18 다음 거래에 대한 기말 분개로 가장 옳은 것은?

> 12월 31일 결산시 외상매출금 잔액 10,000,000원에 대해 1%의 대손을 예상하였다.
> (단, 당사는 보충법을 사용하고 있으며 기말 분개 전 대손충당금 잔액은 50,000원이 계상되어 있다.)

① (차) 대손충당금 100,000원　(대) 대손상각비 100,000원
② (차) 대손상각비　50,000원　(대) 대손충당금　50,000원
③ (차) 대손상각비 100,000원　(대) 외상매출금 100,000원
④ (차) 대손상각비 100,000원　(대) 대손충당금 100,000원

19 다음 계정 기입에 대한 설명으로 옳은 것만을〈보기〉에서 있는 대로 고른 것은?

대손충당금		
3/15 외상매출금　100,000원	1/ 1 전 기 이 월　200,000원	
	4/10 현　　　금　　50,000원	
	12/31 대손상각비　120,000원	

보기	ㄱ. 당기 중 대손확정액은 50,000원이다. ㄴ. 재무상태표에 표시되는 대손충당금은 270,000원이다. ㄷ. 손익계산서에 표시되는 대손상각비는 120,000원이다.

① ㄱ, ㄴ　　　② ㄱ, ㄷ　　　③ ㄴ, ㄷ　　　④ ㄱ, ㄴ, ㄷ

20 다음 설명 중 옳은 것은?

① 대손상각비는 상품매입의 차감적 평가 계정이다.
② 대손충당금은 손익계산서에 표시된다.
③ 외상매입금에 대하여 대손충당금을 설정할 수 있다.
④ 대손충당금은 채권에 대한 차감적 평가계정이다.

단원별 연습문제 및 이론 기출문제 해답

	차 변		대 변	
01	대 손 상 각 비	10,000	(외상)대손충당금	10,000
02	분개 없음			
03	(외상)대손충당금	5,000	대 손 충 당 금 환 입	5,000
04	현 금 (외상)대손충당금 대 손 상 각 비	400,000 450,000 150,000	외 상 매 출 금	1,000,000
05	(외상)대손충당금 대 손 상 각 비	50,000 150,000	외 상 매 출 금	200,000
06	(외상)대손충당금	200,000	외 상 매 출 금	200,000
07	(외상)대손충당금	200,000	외 상 매 출 금	200,000
08	현 금 상 품 매 출 (받을)대손충당금	500,000 500,000 1,500,000	받 을 어 음	2,500,000
09	현 금	500,000	(외상)대손충당금	500,000
10	현 금	400,000	대 손 상 각 비	400,000
11	현 금	1,000,000	(받을)대손충당금 대 손 상 각 비	800,000 200,000
12	(외상)대손충당금 대 손 상 각 비	220,000 305,600	외 상 매 출 금	525,600

13 ③

14 ③ $3,000,000 \times 3\% = 90,000$

15 ③ $5,000,000 \times 1\% = 50,000 - 20,000 = 30,000$

16 ② 대손처리 : 대손충당금 100,000, 대손상각비 400,000 / 외상매출금 500,000

기말분개 : $30,000,000 \times 1\% = 300,000$

대손상각비 300,000 / 외상대손충당금 300,000

① 대손충당금 감소액은 100,000, ③ 이월되는 대손충당금은 300,000

④ 대손상각비는 700,000(400,000 + 300,000)

17 ③ 대손예상액과 대손충당금 잔액이 같으면 분개를 하지 않는다.

18 ② $10,000,000 \times 1\% = 100,000 - 50,000 = 50,000$

19 ③ ㄱ. 대손 확정액은 100,000

20 ④, ① 대손상각비는 판매비와관리비이다. ② 대손충당금은 재무상태표에 표시된다.

③ 외상매출금, 받을어음에 대하여 대손충당금을 설정할 수 있다.

SECTION 13
유형자산 · 무형자산 · 기타비유동자산

> ▸ 비유동자산
> 기업이 판매를 목적으로 소유(재고자산)하는 유동자산이 아니라, 장기간에 걸쳐 여유자금을 활용(투자
> 자산)하거나, 1년 또는 정상영업순환주기 이상 장기간 영업활동에 사용할 목적(유형, 무형자산)으로
> 소유하고 있는 자산을 말한다.

(1) 투자자산

영업활동 이외의 이윤추구나 장기투자 등을 목적으로 보유하고 있는 자산으로 장기금융상품, 장기대여금, 매도가능증권, 만기보유증권, 지분법적용투자주식, 투자부동산 등이 있다.

(2) 유형자산

1년 이상 장기적으로 보유하며 영업활동에 사용할 목적으로 보유하는 형체가 있는 자산으로 토지, 건물, 비품, 차량운반구, 기계장치, 구축물, 건설중인자산 등이 있다.

(3) 무형자산

1년 이상 장기적으로 보유하며 영업활동에 사용할 목적으로 보유하는 형체가 없는 자산으로 영업권, 산업재산권(특허권, 실용신안권, 의장권, 상표권), 광업권, 어업권, 차지권, 개발비, 소프트웨어, 프랜차이즈권 등이 있다.

(4) 기타 비유동자산

현금화 가능기간이 1년 이상 소요되며, 직접적인 수익창출이 없는 자산으로 임차보증금, 장기성매출채권, 장기성선급비용, 부도어음과수표 등이 있다.

1. 유형자산

유형자산은 판매를 목적으로 하지 않고, 장기간에 걸쳐 영업활동에 사용되며, 토지, 건물, 비품, 차량운반구, 기계장치, 구축물, 건설중인자산 등 구체적인 형태를 지닌 자산을 말한다.

2. 유형자산의 취득과 처분

(1) 유형자산의 취득

구입(취득)시 제비용은 취득원가에 포함하여 차변에 기입 한다.

① 구입시 제비용 : 취득세, 등록세, 운반비, 설치비, 정지비, 시운전비, 사용전수선비 등

② 분개시 : 건물, 비품 등 ××× / 현금, 당좌예금, 미지급금 등 ×××

(2) 유형자산의 처분

원가(취득원가)를 대변에 기입하고, 감가상각누계액을 차변에 기입 한다.

> ▸ 분개시 : 현금, 당좌예금, 미수금 ××× / 건물 등(취득원가) ×××
>   (건물)감가상각누계액   ××× / 유형자산처분이익   ×××

No	구 분	차 변		대 변	
①	취 득 시	건　　　물	2,000,000	현　　　금	2,000,000
②	처 분 시 (장부가액〈처분가격)	건물감가상각누계액 현　　　금	600,000 1,900,000	건　　　물 유형자산처분이익	2,000,000 500,000
③	처 분 시 (장부가액〉처분가격)	건물감가상각누계액 현　　　금 유형자산처분손실	600,000 1,200,000 200,000	건　　　물	2,000,000

3. 유형자산의 수리비(자본적지출과 수익적지출)

(1) 자본적 지출

유형자산의 가치증대, 내용년수의 연장, 용도변경, 증축 등의 지출로서, 분개시 취득원가에 가산(자산으로 회계처리)한다.

> ▸ 분개시 : 건물, 비품 ××× / 현금, 미지급금 ×××

(2) 수익적 지출

유형자산의 원상회복, 현상유지, 능률유지를 위한 지출로서 비용으로 회계처리한다.

> ▸ 건물, 비품 등 수리비 : 수선비(비용)
> ▸ 차량 수리비 : 차량유지비(비용)
> ▸ 분개시 : 수선비, 차량유지비 ××× / 현금, 당좌예금 ×××

4. 유형자산의 감가상각

토지와 **건설중인자산**을 **제외**한 유형자산은 사용하거나 시일이 경과함에 따라 그 가치가 감소 되어 가는데 이것을 **감가**라 하며, 이것을 비용화 하는 절차를 **감가상각**이라 하고, 기말 결산시 이를 비용으로 회계처리 한 것을 **감가상각비**라 한다.

(1) 감가상각의 3요소

① 취득원가 : 유형자산의 취득시 원가(제비용 포함)
② 내용년수 : 유형자산의 수명이 다할 때까지를 추정한 사용가능한 기간(연수)
③ 잔존가액 : 내용연수가 경과한 후 예상되는 최종 장부가액을 말한다.

(2) 감가상각비 계산 방법(정액법, 정률법, 생산량비례법, 연수합계법 등)

1) 정액법

매 결산시마다 감가상각액을 일정하게 계산하는 방법으로 직선법이라고도 한다.
① 취득원가 × 상 각 률 = 감가상각비(1년분)

② $\dfrac{\text{취득원가} - \text{잔존가격}}{\text{내용연수}} = \text{감가상각비(1년분)}$

③ $\dfrac{\text{취득원가}}{\text{내용연수}} = \text{감가상각비(1년분)}$

2) 정률법

매 결산시 미상각잔액(장부잔액)에 일정한 상각률(정률)을 곱하여 구하는 방법으로 체감잔액법이라고도 한다. 매년 감가상각액이 감소한다.
① 미상각잔액 × 정률(상각률) = 감가상각비(1년분)
② 미상각잔액(장부잔액) = 취득원가 - 감가상각누계액

(3) 감가상각비 기장(분개)방법

No	구 분	차 변		대 변	
①	직 접 법	감가상각비	×××	건물, 비품 (등)	×××
②	간 접 법	감가상각비	×××	건물감가상각누계액	×××

▸ 현행 기업회계기준서에서는 간접법으로 회계처리 하도록 요구하고 있다.

【감가상각누계액의 재무상태표 표시방법】

재무상태표

건 물 800,000 | 감가상각누계액 50,000

재무상태표

자 산	금 액		부채 · 자본	금 액
건 물	800,000			
감가상각누계액	50,000	750,000		

5. 건설중인자산

건물을 신축하는 경우, 건물이 완성되어 인수할 때까지 지급하는 공사 대금을 건설중인 자산 계정으로 처리했다가 건물이 완성되면 건물 계정에 대체한다.

또한, 건물을 취득하기 위하여 지급된 계약금은 선급금계정이 아닌 건설중인자산으로 처리한다.

①	공사 착수금.중도금을 현금으로 지급하면	건설중인자산	200,000	보통예금	200,000
②	건물이 완공되어 인수하면	건 물	500,000	건설중인자산	200,000
				보통예금	300,000

6. 무형자산(intangible assets)

물리적인 형태가 없는 자산으로 사실상의 가치를 나타내는 영업권과 법률상의 권리를 나타내는 특허권, 실용신안권, 의장권, 상표권 등의 산업재산권 및 광업권, 어업권, 차지권과 그 외에 미래에 기업의 수익창출에 기여할 비화폐성 자산인 개발비 등이 있다.

7. 무형자산의 종류

(1) 영업권(good-will) … 기업 매수 웃돈

사업상의 유리한 조건 등으로 다른 기업에 비하여 높은 수익을 얻고 있는 기업을 인수, 합병할 때 인수한 순자산액(총자산 - 총부채)을 초과하여 지급하는 경우, 그 초과액을 영업권 계정 차변에 기입한다.

> ▸ 회계기준상 상각은 20년 이내이며, 상법 및 법인세법상 5년 이내 매기 균등상각 한다.

NO.	구 분	차 변		대 변	
①	다른 회사를 흡수합병하면	제 자 산 영 업 권	2,000 300	제 부 채 당좌예금(자본금)	500 1,800
②	결산시 영업권을 상각하면(5년가정)	무형자산상각비	60	영 업 권	60

(2) 산업재산권(Intellectual proprietary rights)

일정기간 독점적, 배타적으로 이용할 수 있는 권리로서 특허권, 실용신안권, 의장권 및 상표권 등이 있으며 아래 표 안에 ( )는 법인세법상 내용연수이다.

특 허 권	새로운 발명품에 대하여 일정기간 독점적으로 이용할 수 있는 권리(10년)
실용신안권	물품의 구조, 형상 등을 경제적으로 개선하여 생활의 편익을 줄 수 있도록 신규의 공업적 고안을 하여 얻은 뒤의 권리(5년)
의 장 권	물품에 관하여 신규 의장의 고안을 하여 얻은 권리(5년)
상 표 권	특정상표를 등록하여 일정기한 독점적으로 이용하는 권리(5년)

(3) 개발비(pre-operating costs) … 제품개발원가

특정 신제품 또는 신기술의 개발과 관련하여 발생한 비용으로서 개별적으로 식별 가능하고, 미래의 경제적 효익을 확실하게 기대할 수 있는 것을 말한다.

No.	구 분	차 변		대 변	
①	신제품 개발비 지급시	개 발 비	5,000	현 금	5,000
②	결산시 상각(5년 가정)	무형자산상각비	1,000	개 발 비	1,000
③	신제품 발명 성공하여 특허권 취득시 (출원비용)	특 허 권	2,000	현 금	2,000

(4) 광업권, 어업권, 차지권

① 광업권은 일정한 광구에서 부존하는 광물을 채굴하여 취득할 수 있는 권리를 말한다.

② 어업권은 일정한 수면에서 어업을 경영할 수 있는 권리를 말한다.

③ 차지권은 임차료 또는 지대를 지급하고, 타인이 소유하는 토지를 사용, 수익할 수 있는 권리를 말한다.

(5) 기타의 무형자산

① 라이선스(license) : 다른 기업의 상표, 특허 제품 등을 사용할 수 있는 권리를 말한다.

② 프랜차이즈(franchise) : 특정 체인사업에 가맹점을 얻어 일정한 지역에서 특정 상표나 제품을 제조, 판매할 수 있는 권리를 말한다.

③ 저작권 : 저작자가 자기 저작물을 복제, 번역, 방송, 상연 등을 독점적으로 이용할 수 있는 권리를 말한다.

④ 소프트웨어 : 컴퓨터와 관련된 운용프로그램을 말하는 것으로 상용 소프트웨어의 구입을 위하여 지출한 금액을 말한다. 단, 소프트웨어 개발비용은 개발비에 속한다.

⑤ 임차권리금 : 토지나 건물을 빌릴 때, 그 이용권을 가지는 대가로 보증금 이외 추가 지급하는 금액을 말한다.

8. 기타비유동자산

기타 비유동자산은 장기간 동안 타인의 재화 또는 용역을 제공받기 위한 투자액 및 타인에게 제공한 재화 또는 용역의 대가로 장기간에 걸쳐 회수 목적의 자산으로 임차보증금, 부도수표와어음, 장기성매출채권 등이 있다.

> ▶ 기타 비유동자산의 조건
> 첫째, 기업의 영업활동과 관련된 투자액과 장기간에 걸쳐 회수 목적의 자산이다.
> 둘째, 물리적 실체가 없는 자산이다.
> 셋째, 기업이 통제하고 있으며, 경제적 효익이 있으나 투자수익은 발생하지 않는다.

단원별 연습문제 및 이론 기출문제

01 영업용 토지 3,000,000원을 구입하고, 대금은 수표를 발행하여 지급하다. 그리고, 정지비 및 제비용 200,000원은 현금으로 지급하다.

차변		대변	

02 영업용 건물 30,000,000원을 구입하고, 대금 중 20,000,000원은 수표를 발행하여 지급하고, 잔액은 외상으로 하다. 그리고, 취득세 및 제비용 1,200,000원은 현금으로 지급하다.

차변		대변	

03 영업용 건물 80,000,000원에 대한 재산세 120,000원을 현금으로 지급하다.

차변		대변	

04 판매용 전화기 300,000원(원가 250,000원)을 영업용으로 전환하다.

차변		대변	

05 영업용 트럭 구입에 대한 취득세 200,000원을 세금과공과 계정으로 잘못 처리하였음을 알고 바르게 회계처리 하시오.

차변		대변	

※ 영업용 건물 취득원가 5,000,000원을 3,000,000원에 매각하고, 대금은 현금으로 받다.(6-8)

06 단, 감가상각누계액 1,000,000원 있다.

차변		대변	

07 단, 감가상각누계액 2,000,000원 있다.

차변		대변	

08 단, 감가상각누계액 2,500,000원 있다.

차변		대변	

09 영업용 비품 30,000,000원(취득원가 50,000,000원, 감가상각누계액 25,000,000원)을 매각하고, 대금 중 20,000,000원은 수표로 받고, 잔액은 외상으로 하다.

차변		대변	

10 사무실의 온풍기를 수리하고 그 대금 90,000원은 당사 보통예금계좌에서 강력온풍기상사 계좌로 이체하였다.(수익적지출로 처리할 것.)

차변		대변	

11 영업용 화물차 엔진 오일을 교환하고, 현금 50,000원을 지급하다.

차변		대변	

※ 건물 취득원가 10,000,000원, 감가상각누계액 2,000,000원. (12 – 13)

12 건물 취득원가의 10% 감가상각(간접법)으로 감가상각 하다.

차변		대변	

13 건물감가상각 : 내용년수 10년, 잔존가액 10%로 감가상각(간접법) 하다.

차변		대변	

14 부성상회로부터 5,000,000원의 비품을 구입하고, 보유하고 있던 거래처 청주상회의 약속어음을 배서하여 양도하였다.

차변		대변	

15 ㈜현대자동차로부터 영업용 화물차 1대를 5,000,000원에 6개월 무이자 할부로 구입하다. 구입과 동시에 취득세 100,000원과 등록세 50,000원을 현금으로 납부하고 등록을 완료하다.

차변		대변	

16 상품운반용으로 사용되던 화물차(취득원가 : 10,000,000원, 감가상각누계액 : 8,500,000원)의 노후로 인하여 영풍고철에 2,000,000원에 매각하고 대금은 1개월 후에 받기로 하다.

차변		대변	

17 유형자산의 장부가액(미상각잔액)에 일정한 상각률을 곱하여 당기의 감가상각비를 산출하는 방법은?

① 정액법   ② 정률법   ③ 생산량비례법   ④ 연수합계법

18 다음에 설명하는 계정과목으로 옳은 것은?

> • 판매를 목적으로 하지 않는 자산
> • 감가상각을 하지 않는 자산
> • 장기간에 걸쳐 영업활동에 사용되는 물리적 실체가 있는 자산

① 영업권   ② 차량운반구   ③ 상품   ④ 토지

19 2024년 1월 1일 건물 3,000,000원을 구입하고 취득세 200,000원과 등록세 100,000원을 현금으로 지급하였다. 2024년 12월 31일 결산시 정액법에 의한 감가상각비는? (내용년수 10년, 잔존가액 0원, 결산 연1회)

① 300,000원   ② 310,000원   ③ 320,000원   ④ 330,000원

20 다음에서 설명하는 자산에 해당하지 않는 것은?

> 판매를 목적으로 하지 않고, 장기간에 걸쳐 영업활동에 사용되는 물리적 실체가 있는 자산

① 산업재산권   ② 차량운반구   ③ 기계장치   ④ 토지

21 건물의 에어컨을 수리하고 대금을 현금으로 지급한 후 수익적지출로 처리할 것을 자본적 지출로 잘못 처리한 경우에 발생하는 효과로 옳은 것은?

① 자산은 감소하고 부채가 증가한다.   ② 자산은 증가하고 비용도 증가한다.
③ 자산은 감소하고 이익도 감소한다.   ④ 자산은 증가하고 비용은 감소한다.

22 정액법에 의한 감가상각시 3요소에 해당하지 않는 것은?

① 취득원가   ② 내용연수   ③ 미상각잔액   ④ 잔존가액

23 다음 중 유형자산의 감가상각방법이 아닌 것은?

① 정액법   ② 정률법   ③ 생산량비례법   ④ 유효이자율법

24 다음은 차량 처분과 관련된 자료이다. 차량의 처분가액은 얼마인가?

> · 취득가액 : 15,000,000원 · 감가상각누계액 : 6,500,000원 · 유형자산처분손실 : 2,000,000원

① 1,300,000원   ② 1,500,000원   ③ 6,500,000원   ④ 8,500,000원

25 다음 유형자산 중 감가상각 할 수 없는 자산은?

① 건물   ② 토지   ③ 기계장치   ④ 비품

26 다음 거래와 관련된 설명으로 옳은 것은?

> 업무용 승용차를 30,000,000원에 구입하고, 대금 중 20,000,000원은 보통예금에서 이체하였으며 10,000,000원은 신용카드(일시불)로 계산하였다. 승용차 구입관련 취득세 2,000,000원은 현금으로 지급하였다.

① 비용발생인 세금과공과금으로 계상되는 금액은 2,000,000원이다.
② 부채증가인 미지급금으로 계상되는 금액은 20,000,000원이다.
③ 자산증가인 보통예금으로 계상되는 금액은 10,000,000원이다.
④ 자산증가인 차량운반구로 계상되는 금액은 32,000,000원이다.

27 다음 자료에서 2024년 12월 31일 결산 후 재무제표와 관련된 내용으로 옳은 것은?

> · 2023년 1월 1일 차량운반구 10,000,000원에 취득
> · 정률법 상각, 내용연수 5년, 상각률 40%

① 손익계산서에 표시되는 감가상각비는 4,000,000원이다.
② 재무상태표에 표시되는 감가상각누계액은 6,400,000원이다.
③ 상각 후 차량운반구의 미상각잔액은 6,000,000원이다.
④ 상각 후 차량운반구의 미상각잔액은 2,400,000원이다.

28 업무용 차량 구입과 관련된 거래이다. (가), (나)의 계정으로 올바른 것은?

(2/5) 차량 구입 계약 시 계약금 지급	[차변] (가) ***	[대변] 현금 ***
(2/8) 차량 구입 후 등록세, 취득세 지급	[차변] (나) ***	[대변] 현금 ***

① (가) 선수금 (나) 차량운반구   ② (가) 선수금 (나) 세금과공과
③ (가) 선급금 (나) 세금과공과   ④ (가) 선급금 (나) 차량운반구

29 당기에 비용화하는 수익적지출의 내용에 맞지 않는 것은?

① 건물에 피난시설 설치
② 건물이나 벽의 페인트 도장
③ 파손된 유리의 교체
④ 기계장치의 소모부속품의 대체

30 다음에서 설명하고 있는 자산에 해당하는 계정과목은?

· 보고기간종료일로부터 1년 이상 장기간 사용가능한 자산
· 영업활동에 사용할 목적으로 보유한 자산
· 물리적 형태가 있는 자산

① 상품   ② 비품   ③ 임차보증금   ④ 외상매출금

31 2023년 1월 1일 비품 1,000,000원을 현금으로 구입하여 기말에 정액법(내용연수 10년, 잔존가액 0원)으로 감가상각하는 경우 2024년 12월 31일의 감가상각비와 2024년 결산 후 재무상태표에 표기되는 감가상각누계액은 각각 얼마인가?

	감가상각비	감가상각누계액		감가상각비	감가상각누계액
①	100,000원	100,000원	②	100,000원	200,000원
③	200,000원	100,000원	④	200,000원	200,000원

32 2022년 1월 기계장치를 5,000,000원에 구입하고 2024년 12월 31일 결산을 맞이하였다. 기계장치의 내용연수는 5년이고 잔존가치는 1,000,000원이고, 정액법으로 상각하기로 한다. 이 경우 2024년도의 결산시 감가상각비는 얼마인가?

① 700,000원   ② 800,000원   ③ 900,000원   ④ 1,000,000원

단원별 연습문제 및 이론 기출문제 해답

	차 변		대 변	
01	토　　　　　지	3,200,000	당 좌 예 금 현　　　　금	3,000,000 200,000
02	건　　　　　물	31,200,000	당 좌 예 금 미 지 급 금 현　　　　금	20,000,000 10,000,000 1,200,000
03	세 금 과 공 과	120,000	현　　　　금	120,000
04	비　　　　　품	250,000	상　　　　품	250,000
05	차 량 운 반 구	200,000	세 금 과 공 과	200,000
06	(건물)감가상각누계액 현　　　　금 유형자산처분손실	1,000,000 3,000,000 1,000,000	건　　　　물	5,000,000
07	(건물)감가상각누계액 현　　　　금	2,000,000 3,000,000	건　　　　물	5,000,000
08	(건물)감가상각누계액 현　　　　금	2,500,000 3,000,000	건　　　　물 유형자산처분이익	5,000,000 500,000
09	(비품)감가상각누계액 현　　　　금 미 수 금	25,000,000 20,000,000 10,000,000	비　　　　품 유형자산처분이익	50,000,000 5,000,000
10	수 선 비	90,000	보 통 예 금	90,000
11	차 량 유 지 비	50,000	현　　　　금	50,000
12	감 가 상 각 비	1,000,000	(건물)감가상각누계액	1,000,000
13	감 가 상 각 비	900,000	(건물)감가상각누계액	900,000
14	비　　　　　품	5,000,000	받 을 어 음	5,000,000
15	차 량 운 반 구	5,150,000	미 지 급 금 현　　　　금	5,000,000 150,000
16	(차량)감가상각누계액 미 수 금	8,500,000 2,000,000	차 량 운 반 구 유형자산처분이익	10,000,000 500,000

17 ② 정률법 : 취득원가 – 감가상각누계액 = 장부가액(미상각 잔액)

18 ④ 유형자산에 대한 설명이다.

19 ④ 3,000,000 + 200,000 + 100,000 = 3,300000 ÷ 10년 = 330,000

20 ① 유형자산에 대한 설명이다. 산업재산권은 무형자산이다.

21 ④ 수선비를 비품으로 처리 했으므로, 비용은 감소되고, 자산은 증가한다.

22 ③ 감가상각은 3요소는 취득원가, 내용년수, 잔존가액

23 ④ 감가상각 방법은 정액법, 정률법, 생산량비례법, 연수합계법 등이 있다.

24 ③ 차량감가상각누계액 6,500,000, 현금(6,500,000), 유형자산처분손실 2,000,000
　　/ 차량운반구 15,000,000

25 ② 토지와 건설중인자산은 감가상각 대상이 아니다.

26 ④ 차량운반구 32,000,000 / 보통예금 20,000,000, 미지급금 10,000,000, 현금 2,000,000

27 ② 2023. 12/31. 10,000,000 × 40% = 4,000,000
　　 2024. 12/31. 10,000,000 – 4,000,000 × 40% = 2,400,000
　　 ① 손익계산서에 감가상각비는 2,400,000, ③④ 미상각잔액은 3,600,000

28 ④

29 ① 피난시설 설치비는 자본적지출이다.

30 ② 유형자산에 대한 설명이다.

31 ② 감가상각 : 1,000,000 ÷ 10년 = 100,000(2023, 2024), 누계액은 200,000

32 ② 5,000,000 – 1,000,000 ÷ 5년 = 800,000(정액법은 감가상각액이 매년 일정)

SECTION 14
개인기업의 자본에 관한 거래

1. 개인기업의 자본금

개인기업에서 기업주가 영업개시 때 출자한 현금, 물품 등(원시출자액, 추가출자액, 당기순손익을 처리하는 계정)을 자본금이라 한다.

No.	구 분	차 변		대 변	
①	현금을 출자하여 영업개시	현 금	5,000	자 본 금	5,000
②	현금을 추가출자 하면	현 금	2,000	자 본 금	2,000
③	결산결과 당기순이익 계상	손 익	3,000	자 본 금	3,000
④	결산결과 당기순손실 계상	자 본 금	3,000	손 익	3,000

2. 인출금

기업주(점주)가 개인 일로 사용(소비)한 현금, 상품 등 자본금의 평가계정으로, 기말이 되면 자본금에 가감하며, 점주가 납부할 사업소득세 즉, 종합소득세(지방소득세)등을 회계처리 하는 계정이다.

No.	구 분	차 변		대 변	
①	기업주가 현금을 인출해가면	인 출 금	5,000	현 금	5,000
②	판매용 상품을 개인적 사용	인 출 금	3,000	상 품(원가)	3,000
③	기업주 자녀 등록금 납부	인 출 금	2,000	현 금	2,000
④	결산시 인출금을 정리하면	자 본 금	10,000	인 출 금	10,000

자 본 금

인 출 금	×××	기 초 자 본 금	×××
당 기 순 손 실	×××	추 가 출 자 액	×××
기 말 자 본 금	×××	당 기 순 이 익	×××

3. 기말자본금 산출 공식

기초자본 + 추가출자액 + 당기순이익 − 인출액 = 기말자본

4. 개인기업의 세무

No.	거 래 내 용	계정과목
①	건물, 토지 등 유형자산 취득시 부과되는 취득세, 등록세, 인지세 등을 납부하면 (취득원가에 포함)	건물 토지 등
②	영업과 관련하여 부과되는 재산세, 자동차세, 사업소세, 도시계획세, 상공회의소, 협회비, 조합비 등을 납부하면	세금과공과
③	급여지급시 원천징수한 근로소득세 등	소득세예수금
④	개인기업의 기업주에 부과되는 종합소득세(사업소득세), 소득할 주민세를 납부하면	인 출 금

No	구 분	차 변		대 변	
①	사업소득세 납부시	인 출 금	×××	현 금	×××
②	취득세 및 등록세 납부시	건 물 (등)	×××	현 금	×××
③	재산세 등 납부시	세 금 과 공 과	×××	현 금	×××
④	근로소득세(원천징수액) 납부시	예 수 금	×××	현 금	×××

단원별 연습문제 및 이론 기출문제

01 현금 1,000,000원을 출자하여 영업을 개시하다.

차변		대변	

02 현금 3,000,000원(이중 단기차입금 1,000,000원), 비품 500,000원을 출자하여 영업을 시작하다.

차변		대변	

03 기업주가 외상매출금 500,000원을 현금으로 받아 개인의 가계비에 충당하다.

차변		대변	

04 점주가 자녀등록금 2,000,000원을 현금으로 인출해 가다.

차변		대변	

05 기업주가 상품 300,000원(원가 200,000원)을 개인적인 용도로 소비하다.

차변		대변	

06 기업주가 개인적인 단기차입금 2,000,000원을 기업의 차입금으로 변경하다.

차변		대변	

07 기말결산시 인출금 차변잔액 500,000원을 정리하다.

차변		대변	

08 기업주가 인출금 2,500,000원 중 1,000,000원을 현금으로 반환하다.

차변		대변	

09 사업주의 개인적인 가계비용 550,000원을 보통예금 계좌에서 이체하여 지급하였다.(평가계정 사용)

차변		대변	

10 다음 자료에서 기말자본은?

> • 기초자본 5,000원   • 당기수익총액 4,000원   • 당기비용총액 5,000원

① 4,000원　　　② 5,000원　　　③ 6,000원　　　④ 9,000원

11 다음 중 인출금 계정에 대한 설명으로 옳은 것은?

① 임시계정으로 개인기업의 자본금 계정에 대한 평가계정이다.
② 임시계정으로 외상매출금에 대한 평가계정이다.
③ 법인기업에서 사용하는 결산정리 분개이다.
④ 결산시 재무상태표에 필수적으로 기재할 계정이다.

12 개인기업을 운영하는 기업주의 세금 납부내역을 나타낸 것이다. (가), (나)를 분개할 때 차변 계정 과목을 주어진 자료에서 가장 바르게 짝지은 것은?

> (가) 기업주의 소득세 납부　　　(나) 기업의 건물재산세 납부

① 세금과공과 – 세금과공과　　　② 세금과공과 – 인출금
③ 인출금 – 인출금　　　④ 인출금 – 세금과공과

13 인출금 계정에 대한 설명 중 잘못된 것은?

① 자본금에 대한 평가계정이다.

② 개인기업에서 사용하는 임시계정이다.

③ 결산 시 재무상태표에 꼭 표시하여야 한다.

④ 개인기업의 기업주가 개인적인 용도로 자본금을 인출할 때 사용 한다

14 개인기업의 영동상점의 기초자본을 구하면 얼마인가?

• 기말자본금　 3,000,000원	• 총수익　 5,000,000원
• 인 출 금　 100,000원	• 총비용　 3,500,000원

① 1,400,000원　　② 1,500,000원　　③ 1,600,000원　　④ 1,700,000원

15 다음 중 개인기업의 자본금계정에서 처리되는 항목이 아닌 것은?

① 원시출자액　　② 인출액　　③ 당기순손익　　④ 이익잉여금

16 다음 자료를 이용하여 제4기 기말자본금을 계산한 금액으로 옳은 것은?

회계연도	기초자본금	추가출자액	기업주인출액	당기순이익
제3기	1,000원	500원	300원	200원
제4기	(?)	300원	0원	100원

① 1,400원　　② 1,500원　　③ 1,800원　　④ 1,900원

17 다음은 개인기업인 한공상점의 2024년 기초·기말 재무상태와 기중 자본 변동 내역에 대한 자료이다. 2024년 당기순이익은 얼마인가?(단, 제시된 자료 외에는 고려하지 않는다)

자료 1. 재무상태

기초		**기말**	
자산　　1,000	부채　　800	자산　　2,000	부채　　1,000
	자본　　***		자본　　***

자료 2. 기중 자본 변동 내역
• 추가 출자액 300원

① 200원　　② 500원　　③ 800원　　④ 1,000원

단원별 연습문제 및 이론 기출문제 해답

	차 변			대 변		
01	현	금	1,000,000	자 본 금		1,000,000
02	현	금	3,000,000	단 기 차 입 금		1,000,000
	비	품	500,000	자 본 금		2,500,000
03	인 출	금	500,000	외 상 매 출 금		500,000
04	인 출	금	2,000,000	현 금		2,000,000
05	인 출	금	200,000	상 품		200,000
06	인 출	금	2,000,000	단 기 차 입 금		2,000,000
07	자 본	금	500,000	인 출 금		500,000
08	현	금	1,000,000	인 출 금		1,000,000
09	인 출	금	550,000	보 통 예 금		550,000

10 ① 기초자본 5,000 - 당기순손실(비용 - 수익) 1,000 = 기말자본 4,000

11 ①

12 ④

13 ③ 인출금은 임시계정이므로 기말재무상태표에는 기입하지 않는다.

14 ③ 기초자본(1,600,000) + 추가출자액 + 순이익 1,500,000 - 인출액 100,000
= 기말자본 3,000,000

15 ④ 이익잉여금은 법인기업의 자본의 한 종류이다.

16 ③ 3기 : 기초자본 1,000 + 추가출자 500 + 순이익 200 - 인출액 300
= 기말자본 1,400(3기의 기말자본은 4기에는 기초자본이 된다.)

    4기 : 기초자본 1,400 + 추가출자 300 + 순이익 100 - 인출액 0
= 기말자본 1,800

17 ② 기초자본(기초자산 - 기초부채) 200, 기말자본(기말자산 - 기말부채) 1,000
기초자본 200 + 추가 출자액 300 + 순이익(500) = 기말자본 1,000

SECTION *15*
손익의 정리(수익, 비용) - 결산정리사항

1. 손익의 정리

당기에 지급한 비용이나, 받은 수익 중에서 차기에 속하는 금액이 있다면 이를 차기로 이월
하고, 현금의 수입과 지출이 없더라도 당기에 속하는 금액이 있다면 비용이나 수익을 예상
하여 당기의 손익계산서에 포함하여야 하는데, 이것을 손익의 정리라 한다.
간단히 정리하면, 수익이나, 비용 중에서 당기에 속하는 것과 차기에 속하는 것을 구분하는
것을 말한다.

2. 손익의 이연과 손익의 예상

손익의 이연	수익의 이연	선수수익(부채)	임 대 료 ××× / 선수수익 ×××
	비용의 이연	선급비용(자산)	선급 비용 ××× / 보 험 료 ×××
손익의 예상	수익의 예상	미수수익(자산)	미수 수익 ××× / 이자수익 ×××
	비용의 예상	미지급비용(부채)	임 차 료 ××× / 미지급비용 ×××

(1) 손익의 이연

수익이나 비용을 차기로 이월(이연)하는 것을 말한다.

	구 분	차 변	대 변
①	수익의 이연 (집세 선수분을 계상하다)	임 대 료 5,000	선 수 수 익 5,000
②	비용의 이연 (보험료 미경과분을 계상)	선 급 비 용 3,000	보 험 료 3,000

(2) 손익의 예상

당기에 속하는 수익이나 비용 중 기말까지 받지 못한 금액과 미지급한 금액을 당기분으로
계상하는 것을 말한다.

	구 분	차 변	대 변
①	수익의 예상 (이자 미수분을 계상하다)	미 수 수 익 3,000	이 자 수 익 3,000
②	비용의 예상 (집세 미지급분을 계상)	임 차 료 5,000	미 지 급 비 용 5,000

〈분개 연습〉

1 - ①. 9/1 건물의 화재 보험료 1년분 120,000원을 현금으로 지급하다.

→ 보 험 료 120,000 / 현 금 120,000

1 - ②. 12/31 결산시 보험료 선급분을 계상하다.

→ 선급비용 80,000 / 보험료   80,000

2 - ①. 5/1 단기대여금에 대한 6개월분 이자 120,000원을 현금으로 받다.

→ 현 금 120,000 / 이자수익 120,000

2 - ②. 12/31 결산시 이자 미수액을 계상하다.

→ 미수 수익 40,000 / 이자수익 40,000

3. 소모품의 회계처리

사무용으로 사용하는 장부, 볼펜 등의 소모품을 구입한 경우에는 자산계정인 소모품계정으로 처리하는 방법과 비용계정인 소모품비 계정으로 회계처리 하는 방법이 있다.

거래 내역	자 산 주 의	비 용 주 의
소모품 100,000원 현금 구입	소모품 100,000 / 현금 100,000	소모품비 100,000 / 현금 100,000
기말 소모품 미사용액 30,000원 계상하다	사용액으로 분개	미사용액으로 분개
	소모품비 70,000 / 소모품 70,000	소모품 30,000 / 소모품비 30,000

단원별 연습문제 및 이론 기출문제

01－1 4/1 집세 1년분 360,000원을 현금으로 받다.

차변		대변	

01－2 12/31 결산시 집세 선수분을 계상하다.

차변		대변	

02－1 8/1 집세 3개월분 240,000원을 현금으로 지급하다.

차변		대변	

02－2 12/31 집세 미지급분을 계상하다.

차변		대변	

03－1 사무용 소모품 50,000원을 구입하고, 대금은 수표 발행하여 지급하다.

(자산처리법)

차변		대변	

(비용처리법)

차변		대변	

03 - 2 결산시 소모품 사용액 30,000원을 계상하다.

(자산처리법)

차변		대변	

(비용처리법)

차변		대변	

04 기말 현재 영업부서에서 구입하여 구입시 소모품(자산)계정으로 회계처리한 소모품 중 당기 사용액은 420,000원이다.

차변		대변	

05 결산일 현재까지 대여금에 대하여 발생되었으나 미수된 이자 520,000원을 계상하다.

차변		대변	

06 2024년 12월 1일 지급한 건물 화재보험료(비용처리)는 2개월분(2024년 12월 ~ 2025년 1월)을 지급한 것이다. 월 보험료는 200,000원이다.

차변		대변	

07 화재보험료로 지급된 금액 중에서 기말현재 기간 미경과액은 200,000원이다.

차변		대변	

08 당기분 소모품 미사용액은 50,000원이다. (단, 소모품 구입시 비용 처리함)

차변		대변	

09 화재보험료 중 그 기간이 경과되지 않은 금액 100,000원을 선급비용으로 회계처리하다.

차변		대변	

10 단기대여금에 대한 기말까지의 당기분 발생이자 미수액 300,000원을 수익으로 계상하다.

차변		대변	

11 12월 31일 현재 차입금에 대한 이자 선급분은 56,000원 이다.

차변		대변	

12 현재 미지급한 사무실임차료 400,000원이 비용으로 계상되지 않았다.
(발생되었으나 지급기일이 도래하지 않음.)

차변		대변	

13 당기 이자비용의 미경과액(선급분)은 50,000원 이다.

차변		대변	

14 다음 중 비용의 이연에 해당하는 계정과목은?

① 선수수익　　　② 미지급비용　　　③ 선급비용　　　④ 미수수익

15 2024년 9월 1일 건물 임대료 6개월분 30,000원을 현금으로 받고, 수익으로 회계 처리하였다. 12월 31일 결산시 선수임대료에 해당하는 금액은(월할계산)?

① 10,000원　　　　② 15,000원　　　　③ 20,000원　　　　④ 25,000원

16 미지급비용을 가장 적절하게 설명한 것은?

① 당기의 수익에 대응되며 지급된 금액
② 당기의 수익에 대응되며 미지급된 비용
③ 당기의 수익에 대응되지 않으며 지급된 비용
④ 당기의 수익에 대응되지 않으며 미지급된 비용

17 대한상사는 10월 1일 보험료 24,000원의 1년 만기 화재보험에 가입하고 가입과 함께 대금을 현금으로 지불하였다. 10월 1일 회계담당자는 보험료계정 차변에 24,000원, 현금계정 대변에 24,000원을 기록하였다. 기말에 어느 계정에 대해 수정분개를 해야 하는가?

① 현금　　　　　　　　　　　② 보험료
③ 이자비용　　　　　　　　　④ 미지급보험료

18 결산 결과 당기순이익 500,000원이 발생하였으나, 기말 정리 사항이 다음과 같이 누락되었다. 수정후의 당기순이익은 얼마인가?

• 임대료 미수분 20,000원을 계상하지 않았다. • 단기차입금에 대한 이자미지급액 15,000원을 계상하지 않았다.

① 465,000원　　　　② 495,000원　　　　③ 505,000원　　　　④ 535,000원

19 11월 1일 1년분 보험료 120,000원을 지급하고 다음과 같이 회계처리 하였다. 12월 31일 차변 계정과목과 금액으로 바른 것은?(월할 계산할 것)

(차) 보험료 120,000	(대) 현금 120,000

① 보험료 100,000원　　　　　② 선급비용 100,000원
③ 선급비용 120,000원　　　　④ 보험료 20,000원

20 성수상사는 9월 1일 차입한 차입금(만기 1년)에 대한 이자 3개월분 48,000원을 차입한 당일 현금으로 선지급하였다. 12월 31일 결산분개 시 미지급이자 계상액은 얼마인가?

① 24,000원　　　　② 26,000원　　　　③ 16,000원　　　　④ 64,000원

21 장하늘회사의 기말 재무상태표에 계상되어 있는 미지급보험료는 8,000원이며(기초 미지급보험료는 없음), 당기 발생되어 손익계산서에 계상되어 있는 보험료가 30,000원 일때 당기에 지급한 보험료는 얼마인가?

① 12,000원　　　　② 32,000원　　　　③ 22,000원　　　　④ 28,000원

22 다음 보기를 참고하여 2024년 12월 31일 기말에 부채로 계상될 금액은 얼마인가?(월할계산 적용함)

> 상지상사는 2024년 8월 1일에 1년분 임대료 4,200,000원을 선수하고 전액 수익으로 처리하였다.

① 1,750,000원　　　② 2,100,000원　　　③ 2,450,000원　　　④ 4,200,000원

23 다음 계정기입에서 당기 발생한 소모품비 총 금액은?

소모품비

10/1 현　　　금	700,000원	12/31 소 모 품	500,000원
		12/31 손　　익	200,000원
	700,000원		700,000원

① 200,000원　　　　② 300,000원　　　　③ 500,000원　　　　④ 700,000원

24 2024년 10월 1일 업무용 자동차 보험료 600,000원(보험기간 : 2024. 10.01 ~ 2025.09.30)을 현금지급하면서 전액 비용처리하고 2024년 12월 31일 결산시에 아무런 회계처리를 하지 않았다. 2023년 재무제표에 미치는 영향으로 옳은 것은?

① 손익계산서 순이익이 450,000원 과대계상
② 재무상태표 자산이 450,000원 과소계상
③ 손익계산서 순이익이 150,000원 과소계상
④ 재무상태표 자산이 150,000원 과대계상

25 결산 결과 당기순이익 100,000원이 산출되었으나 다음과 같은 사항이 누락되었다. 수정 후 당기순이익은?

• 보험료 미경과분 10,000원	• 임대료수익 선수분 5,000원

① 85,000   ② 95,000   ③ 105,000   ④ 115,000

26 장원상사는 2024년 10월 1일에 1년분 보험료 360,000원을 지급하고 비용처리 하였다. 2024년 기말에 보험료에 대한 결산정리분개로 올바른 것은?

① (차) 보 험 료   90,000원   (대) 선급보험료   90,000원
② (차) 보 험 료   270,000원   (대) 선급보험료   270,000원
③ (차) 선급보험료   90,000원   (대) 보 험 료   90,000원
④ (차) 선급보험료   270,000원   (대) 보 험 료   270,000원

27 다음 거래내용과 회계처리가 올바른 것을 모두 고른 것은?

거래 내용	회계 처리			
가. 수익계정과목을 손익계정에 대체	(차) 수익계정	***	(대) 손익	***
나. 비용계정과목을 손익계정에 대체	(차) 손익	***	(대) 비용계정	***
다. 순이익을 자본금계정에 대체	(차) 손익	***	(대) 자본금	***
라. 순손실을 자본금계정에 대체	(차) 자본금	***	(대) 손익	***

① 가   ② 가, 나   ③ 가, 나, 다   ④ 가, 나, 다, 라

28 다음 기말결산 정리사항 중 수익의 이연에 해당하는 것은?

① 임대료 선수분 계상   ② 이자 미수분 계상
③ 보험료 선급분 계상   ④ 임차료 미지급분 계상

단원별 연습문제 및 이론 기출문제 해답

	차 변		대 변	
01-1	현 금	360,000	임 대 료	360,000
01-2	임 대 료	90,000	선 수 수 익	90,000
02-1	임 차 료	240,000	현 금	240,000
02-2	임 차 료	160,000	미 지 급 비 용	160,000
03-1	자산처리 : 소모품	50,000	당 좌 예 금	50,000
	비용처리 : 소모품비	50,000	당 좌 예 금	50,000
03-2	자산처리 : 소모품비	30,000	소 모 품	30,000
	비용처리 : 소모품	20,000	소 모 품 비	20,000
04	소 모 품 비	420,000	소 모 품	420,000
05	미 수 수 익	520,000	이 자 수 익	520,000
06	선 급 비 용	200,000	보 험 료	200,000
07	선 급 비 용	200,000	보 험 료	200,000
08	소 모 품	50,000	소 모 품 비	50,000
09	선 급 비 용	100,000	보 험 료	100,000
10	미 수 수 익	300,000	이 자 수 익	300,000
11	선 급 비 용	56,000	이 자 비 용	56,000
12	임 차 료	400,000	미 지 급 비 용	400,000
13	선 급 비 용	50,000	이 자 비 용	50,000

14 ③, ① 선수수익 - 수익의 이연, ② 미지급비용 - 비용의예상,
　　④ 미수수익 - 수익의 예상

15 ① 30,000 ÷ 6개월 = 1개월 5,000×3개월(25년 1,2,3월) = 15,000
　　12/31. 임대료 15,000 / 선수임대료(수익) 15,000

16 ②

17 ② 12/31. 선급비용 / 보험료

18 ③ 당기순이익 500,000 + 미수수익 20,000 - 미지급비용 15,000 = 505,000

19 ② 120,000 ÷ 12 = 1개월에 10,000×차기분 10개월 = 100,000
　　선급비용 100,000 / 보험료 100,000

20 ③ 48,000 ÷ 3개월=1개월에 16,000, 12월분은 미지급 16,000

21 ③ 당기 보험료 30,000 - 미지급보험료 8,000=당기 지급한 보험료 22,000

22 ③ 4,200,000 ÷ 12개월=1개월 350,000×7개월(차기분)=2,450,000

23 ① 손익으로 대체되는 금액이 당기 소모품비(사용액)이다.

24 ② 600,000 ÷ 12개월=1개월 50,000×9개월(차기분)=450,000

　　선급비용 450,000 / 보험료 450,000

　　회계처리를 하지 않았으므로 선급비용은 과소계상, 보험료는 과대계상,

　　순이익 과소계상 된다.

25 ③ 당기순이익 100,000+선급비용 10,000 - 선수수익 5,000=105,000

26 ④ 360,000 ÷ 12개월=1개월 30,000×9개월(차기분)=270,000

　　선급비용(보험료) 270,000 / 보험료 270,000

27 ④

28 ①, ② 미수수익 - 수익의 예상, ③ 선급비용 - 비용의 이연,

　　④ 미지급비용 - 비용의 예상

기말정리 분개 총 연습문제

♣ **기말결산정리 분개 입력하는 순서**

　1. 수동결산(일반전표에 직접입력)

　2. 자동결산(결산자료입력에서 입력 → 전표추가 F3 클릭)

　반드시, 수동결산 → 자동결산 순으로 결산분개를 수행한다.

【다음 거래를 보고, 수동결산 분개하시오】

01 기말현재 현금과부족 50,000원은 대표자가 개인적인 용도로 사용한 금액으로 판명되었다.

02 결산일 현재 현금실제액이 현금 장부 잔액보다 51,000원이 많으나 차이 원인은 확인되지 않았다.

03 기말 현재 현금과부족 80,000원은 정우상회의 외상대금 회수로 판명되다.

04 결산일 현재 현금 실제가액이 장부잔액보다 50,000원이 부족함을 발견하였으나, 원인을 알 수 없다.

05 기말 합계잔액시산표의 가지급금 잔액 500,000원은 거래처 대연상사에 대한 외상매입금 상환액으로 판명되다.

06 기말 합계잔액시산표의 가수금 잔액 300,000원은 거래처 부영상사에 대한 외상대금 회수액으로 판명되다.

07 기말 현재 큰손상사가 단기매매차익을 목적으로 보유하고 있는 주식(100주, 1주당 취득원가 5,000원)의 기말현재 공정가치는 주당 7,000원이다.

08 기말 외상매입금 중에는 미국 abc사의 외화외상매입금 12,000,000원(미화 $10,000)이 포함되어 있으며, 결산일 환율에 의해 평가하고 있다. 결산일 현재의 적용환율은 미화 1$당 1,300원이다.

09 기중에 미국 def사에 판매한 외상매출금 11,500,000원(미화 $10,000)의 결산일 현재 적용환율이 미화 1$당 1,200원이다. 기업회계기준에 따라 외화환산손익을 인식한다.

10 하나은행의 보통예금통장은 마이너스 통장으로 개설된 것이다. 기말현재 하나은행의 보통예금통장 잔액은 −6,500,000원이다. (단기차입금으로 대체하는 분개를 하시오)

11 기말 현재 인출금 계정 잔액 500,000원을 자본금으로 정리하다.

12 결산일 현재 별이상사의 단기대여금 5,000,000원에 대한 기간 경과분 미수이자 62,500원을 계상하다.

13 11월 2일 지급한 전액 비용 처리한 보험료 지급분 중 당기 기간 미경과분은 200,000원이다.

14 결산일 현재 장부에 계상되지 않은 당기분 임대료는 500,000원이다.

15 결산일 현재 단기대여금에 대한 이자수익 중 기간 미경과분이 300,000원이다.

16 당기에 현금으로 지급한 광고선전비 중 5,500,000원은 차기 광고제작을 위하여 선지급한 것이다.

17 결산일 현재 12월분 차입금 이자비용 미지급액 500,000원이 계상되어 있지 않음을 발견하였다.

18 12월분 영업부 직원의 급여 2,500,000원이 미지급되었다.

19 3월 2일에 12개월분 마케팅부서 사무실 임차료(임차기간 : 2024.03.02.~2025.03.01.) 24,000,000 원을 보통예금 계좌에서 이체하면서 전액 자산계정인 선급비용으로 처리하였다. 기말수정분개를 하시오.(단, 월할계산할 것)

20 2024년 7월 1일에 1년분 영업부 보증보험료(보험기간 : 2024.07.01.~2025.06.30.) 1,200,000 원을 보통예금 계좌에서 이체하면서 전액 비용계정인 보험료로 처리하였다. 기말수정분개를 하시오.(단, 월할계산할 것)

21 우리은행의 장기차입금에 대한 12월분 이자 120,000원은 차기 1월 2일에 지급할 예정이다.

22 결산일 현재 농협은행의 3년 만기 정기예금에 대한 이자수익 미수금액 중 당기 귀속분은 15,000 원이다.

23 7월 1일 우리은행으로부터 10,000,000원을 연이자율 6%로 12개월간 차입(차입기간 2024.7.1. ~2025.6.30.)하고 이자는 12개월 후 차입금 상환시 일시에 지급하기로 하였다. (월할계산)

24 결산일 현재 보통예금에 대한 기간경과분 발생이자는 15,000원이다.

25 4월 1일 우리은행으로부터 30,000,000원을 연이자율 5%로 12개월간 차입(차입기간 : 2024.4.1. ~2025.3.31)하고, 이자는 12개월 후 차입금 상환시 일시에 지급하기로 하였다. 결산분개를 하시오.

26 결산일 현재 반송은행의 단기차입금에 대한 이자비용 미지급액 중 당기 귀속분은 400,000원이다.

27 판매부문의 소모품 구입시 비용으로 처리한 금액 중 기말 현재 미사용한 금액은 150,000원이다.

28 영업부서의 소모품으로 계상된 금액 중 결산일 현재 사용된 소모품이 120,000원 있다.

29 영업부에서 사용하기 위하여 2023년 5월 초에 취득한 비품의 당기분 감가상각비를 계상하다. (취득원가 8,000,000원, 잔존가액 2,000,000원, 내용연수 5년, 결산연 1회, 정액법) ➜ 감가상각비 금액은 직접 구해서 ➜ 자동결산

30 기말상품재고액은 5,000,000원이다. ➜ 자동결산

31 당기분 영업부 비품에 대한 감가상각비는 500,000원, 영업용차량의 감가상각비는 800,000원이다. ➜ 자동결산

32 외상매출금과 받을어음의 기말잔액에 대하여 1%의 대손충당금을 보충법으로 설정하다. ➜ 자동결산

기말정리 분개 총 연습문제

	차 변		대 변	
01	자 본 금	50,000	인 출 금	50,000
02	현 금	51,000	잡 이 익	51,000
03	현 금 과 부 족	80,000	외 상 매 출 금	80,000
04	잡 손 실	50,000	현 금	50,000
05	외 상 매 입 금	500,000	가 지 급 금	500,000
06	가 수 금	300,000	외 상 매 출 금	300,000
07	단 기 매 매 증 권	200,000	단 기 매 매 증 권 평 가 이 익	200,000
08	외 화 환 산 손 실	1,000,000	외 상 매 입 금	1,000,000
09	외 상 매 출 금	500,000	외 화 환 산 이 익	500,000
10	보 통 예 금	6,500,000	단 기 차 입 금	6,500,000
11	자 본 금	500,000	인 출 금	500,000
12	미 수 수 익	62,500	이 자 수 익	62,500
13	선 급 비 용	200,000	보 험 료	200,000
14	미 수 수 익	500,000	임 대 료	500,000
15	미 수 수 익	300,000	이 자 수 익	300,000
16	선 급 비 용	5,500,000	광 고 선 전 비	5,500,000
17	이 자 비 용	500,000	미 지 급 비 용	500,000
18	급 여	2,500,000	미 지 급 비 용	2,500,000
19	임 차 료	20,000,000	선 급 비 용	20,000,000
20	선 급 비 용	600,000	보 험 료	600,000
21	이 자 비 용	120,000	미 지 급 비 용	120,000
22	미 수 수 익	15,000	이 자 수 익	15,000
23	이 자 비 용	300,000	미 지 급 비 용	300,000
24	미 수 수 익	15,000	이 자 수 익	15,000
25	이 자 비 용	1,125,000	미 지 급 비 용	1,125,000
26	이 자 비 용	400,000	미 지 급 비 용	400,000
27	소 모 품	150,000	소 모 품 비	150,000

	차 변			대 변	
28	소 모 품 비	120,000		소 모 품	120,000

29	8,000,000 − 2,000,000 ÷ 5년 = 1,200,000 결산자료입력에서 비품 감가상각비 1,200,000원 입력하면 된다.
30	결산자료입력에서 기말상품 5,000,000원 입력하면 된다.
31	결산자료입력에서 비품 감가상각비 500,000, 차량운반구 감가상각비 800,000원 입력하면 된다.
32	결산자료입력에서 상단 대손상각에서 입력하면 된다.
	29~32번은 자동결산이므로 결산자료입력에서 입력하고 전표추가 F3을 클릭하면 자동으로 일반 전표에 결산분개 입력이 된다.

SECTION 16
재무제표 및 결산

1. 재무제표

회계기말에 정확한 재무상태와 경영성과를 투자자, 채권자, 거래처, 정부기관 등의 이해관계자들에게 기업의 경영활동에 대한 회계정보를 전달하기 위한 자료로 회계상의 보고서를 작성하게 되는데, 이것을 결산보고서 또는 재무제표라 한다.

【재무제표의 종류】

(1) 재무상태표   (2) 손익계산서   (3) 현금흐름표   (4) 자본변동표   (5) 주석

(1) 재무상태표

일정시점에 있어 기업의 재무상태를 표시하는 재무제표로서 총계정원장의 자산, 부채, 자본계정의 내용을 자료로 1년에 2번 작성 한다.
(재무상태표 표준양식 : 계정식 또는 보고식 중 택일한다.)

(2) 손익계산서

일정기간 동안의 기업의 경영성과를 표시하는 재무제표로서 총계정원장의 수익, 비용계정의 내용을 토대로 결산시 집합계정인 손익계정에 의하여 작성한다.
(손익계산서 표준양식 : 보고식)

2. 수익 · 비용의 분류

(1) 영업수익

매출액(상품매출, 제품매출, 용역매출, 임대료수입 등)

(2) 상품매출원가 = 기초상품재고액 + 당기상품순매입액 – 기말상품재고액

(3) 판매비와 관리비(영업비용, 기간비용)

급여, 복리후생비, 여비교통비, 통신비, 소모품비, 수도광열비, 세금과공과, 임차료, 감가상각비, 수선비, 차량유지비, 보험료, 기업업무추진비, 광고선전비, 수수료비용, 보관료, 견본비, 포장비, 운반비, 대손상각비, 잡비 등

(4) 영업외수익

이자수익, 배당금수익, 임대료, 수수료수익, 단기매매증권처분이익, 단기매매증권평가이익, 유형자산처분이익, 잡이익, 자산수증이익, 채무면제이익 등

(5) 영업외비용

이자비용, 기부금, 기타의대손상각비, 단기매매증권처분손실, 단기매매증권평가손실, 유형자산처분손실, 잡손실, 재해손실 등

(6) 소득세등, 법인세등

소득세(법인세), 지방소득세(법인세) 등

3. 결산

(1) 결산의 정의

회계기말에 모든 장부를 정리 · 마감하여 기업의 일정시점의 재무상태와 일정기간 동안의 경영성과를 정확하게 파악하는 것을 결산이라 한다.

(2) 결산의 절차

결산의 절차는 예비절차, 본절차, 결산보고서 작성 절차로 나눌 수 있다.

(1) 결산의 예비절차	① 시산표의 작성 ② 결산 정리사항의 수정(재고조사표) ③ 기말정리사항 수정 및 분개 ④ 수정 후 시산표 작성 ⑤ 정산표 작성(임의사항임)
(2) 결산의 본절차	① 총계정원장 및 제장부의 마감 ② 이월시산표 작성 ③ 기타 장부의 마감
(3) 결산보고서 작성절차 (후절차 : 재무제표 작성)	① 손익계산서의 작성 ② 재무상태표의 작성 ③ 기타 재무제표 및 부속명세서 등

(3) 총계정원장의 마감

1) 수익 · 비용계정의 마감

집합계정인 손익계정을 설정하고 모든 수익 · 비용계정의 잔액을 손익계정에 대체한다. (수익은 손익계정 대변, 비용은 손익계정 차변)

수익의 손익계정에 대체	(차) 수수료수익 등 ××× (대) 손 익 ××× (수익 항목)
비용의 손익계정에 대체	(차) 손 익 ××× (대) 급 여 등 ××× (비용 항목)

2) 순손익의 자본금계정에 대체

당기순이익의 결산 대체	(차) 손 익 ××× (대) 자 본 금 ×××
당기순손실의 결산 대체	(차) 자 본 금 ××× (대) 손 익 ×××

3) 자산 · 부채 · 자본계정의 마감

각 계정의 남은 잔액을 "차기이월"(적서)로 마감하고 각 계정의 잔액을 이월시산표에 집계한다.

이론 기출문제

01 다음 자료를 기초로 판매비와 일반관리비를 계산하면 얼마인가?

> • 기부금 : 400,000원   • 급여 : 1,500,000원
>
> • 복리후생비 : 600,000원   • 이자비용 : 120,000원

① 2,020,000원   ② 2,100,000원   ③ 2,500,000원   ④ 2,620,000원

02 다음 중 영업외비용에 대하여 말한 내용은?

> A : 오늘은 사무실 전기료 납부 마지막일이네!
>
> B : 오늘 은행에 이자를 갚는 날인데!
>
> C : 오늘은 종업원들에게 월급을 지급하는 날이구나!
>
> D : 과장님 시내출장을 가시는데 여비를 드려야겠네!

① A   ② B   ③ C   ④ D

03 결산시 이자 100,000원을 현금으로 지급한 건의 회계처리가 누락된 경우 재무제표에 미치는 영향으로 옳은 것은?

① 비용의 과소계상   ② 자산의 과소계상

③ 당기순이익의 과소계상   ④ 부채의 과소계상

04 다음 중 재무상태표 계정과 손익계산서 계정의 분류상 올바르지 않은 것은?

① 재고자산 : 원재료, 재공품, 상품

② 기타의 비유동자산 : 장기매출채권, 임차보증금, 전신전화가입권

③ 판매비와관리비 : 접대비, 이자비용, 사무용품비

④ 유동부채 : 단기미지급금, 유동성장기부채, 미지급비용

05 다음 중 시산표 작성 시 오류를 발견 할 수 있는 경우는?

① 한 거래에 대한 분개 전체가 누락된 경우
② 분개시 차변과 대변의 계정과목을 잘못 기록한 경우
③ 분개시 차변과 대변의 금액을 다르게 입력한 경우
④ 한 거래를 이중으로 분개한 경우

06 다음 중 상기업의 손익계산서에서 영업외비용으로 분류하여야 하는 거래는?

① 관리부 소모품 구입비
② 영업부 직원의 출장비
③ 상품 운반용 차량 감가상각비
④ 공장 건물 처분 손실

07 다음 중 비용으로 처리해야 하는 계정은?

① 매출할인
② 매출에누리
③ 매출환입
④ 대손상각비

08 다음 중 결산마감 시 가장 먼저 마감되는 계정은?

① 선급비용
② 선수수익
③ 자본금
④ 여비교통비

09 9월 중 개업한 튼튼가구점의 자료이다. 9월 영업이익을 계산한 금액으로 옳은 것은?

• 거실장판매 대금 : 450,000원	• 식탁판매 대금 : 300,000원
• 판매용 가구 구입 대금 : 250,000원	• 종업원 급여 : 100,000원
• 은행 장기차입금의 이자 : 10,000원	• 매장 임차료 : 100,000원
※ 9월 말 재고는 없는 것으로 가정한다.	

① 300,000원   ② 400,000원   ③ 390,000원   ④ 290,000원

10 당기 말 결산 후 당기순이익은 5,000원이나 다음과 같은 사항이 누락되었음이 발견되었다. 수정 후 당기순이익은 얼마인가?

• 보험료 미지급분 : 2,000원	• 임대료 선수분 : 1,000원	• 이자비용 선급분 : 3,000원

① 3,000원   ② 4,000원   ③ 5,000원   ④ 7,000원

11 다음 지출내역서에서 8월의 판매비와관리비 금액으로 옳은 것은?

(8월) 지출내역서 (단위 : 원)

일자	적 요	금액	신용카드	현금	비고
8/5	종업원 회식비용	200,000	100,000	100,000	
8/11	차입금 이자 지급	50,000		50,000	
8/16	수재의연금 기부	30,000		30,000	
8/20	거래처 선물 대금	100,000	100,000		
8/30	8월분 영업부 전기요금	20,000		20,000	

① 220,000원 ② 320,000원 ③ 350,000원 ④ 400,000원

12 다음은 손익계정의 일부이다. 이에 대한 설명으로 옳은 것은?

손 익

매 입	460,000원	매 출	780,000원
급 여	12,000원	이자수익	62,000원
:	:	:	:
자본금	150,000원	:	:
	930,000원		930,000원

① 순매입액은 460,000원이다. ② 매출총이익은 320,000원이다.
③ 기말자본금은 150,000원이다. ④ 당기 총수익은 780,000원이다.

13 다음 빈칸 안에 들어 갈 내용으로 알맞은 것은?

구 분	항 목	재무제표
단기매매증권평가손익	영업외손익	(가)
선급비용	(나)	재무상태표

① (가)손익계산서 (나)유동자산 ② (가)손익계산서 (나)유동부채
③ (가)재무상태표 (나)유동자산 ④ (가)재무상태표 (나)유동부채

14 회계기말까지 미지급한 이자비용이 결산 시 장부에 반영되지 않았을 때 나타나는 현상으로 옳은 것은?

① 자산의 과대평가와 비용의 과대평가 ② 부채의 과대평가와 비용의 과소평가
③ 자산의 과소평가와 비용의 과대평가 ④ 부채의 과소평가와 비용의 과소평가

15 다음 일반 기업회계기준의 손익계산서 작성기준에 대한 설명 중 가장 잘못된 설명은?

① 수익은 실현시기를 기준으로 계상한다.

② 수익과 비용은 순액으로 기재함을 원칙으로 한다.

③ 비용은 관련 수익이 인식된 기간에 인식한다.

④ 수익과 비용의 인식기준은 발생주의를 원칙으로 한다.

16 다음 중 기말결산 수정정리사항이 아닌 것은?

① 외상매출금의 회수

② 기타채권에 대한 대손의 추산

③ 단기매매증권의 평가

④ 건물의 감가상각

17 결산 시 미지급 이자비용을 계상하지 않을 경우 당기 재무제표에 어떤 영향을 주는가?

① 비용이 과대계상 된다.

② 자산이 과소계상 된다.

③ 부채가 과대계상 된다.

④ 순이익이 과대계상 된다.

18 다음 중 총계정원장의 기록이 오류가 있는지 여부를 파악하는 검증기능을 갖는 것은?

① 분개장

② 재무상태표

③ 시산표

④ 원장

19 다음 중 손익계산서에 반영되는 계정과목이 아닌 것은?

① 복리후생비

② 대손상각비

③ 선급비용

④ 감가상각비

20 다음의 자료를 이용하여 당기순이익을 계산하면 얼마인가?

• 매　　출　　액 : 8,000,000원	• 기초상품재고액 : 1,500,000원
• 판매비와관리비 : 2,000,000원	• 기말상품재고액 : 2,500,000원
• 당기상품매입액 : 4,000,000원	• 영 업 외 비 용 : 700,000원

① 1,800,000원

② 2,300,000원

③ 3,800,000원

④ 3,400,000원

21 다음 중 자본감소의 원인이 되는 계정과목인 것은?

① 상품매출

② 이자수익

③ 수수료수익

④ 상품매출원가

22 다음 중 비용의 인식기준으로 맞는 것은?

① 총액주의
② 수익·비용 대응의 원칙
③ 구분표시의 원칙
④ 유동성배열법

23 다음 주어진 자료에 의하여 당기순이익을 계산하면 얼마인가?

> • 매출총이익 : 300,000원
> • 기부금 : 70,000원
> • 대손상각비 : 50,000원
> • 이자수익 : 30,000원

① 120,000원
② 150,000원
③ 210,000원
④ 260,000원

24 다음 중 경영성과에 영향을 미치는 거래는?

① 외상매입금을 현금으로 지급하다.
② 외상매입금을 약속어음을 발행하여 지급하다.
③ 기업주 개인의 차입금을 기업이 대신 지급하다.
④ 차입금에 대한 이자를 현금으로 지급하다.

25 다음 중 일반기업회계기준에서 정하고 있는 재무제표가 아닌 것은?

① 합계잔액시산표
② 재무상태표
③ 손익계산서
④ 주석

26 결산의 본절차에 해당하는 것은?

① 시산표 작성
② 결산 수정분개
③ 총계정원장 마감
④ 재무상태표 작성

27 합계잔액시산표에서 오류를 발견 할 수 있는 경우는?

① 거래 전체의 분개가 누락된 경우
② 한 거래를 같은 금액으로 이중으로 분개한 경우
③ 분개시 대·차 금액을 다르게 입력한 경우
④ 분개시 대·차 계정과목을 잘못 기록한 경우

이론 기출문제 해답

01 ② 급여, 복리후생비 → 판매비와관리비, 기부금, 이자비용 → 영업외비용

02 ② A - 수도광열비(판매비와관리비), B - 이자비용(영업외비용)

　　　 C - 급여(판매비와관리비), D - 여비교통비(판매비와관리비)

03 ① 이자비용 / 현금을 누락하면, 비용은 과소, 자산은 과대

04 ③ 이자비용은 영업외비용이다.

05 ③ 시산표는 차변과 대변 금액이 일치하지 않으면 안 된다.

06 ④, ①②③은 판매비와관리비

07 ④, ①②③은 매출액에서 차감한다.

08 ①

09 ① 매출액(판매대금 750,000) - 매출원가(구입대금) 250,000

　　　 = 매출총이익 500,000 - 판매비와관리비(급여, 임차료 200,000) = 영업이익 300,000

10 ③ 당기순이익 5,000 - 부채 3,000 + 자산 3,000 = 5,000

11 ② 회식비용, 선물대금, 전기요금

12 ② 매입 460,000은 매출원가, 자본금 150,000은 순이익, 총수익우 930,000

13 ①

14 ④ 이자비용 / 미지급비용을 누락하면, 비용과 부채 모두 과소

15 ② 수익과 비용을 총액주의

17 ④ 외상매출금 회수는 기중(수시)에도 가능하다.

18 ③

19 ③ 선급비용은 자산이다.

20 ② 매출액 8,000,000 - 매출원가(기초 + 순매입 - 기말) 3,000,000 = 매출총이익 5,000,000 -

　　　 판매관리비 2,000,000 - 영업외비용 700,000 = 당기순이익 2,300,000

21 ④ 비용(매출원가)은 자본의 감소 원인이다.

22 ②

23 ③ 매출총이익 + 이자수익 - 대손상각비 - 기부금

24 ④ 수익과 비용은 경영성과에 영향을 미친다.

25 ① 재무제표의 종류 : 재무상태표, 손익계산서, 현금흐름표, 자본변동표, 주석

26 ③ 본절차 : 총계정원장 및 제장부 마감, 이월시산표 작성, 기타 장부의 마감

27 ③ 시산표는 차변과 대변금액이 같아야 한다.

Part. *3*

기출 분개 연습 100선

Part 3
기출 분개 연습 100선

01 한국상사는 상품인 문구를 현승상사에게 8,000,000원에 판매하고, 판매대금 중 60%는 현승상사가 발행한 9개월 만기인 약속어음으로 받았으며, 나머지 판매대금은 9월말에 받기로 하다.

02 영업부에서 사용하는 업무용 승용차에 대한 자동차세 365,000원을 보통예금 계좌에서 이체하여 납부하다.

03 천안상사에서 상품 3,000,000원을 매입하고, 8월 30일 기 지급한 계약금(500,000원)을 차감한 대금 중 1,000,000원은 보통예금에서 이체하고 잔액은 외상으로 하다.

04 김해상점에 상품을 매출하고 받은 약속어음 250,000원을 거래 은행에서 할인받고 할인료 20,000원을 차감한 나머지 금액은 당좌 예입하다.(매각거래로 회계 처리할 것)

05 판매매장에서 사용할 비품으로 이동가능한 중고난방기를 연산냉난방기로부터 500,000원에 구입하고 대금은 15일 후에 지급하기로 하다.

06 민국상사에 2년 후 회수예정으로 30,000,000원을 대여하고 이자를 미리 2,000,000원을 공제하고 나머지 금액을 보통예금계좌에서 이체하다.(단, 미리 받은 이자는 전액 당기 수익으로 처리함)

07 당사 보통예금통장에 50,000원이 입금 되었으나 그 내역을 알 수 없다.

08 사업주가 업무와 관련 없이 사업주 개인용도로 사용하기 위해 신형 노트북 990,000원을 구매하고 회사 비씨카드(신용카드)로 결제하다.

09 한국상사는 기존 건물이 좁아서 새로운 건물을 구입하여 이전하기로 하였다. 건물 취득 시 취득가액은 50,000,000원이며, 건물에 대한 취득세 550,000원과 중개수수료 800,000원을 지급하였다. 건물구입 및 취득과 관련한 부대비용의 지출은 전액 보통예금으로 이체하였다.

10 수동상사의 외상매입금 350,000원에 대하여 당좌수표를 발행하여 지급하다.

11 폭우로 인한 자연재해 피해자를 돕기 위해 현금 200,000원을 연제구청에 지급하다.

12 영업부서의 직원들이 사용할 필기구 등 사무용품 230,000원을 나라문구로부터 구입하고 신용카드 (비씨카드)로 결제하였으며, 신용카드전표를 받고 비용계정으로 처리하다.

13 회사의 건물 취득 시 취득원가 75,000,000원과 취득세 2,000,000원 및 기타매입제비용 300,000원 을 모두 보통예금으로 지급하다.

14 판매부서 건물의 엘리베이터 설치비 30,000,000원과 외벽 방수공사비 5,000,000원을 보통예금으로 지급 하다.(단, 엘리베이터 설치비는 건물의 자본적 지출, 외벽 방수공사비는 수익적 지출)

15 거래처 연수상사에 대여한 단기대여금 3,000,000원과 이자 30,000원이 보통예금 계좌에 입금되 었다.

16 용산상사에서 상품 5,000,000원을 매입하고 지난 10월 20일 지급한 계약금 1,000,000원을 차감한 잔 액은 다음달에 지급하기로 하였다. 상품을 수령하고 운반비 50,000원은 현금으로 지급하였다.

17 대표자 자택에서 사용할 가구 1,200,000원을 초록가구에서 현금으로 구입하고 인출금 계정으로 회계처리 하였다.

18 컴퓨터 판매 촉진을 위해 광고전단지 제작비용을 현금으로 지급하고 영수증을 받았다.

NO.1449	영 수 증 (공급받는자용)		
	정우전자		귀하
공급자	사업자등록번호	607 - 52 - 65424	
	상호	최고광고 / 성명	김최고
	사업장소재지	부산 동래구 명륜로 10	
	업태	인쇄 / 종목	명함,전단지
작성일자	금액합계	비고	
2024. 10/24	30,000		
공급내역			
월/일 / 품명 / 수량 / 단가			금액
10/24 / 광고전단지 / 3,000 / 10			30,000
합 계		30,000원	
위 금액을 영수(청구)함			

19 판매사원 김유신의 9월 급여를 당사의 보통예금에서 이체하였다. 소득세 등 공제액은 그 합계액을 하나의 계정과목으로 입력하시오.

정우전자 2024년 9월 급여내역			
이 름	최 윤 덕	지 급 일	2024. 9. 30.
기본급여	1,500,000원	소 득 세	7,200원
직책수당	100,000원	지방소득세	720원
상 여 금		고용보험	15,500원
특별수당	200,000원	국민연금	55,000원
차량유지		건강보험	35,500원
교육지원		기 타	
급 여 계	1,800,000원	공제합계	113,920원
노고에 감사드립니다.		지급총액	1,686,080원

20 동진상사에서 업무용으로 사용할 목적으로 복사기 1대를 1,500,000원에 외상으로 구입하였다.

21 영등포상사에서 지난달 매입한 상품 대금 중 일부인 5,000,000원을 보통예금에서 계좌이체하여 지급하였다.

22 상품 견본을 거래처 반월전자에 발송하고 택배비 30,000원을 현금으로 지급하다.

23 매출처 청송컴퓨터에서 받아 보관중인 약속어음 4,000,000원이 만기가 도래하여 당사 거래은행 보통예금 계좌에 입금되었음을 확인하다.

24 판매장 직원들 격려차원에서 맛나식당에서 저녁식사를 하고 식사비용 300,000원을 신용카드(비씨카드)로 결제하다.

25 초지전자에서 판매용 컴퓨터 2대(2,000,000원)를 외상으로 매입하고 당사 부담의 운반비 70,000원은 당사 보통예금 계좌에서 이체하여 지급하다.

26 신화상사에 컴퓨터 2대(3,000,000원)를 발송하고 계약금(450,000원)을 차감한 잔액은 외상으로 하다. 당사 부담의 운반비 150,000원은 현금으로 지급하다.

27 반월전자에 컴퓨터 2대(3,000,000원)를 매출하기로 하고 계약금 300,000원을 현금으로 받고 입금표를 발행하였다.

28 거래처가 사무실을 이전하여 축하 화환을 보내고 200,000원을 보통예금에서 행복한꽃집에 이체하였다.

29 영업용 차량에 대한 8월분 정기주차료 200,000원을 반월주차장에 현금으로 지급하다.

30 기업은행의 단기차입금 5,800,000원과 이자 58,000원을 당사 보통예금계좌에서 이체하여 지급하다.

31 영업사원의 거래처 방문 교통비 15,000원을 현금으로 지급하였다.

32 한일전자로부터 판매용 컴퓨터 5대를 10,000,000원에 구입하고 아래의 당사 발행 약속어음과 현금으로 전액 결제하다.

약 속 어 음

아02266228

한일전자 귀하

금 팔백만원 (8,000,000원)

위의 금액을 귀하 또는 귀하의 지시인에게 이 약속어음과 상환하여 지급하겠습니

지급기일 2024년 12월 10일   발행일 2024년 10월 10일
지 급 지 신한은행   발행인 정우컴퓨터
지급장소 정왕지점   주 소 부산광역시 동래구 온천장로 20
   발행인 정 우 (인)

33 남부상사의 외상매입금 1,000,000원을 지급하기 위하여 서부상사로부터 매출대금으로 받은 약속어음(만기일 : 2024.10.31.)을 배서양도하다.

34 매출거래처 직원과 식사를 하고 32,000원 현금으로 지급하고 현금영수증을 수령하다.

35 설악상사의 단기대여금(대여기간 : 2024. 6. 1. ~ 2024. 9. 30.)에 대한 이자 200,000원이 당사의 보통예금 계좌에 입금됨을 확인하고 회계처리하다.

36 거래처에 보내야 하는 서류가 있어서 빠른 등기우편으로 발송하고, 등기요금 10,500원을 용산우체국에서 현금으로 지급하였다.

37 양지상사의 외상매입금 3,000,000원을 당좌수표 발행하여 지급하다.

38 현금 시재를 확인하던 중 장부상 현금보다 실제현금이 80,000원이 부족한 것을 발견하였으나 원인을 파악할 수 없으므로 임시계정으로 처리하다.

39 급여 지급 시 공제한 소득세 및 건강보험료 200,000원과 회사 부담분 건강보험료 100,000원을 현금으로 납부하다.(회사부담분 건강보험료는 복리후생비로 처리한다)

40 연말을 맞이하여 상품 포장을 위해 일용직근로자를 채용하고 일당 430,000원을 현금으로 지급하다.

41 국민은행의 단기차입금에 대한 이자 50,000원이 당사의 보통예금 계좌에서 자동이체됨을 확인하고 회계처리 하다.

42 테크노마트에서 사무실 난방기(비품)를 300,000원에 구입하고, 삼성카드로 결제하다.

43 일진상사의 파산으로 외상매출금 3,000,000원이 회수불능 되어 대손처리하다. 단, 대손처리시점 외상매출금의 대손충당금 잔액은 500,000원이다.

44 춘천상사에서 상품 3,000,000원을 매입하면서, 테크노마트로부터 매출대금으로 받아 보관 중인 약속어음 2,000,000원을 배서양도하고, 잔액은 당사 발행 약속어음으로 지급하다.

45 상품을 퀵서비스를 이용하여 발송하면서 현금 35,000원을 지급하고, 영수증을 받다.

46 거래처 영원상회의 상품매출에 대한 외상대금 1,800,000원을 회수하면서 약정기일보다 빠르게 회수하여 1%를 할인해 주고, 대금은 보통예금 계좌로 입금 받다.

47 일시소유의 단기적 운용목적으로 ㈜A산업 발행주식 100주(1주당 액면 5,000원)를 1주당 20,000원에 구입하고, 대금은 보통예금에서 지급하다.

48 매출 거래처 하나조명에 대한 외상매출금 3,000,000원을 현금으로 회수하고 입금표를 발행하였다.

49 맘스상사의 외상매입금 1,500,000원을 자기앞수표 1,000,000원과 보유하고 있던 거래처 발행 당좌수표 500,000원으로 지급하다.

50 판매사원이 사용할 각티슈 등 소모품 14,500원을 안남상회로부터 현금으로 구매하고 영수증을 받고 비용계정으로 처리하다.

51 판매용 상품인 의류를 동양상사에 5,000,000원에 판매하고 대금은 6개월 만기의 약속어음을 발행 받았다.

52 회사 창립일을 맞이하여 영업사원 선물용 과일바구니 500,000원과 거래처 선물용 홍삼세트 200,000원을 국민카드로 결제하다.

53 대림은행으로부터 원금 20,000,000원을 6개월 동안 차입하면서 수수료 200,000원을 차감한 금액이 당사 당좌예금계좌로 입금되었다(단, 은행수수료는 판관비로 처리한다).

54 부산상사에 상품 5,000,000원을 판매하기로 하고, 계약금 500,000원을 부산상사 발행 당좌수표로 받다.

55 보유 중인 ㈜소랜토의 주식에 대하여 배당금이 확정되어 1,500,000원을 보통예금계좌로 받았다.

56 진사상사에서 상품 7,000,000원(200개, 1개당 35,000원)을 구입하기로 계약하고, 대금의 20%를 당좌예금 계좌로 이체하다.

57 영업부 사무실용 문구용품 300,000원을 구입하고 신용카드로 결제하다.(비용으로 처리 할 것)

58 영업부 직원의 시내 출장용으로 교통카드를 충전하고, 현금으로 50,000원 지급하다.

59 영업부 사무실에 대한 12월분 임차료 250,000원을 보통예금계좌에서 이체하여 지급하다.

60 기송산업에 상품 5,000,000원에 판매하기로 계약하고, 계약금(판매금액의 10%)을 자기앞수표로 받다.

61 하나갈비에서 영업부 직원 회식 후 식사대 200,000원은 신용카드(하나카드)로 결제하다.

62 신상품의 판매 촉진을 위하여 통일신문에 광고를 게재하고 광고비 250,000원을 당좌수표를 발행하여 지급하였다.

63 거래처 금성상사에 대한 단기대여금 1,000,000원과 이자 50,000원을 현금으로 받다.

64 중고나라에서 완구운반용 트럭을 11,000,000원에 구입하고 대금은 무이자할부 10개월의 조건에 지급하기로 하다. 트럭 구입시 취득세 1,500,000원은 현금으로 납부하다.

65 은아완구의 외상매입금 3,000,000원을 지급기일에 지급함에 있어 당점 거래은행인 기업은행의 당좌예금계좌에서 송금하여 주다.

66 매출거래처 직원 접대용으로 식사를 하고, 80,000원을 신용카드로 결제하였다.

67 폭설로 피해를 입은 농어민을 돕기 위해 현금 100,000원을 한국방송공사에 지급하다.

68 한진상사로부터 차입한 단기차입금 중 일부인 5,000,000원을 보통예금 통장에서 계좌이체하여 상환하다.

69 회사의 건물 취득시 취득원가 20,000,000원과 취득세 500,000원 및 중개수수료 300,000원을 전액 현금으로 지급하다.

70 문구 홍보관을 개설하기 위해 점포를 보증금 10,000,000원에 서현빌딩으로부터 임차하고 대금은 현금으로 지급하다.

71 마포구청에 영업관련 공과금 800,000원을 현금으로 지급하였다.

72 미래조명에 상품매입 대금으로 발행해 준 약속어음 600,000원이 만기가 되어 당사 당좌예금 계좌에서 지급하다.

73 명절에 사용할 현금을 확보하기 위하여 경기상사 발행의 약속어음 8,000,000원을 은행에서 할인받고, 할인료 500,000원을 제외한 금액을 당좌예입하다.(단, 매각거래임)

74 영업사원의 급여 1,800,000원을 지급하면서 소득세, 지방소득세, 건강보험료 등(근로자 부담분) 115,000원을 차감하여 잔액을 보통예금 통장에서 이체하였다.

75 거래은행인 국민은행에서 10,000,000원을 신용대출 받아 보통예금에 입금하다.(상환기간 3년, 이율 연 5.5%)

76 영업부 업무용화물차에 대하여 자동차세 60,000원과 자동차보험료 600,000원을 보통예금계좌에서 이체하여 지급하다.

77 상품 3,000,000원을 일광상사에 외상으로 매출 하다. 그리고 당점부담 운임 50,000원은 현금으로 지급하다.

78 수익증대를 위하여 사무실을 2년간 고구려문구에 임대하기로 계약하고, 보증금 2,000,000원과 1개월분 임대료 300,000원을 보통예금으로 이체 받다.

79 광주상사에서 업무용 컴퓨터를 2,000,000원에 구입하고, 9월 1일 계약금으로 지급한 500,000원을 차감한 잔액은 당점 발행 약속어음으로 지급하다.

80 판매부서 건물의 엘리베이터 설치비(자본적 지출) 6,000,000원과 외벽 도색비(수익적 지출) 600,000원을 현금으로 지급하다.

81 본사 영업부 직원들의 업무역량 강화를 위해 외부강사를 초청하여 교육을 진행하고, 강사료 3,000,000원 중 132,000원을 원천징수하고, 2,868,000원을 보통예금 통장에서 이체하여 지급하다.

82 미래상사에서 상품 3,000,000원을 매입하고, 대금 중 500,000원은 소유하고 있던 거래처 발행 당좌수표로 지급하고, 잔액은 당사가 당좌수표를 발행하여 지급하다. 단, 매입운임 20,000원은 현금으로 지급하다.

83 의류판매를 위한 광고전단지를 한국기획에서 제작하고, 전단지 제작비 600,000원을 1개월 후에 지급하기로 하다.

84 매장 건물을 신축하기 위하여 토지를 취득하고, 그 대금 50,000,000원을 당좌수표를 발행하여 지급하다. 또한 부동산 중개수수료 500,000원과 취득세 600,000원은 현금으로 지급하다.(하나의 전표로 입력할 것)

85 부영상사에 업무용 차량운반구를 5,000,000원에 처분하고(취득원가 12,000,000원, 감가상각누계액 4,000,000원), 대금 중 3,000,000원은 동점발행 당좌수표로 받고, 잔액은 1개월 후에 받기로 하다.

86 영업사원의 급여 2,000,000원을 지급하면서, 소득세 등 175,000원을 차감한 잔액을 당사 보통예금 계좌에서 사원 통장으로 자동 이체하다.

87 일일상사의 외상매입금 1,700,000원을 지급하기 위하여, 대한무역으로부터 받은 약속어음을 배서 양도 하다.

88 영업부 김소희 사원이 8월 1일 제주 출장시 지급받은 가지급금 500,000원에 대해, 아래와 같이 사용하고 잔액은 현금으로 정산하다.(가지급금에 대한 거래처 입력은 생략한다)

> • 왕복항공료 : 240,000원   • 숙박비 : 160,000원   • 택시요금 : 80,000원

89 한세상사로부터 받은 받을어음 10,000,000원이 만기도래하여, 추심수수료 50,000원을 차감한 잔 액을 보통예금으로 받다.

90 대한무역에 상품 3,000,000원을 매출하고, 계약금 300,000원을 차감한 나머지를 자기앞수표로 받다.

91 성일상사에 대여한 단기대여금 5,000,000원과 이자 250,000원을 당사 보통예금계좌로 회수하다.

92 사업주가 업무와 관련 없이 개인용도로 사용하기 위해 신형 빔프로젝트를 500,000원에 구매하고 회사 국민카드(신용카드)로 결제하다.

93 영업사원의 당월분 급여 2,200,000원 중 근로소득세 등 총 100,000원을 차감한 잔액을 보통예금 계좌에서 이체하여 지급하였다.

94 사업자금 부족으로 기업은행에서 현금 20,000,000원을 차입하였다.(상환일 : 1년 이내)

95 수아상사로부터 비품 100,000원을 외상으로 구입 하였다.

96 한국신문에 상품광고를 게재하고 광고료 1,000,000원을 보통예금 계좌에서 이체하다.

97 고성상사에서 판매용 컴퓨터 부품을 2,500,000원에 외상으로 구입하고, 당사부담 운반비 50,000원은 현금으로 지급하다.(하나의 전표로 처리한다)

98 진흥상사에서 상품 10,000,000원을 매입하기로 계약하고, 계약금 1,000,000원을 당좌수표를 발행하여 지급하다.

99 튼튼자동차에서 할부로 구입하고 미지급금으로 처리한 차량할부금 200,000원이 보통예금계좌에서 자동이체 되다.

100 영업용 컴퓨터를 수리하고 대금 150,000원은 당사 보통예금 계좌에서 이체하다.(수익적 지출로 처리할 것)

【참고 : 사업자등록번호 구분코드 구성】

□□□ –			□□ –	□□□□□
세무서코드		개인과 법인의 구분		앞4자리 일련번호 뒤1자리 검증번호
사업자등록 최초로 신고한 세무서코드	개인	01~79 80 89 90~99	• 과세사업자 • 아파트관리사무소 등 • 법인이 아닌 종교단체 • 면세사업자	일련번호 맨 뒤 1자리는 검증번호
	법인	81,86,87 85 82 84	• 영리법인의 본점 • 영리법인의 지점 • 비영리법인의 본·지점 • 외국법인의 본·지점	

기출 분개연습 100선 해답

	차 변		대 변	
01	받 을 어 음 외 상 매 출 금	4,800,000 3,200,000	상 품 매 출	8,000,000
02	세 금 과 공 과	365,000	보 통 예 금	365,000
03	상 품	3,000,000	선 급 금 보 통 예 금 외 상 매 입 금	500,000 1,000,000 1,500,000
04	매출채권처분손실 당 좌 예 금	20,000 230,000	받 을 어 음	250,000
05	비 품	500,000	미 지 급 금	500,000
06	장 기 대 여 금	30,000,000	이 자 수 익 보 통 예 금	2,000,000 28,000,000
07	보 통 예 금	50,000	가 수 금	50,000
08	인 출 금	990,000	미 지 급 금	990,000
09	건 물	51,350,000	보 통 예 금	51,350,000
10	외 상 매 입 금	350,000	당 좌 예 금	350,000
11	기 부 금	200,000	현 금	200,000
12	소 모 품 비	230,000	미 지 급 금	230,000
13	건 물	77,300,000	보 통 예 금	77,300,000
14	건 물 수 선 비	30,000,000 5,000,000	보 통 예 금	35,000,000
15	보 통 예 금	3,030,000	단 기 대 여 금 이 자 수 익	3,000,000 30,000
16	상 품	5,050,000	선 급 금 외 상 매 입 금 현 금	1,000,000 4,000,000 50,000
17	인 출 금	1,200,000	현 금	1,200,000
18	광 고 선 전 비	30,000	현 금	30,000
19	급 여	1,800,000	예 수 금 보 통 예 금	113,920 1,686,080
20	비 품	1,500,000	미 지 급 금	1,500,000
21	외 상 매 입 금	5,000,000	보 통 예 금	5,000,000
22	운 반 비	30,000	현 금	30,000
23	보 통 예 금	4,000,000	받 을 어 음	4,000,000

	차 변		대 변	
24	복 리 후 생 비	300,000	미 지 급 금	300,000
25	상 품	2,070,000	외 상 매 입 금 보 통 예 금	2,000,000 70,000
26	선 수 금 외 상 매 출 금 운 반 비	450,000 2,550,000 150,000	상 품 매 출 현 금	3,000,000 150,000
27	현 금	300,000	선 수 금	300,000
28	접 대 비	200,000	보 통 예 금	200,000
29	차 량 유 지 비	200,000	현 금	200,000
30	단 기 차 입 금 이 자 비 용	5,800,000 58,000	보 통 예 금	5,858,000
31	여 비 교 통 비	15,000	현 금	15,000
32	상 품	10,000,000	지 급 어 음 현 금	8,000,000 2,000,000
33	외 상 매 입 금	1,000,000	받 을 어 음	1,000,000
34	접 대 비	32,000	현 금	32,000
35	보 통 예 금	200,000	이 자 수 익	200,000
36	통 신 비	10,500	현 금	10,500
37	외 상 매 입 금	3,000,000	당 좌 예 금	3,000,000
38	현 금 과 부 족	80,000	현 금	80,000
39	예 수 금 복 리 후 생 비	200,000 100,000	현 금	300,000
40	잡 급	430,000	현 금	430,000
41	이 자 비 용	50,000	보 통 예 금	50,000
42	비 품	300,000	미 지 급 금	300,000
43	(외 상) 대 손 충 당 금 대 손 상 각 비	500,000 2,500,000	외 상 매 출 금	3,000,000
44	상 품	3,000,000	받 을 어 음 지 급 어 음	2,000,000 1,000,000
45	운 반 비	35,000	현 금	35,000
46	매출할인 or 상품매출 보 통 예 금	18,000 1,782,000	외 상 매 출 금	1,800,000
47	단 기 매 매 증 권	2,000,000	보 통 예 금	2,000,000
48	현 금	3,000,000	외 상 매 출 금	3,000,000
49	외 상 매 입 금	1,500,000	현 금	1,500,000

		차 변		대 변	
50	소 모 품 비	14,500	현 금	14,500
51	받 을 어 음	5,000,000	상 품 매 출	5,000,000
52	복 리 후 생 비 접 대 비	500,000 200,000	미 지 급 금	700,000
53	수 수 료 비 용 당 좌 예 금	200,000 19,800,000	단 기 차 입 금	20,000,000
54	현 금	500,000	선 수 금	500,000
55	보 통 예 금	1,500,000	배 당 금 수 익	1,500,000
56	선 급 금	1,400,000	당 좌 예 금	1,400,000
57	소 모 품 비	300,000	미 지 급 금	300,000
58	여 비 교 통 비	50,000	현 금	50,000
59	임 차 료	250,000	보 통 예 금	250,000
60	현 금	500,000	선 수 금	500,000
61	복 리 후 생 비	200,000	미 지 급 금	200,000
62	광 고 선 전 비	250,000	당 좌 예 금	250,000
63	현 금	1,050,000	단 기 대 여 금 이 자 수 익	1,000,000 50,000
64	차 량 운 반 구	12,500,000	미 지 급 금 현 금	11,000,000 1,500,000
65	외 상 매 입 금	3,000,000	당 좌 예 금	3,000,000
66	접 대 비	80,000	미 지 급 금	80,000
67	기 부 금	100,000	현 금	100,000
68	단 기 차 입 금	5,000,000	보 통 예 금	5,000,000
69	건 물	20,800,000	현 금	20,800,000
70	임 차 보 증 금	10,000,000	현 금	10,000,000
71	세 금 과 공 과	800,000	현 금	800,000
72	지 급 어 음	600,000	당 좌 예 금	600,000
73	매 출 채 권 처 분 손 실 당 좌 예 금	500,000 7,500,000	받 을 어 음	8,000,000
74	급 여	1,800,000	예 수 금 보 통 예 금	115,000 1,685,000
75	보 통 예 금	10,000,000	장 기 차 입 금	10,000,000
76	세 금 과 공 과 보 험 료	60,000 600,000	보 통 예 금	660,000

	차 변		대 변	
77	외 상 매 출 금	3,000,000	상 품 매 출	3,000,000
	운 반 비	50,000	현 금	50,000
78	보 통 예 금	2,300,000	임 대 보 증 금	2,000,000
			임 대 료	300,000
79	비 품	2,000,000	선 급 금	500,000
			미 지 급 금	1,500,000
80	건 물	6,000,000	현 금	6,600,000
	수 선 비	600,000		
81	교 육 훈 련 비	3,000,000	예 수 금	132,000
			보 통 예 금	2,868,000
82	상 품	3,020,000	현 금	520,000
			당 좌 예 금	2,500,000
83	광 고 선 전 비	600,000	미 지 급 금	600,000
84	토 지	51,100,000	당 좌 예 금	50,000,000
			현 금	1,100,000
85	(차량)감가상각누계액	4,000,000	차 량 운 반 구	12,000,000
	현 금	3,000,000		
	미 수 금	2,000,000		
	유 형 자 산 처 분 손 실	3,000,000		
86	급 여	2,000,000	예 수 금	175,000
			보 통 예 금	1,825,000
87	외 상 매 입 금	1,700,000	받 을 어 음	1,700,000
88	여 비 교 통 비	480,000	가 지 급 금	500,000
	현 금	20,000		
89	수 수 료 비 용	50,000	받 을 어 음	10,000,000
	보 통 예 금	9,950,000		
90	선 수 금	300,000	상 품 매 출	3,000,000
	현 금	2,700,000		
91	보 통 예 금	5,250,000	단 기 대 여 금	5,000,000
			이 자 수 익	250,000
92	인 출 금	500,000	미 지 급 금	500,000
93	급 여	2,200,000	예 수 금	100,000
			보 통 예 금	2,100,000
94	현 금	20,000,000	단 기 차 입 금	20,000,000
95	비 품	100,000	미 지 급 금	100,000
96	광 고 선 전 비	1,000,000	보 통 예 금	1,000,000

	차 변			대 변		
97	상 품		2,550,000	외 상 매 입 금		2,500,000
				현 금		50,000
98	선 급 금		1,000,000	당 좌 예 금		1,000,000
99	미 지 급 금		200,000	보 통 예 금		200,000
100	수 선 비		150,000	보 통 예 금		150,000

Part. *4*

전산회계 2급
기출문제

제100회 전산회계 2급 기출문제

큰산상사(코드번호 : 1004)

▌ 이 론 시 험 ▌

다음 문제를 보고 알맞은 것을 골라 [답안저장] 메뉴화면에 입력하시오.(객관식 문항당 2점)

─────── 〈 기 본 전 제 〉 ───────
문제에서 한국채택국제회계기준을 적용하도록 하는 전제조건이 없는 경우, 일반기업회계기준을 적용한다.

01 다음 중 거래내용에 대해 거래요소의 결합관계를 바르게 표시한 것은?

	거래 내용	거래요소의 결합관계
①	현금 1,000,000원을 출자하여 영업을 개시하다.	자산의 증가 - 자산의 증가
②	외상매입금 2,000,000원을 현금으로 지급하다.	부채의 증가 - 자산의 감소
③	예금이자 300,000원을 보통예금통장으로 받다.	자산의 증가 - 수익의 발생
④	비품 500,000원을 사고 대금은 미지급하다.	자산의 증가 - 수익의 발생

02 다음 중 일정기간 동안 기업의 경영성과를 나타내는 재무보고서의 계정과목으로만 짝지어진 것은?

① 매출원가, 미지급비용   ② 매출액, 미수수익
③ 매출원가, 기부금   ④ 상품, 기부금

03 다음 중 재무상태표상 유동자산으로 분류되는 계정과목에 해당하지 않는 것은?

① 외상매출금   ② 선급비용   ③ 차량운반구   ④ 상품

04 다음 중 계정별원장의 잔액이 항상 대변에 나타나는 것은?

① 미수금   ② 선수수익   ③ 선급비용   ④ 미수수익

05 다음 중 손익계산서에 관한 설명으로 옳지 않은 것은?

① 손익계산서는 일정 기간 동안 기업의 경영성과에 대한 정보를 제공하는 재무보고서이다.

② 손익계산서에 보고되는 비용은 수익을 창출하기 위해 희생된 경제적 효익의 감소분을 뜻한다.

③ 손익계산서에 보고되는 수익은 한 회계기간 동안에 발생한 경제적 효익의 증가액을 뜻한다.

④ 손익계산서에 보고되는 당기순이익은 현금주의에 의해 작성될 때보다 항상 크게 보고되는 특징이 있다.

06 다음 중 손익계산서상 계정과목에 대한 설명으로 가장 적절하지 않은 것은?

① 통신비 : 업무에 관련되는 전화요금, 휴대폰요금, 인터넷요금, 등기우편요금 등

② 수도광열비 : 업무와 관련된 가스요금, 전기요금, 수도요금, 난방비

③ 접대비 : 상품 등의 판매촉진을 위하여 불특정다수인에게 선전하는 데에 소요되는 비용

④ 임차료 : 업무와 관련된 토지, 건물, 기계장치, 차량운반구 등을 빌리고 지급하는 사용료

07 다음 자료를 이용하여 상품의 매출원가를 계산하면 얼마인가?

• 상품 전기이월액 350,000원	• 당기매입액 770,000원	• 매출채권 500,000원
• 매출액 1,200,000원	• 기말재고액 370,000원	• 매입채무 300,000원

① 700,000원

② 750,000원

③ 830,000원

④ 900,000원

08 2024년 1월 1일에 취득한 기계장치(취득가액 20,000,000원, 정액법, 내용연수 5년, 잔존가액 500,000원)를 2025년 1월 1일에 처분하고 유형자산처분손실 300,000원을 인식하였다. 동 기계장치의 처분금액은 얼마인가? (해당 유형자산은 결산 시에 정액법으로 감가상각한다.)

① 15,400,000원

② 15,800,000원

③ 16,100,000원

④ 16,400,000원

09 다음 자료에서 설명하고 있는 (㉠), (㉡), (㉢)에 각각 들어갈 계정과목으로 바르게 연결된 것은?

> 판매용 건물은 (㉠), 본사 건물로 사용할 영업용 건물은 (㉡), 투자 목적으로 보유하고 있는 건물은 (㉢)(으)로 각각 회계 처리한다.

	(㉠)	(㉡)	(㉢)
①	건물	건물	투자부동산
②	상품	건물	투자부동산
③	상품	투자부동산	토지
④	투자부동산	건물	건물

10 다음 중 그 성격이 다른 계정과목은 무엇인가?

① 이자비용   ② 외환차손   ③ 감가상각비   ④ 기타의 대손상각비

11 다음 중 아래의 자료에서 설명하고 있는 성격의 자산으로 분류할 수 없는 것은?

> • 보고기간종료일로부터 1년 이상 장기간 사용 가능한 자산
> • 물리적 형태가 있는 자산
> • 타인에 대한 임대 또는 자체적으로 사용할 목적의 자산

① 화장품을 판매하는 회사의 영업장 건물
② 휴대폰을 판매하는 회사가 보유하고 있는 판매용 휴대폰
③ 가구를 판매하는 회사가 사용하고 있는 운반용 차량운반구
④ 자동차 판매회사가 보유하고 있는 영업용 토지

12 다음 중 유형자산을 처분하고 대금을 미회수했을 경우 처리하는 계정과목으로 올바른 것은?

① 미수수익   ② 선수수익   ③ 미수금   ④ 매출채권

13 다음 중 외상매입금을 조기 지급함에 따라 매입할인을 받고 이를 영업외수익으로 회계처리 하였을 경우 손익계산서에 미치는 영향으로 옳지 않은 것은?

① 매출원가 과대계상   ② 매출총이익 과소계상
③ 영업이익 과소계상   ④ 당기순이익 과소계상

14 아래에 제시된 전표의 분개 내용을 계정별원장에 전기한 것으로 적절한 것은?

거래일	계정과목	차 변	대 변
12월 31일	소모품비	1,000,000원	
	미지급금		500,000원
	현 금		500,000원
	소 계	1,000,000원	1,000,000원

①
현 금

12/31 소모품비 500,000 |

②
미지급금

               | 12/31 현금 500,000

③
미지급금

12/31 소모품비 500,000 |

④
미지급금

               | 12/31 소모품비 500,000

15 다음의 자료에 의한 기초자본, 기말자본, 기말부채는 얼마인가?

> • 기초자산 : 500,000원   • 기말자산 : 800,000원   • 기초부채 : 300,000원
> • 총수익 : 1,000,000원   • 총비용 : 800,000원

	기초자본	기말자본	기말부채
①	400,000원	200,000원	400,000원
②	200,000원	600,000원	300,000원
③	200,000원	400,000원	400,000원
④	600,000원	300,000원	200,000원

▌실 무 시 험 ▌

큰산상사(코드번호 : 1004)는 금속제품을 판매하는 개인기업이다. 당기(제7기) 회계기간은 2024.1.1.~
2024.12.31.이다. 전산세무회계 수험용 프로그램을 이용하여 다음 물음에 답하시오.

─── ⟨ 기 본 전 제 ⟩ ───
- 문제에서 한국채택국제회계기준을 적용하도록 하는 전제조건이 없는 경우, 일반기업회계기준을 적용하여
  회계처리한다.
- 문제의 풀이와 답안작성은 제시된 문제의 순서대로 진행한다.

문제1 다음은 큰산상사의 사업자등록증이다. [회사등록] 메뉴에 입력된 내용을 검토하여 누락분은 추
가입력하고 잘못된 부분은 정정하시오(주소 입력 시 우편번호는 입력하지 않아도 무방함). (6점)

사 업 자 등 록 증

(일반과세자)

등록번호 130 - 47 - 50505

상 호 명 : 큰산상사
대 표 자 명 : 이시진
개 업 연 월 일 : 2018. 5. 1.
사 업 장 소 재 지 : 경기도 부천시 경인옛로 111 (괴안동)
사 업 자 의 종 류 : 업태 도소매   종목 금속제품
교 부 사 유 : 신규

사업자 단위 과세 적용사업자 여부 : 여( ) 부(✔)
전자세금계산서 전용 전자우편주소 :

2018년 5월 15일

남부천세무서장

문제2 다음은 큰산상사의 전기분 손익계산서이다. 입력되어 있는 자료를 검토하여 오류 부분은 정정하고 누락된 부분은 추가 입력하시오. (6점)

손 익 계 산 서

회사명 : 큰산상사　　　　제6기 2023.1.1.~2023.12.31.　　　　(단위 : 원)

과　　　　　목	금　　액	과　　　　　목	금　　액
I 매　　출　　액	300,000,000	V 영　업　이　익	44,200,000
상　품　매　출	300,000,000	VI 영　업　외　수　익	5,800,000
II 매　출　원　가	191,200,000	이　자　수　익	2,200,000
상　품　매　출　원　가	191,200,000	임　대　료	3,600,000
기　초　상　품　재　고　액	13,000,000	VII 영　업　외　비　용	7,500,000
당　기　상　품　매　입　액	180,000,000	이　자　비　용	4,500,000
기　말　상　품　재　고　액	1,800,000	기　부　금	3,000,000
III 매　출　총　이　익	108,800,000	VIII 소득세차감전순이익	42,500,000
IV 판매비와관리비	64,600,000	IX 소　득　세　등	0
급　여	34,300,000	X 당　기　순　이　익	42,500,000
복　리　후　생　비	5,700,000		
여　비　교　통　비	2,440,000		
임　차　료	12,000,000		
차　량　유　지　비	3,500,000		
소　모　품　비	3,400,000		
광　고　선　전　비	3,260,000		

문제3 다음 자료를 이용하여 입력하시오. (6점)

[1] 큰산상사는 상품매출 시 상품을 퀵 서비스로 운반하는 횟수가 증가하고 있다. 이에 상품이 매출처에 도착한 후에 퀵 서비스 요금을 보통예금 계좌에서 이체하기로 하였다. 다음의 적요를 [824.운반비] 계정과목에 추가 등록하시오. (3점)

대체적요	4. 퀵 서비스 요금 보통예금 이체 지급

[2] 다음 자료를 이용하여 [기초정보관리]의 [거래처등록] 메뉴에서 신용카드를 추가로 등록하시오(주어진 자료 외의 다른 항목은 입력할 필요 없음). (3점)

- 코드 : 99871
- 카드번호 : 1234 – 5678 – 9012 – 3452
- 거래처명 : 믿음카드
- 카드종류(매입) : 3.사업용카드
- 유형 : 매입

문제4 **다음 거래 자료를 [일반전표입력] 메뉴에 추가 입력하시오. (24점)**

──────────── 〈 입 력 시 유 의 사 항 〉 ────────────
- 적요의 입력은 생략한다.
- 부가가치세는 고려하지 않는다.
- 채권·채무와 관련된 거래는 별도의 요구가 없는 한 반드시 기등록된 거래처코드를 선택하는 방법으로 거래처명을 입력한다.
- 회계처리 시 계정과목은 별도의 제시가 없는 한 등록된 계정과목 중 가장 적절한 과목으로 한다.

[1] 07월 02일 푸른상사에서 광고전단지를 제작하고, 제작대금 3,300,000원은 어음(만기일 2024.12. 31.)을 발행하여 지급하다. (3점)

[2] 07월 26일 좌동철강으로부터 상품 10,000,000원(1,000개, 1개당 10,000원)을 구입하기로 계약하고, 계약금으로 상품 대금의 10%를 당좌수표를 발행하여 지급하다. (3점)

[3] 08월 23일 가수금 5,000,000원은 4월 1일 입금된 내용을 알 수 없었던 것으로 가수금 처리하였으나 거래처 승리상사로부터 회수한 외상 대금으로 판명되었다(가수금 거래처는 입력하지 않아도 무방함). (3점)

[4] 08월 28일 강서상사에 상품을 판매하고 발급한 거래명세표이다. 대금 중 10,000,000원은 당좌예금에 입금되었고 잔액은 외상으로 하다. (3점)

권 호 2024 년 8 월 28 일					거래명세표(보관용)				
강서상사 귀하	공급자	사 업 자 등 록 번 호			130 - 47 - 50505				
		상 호			큰산상사	성 명		이시진 ㉑	
		사 업 장 소 재 지			경기도 부천시 경인옛로 111(괴안동)				
아래와 같이 계산합니다.		업 태			도소매	종 목		금속제품	
합계 금액		이천오백만 원정 (₩ 25,000,000)							
월 일	품 목		규 격	수 량	단 가		공 급 대 가		
8/28	강철			100	250,000원		25,000,000원		
계							25,000,000원		
전잔금	없음				합 계		25,000,000원		
입 금	10,000,000원		잔 금	15,000,000원	인수자		최영업 ㉑		
비 고	당좌수표 수령, 잔금은 말일까지 입금 예정								

[5] 09월 10일 영업부의 우편물을 발송하고 등기우편비용(통신비) 5,000원을 현금 지급하였다. (3점)

[6] 09월 28일 나나상점에 상품 10개(1개당 650,000원)를 판매하고, 판매대금 중 1,000,000원은 현금으로 받고, 잔액은 동점 발행 약속어음으로 받다. (3점)

[7] 10월 28일 매출처의 신규 매장 개업식을 위하여 정원꽃집에서 화환을 주문하면서 대금 150,000원 현금으로 지급하고, 현금영수증을 수령하다. (3점)

[8] 10월 31일 영업부 출장용 승용차량의 자동차세 260,000원을 현금으로 납부하다. (3점)

문제5 [일반전표입력] 메뉴에 입력된 내용 중 다음과 같은 오류가 발견되었다. 입력된 내용을 확인하여 정정 또는 추가 입력하시오. (6점)

[1] 11월 02일 천둥상점에서 받은 약속어음 10,000,000원을 만기일 전에 거래은행인 우리은행에서 할인받아 보통예금 계좌에 입금된 거래를 회계처리 하면서, 할인료 250,000원을 수수료비용으로 잘못 입력하였다(매각거래로 처리할 것). (3점)

[2] 12월 04일 단아상사에서 상품 1,650,000원을 구입하면서 대금은 소지하고 있던 달님전자 발행 당좌수표로 지급하였으나 당점의 당좌수표를 발행하여 지급한 것으로 잘못 회계처리 하였다. (3점)

문제6 다음의 결산정리사항을 입력하여 결산을 완료하시오. (12점)

[1] 2024년 7월 1일에 1년치 주차장 임대료 4,800,000원을 일시에 수령하여 전액 선수수익으로 처리하였다(단, 월할 계산하고, 음수로 입력하지 말 것). (3점)

[2] 결산일 현재 인출금 계정을 자본금으로 대체하시오. (3점)

[3] 결산일 현재 본사 영업부에서 사용하지 않고 남은 소모품이 300,000원이 있다(구입 시 전액 비용으로 처리하였다). (3점)

[4] 당기분 영업부 비품에 대한 감가상각비는 560,000원이며, 영업용차량의 감가상각비는 310,000원이다. (3점)

문제7 다음 사항을 조회하여 답안을 이론문제 답안작성 메뉴에 입력하시오. (10점)

[1] 상반기(1월~6월)의 판매가능한 상품액은 얼마인가? (3점)

[2] 1월~5월 기업업무추진비 지출액 중 현금으로 지출한 금액은 얼마인가? (3점)

[3] 1월부터 6월까지의 판매비와관리비 중 건물관리비 지출액이 가장 많은 월의 금액과 가장 적은 월의 금액의 차액은 얼마인가? (4점)

제101회 전산회계 2급 기출문제

우성상사(코드번호 : 1014)

▌ 이 론 시 험 ▌

다음 문제를 보고 알맞은 것을 골라 [답안저장] 메뉴화면에 입력하시오.(객관식 문항당 2점)

─────── 〈 기 본 전 제 〉 ───────
문제에서 한국채택국제회계기준을 적용하도록 하는 전제조건이 없는 경우, 일반기업회계기준을 적용한다.

01 다음 중 회계상 현금으로 처리하는 것은?

(가) 자기앞수표	(나) 받을어음
(다) 당좌차월	(라) 우편환증서

① (기), (나)   ② (나), (다)   ③ (나), (라)   ④ (가), (라)

02 아래의 자산과 부채의 유동성과 비유동성 구분 기준에 따라 분류한 것으로 다음 중 옳은 것은?

(가) 보고기간 종료일로부터 1년 이내에 현금화되는 자산
(나) 보고기간 종료일로부터 1년 이내에 상환기한이 도래하는 부채

	(가)	(나)
①	유동자산	유동부채
②	비유동자산	유동부채
③	유동자산	비유동부채
④	비유동자산	비유동부채

03 아래의 거래내용에 대하여 거래요소의 결합관계와 거래의 종류가 바르게 표시된 것은?

> 상품 판매전시장에서 업무용으로 사용할 목적으로 컴퓨터와 프린터기를 1,500,000원에 구매하고, 구매대금은 신용카드로 결제하다.

	거래요소의 결합관계	거래의 종류
①	자산의 증가 – 부채의 증가	교환거래
②	부채의 증가 – 자산의 감소	손익거래
③	자산의 증가 – 자본의 증가	교환거래
④	자산의 증가 – 자산의 감소	손익거래

04 다음 중 상품의 취득원가에 가산해야 하는 항목은?

① 매입환출　　　　　　　　　　　② 매입에누리
③ 매입할인　　　　　　　　　　　④ 상품을 수입함에 따른 관세

05 다음 자료의 누락분을 반영한 수정 후 당기순이익은 얼마인가?

> • 수정 전 당기순이익 : 1,000,000원
> • 이자비용 기간경과분 반영 누락 : 당기분 20,000원
> • 전액 비용 처리한 지급보험료의 차기분 이월 누락 : 차기분 200,000원

① 820,000원　　　　　　　　　　② 1,180,000원
③ 1,200,000원　　　　　　　　　　④ 1,220,000원

06 다음 자료를 토대로 당기 대손상각비로 계상할 금액은 얼마인가?

> • 기초 대손충당금 잔액은 50,000원이다.
> • 10월 거래처의 파산으로 회수불가능 매출채권이 200,000원 발생하였다.

① 30,000원　　　② 80,000원　　　③ 150,000원　　　④ 200,000원

07 재고자산 평가 방법의 변경에 따른 기말재고자산 금액의 변동이 매출원가와 매출총이익에 미치는 영향으로 올바른 것은?

> (가) 기말재고자산 금액이 감소하면 매출원가가 증가한다.
> (나) 기말재고자산 금액이 감소하면 매출원가가 감소한다.
> (다) 기말재고자산 금액이 감소하면 매출총이익이 증가한다.
> (라) 기말재고자산 금액이 증가하면 매출총이익이 증가한다.

① (가), (나)　　　② (다), (라)　　　③ (나), (다)　　　④ (가), (라)

08 다음 중 유형자산의 취득원가에 가산하는 항목이 아닌 것은?

① 취득세, 등록세 등 유형자산의 취득과 직접 관련된 제세공과금

② 매입할인, 매입에누리

③ 취득 당시 설치비

④ 취득 관련 운송비

09 다음 거래에 대한 회계처리 시 차변 계정과목으로 옳은 것은?

> 사무실에서 사용하고 있는 에어컨을 처분하고 대금은 보통예금 계좌로 이체받았다.

① 비품　　　② 보통예금　　　③ 외상매출금　　　④ 받을어음

10 다음은 무형자산에 대한 조건이다. 이에 해당하는 것으로 가장 옳은 것은?

> • 물리적 실체는 없지만, 식별이 가능해야 함
> • 자원에 대한 통제가 가능해야 함
> • 미래 경제적효익을 가져올 수 있는 비화폐성 자산

① 기계장치　　　② 소프트웨어　　　③ 차량운반구　　　④ 받을어음

11 재무제표의 작성기준 중 유동성배열법에 의한 재무제표 작성 시 다음 중 가장 나중에 배열되는 계정과목은 무엇인가?

① 사채　　　② 예수금　　　③ 미지급금　　　④ 선수수익

12 다음 자료를 이용하여 외상매입금 기초잔액을 계산하면 얼마인가?

• 당기 외상매입액 : 1,000,000원	• 외상매입금 중 환출액 : 50,000원
• 당기 외상매입금 지급액 : 1,100,000원	• 외상매입금 기말잔액 : 300,000원

① 300,000원   ② 350,000원   ③ 400,000원   ④ 450,000원

13 개인 회사인 대성상사의 기말자본금이 510,000원일 때, 다음 자료에서 알 수 있는 당기의 인출금은 얼마인가?

• 기초자본금 1,000,000원	• 추가출자액 300,000원
• 총수익 400,000원	• 총비용 290,000원

① 900,000원   ② 1,000,000원   ③ 1,100,000원   ④ 1,200,000원

14 다음 중 영업손익에 영향을 미치는 거래는 무엇인가?

① 불우이웃을 돕기 위하여 기부금을 현금으로 지급하다.
② 운영경비 조달을 위한 사업용 자금 대출에 관한 이자비용을 보통예금으로 지급하다.
③ 영업부 직원의 급여를 보통예금에서 지급하다.
④ 정기예금에서 발생한 이자수익이 보통예금에 입금되다.

15 다음 자료를 이용하여 상품 매출원가를 구하면 얼마인가?

• 기초상품재고액은 3,000,000원이다.
• 당기의 상품매입액은 10,000,000원이다.
• 기말상품재고액은 3,000,000원이다.

① 2,000,000원   ② 3,000,000원   ③ 10,000,000원   ④ 12,000,000원

▌실 무 시 험 ▌

우성상사(코드번호 : 1014)는 문구 및 잡화를 판매하는 개인기업이다. 당기(제12기) 회계기간은 2024.1.1.
~2024.12.31.이다. 전산세무회계 수험용 프로그램을 이용하여 다음 물음에 답하시오.

─────〈 기 본 전 제 〉─────
• 문제에서 한국채택국제회계기준을 적용하도록 하는 전제조건이 없는 경우, 일반기업회계기준을 적용하
 여 회계처리한다.
• 문제의 풀이와 답안작성은 제시된 문제의 순서대로 진행한다.

문제1 다음은 우성상사의 사업자등록증이다. [회사등록] 메뉴에 입력된 내용을 검토하여 누락분은 추
가입력하고 잘못된 부분은 정정하시오(주소입력 시 우편번호는 입력하지 않아도 무방함). (6점)

사 업 자 등 록 증

(일반과세자)

등록번호 210 - 21 - 98692

상   호   명 : 우성상사

대 표 자 명 : 손우성

개 업 연 월 일 : 2013. 3. 9.

사업장소재지 : 충청남도 홍성군 홍북읍 청사로174번길 9

사업자의 종류 : 업태 도소매   종목 문구 및 잡화

교 부 사 유 : 신규

사업자 단위 과세 적용사업자 여부 : 여( ) 부(✔)

전자세금계산서 전용 전자우편주소 :

2017년 4월 15일

홍성세무서장

문제2 다음은 우성상사의 전기분 재무상태표이다. 입력되어 있는 자료를 검토하여 오류 부분은 정정하고 누락된 부분은 추가 입력하시오. (6점)

재 무 상 태 표

회사명 : 우성상사   제11기 2023.12.31. 현재   (단위 : 원)

과 목	금	액	과 목	금 액
현 금		43,000,000	외 상 매 입 금	59,000,000
당 좌 예 금		30,000,000	지 급 어 음	100,000,000
보 통 예 금		25,000,000	단 기 차 입 금	80,000,000
외 상 매 출 금	40,000,000		자 본 금	171,800,000
대 손 충 당 금	400,000	39,600,000	(당기순이익 :	
받 을 어 음	80,000,000		10,800,000)	
대 손 충 당 금	800,000	79,200,000		
상 품		100,000,000		
차 량 운 반 구	60,000,000			
감 가 상 각 누 계 액	14,000,000	46,000,000		
비 품	50,000,000			
감 가 상 각 누 계 액	2,000,000	48,000,000		
자 산 총 계		410,800,000	부 채 와 자 본 총 계	410,800,000

문제3 다음 자료를 이용하여 입력하시오. (6점)

[1] 다음 자료를 이용하여 [기초정보관리]의 [거래처등록] 메뉴에서 거래처(신용카드)를 추가로 등록하시오(단, 주어진 자료 외의 다른 항목은 입력할 필요 없음). (3점)

- 거래처코드 : 99811
- 거래처명 : 나라카드
- 유형 : 매입
- 카드번호 : 1000 - 2000 - 3000 - 4000
- 카드종류 : 3.사업용카드

[2] 우성상사의 거래처별 초기이월 채권과 채무의 잔액은 다음과 같다. 입력된 자료를 검토하여 잘못된 부분은 삭제 또는 수정, 추가 입력하여 자료에 맞게 정정하시오(거래처코드를 사용할 것). (3점)

계정과목	거래처	잔 액	합 계
외상매출금	유통상사	10,000,000원	40,000,000원
	브런치상사	20,000,000원	
	하이상사	10,000,000원	
외상매입금	순임상사	20,000,000원	59,000,000원
	㈜다온유통	39,000,000원	

문제4 다음의 거래 자료를 [일반전표입력] 메뉴를 이용하여 입력하시오. (24점)

―――――― 〈 입력 시 유의사항 〉 ――――――

- 적요의 입력은 생략한다.
- 부가가치세는 고려하지 않는다.
- 채권·채무와 관련된 거래는 별도의 요구가 없는 한 반드시 기등록된 거래처코드를 선택하는 방법으로 거래처명을 입력한다.
- 회계처리 시 계정과목은 별도의 제시가 없는 한 등록된 계정과목 중 가장 적절한 과목으로 한다.

[1] 07월 09일 영업부에서 사용할 차량 15,000,000원을 구입하고, 당좌수표를 발행하여 지급하다. (3점)

[2] 08월 01일 영업부가 사용하는 본사 사무실의 관리비 300,000원을 보통예금에서 이체하였다. (3점)

[3] 08월 04일 본사의 주민세 사업소분 62,500원을 현금으로 납부하였다. (3점)

[4] 08월 12일 회사대표 손우성씨의 명함을 디자인명함에서 인쇄 제작하였다. 대금 20,000원은 현금으로 지급하고, 현금영수증을 수취하였다. (3점)

[5] 08월 18일 단기운용목적으로 ㈜우리의 발행주식 1,000주(1주당 액면금액 5,000원)를 1주당 6,000원에 취득하였다. 대금은 취득 시 발생한 별도의 수수료 130,000원을 포함하여 보통예금에서 지급하였다. (3점)

[6] 09월 03일 수원문구에 상품을 공급하기로 하고 7월 25일 체결한 계약에 따라 상품을 공급하면서 아래의 거래명세서를 발급하였다. 계약금을 제외한 나머지 대금은 외상으로 하다. (3점)

권		호		거래명세표(거래용)					
2024년 9월 3일									
수원문구 귀하			공 급 자	사업자등록번호		210 - 21 - 98692			
				상 호	우성상사	성 명	손우성 ㉑		
				사업장소재지	충청남도 홍성군 홍북읍 청사로174번길 9				
아래와 같이 계산합니다.				업 태	도소매	종 목	문구 및 잡화		
합계금액				오백만 원정 (₩ 5,000,000)					
월일	품 목		규 격	수 량	단 가	공 급 대 가			
9월 3일	문구			1,000개	5,000원	5,000,000원			
계						5,000,000원			
전잔금	없음			합 계		5,000,000원			
입 금	500,000원	잔 금	4,500,000원		인수자	정현용 ㉑			
비 고	입금 500,000원은 계약금으로, 7월 25일 공급대가의 10%를 현금으로 수령한 것임								

[7] 10월 18일 본사 영업부 사무실 건물의 유리창을 교체하고 수리비는 신용카드로 결제하였다. (3점)

카드매출전표

카 드 종 류 : 현대카드
카 드 번 호 : 5856 - 4512 - 20** - 9965
거 래 일 시 : 2024.10.18. 09 : 30 : 51
거 래 유 형 : 신용승인
금   액 : 150,000원
결 제 방 법 : 일시불
승 인 번 호 : 10005539
은 행 확 인 : 국민은행

가맹점명 : 수리창호

- 이 하 생 략 -

[8] 11월 24일 서울시에서 주관하는 나눔천사 기부릴레이에 참여하여 서대문구청에 현금 1,000,000원을 기부하다. (3점)

문제5 [일반전표입력] 메뉴에 입력된 내용 중 다음의 오류가 발견되었다. 입력된 내용을 검토하고 삭제, 수정 또는 추가 입력하여 올바르게 정정하시오. (6점)

[1] 09월 14일 영업부에서 사용하기 위한 업무용차량을 구입하면서 현금으로 지출한 취득세 130,000원을 세금과공과(판)으로 회계처리 하였다. (3점)

[2] 11월 21일 당사가 현금으로 지급한 축의금 100,000원은 매출거래처 직원이 아니라 당사 영업부 직원의 결혼축의금으로 판명되었다. (3점)

문제6 다음의 결산정리사항을 입력하여 결산을 완료하시오. (12점)

[1] 결산일 현재 송우상사의 단기대여금에 대하여 당기 기간경과분에 대한 이자 미수액 60,000원을 계상하다. (3점)

[2] 결산일 현재 기말 가지급금 계정 잔액 150,000원은 거래처 ㈜홍상사에 대한 외상매입금 지급액으로 확인되었다. (3점)

[3] 마이너스 통장인 행복은행의 보통예금 기말잔액이 -900,000원이다(기말잔액이 음수가 되지 않도록 적절한 계정으로 대체하되, 음수로 입력하지 말 것). (3점)

[4] 당기 기말상품재고액은 7,000,000원이다. (3점)

문제7 다음 사항을 조회하여 알맞은 답안을 `이론문제 답안작성` 메뉴에 입력하시오. (10점)

[1] 2/4분기(4월~6월) 중 현금으로 지급한 수수료비용(판매비및관리비)은 얼마인가? (3점)

[2] 상반기(1월~6월) 중 복리후생비(판매비및관리비)를 가장 많이 지출한 달(月)과 가장 적게 지출한 달(月)의 금액간 차이는 얼마인가?(단, 음수로 입력하지 말 것) (4점)

[3] 6월 말 현재 거래처 인천상사에 대한 선급금 잔액은 얼마인가? (3점)

제102회 전산회계 2급 기출문제

유리상사(코드번호 : 1024)

▌ 이 론 시 험 ▌

다음 문제를 보고 알맞은 것을 골라 [답안저장] 메뉴화면에 입력하시오.(객관식 문항당 2점)

─────── 〈 기 본 전 제 〉 ───────
문제에서 한국채택국제회계기준을 적용하도록 하는 전제조건이 없는 경우, 일반기업회계기준을 적용한다.

01 다음의 계정별원장 중 잔액의 표시가 옳은 것은?

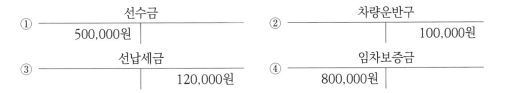

02 다음 중 영업손익에 영향을 미치지 않는 것은?

① 급여   ② 기업업무추진비   ③ 이자비용   ④ 감가상각비

03 다음 재무제표의 종류 중 (A)에 해당하는 것으로 가장 옳은 것은?

(A)는/은 일정 기간 동안 기업의 경영성과에 대한 정보를 제공하는 재무보고서이다. (A)는/은 해당 회계기간의 경영성과를 나타낼 분만 아니라 기업의 미래현금흐름과 수익창출능력 등의 예측에 유용한 정보를 제공한다.

① 주석   ② 손익계산서   ③ 재무상태표   ④ 자본변동표

04 다음 중 아래의 빈칸에 들어갈 내용으로 적합한 것은?

> 단기금융상품은 만기가 결산일로부터 (   )이내에 도래하는 금융상품으로서 현금성자산이 아닌 것을 말한다.

① 1개월　　　　　② 3개월　　　　　③ 6개월　　　　　④ 1년

05 다음과 같이 주어진 자료에서 당기의 외상매출금 현금회수액은 얼마인가?

> • 외상매출금 기초잔액 : 2,000,000원
> • 외상매출금 기말잔액 : 3,000,000원
> • 당기에 발생한 외상매출액 : 5,000,000원
> • 당기에 발생한 외상매출금의 조기회수에 따른 매출할인액 : 40,000원
> • 외상매출금은 전액 현금으로 회수한다.

① 1,960,000원　　　　　　　　　② 2,960,000원

③ 3,960,000원　　　　　　　　　④ 4,960,000원

06 재고자산의 단가결정방법 중 후입선출법에 대한 설명으로 바르지 않은 것은?

① 실제 물량흐름과 원가흐름이 대체로 일치한다.
② 기말재고가 가장 오래 전에 매입한 상품의 단가로 계상된다.
③ 물가상승 시 이익이 과소계상 된다.
④ 물가상승 시 기말재고가 과소평가 된다.

07 다음 중 유형자산으로 인식되기 위한 조건을 충족한 자본적지출에 해당하지 않는 것은?

① 엘리베이터의 설치
② 건물의 증축비용
③ 건물 피난시설 설치
④ 건물 내부의 조명기구 교체

08 다음은 기계장치 처분과 관련된 자료이다. 해당 기계장치의 감가상각누계액은 얼마인가?

> • 취득가액 : 680,000원　　　• 처분가액 : 770,000원　　　• 유형자산처분이익 : 450,000원

① 300,000원　　② 330,000원　　③ 360,000원　　④ 390,000원

09 다음의 설명과 관련한 계정과목으로 옳은 것은?

> 현금의 입금 등이 발생하였으나, 처리할 계정과목이나 금액이 확정되지 않은 경우, 계정과목이나 금액이 확정될 때까지 일시적으로 처리하는 계정과목

① 받을어음　　　　② 선수금　　　　③ 가지급금　　　　④ 가수금

10 다음 중 외상매입금 계정이 차변에 기입되는 거래는?

> a. 상품구입 대금을 한 달 후에 지급하기로 한 때
> b. 외상매입 대금을 현금으로 지급했을 때
> c. 외상매입 대금을 보통예금 계좌에서 지급했을 때
> d. 상품 매출에 대한 외상대금이 보통예금 계좌로 입금된 때

① a, b　　　　② b, c　　　　③ c, d　　　　④ b, d

11 다음 설명에 해당하는 계정과목으로 옳은 것은?

> 주로 기업주가 개인적으로 소비하는 것을 말하며, 개인기업의 자본금 계정에 대한 평가계정으로 자본금 계정을 대신하여 사용되는 임시계정이다. 또한 기말 결산 시 자본금 계정에 대체한다.

① 인출금　　　　② 예수금　　　　③ 미지급비용　　　　④ 선수금

12 다음 지출내역 중 판매비와관리비에 해당하는 것을 모두 고른 것은?

> 가. 종업원 회식비용　　×××원
> 나. 차입금 지급이자　　×××원
> 다. 장애인단체 기부금　×××원
> 라. 사무실 전화요금　　×××원

① 가, 나　　　　② 나, 다　　　　③ 가, 라　　　　④ 나, 라

13 주어진 자료에서 당기손익으로 인식하는 금액은 얼마인가?

> 1. 2024년 1월 1일 기계장치 취득
>   • 취득가액 : 1,000,000원　　• 잔존가액 : 0원　　• 내용연수 : 5년　　• 상각방법 : 정액법
> 2. 이자수익 : 100,000원

① 손실 200,000원　　② 손실 100,000원　　③ 이익 100,000원　　④ 이익 200,000원

14 다음과 같이 주어진 자료에서 당기 기말손익계산서에 계상되는 보험료는 얼마인가?

> • 당기 보험료 현금지급액 : 40,000원
> • 기말 재무상태표에 계상된 선급보험료 : 10,000원

① 10,000원　　　　② 30,000원　　　　③ 40,000원　　　　④ 50,000원

15 다음 중 수익이 증가한 경우 재무제표에 미치는 영향으로 맞는 것은?

① 자산의 증가 또는 부채의 감소에 따라 자본의 증가
② 자산의 증가 또는 부채의 감소에 따라 자본의 감소
③ 자산의 감소 또는 부채의 증가에 따라 자본의 증가
④ 자산의 감소 또는 부채의 증가에 따라 자본의 감소

▌ 실 무 시 험 ▐

유리상사(코드번호 : 1024)는 사무기기를 판매하는 개인기업이다. 당기(제13기)의 회계기간은 2024.1.1.~ 2024.12.31.이다. 전산세무회계 수험용 프로그램을 이용하여 다음 물음에 답하시오.

─── 〈 기 본 전 제 〉───

• 문제에서 한국채택국제회계기준을 적용하도록 하는 전제조건이 없는 경우, 일반기업회계기준을 적용하여 회계처리한다.

• 문제의 풀이와 답안작성은 제시된 문제의 순서대로 진행한다.

문제1 다음은 유리상사의 사업자등록증이다. [회사등록] 메뉴에 입력된 내용을 검토하여 누락분은 추가 입력하고 잘못된 부분은 정정하시오(주소입력 시 우편번호는 입력하지 않아도 무방함). (6점)

사 업 자 등 록 증

(일반과세자)

등록번호 106 - 25 - 12340

상   호   명 : 유리상사
대 표 자 명 : 양안나
개 업 연 월 일 : 2012. 05. 09
사 업 장 소 재 지 : 광주광역시 남구 봉선중앙로123번길 1(주월동)
사 업 자 의 종 류 : 업태 도소매   종목 사무기기
교 부 사 유 : 신규

사업자 단위 과세 적용사업자 여부 : 여( ) 부(✔)

전자세금계산서 전용 전자우편주소 :

2012년 4월 29일

광주세무서장

문제2 다음은 유리상사의 전기분 재무상태표이다. 입력되어 있는 자료를 검토하여 오류 부분은 정정하고 누락된 부분은 추가 입력하시오. (6점)

재 무 상 태 표

회사명 : 유리상사   제12기 2023.12.31. 현재   (단위 : 원)

과 목	금	액	과 목	금	액
현 금		50,000,000	외 상 매 입 금		23,200,000
당 좌 예 금		20,000,000	지 급 어 음		18,020,000
보 통 예 금		9,500,000	미 지 급 금		22,000,000
외 상 매 출 금	68,000,000		단 기 차 입 금		24,460,000
대 손 충 당 금	680,000	67,320,000	자 본 금		104,740,000
받 을 어 음	10,000,000				
대 손 충 당 금	100,000	9,900,000			
단 기 대 여 금		2,000,000			
미 수 금		1,000,000			
상 품		6,000,000			
차 량 운 반 구	35,000,000				
감 가 상 각 누 계 액	15,000,000	20,000,000			
비 품	7,000,000				
감 가 상 각 누 계 액	300,000	6,700,000			
자 산 총 계		192,420,000	부채와자본총계		192,420,000

문제3 다음 자료를 이용하여 입력하시오. (6점)

[1] 유리상사의 외상매출금과 외상매입금에 대한 거래처별 초기이월 잔액은 다음과 같다. 입력된 자료를 검토하여 잘못된 부분은 삭제 또는 수정, 추가 입력하여 주어진 자료에 맞게 정정하시오. (3점)

계정과목	거래처	잔 액	합 계
외상매출금	참푸른상사	15,000,000원	68,000,000원
	㈜오늘상회	53,000,000원	
외상매입금	해송상회	13,200,000원	23,200,000원
	㈜부일	10,000,000원	

[2] 다음 자료를 이용하여 [기초정보관리]의 [거래처등록] 메뉴에서 거래처를 추가로 등록하시오(단, 주어진 자료 외의 다른 항목은 입력할 필요 없음). (3점)

• 거래처코드 : 01000	• 거래처명 : 잘먹고잘살자	• 사업자등록번호 : 214 - 13 - 84536
• 대표자성명 : 김영석	• 거래처유형 : 매입	• 업태/종목 : 서비스/한식

문제4 다음의 거래 자료를 [일반전표입력] 메뉴를 이용하여 입력하시오. (24점)

〈 입력 시 유의사항 〉
• 적요의 입력은 생략한다.
• 부가가치세는 고려하지 않는다.
• 채권·채무와 관련된 거래는 별도의 요구가 없는 한 반드시 기등록된 거래처코드를 선택하는 방법으로 거래처명을 입력한다.
• 회계처리 시 계정과목은 별도의 제시가 없는 한 등록된 계정과목 중 가장 적절한 과목으로 한다.

[1] 07월 06일 영업부 직원들의 직무역량 강화 교육을 위한 학원 수강료 100,000원을 보통예금 계좌에서 이체하여 지급하다. (3점)

[2] 08월 02일 강남상사로부터 임차하여 영업점으로 사용하던 건물의 임대차 계약이 만료되어 보증금 100,000,000원을 보통예금 계좌로 돌려받았다(단, 보증금의 거래처를 기재할 것). (3점)

[3] 08월 29일 거래처의 신규 매장 개설을 축하하기 위하여 영업부에서 거래처 선물용 화분 300,000 원을 구입하고 사업용 카드(비씨카드)로 결제하였다. (3점)

카드매출전표	
상호 : 나이뻐화원	사업자번호 : 130 - 52 - 12349
대표자 : 임꺽정	전화번호 : 041 - 630 - 0000

[상품명]	[단가]	[수량]	[금액]
화분	300,000원	1	300,000원
		합 계 액	300,000원
		받 은 금 액	300,000원

신용카드전표(고객용)

카드번호 : 1111 - 2222 - 3333 - 4444
카 드 사 : 비씨카드
거래일시 : 2024.08.29. 10 : 30 : 51
거래유형 : 신용승인
승인금액 : 300,000원
결제방법 : 일시불
승인번호 : 9461464

이용해주셔서 감사합니다.

[4] 09월 06일 희정은행의 정기예금에 가입하고, 보통예금 계좌에서 10,000,000원을 이체하였다. (3점)

[5] 09월 20일 부산상사로부터 상품 1,000,000원을 매입하고 대금 중 600,000원은 당좌수표를 발행하여 지급하고 나머지는 현금으로 지급하다. (3점)

[6] 09월 30일 영업부 신입사원 김하나의 9월분 급여를 다음과 같이 보통예금으로 지급하다. (3점)

유리상사 2024년 9월 급여명세서			
이 름	김 하 나	지 급 일	2024.09.30.
기 본 급 여	750,000원	소 득 세	0원
직 책 수 당	0원	지 방 소 득 세	0원
상 여 금	0원	고 용 보 험	6,000원
특 별 수 당	0원	국 민 연 금	0원
자 가 운 전 보 조 금	0원	건 강 보 험	0원
교 육 지 원 수 당	0원	기 타 공 제	0원
급 여 계	750,000원	공 제 합 계	6,000원
귀하의 노고에 감사드립니다.		차 인 지 급 액	744,000원

[7] 10월 11일 사업장 건물의 피난시설 설치공사를 실시하고 공사대금 3,000,000원은 보통예금으로 지급하였다(피난시설 설치공사는 건물의 자본적지출로 처리할 것). (3점)

[8] 10월 13일 미림전자의 파산으로 인하여 미림전자에 대한 외상매출금 2,600,000원을 전액 대손 처리하기로 하다(대손 처리 시점의 외상매출금에 대한 대손충당금 잔액은 300,000원이다). (3점)

문제5 **[일반전표입력]** 메뉴에 입력된 내용 중 다음의 오류가 발견되었다. 입력된 내용을 검토하고 수정 또는 삭제, 추가 입력하여 올바르게 정정하시오. (6점)

[1] 07월 09일 인천시청에 기부한 현금 200,000원이 세금과공과(판)로 회계처리 되었음을 확인하였다. (3점)

[2] 10월 12일 거래처 영랑문구의 외상매출금 5,000,000원을 보통예금 계좌로 이체받은 것으로 회계처리를 하였으나 실제로는 영랑문구에 대한 단기대여금 5,000,000원이 회수된 것으로 확인되었다. (3점)

문제6 다음의 결산정리사항을 입력하여 결산을 완료하시오. (12점)

[1] 결산일 현재까지 현금과부족 계정으로 처리한 현금부족액 100,000원에 대한 원인이 밝혀지지 않았다. (3점)

[2] 기말 현재 가수금 계정의 잔액 500,000원은 차기 매출과 관련하여 거래처 인천상사로부터 수령한 계약금으로 확인되었다(계약금은 선수금으로 처리할 것). (3점)

[3] 농협은행으로부터 연 이자율 6%로 10,000,000원을 12개월간 차입(차입기간 : 2024.9.1.~2025. 8.31.)하고, 이자는 12개월 후 차입금 상환 시점에 일시 지급하기로 하였다. 결산분개를 하시오(단, 이자는 월할 계산할 것). (3점)

[4] 2022년 1월 1일에 영업부에서 구매하였던 차량운반구의 당기분 감가상각비를 계상하다(취득원가 60,000,000원, 잔존가액 4,000,000원, 내용연수 8년, 정액법). (3점)

문제7 다음 사항을 조회하여 알맞은 답안을 이론문제 답안작성 메뉴에 입력하시오. (10점)

[1] 6월 30일 현재 가지급금 잔액은 얼마인가? (3점)

[2] 1월부터 6월까지의 기업업무추진비(판)를 가장 많이 지출한 달(月)과 가장 적게 지출한 달(月)의 차이 금액은 얼마인가? (단, 음수로 입력하지 말 것) (4점)

[3] 6월 말 현재 미지급금 잔액이 가장 많은 거래처의 상호와 미지급금 잔액은 얼마인가? (3점)

제103회 전산회계 2급 기출문제

충정물산(코드번호 : 1034)

▌이 론 시 험 ▌

다음 문제를 보고 알맞은 것을 골라 [답안저장] 메뉴화면에 입력하시오.(객관식 문항당 2점)

─── 〈 기 본 전 제 〉 ───
문제에서 한국채택국제회계기준을 적용하도록 하는 전제조건이 없는 경우, 일반기업회계기준을 적용한다.

01 다음의 내용과 관련된 계정과목으로 적절한 것은?

기간 경과에 따라 발생하는 이자, 임대료 등의 당기 수익 중 미수액

① 외상매출금   ② 미수금   ③ 선수금   ④ 미수수익

02 다음 중 기말재고자산을 과소평가하였을 때 나타나는 현상으로 옳은 것은?

	매출원가	당기순이익
①	과소계상	과대계상
②	과소계상	과소계상
③	과대계상	과대계상
④	과대계상	과소계상

03 회사의 판매용 상품매입과 관련한 다음의 분개에서 (   ) 안에 들어갈 수 없는 계정과목은 무엇인가?

(차) 상품	100,000원	(대) ( )	100,000원

① 현금   ② 보통예금   ③ 미지급금   ④ 외상매입금

04 다음 중 회계상 거래에 해당하지 않는 것은?

① 화재로 인하여 창고에 보관하고 있던 상품 2,000,000원이 소실되었다.

② 영업사원 1명을 월 급여 2,000,000원으로 채용하기로 하였다.

③ 금고에 보관 중인 현금 2,000,000원을 도난당하였다.

④ 상품을 2,000,000원에 구입하고 대금은 월말에 지급하기로 하였다.

05 다음 중 분류가 잘못된 것은?

① 재고자산 : 제품　　　　　　　　　② 유형자산 : 토지

③ 무형자산 : 특허권　　　　　　　　④ 비유동부채 : 단기차입금

06 다음 중 당좌예금 계정을 사용하는 거래는 무엇인가?

① 종업원의 급여를 보통예금 계좌에서 이체하여 지급하였다.

② 외상매출금을 현금으로 받아 즉시 당좌예금 계좌에 입금하였다.

③ 상품을 매출하고 대금은 거래처가 발행한 당좌수표로 받았다.

④ 상품을 매입하고 대금은 약속어음을 발행하여 지급하였다.

07 다음 중 단기매매증권에 대한 설명으로 옳지 않은 것은?

① 주로 단기간 내의 매매차익을 목적으로 하여 취득한 유가증권으로 매수 및 매도가 빈번하게 이루어지는 것을 말한다.

② 재무상태표상 단기투자자산으로 통합하여 표시할 수 있다.

③ 취득원가는 취득 시점의 공정가치로 인식하며, 매입수수료도 취득원가에 포함한다.

④ 결산일 현재 보유하고 있는 단기매매증권은 공정가치로 평가하고, 단기매매증권의 평가손익은 영업외손익으로 보고한다.

08 약속어음 수취 시 회계처리에 관한 아래의 설명에서 (　　　) 안에 들어갈 적절한 계정과목은 무엇인가?

> 상품을 매출하고 대금 회수 시 전액을 약속어음으로 수취하면 차변에 (　　) 계정으로 회계처리한다.

① 지급어음　　　　② 외상매출금　　　　③ 미수금　　　　④ 받을어음

09 감가상각방법 중 정액법과 관련한 설명으로 가장 적합한 것은?

① 자산의 예상 조업도 혹은 예상 생산량에 근거하여 감가상각액을 인식하는 방법이다.

② 초기에 감가상각비가 많이 계상되는 가속상각 방법이다.

③ (취득원가 - 잔존가액)을 내용연수 동안에 매기 균등하게 배분하여 상각하는 방법이다.

④ 취득원가를 내용연수의 합계로 나눈 다음 내용연수의 역순을 곱하여 계산하는 방법이다.

10 다음 자료를 참고하여 ㈜혜성이 당기 중에 처분한 업무용 승용차량의 취득가액으로 옳은 것은?

• 처분가액 1,000,000원	• 감가상각누계액 1,800,000원
• 유형자산처분이익 100,000원	

① 2,500,000원　　　　　　　　　　② 2,600,000원

③ 2,700,000원　　　　　　　　　　④ 2,800,000원

11 다음의 자료 중 재무상태표의 자산에 포함되는 금액은 모두 얼마인가?

• 미지급금 7,000,000원	• 예수금 3,000,000원
• 선수금 2,000,000원	• 임차보증금 30,000,000원

① 10,000,000원　　　　　　　　　② 15,000,000원

③ 30,000,000원　　　　　　　　　④ 40,000,000원

12 다음 자료에서 기말자산은 얼마인가?

• 기초자산 500,000원	• 기초자본 300,000원	• 기초부채 200,000원
• 총수익 1,500,000원	• 총비용 1,000,000원	• 기말부채 600,000원

① 1,000,000원　　　　　　　　　　② 1,200,000원

③ 1,400,000원　　　　　　　　　　④ 1,600,000원

13 다음 자료의 (　　) 안에 들어갈 적절한 단어는 무엇인가?

(　　　)이란 기업이 일시적으로 맡아서 나중에 지급하는 부채이다. 일반적 상거래 이외에서 발생하는 일시적인 것으로 유동부채에 속한다.

① 예수금　　　　　② 선급비용　　　　　③ 선수금　　　　　④ 가수금

14 다음의 자료에서 영업외비용에 해당하는 것을 모두 고른 것은?

가. 복리후생비 나. 이자비용 다. 접대비 라. 기부금 마. 여비교통비

① 가, 마 ② 나, 다 ③ 나, 라 ④ 다, 마

15 다음은 손익계산서의 일부이다. 매출총이익을 구하시오.

손익계산서
2024년 1월 ~ 2024년 12월

매출액	기초상품재고액	당기총매입액	기말상품재고액	매출총이익
130,000원	24,000원	108,000원	20,000원	?

① 18,000원 ② 20,000원 ③ 22,000원 ④ 24,000원

▌ 실 무 시 험 ▐

충정물산(코드번호 : 1034)은 전자제품을 판매하는 개인기업이다. 당기(제8기)의 회계기간은 2024.1.1.~ 2024.12.31.이다. 전산세무회계 수험용 프로그램을 이용하여 다음 물음에 답하시오.

─〈 기 본 전 제 〉─

- 문제에서 한국채택국제회계기준을 적용하도록 하는 전제조건이 없는 경우, 일반기업회계기준을 적용하여 회계처리한다.
- 문제의 풀이와 답안작성은 제시된 문제의 순서대로 진행한다.

문제1 다음은 충정물산의 사업자등록증이다. [회사등록] 메뉴에 입력된 내용을 검토하여 누락분은 추가입력하고 잘못된 부분은 정정하시오(주소입력 시 우편번호는 입력하지 않아도 무방함). (6점)

문제2 다음은 충정물산의 전기분 손익계산서이다. 입력되어 있는 자료를 검토하여 오류 부분은 정정하고 누락된 부분은 추가 입력하시오. (6점)

손 익 계 산 서

회사명 : 충정물산   제7기 2023.1.1. ~ 2023.12.31.   (단위 : 원)

과 목	금 액	과 목	금 액
I 매 출 액	137,000,000	V 영 업 이 익	12,200,000
상 품 매 출	137,000,000	VI 영 업 외 수 익	2,000,000
II 매 출 원 가	107,000,000	이 자 수 익	500,000
상 품 매 출 원 가	107,000,000	잡 이 익	1,500,000
기 초 상 품 재 고 액	9,000,000	VII 영 업 외 비 용	50,000
당 기 상 품 매 입 액	115,000,000	잡 손 실	50,000
기 말 상 품 재 고 액	17,000,000	VIII 소득세차감전순이익	
III 매 출 총 이 익	30,000,000	IX 소 득 세 등	0
IV 판 매 비 와 관 리 비	17,800,000	X 당 기 순 이 익	14,150,000
급 여	12,400,000		
복 리 후 생 비	1,400,000		
기 업 업 무 추 진 비	3,320,000		
감 가 상 각 비	170,000		
보 험 료	220,000		
차 량 유 지 비	100,000		
소 모 품 비	190,000		

문제3 다음 자료를 이용하여 입력하시오. (6점)

[1] 다음은 충정물산의 신규거래처이다. [거래처등록] 메뉴에서 거래처를 추가로 등록하시오(주어진 자료 외의 다른 항목은 입력할 필요 없음). (3점)

• 상호 : 영랑실업	• 거래처코드 : 0330
• 대표자명 : 김화랑	• 사업자등록번호 : 227 - 32 - 25868
• 업태 : 도소매	• 종목 : 전자제품
• 유형 : 매출	• 사업장 소재지 : 강원도 속초시 영랑로5길 3(영랑동)

※ 주소입력 시 우편번호는 입력하지 않아도 무방함.

[2] 다음 자료를 이용하여 [계정과목및적요등록] 메뉴에서 판매비및일반관리비 항목의 복리후생비 계정에 적요를 추가로 등록하시오. (3점)

대체적요 3. 직원회식비 신용카드 결제

문제4 **다음의 거래 자료를 [일반전표입력] 메뉴를 이용하여 입력하시오. (24점)**

───────── 〈 입력 시 유의사항 〉 ─────────
- 적요의 입력은 생략한다.
- 부가가치세는 고려하지 않는다.
- 채권·채무와 관련된 거래는 별도의 요구가 없는 한 반드시 기등록된 거래처코드를 선택하는 방법으로 거래처명을 입력한다.
- 회계처리 시 계정과목은 별도의 제시가 없는 한 등록된 계정과목 중 가장 적절한 과목으로 한다.

[1] 07월 21일 거래처 영우상회로부터 회수한 외상매출금 중 2,000,000원은 현금으로 수령하고, 나머지 8,000,000원은 보통예금 계좌로 입금되었다. (3점)

[2] 08월 05일 매장을 신축하기 위하여 토지를 20,000,000원에 취득하고 대금은 당좌수표를 발행하여 지급하였다. 토지 취득 시 취득세 400,000원은 현금으로 지급하였다. (3점)

[3] 08월 26일 영업부 직원들의 국민연금보험료 회사부담분 90,000원과 직원부담분 90,000원이 보통예금 계좌에서 지급하였다(단, 회사부담분은 세금과공과 계정을 사용하시오). (3점)

[4] 09월 08일 영업사원의 식사비 20,000원을 서울식당에서 사업용 카드(우리카드)로 결제하였다. (3점)

[5] 09월 20일 거래처가 사용할 KF94 마스크를 100,000원에 현금 구입하고 현금영수증을 받았다. (3점)

서대문상회

110 - 36 - 62151　　　　　　　이중재
서울특별시 서대문구 충정로 44　　　TEL : 1566 - 4451

홈페이지 http://www.kacpta.or.kr

현금영수증(지출증빙용)

구매 2024/09/20/14 : 45　　　거래번호 : 20240920 - 0105

상품명	수량	단가	금액
KF94마스크	200	500	100,000원

202409200105	물 품 가 액	100,000원
	합　　　계	100,000원
	받 은 금 액	100,000원

[6] 10월 05일 선진상사로부터 사무실 비품 2,500,000원을 구입하고, 대금은 외상으로 하였다(단, 부가가치세는 무시한다). (3점)

권	호	거래명세표(보관용)					
2024년　10월　5일							

충정물산　귀하	공급자	사업자등록번호	378 - 62 - 00158				
		상　　　　호	선진상사	성　　명	나사장 ㉑		
아래와 같이 계산합니다.		사 업 장 소 재 지	부산광역시 동래구 미남로 116번길 98, 1층				
		업　　　　태	도소매	종　목	전자제품		

합계금액	이백오십만 원정 (₩　2,500,000　)				
월일	품　　목	규 격	수 량	단 가	공 급 대 가
10월 5일	전자제품 AF - 1		1	2,500,000원	2,500,000원
계					2,500,000원
전잔금	없음	합　　　　계			2,500,000원
입 금		잔 금	2,500,000원	인수자	김길동 ㉑
비 고					

[7] 11월 30일 ㈜한성과 사무실 임대차 계약을 하고, 즉시 보증금 50,000,000원을 보통예금 계좌에서 이체하여 지급하였다(단, 임대차계약 기간은 보증금 지급 즉시 시작한다). (3점)

[8] 12월 09일 대한은행으로부터 5,000,000원을 4개월간 차입하기로 하고, 선이자 125,000원을 제외한 잔액이 당사 보통예금 계좌에 입금되었다(선이자는 이자비용으로 회계처리하고, 하나의 전표로 입력할 것). (3점)

문제5 **[일반전표입력]** 메뉴에 입력된 내용 중 다음의 오류가 발견되었다. 입력된 내용을 검토하고 수정 또는 삭제, 추가 입력하여 올바르게 정정하시오. (6점)

[1] 10월 01일 보통예금 계좌에서 출금된 101,000원을 모두 순천상사에 대한 외상매입금 지급으로 처리하였으나, 이 중 1,000원은 계좌이체 수수료로 확인되었다. (3점)

[2] 11월 26일 거래처 순천상사로부터 보통예금 계좌에 입금된 400,000원을 가수금으로 처리하였으나 순천상사의 외상매출금 400,000원이 회수된 것이다. (3점)

문제6 다음의 결산정리사항을 입력하여 결산을 완료하시오. (12점)

[1] 05월 01일 영업부의 업무용 자동차 보험료(보험기간 : 2024.5.1.~2025.4.30.) 900,000원을 지급하고 전액 보험료로 비용처리 하였다. 기말수정분개를 하시오(단, 월할계산하고 음수로 입력하지 말 것). (3점)

[2] 가지급금 잔액 44,000원은 영업부 직원의 시외교통비 지급액으로 판명되었다. (3점)

[3] 기말 현재 인출금 계정 잔액 500,000원을 자본금으로 정리하다. (3점)

[4] 영업부에서 사용할 소모품을 구입하고 비용으로 처리한 금액 중 기말 현재 미사용한 금액은 200,000원이다. (3점)

문제7 다음 사항을 조회하여 알맞은 답안을 [이론문제 답안작성] 메뉴에 입력하시오. (10점)

[1] 6월 30일 현재 유동부채는 얼마인가? (3점)

[2] 상반기 중 상품매출이 가장 많이 발생한 달(月)과 그 금액은 얼마인가? (4점)

[3] 4월 30일 거래처 오렌지유통의 외상매출금 잔액은 얼마인가? (3점)

제104회 전산회계 2급 기출문제

가온상사(코드번호 : 1044)

▌ 이 론 시 험 ▌

다음 문제를 보고 알맞은 것을 골라 [답안저장] 메뉴화면에 입력하시오.(객관식 문항당 2점)

─── 〈 기 본 전 제 〉 ───

문제에서 한국채택국제회계기준을 적용하도록 하는 전제조건이 없는 경우, 일반기업회계기준을 적용한다.

01 다음 중 혼합거래에 속하는 것은?

① 보험료 40,000원을 현금으로 지급하다.

② 비품 40,000원을 구입하고 대금은 신용카드로 결제하다.

③ 현금 10,000,000원을 출자하여 영업을 개시하다.

④ 단기대여금 1,000,000원과 이자 20,000원을 현금으로 받다.

02 다음 중 거래의 결합관계에서 동시에 나타날 수 없는 것은?

① 비용의 발생과 자산의 감소　　　② 자산의 증가와 부채의 증가

③ 자본의 증가와 부채의 증가　　　④ 자산의 증가와 수익의 발생

03 다음 중 기업 결산일의 경영성과를 나타내는 재무보고서의 계정과목에 해당하는 것은?

① 예수금　　　　② 기부금　　　　③ 선급비용　　　　④ 미지급비용

04 다음 중 재무상태표에 대한 설명으로 옳지 않은 것은?

① 일정한 시점의 재무상태를 나타내는 보고서이다.

② 기초자본과 기말자본을 비교하여 당기순손익을 산출한다.

③ 재무상태표 등식은 '자산 = 부채 + 자본'이다.

④ 자산과 부채는 유동성이 낮은 순서로 기록한다.

05 다음 자료에 의한 기말 현재 대손충당금 잔액은 얼마인가?

> • 기초 대손충당금 : 150,000원
> • 전년도에 대손충당금과 상계하였던 거래처 찬희상사의 외상매출금 200,000원을 회수하였다.
> • 기초 매출채권 : 15,000,000원
> • 기말 매출채권 : 10,000,000원
> • 기말 매출채권 잔액에 대하여 1%의 대손충당금을 설정하기로 한다.

① 100,000원 　　② 240,000원 　　③ 250,000원 　　④ 300,000원

06 다음 중 재고자산에 대한 설명으로 틀린 것은?

① 재고자산의 취득원가에는 매입가액 뿐만 아니라, 매입운임 등 매입부대비용까지 포함한다.
② 선입선출법은 먼저 구매한 상품이 먼저 판매된다는 가정하에 매출원가 및 기말재고액을 구하는 방법이다.
③ 후입선출법은 나중에 구매한 상품이 나중에 판매된다는 가정하에 매출원가 및 기말재고액을 구하는 방법이다.
④ 개별법은 매입단가를 개별적으로 파악하여 매출원가와 기말재고액을 결정하는 방법이다.

07 당해연도 기말재고액이 1,000원만큼 과대계상될 경우, 이 오류가 미치는 영향으로 옳지 않은 것은?

① 당해연도 매출총이익이 1,000원만큼 과대계상된다.
② 당해연도 기말재고자산이 1,000원만큼 과대계상된다.
③ 다음연도 기초재고자산이 1,000원만큼 과대계상된다.
④ 당해연도 매출원가가 1,000원만큼 과대계상된다.

08 다음 중 아래 자료의 (가)와 (나)에 들어갈 내용으로 옳은 것은?

> 자동차를 판매용으로 취득하면 (가)으로, 영업에 사용할 목적으로 취득하면 (나)으로 처리한다.

	(가)	(나)		(가)	(나)
①	재고자산	투자자산	②	투자자산	재고자산
③	재고자산	유형자산	④	유형자산	재고자산

09 다음 중 일반기업회계기준상 유형자산의 감가상각방법으로 인정되지 않는 것은?

① 정액법 　　② 정률법 　　③ 평균법 　　④ 연수합계법

10 외상매입금을 조기 지급하여 매입할인을 받은 경우, 당기 손익계산서에 미치는 영향으로 가장 옳은 것은?

① 순매입액의 감소

② 순매입액의 증가

③ 매출총이익의 감소

④ 영업이익의 감소

11 결산 시 선수이자에 대한 결산정리분개를 누락한 경우, 기말 재무제표에 미치는 영향으로 옳은 것은?

① 부채의 과소계상

② 수익의 과소계상

③ 자산의 과대계상

④ 비용의 과소계상

12 다음 중 자본구성 내역을 자본거래와 손익거래 결과로 구분할 때, 그 구분이 다른 것은?

① 자본금

② 자본조정

③ 이익잉여금

④ 자본잉여금

13 다음과 같은 자료만으로 알 수 있는 당기의 추가출자액은 얼마인가?

> • 당기에 현금 50,000,000원을 출자하여 영업을 개시하다.
> • 사업주가 개인사용을 목적으로 인출한 금액은 5,000,000원이다.
> • 당기의 기말자본금은 70,000,000원이다.
> • 당기 기말결산의 당기순이익은 10,000,000원이다.

① 5,000,000원

② 9,000,000원

③ 15,000,000원

④ 20,000,000원

14 다음 중 손익계산서의 영업이익에 영향을 미치는 것은?

① 기부금

② 차입금에 대한 이자 지급액

③ 판매촉진 목적으로 광고, 홍보, 선전 등을 위하여 지급한 금액

④ 유형자산을 장부가액보다 낮은 가격으로 처분하여 발생한 손실 금액

15 다음 중 자산에 속하는 계정과목이 아닌 것은?

① 구축물

② 개발비

③ 임대보증금

④ 단기금융상품

▌ 실 무 시 험 ▌

가온상사(코드번호 : 1044)는 문구 및 잡화를 판매하는 개인기업이다. 당기(제8기)의 회계기간은 2024.1.1. ~2024.12.31.이다. 전산세무회계 수험용 프로그램을 이용하여 다음 물음에 답하시오.

─── 〈 기 본 전 제 〉 ───

• 문제에서 한국채택국제회계기준을 적용하도록 하는 전제조건이 없는 경우, 일반기업회계기준을 적용하여 회계처리한다.
• 문제의 풀이와 답안작성은 제시된 문제의 순서대로 진행한다.

문제1 다음은 가온상사의 사업자등록증이다. [회사등록] 메뉴에 입력된 내용을 검토하여 누락분은 추가입력하고 잘못된 부분은 정정하시오(주소 입력 시 우편번호는 입력하지 않아도 무방함). (6점)

문제2 다음은 가온상사의 전기분 재무상태표이다. 입력되어 있는 자료를 검토하여 오류부분은 정정하고 누락된 부분은 추가 입력하시오. (6점)

재 무 상 태 표

회사명 : 가온상사   제7기 2023.12.31. 현재   (단위 : 원)

과 목	금 액		과 목	금 액
현 금		50,000,000	외 상 매 입 금	45,000,000
보 통 예 금		30,000,000	지 급 어 음	20,000,000
정 기 예 금		20,000,000	선 수 금	20,000,000
외 상 매 출 금	50,000,000		단 기 차 입 금	40,000,000
대 손 충 당 금	500,000	49,500,000	자 본 금	212,200,000
받 을 어 음	30,000,000		(당 기 순 이 익	
대 손 충 당 금	300,000	29,700,000	: 15,000,000)	
단 기 대 여 금		10,000,000		
미 수 금		20,000,000		
상 품		80,000,000		
차 량 운 반 구	52,000,000			
감 가 상 각 누 계 액	23,000,000	29,000,000		
비 품	20,000,000			
감 가 상 각 누 계 액	1,000,000	19,000,000		
자 산 총 계		337,200,000	부채와 자본총계	337,200,000

문제3 다음 자료를 이용하여 입력하시오. (6점)

[1] 가온상사는 상품을 매입하고 상품매입대금을 어음으로 지급하는 금액이 커지고 있다. 146.상품 계정과목에 다음의 적요를 추가 등록하시오. (3점)

대체적요 : NO. 5 상품 어음 매입

[2] 다음은 가온상사의 신규거래처이다. 아래의 자료를 이용하여 [거래처등록] 메뉴에 추가등록 하시오 (주어진 자료 외의 다른 항목은 입력할 필요 없음). (3점)

• 상호 : 모닝문구	• 회사코드 : 1001
• 대표자명 : 최민혜	• 사업자등록번호 : 305 - 24 - 63212
• 업태 : 도소매	• 종목 : 문구 및 잡화
• 유형 : 매출	• 사업장소재지 : 대전광역시 대덕구 한밭대로 1000(오정동)
	※ 주소입력 시 우편번호는 입력하지 않아도 무방함.

문제4 **다음의 거래 자료를 [일반전표입력] 메뉴를 이용하여 입력하시오. (24점)**

――――――――― 〈 입력 시 유의사항 〉 ―――――――――
• 적요의 입력은 생략한다.
• 부가가치세는 고려하지 않는다.
• 채권·채무와 관련된 거래는 별도의 요구가 없는 한 반드시 기등록된 거래처코드를 선택하는 방법으로 거래처명을 입력한다.
• 회계처리 시 계정과목은 별도의 제시가 없는 한 등록된 계정과목 중 가장 적절한 과목으로 한다.

[1] 07월 15일 대전중앙신협에서 사업운영자금으로 50,000,000원을 차입하여 즉시 보통예금 계좌에 입금하다(1년 만기, 만기일 2025년 7월 14일, 이자율 연 4%, 이자 지급은 만기 시 일괄 지급한다). (3점)

[2] 07월 16일 다음은 로뎀문구에서 상품을 매입하고 받은 거래명세표이다. 7월 5일 지급한 계약금을 제외하고, 당좌수표를 발행하여 잔금 5,940,000원을 지급하다. (3점)

권 호 2024년 7월 16일				거래명세표(거래용)				
가온상사 귀하		공 급 자	사업자등록번호	220 - 34 - 00176				
			상 호	로뎀문구	성 명		최한대 ㉙	
			사 업 장 소 재 지	경기도 안산시 상록구 반석로 44				
아래와 같이 계산합니다.			업 태	도소매	종 목		문구 및 잡화	
합계금액			육백육십만 원정 (₩		6,600,000		)	
월 일	품 목	규 격	수 량	단 가		공 급 대 가		
7월 16일	문구		1,000개	6,600원				6,600,000원
계								6,600,000원
전잔금	없음			합		계		6,600,000원
입금	660,000원	잔 금		5,940,000원		인수자		조형오 ㉙
비 고	입금 660,000원은 계약금으로, 7월 5일 공급대가의 10%를 현금으로 수령한 것임.							

[3] 07월 28일 영업부 사원의 출장경비 중 신한카드(사업용카드)로 지급한 영수증을 받다(출장경비는 여비교통비로 처리할 것). (3점)

시설물 이용 영수증(주차비)
명 칭 유성주차장
주 소 대전광역시 유성구 궁동 220
사업자번호 305 - 35 - 65424
사 업 자 명 이진식
발 행 일 자 2024 - 7 - 28
차 량 번 호 54거3478
지 불 방 법 신한카드
승 인 번 호 20006721
카 드 번 호 54322362****3564
입 차 일 시 2024 - 7 - 28 13 : 22 : 22
출 차 일 시 2024 - 7 - 28 14 : 52 : 22
주 차 시 간 1시간 30분
정 산 요 금 5,000원
이용해 주셔서 감사합니다.

[4] 08월 28일 씨엔제이상사에 상품을 판매하고 발급한 거래명세표이다. 판매대금 중 20,000,000원은 당좌수표로 받고, 잔액은 6개월 만기 동점 발행 약속어음으로 받았다. (3점)

권	호		**거래명세표**(보관용)					
2024년 8월 28일		공급자	사업자등록번호		113 - 25 - 00916			
씨엔제이상사 귀하			상 호	가온상사	성 명	조형오 ㉑		
			사 업 장 소 재 지	경기도 안산시 단원구 신길로 20				
아래와 같이 계산합니다.			업 태	도소매	종 목	문구 및 잡화		
합계금액			이천오백만 원정 (₩ 25,000,000)					
월일	품 목		규 격	수 량	단 가	공 급 대 가		
8월 28일	문구류			100	250,000원	25,000,000원		
계						25,000,000원		
전잔금	없음			합	계	25,000,000원		
입 금	20,000,000원	잔 금	5,000,000원	인수자		최찬희 ㉑		
비 고	당좌수표 수령, 잔금은 6개월 만기 약속어음으로 수령							

[5] 09월 20일 반월상사에 외상으로 9월 3일에 판매하였던 상품 3,000,000원이 견본과 다르다는 이유로 반품되었다. 반품액은 매출환입및에누리로 처리한다(단, 음수로 회계처리 하지 말 것). (3점)

[6] 10월 15일 조선상사에 대한 외상매입금 1,300,000원을 지급하기 위하여 발해상사로부터 매출대금으로 받은 약속어음 1,200,000원을 배서양도하고 나머지는 현금으로 지급하다. (3점)

[7] 11월 27일 거래처인 비전상사의 미지급금 12,500,000원 중 10,000,000원은 당좌수표를 발행하여 지급하고, 나머지는 면제받았다(단, 매입할인은 아님). (3점)

[8] 12월 30일 신규 취득한 업무용 차량에 대한 취득세를 현금으로 납부하고, 다음과 같은 영수증을 수령하였다. (3점)

인천광역시	차량취득세 납부 영수증		납부(납입)서		납세자보관용 영수증	
납세자	가온상사					
주소	경기도 안산시 단원구 신길로 20					
납세번호	기관번호 3806904	제목 10101502	납세년월기 202411		과세번호 0001070	

과세내역	차번	45조4079		년식	2024	과 세 표 준 액	
	목적	신규등록(일반등록)	특례	세율특례없음			37,683,000
	차명	그랜져					
	차종	승용자동차		세율	70/1000		

세목	납 부 세 액	납부할 세액 합계	전용계좌로도 편리하게 납부!!	
취 득 세	2,637,810		우리은행	620 - 441829 - 64 - 125
가산세	0	2,637,810 원	신한은행	563 - 04433 - 245814
지방교육세	0		하나은행	117 - 865254 - 74125
농어촌특별세	0	신고납부기한	국민은행	4205 - 84 - 28179245
합계세액	2,637,810	2024 . 12. 30. 까지	기업은행	528 - 774145 - 58 - 247
지방세법 제6조~22조, 제30조의 규정에 의하여 위와 같이 신고하고 납부 합니다.			■ 전용계좌 납부안내(뒷면참조)	

담당자	위의 금액을 영수합니다.		수납인
권유리	납부장소 : 전국은행(한국은행제외) 우체국 농협	2024년 12월 30일	

문제5 [일반전표입력] 메뉴에 입력된 내용 중 다음의 오류가 발견되었다. 입력된 내용을 검토하고 수정 또는 삭제, 추가 입력하여 올바르게 정정하시오. (6점)

[1] 09월 15일 거래처 월평문구로부터 외상매출금을 현금으로 회수하고 회계처리한 100,000원이 실제로는 월평문구와 상품 추가 판매계약을 맺고 계약금으로 현금 100,000원을 받은 것으로 확인되었다. (3점)

[2] 12월 18일 영업부의 문서 출력용 프린터를 구입하면서 소모품인 A4용지 100,000원을 포함하여 비품으로 처리하였다(단, 소모품은 비용으로 처리할 것). (3점)

문제6 다음의 결산정리사항을 입력하여 결산을 완료하시오. (12점)

[1] 사무실을 임대료 6,000,000원(임대기간 2024년 7월 1일~2025년 6월 30일)에 임대하는 것으로 계약하고, 임대료는 임대계약기간 종료일에 전액 수령하기로 하였다(단, 월할 계산할 것). (3점)

[2] 3개월 전 단기투자목적으로 양촌㈜의 주식 100주(액면금액 @5,000원)를 주당 25,000원에 취득하였으며, 기말 현재 이 주식의 공정가치는 주당 30,000원이다. (3점)

[3] 10월 1일에 보통예금 계좌에서 이체하여 납부한 사업장의 화재보험료 120,000원(보험기간 2024년 10월 1일~2025년 9월 30일)은 차기분이 포함된 보험료이다(단, 보험료는 월할계산할 것). (3점)

[4] 매출채권 잔액에 대하여 1%의 대손충당금을 보충법으로 설정하시오. (3점)

문제7 다음 사항을 조회하여 알맞은 답안을 이론문제 답안작성 메뉴에 입력하시오. (10점)

[1] 상반기(1월~6월) 중 상품매출액이 가장 적은 달(月)의 상품매출액은 얼마인가? (3점)

[2] 3월 말 현재 비품의 장부가액은 얼마인가? (3점)

[3] 6월 말 현재 거래처별 선급금 잔액 중 가장 큰 금액과 가장 적은 금액의 차액은 얼마인가? (단, 음수로 입력하지 말 것) (4점)

제105회 전산회계 2급 기출문제

무한상사(코드번호 : 1054)

▌ 이 론 시 험 ▌

다음 문제를 보고 알맞은 것을 골라 [답안저장] 메뉴화면에 입력하시오.(객관식 문항당 2점)

〈 기 본 전 제 〉
문제에서 한국채택국제회계기준을 적용하도록 하는 전제조건이 없는 경우, 일반기업회계기준을 적용한다.

01 다음 중 일반기업회계기준에서 규정하고 있는 재무제표가 아닌 것은?

① 합계잔액시산표 ② 재무상태표
③ 손익계산서 ④ 주석

02 다음 중 일정 시점의 재무상태를 나타내는 재무보고서의 계정과목으로만 짝지어진 것이 아닌 것은?

① 보통예금, 현금 ② 선급비용, 선수수익
③ 미수수익, 미지급비용 ④ 감가상각비, 급여

03 다음 거래요소의 결합관계와 거래의 종류에 맞는 거래내용은?

거래요소 결합관계	거래의 종류
자산의 증가 – 부채의 증가	교환거래

① 업무용 컴퓨터 1,500,000원을 구입하고 대금은 나중에 지급하기로 하다.
② 거래처로부터 외상매출금 500,000원을 현금으로 받다.
③ 거래처에 외상매입금 1,000,000원을 현금으로 지급하다.
④ 이자비용 150,000원을 현금으로 지급하다.

04 아래의 괄호 안에 각각 들어갈 계정과목으로 옳은 것은?

〈거래〉
• 05월 10일 ㈜무릉으로부터 상품 350,000원을 매입하고, 대금은 당좌수표를 발행하여 지급하다.
• 05월 20일 ㈜금강에 상품 500,000원을 공급하고, 대금은 매입처 발행 당좌수표로 받다.

5월 10일	(차)	상품	350,000원	(대) [㉠]		350,000원
5월 20일	(차)	[㉡]	500,000원	(대) 상품매출		500,000원

	㉠	㉡		㉠	㉡
①	당좌예금	당좌예금	②	당좌예금	현금
③	현금	현금	④	현금	당좌예금

05 다음 자료를 이용하여 당기 외상 매출액을 계산하면 얼마인가?

• 외상매출금 기초잔액　　　300,000원　• 외상매출금 기말잔액　　　400,000원
• 당기 외상매출금 회수액　700,000원

① 300,000원
② 700,000원
③ 800,000원
④ 1,200,000원

06 다음의 자산 항목을 유동성이 높은 순서대로 바르게 나열한 것은?

•상품　　　　　　•토지　　　　　　•개발비　　　　　　•미수금

① 미수금 – 개발비 – 상품 – 토지
② 미수금 – 상품 – 토지 – 개발비
③ 상품 – 토지 – 미수금 – 개발비
④ 상품 – 미수금 – 개발비 – 토지

07 다음의 회계정보를 이용하여 기말의 상품 매출총이익을 계산하면 얼마인가?

• 기초상품재고액　4,000,000원　　　• 기말상품재고액 6,000,000원
• 당기상품매입액 10,000,000원　　　• 매입에누리　　　100,000원
• 당기상품매출액 11,000,000원

① 3,100,000원
② 4,100,000원
③ 7,900,000원
④ 9,100,000원

08 다음의 회계자료에 의한 당기 총수익은 얼마인가?

• 기초자산	800,000원	• 기초자본	600,000원
• 당기총비용	1,100,000원	• 기말자본	1,000,000원

① 1,200,000원   ② 1,300,000원

③ 1,400,000원   ④ 1,500,000원

09 다음 중 유동자산이 아닌 것은?

① 당좌예금   ② 현금   ③ 영업권   ④ 상품

10 다음 중 상품의 매입원가에 가산하지 않는 것은?

① 상품을 100,000원에 매입하다.

② 상품 매입 시 발생한 하역비 100,000원을 지급하다.

③ 상품 매입 시 발생한 운임 100,000원을 지급하다.

④ 매입한 상품에 하자가 있어 100,000원에 해당하는 상품을 반품하다.

11 건물 일부 파손으로 인해 유리창 교체 작업(수익적지출)을 하고, 아래와 같이 회계처리한 경우 발생하는 효과로 다음 중 옳은 것은?

(차) 건물	6,000,000원	(대) 보통예금	6,000,000원

① 부채의 과대계상   ② 자산의 과소계상

③ 순이익의 과대계상   ④ 비용의 과대계상

12 다음 중 잔액시산표에서 그 대칭 관계가 옳지 않은 것은?

	차 변	대 변
①	대여금	차입금
②	임대보증금	임차보증금
③	선급금	선수금
④	미수금	미지급금

13 다음 거래에서 개인기업의 자본금계정에 영향을 미치지 않는 거래는?

① 현금 1,000,000원을 거래처에 단기대여 하다.

② 사업주가 단기대여금 1,000,000원을 회수하여 사업주 개인 용도로 사용하다.

③ 결산 시 인출금 계정의 차변 잔액 1,000,000원을 정리하다.

④ 사업주의 자택에서 사용할 에어컨 1,000,000원을 회사 자금으로 구입하다.

14 다음 중 손익계산서상의 판매비와일반관리비 항목에 속하지 않는 계정과목은?

① 기업업무추진비　　② 세금과공과　　　③ 임차료　　　　④ 이자비용

15 다음 중 영업손익과 관련이 없는 거래는 무엇인가?

① 영업부 급여 500,000원을 현금으로 지급하다.

② 상품광고를 위하여 250,000원을 보통예금으로 지급하다.

③ 수재민을 위하여 100,000원을 현금으로 기부하다.

④ 사무실 전기요금 150,000원을 현금으로 지급하다.

▌ 실 무 시 험 ▌

무한상사(코드번호 : 1054)는 가전제품을 판매하는 개인기업으로 당기(제12기) 회계기간은 2024.1.1.~
2024.12.31.이다. 전산세무회계 수험용 프로그램을 이용하여 다음 물음에 답하시오.

─── 〈 기 본 전 제 〉 ───

- 문제에서 한국채택국제회계기준을 적용하도록 하는 전제조건이 없는 경우, 일반기업회계기준을 적용하여
회계처리한다.
- 문제의 풀이와 답안작성은 제시된 문제의 순서대로 진행한다.

문제1 다음은 무한상사의 사업자등록증이다. [회사등록] 메뉴에 입력된 내용을 검토하여 누락분은 추
가입력하고 잘못된 부분은 정정하시오(주소 입력 시 우편번호는 입력하지 않아도 무방함). (6점)

문제2 다음은 무한상사의 전기분 손익계산서이다. 입력되어 있는 자료를 검토하여 오류 부분은 정정하고 누락된 부분은 추가 입력하시오. (6점)

손 익 계 산 서

회사명 : 무한상사 　　　　　제11기 2023.1.1.~2023.12.31. 　　　　　(단위 : 원)

과　　　　　　　목	금　　액	과　　　　　　　목	금　　액
매　　　　출　　　　액	300,000,000	영　업　이　익	44,200,000
상　품　매　출	300,000,000	영　업　외　수　익	5,800,000
매　　출　　원　　가	191,200,000	이　자　수　익	2,200,000
상　품　매　출　원　가	191,200,000	임　　대　　료	3,600,000
기　초　상　품　재　고　액	13,000,000	영　업　외　비　용	7,500,000
당　기　상　품　매　입　액	180,000,000	이　자　비　용	4,500,000
기　말　상　품　재　고　액	1,800,000	기　　부　　금	3,000,000
매　　출　　총　　이　　익	108,800,000	소　득　세　차　감　전　순　이　익	42,500,000
판　매　비　와　관　리　비	64,600,000	소　　득　　세　　등	0
급　　　　　　　여	34,300,000	당　기　순　이　익	42,500,000
복　리　후　생　비	5,700,000		
여　비　교　통　비	2,440,000		
임　　차　　료	12,000,000		
차　량　유　지　비	3,500,000		
소　　모　　품　　비	3,400,000		
광　고　선　전　비	3,260,000		

문제3 다음 자료를 이용하여 입력하시오. (6점)

[1] 무한상사의 거래처별 초기이월 채권과 채무의 잔액은 다음과 같다. 주어진 자료를 검토하여 잘못된 부분을 정정하거나 추가 입력하시오(거래처코드를 사용할 것). (3점)

계정과목	거래처명	금　액
외상매출금	월평상사	45,000,000원
지급어음	도륜상사	150,000,000원
단기차입금	선익상사	80,000,000원

[2] 다음 자료를 이용하여 [기초정보관리]의 [거래처등록] 메뉴에서 신용카드를 추가로 등록하시오(주어진 자료 외의 다른 항목은 입력할 필요 없음). (3점)

- 코드 : 99871
- 카드번호 : 1234 – 5678 – 9012 – 3452
- 거래처명 : 씨엔제이카드
- 카드종류(매입) : 3.사업용카드
- 유형 : 매입

문제4 **다음의 거래 자료를 [일반전표입력] 메뉴를 이용하여 입력하시오. (24점)**

─────── 〈 입력 시 유의사항 〉 ───────

- 적요의 입력은 생략한다.
- 부가가치세는 고려하지 않는다.
- 채권·채무와 관련된 거래는 별도의 요구가 없는 한 반드시 기등록된 거래처코드를 선택하는 방법으로 거래처명을 입력한다.
- 회계처리 시 계정과목은 별도의 제시가 없는 한 등록된 계정과목 중 가장 적절한 과목으로 한다.

[1] 07월 02일 성심상사로부터 상품을 6,000,000원에 매입하고, 매입대금 중 5,500,000원은 어음(만기일 12월 31일)을 발행하여 지급하고, 나머지는 현금 지급하였다. (3점)

[2] 08월 05일 토지를 매각처분하면서 발생한 부동산중개수수료를 대전부동산에 현금으로 지급하고 아래의 현금영수증을 받다. (3점)

대전부동산			
305 – 42 – 23567 대전광역시 유성구 노은동 63			김승환 TEL : 1577 – 5974
현금영수증(지출증빙용)			
구매 2024/08/05/13 : 25			거래번호 : 11106011 – 114
상품명	수량	단가	금액
수수료		3,500,000원	3,500,000원
202408051325001			
	공 급 대 가		3,500,000원
	합 계		3,500,000원
	받 은 금 액		3,500,000원

[3] 08월 19일 탄방상사에서 단기 차입한 20,000,000원 및 단기차입금 이자 600,000원을 보통예금으로 지급하다(단, 하나의 전표로 입력할 것). (3점)

[4] 08월 20일 판매용 노트북 15,000,000원과 업무용 노트북 1,000,000원을 다복상사에서 구입하였다. 대금은 모두 보통예금으로 지급하였다(단, 하나의 전표로 입력할 것). (3점)

[5] 08월 23일 4월 1일 내용을 알 수 없는 출금 500,000원이 발견되어 가지급금으로 처리하였는데, 이는 거래처 소리상사에게 지급한 외상대금으로 판명되었다(가지급금 거래처는 입력하지 않아도 무방함). (3점)

[6] 10월 10일 고구려상사에서 매입하기로 계약한 상품 3,000,000원을 인수하고, 10월 1일에 지급한 계약금 300,000원을 차감한 잔액은 외상으로 하다(단, 하나의 전표로 입력할 것). (3점)

[7] 11월 18일 영업부가 사용하는 업무용 차량의 유류 30,000원을 SK주유소에서 현금으로 구입하고,, 영수증을 받다. (3점)

[8] 12월 20일 영업부 업무용 차량에 대한 아래의 공과금을 현대카드로 납부하였다. (3점)

2024 - 2기 년분 자동차세 세액 신고납부서				납세자 보관용 영수증	
납 세 자	무한상사				
주 소	경기도 구리시 경춘로 10				
납세번호	기관번호	제목		납세년월기	과세번호
과세대상	45조4079 (비영업용, 1998cc)	구 분	자동차세	지방교육세	납부할 세액 합계
		당초산출세액	199.800	59,940 (자동차세액 × 30%)	259,740 원
		선납공제액(10%)			
과세기간	2024.07.01. ~2024.12.31.	요일제감면액(5%)			
		납부할세액	199,800	59,940	
〈납부장소〉			위의 금액을 영수합니다. 2024 년 12 월 20 일		
	*수납인이 없으면 이 영수증은 무효입니다		*공무원은 현금을 수납하지 않습니다.		

문제5 [일반전표입력] 메뉴에 입력된 내용 중 다음의 오류가 발견되었다. 입력된 내용을 검토하고 수정 또는 삭제, 추가 입력하여 올바르게 정정하시오. (6점)

[1] 11월 05일 영업부 직원의 10월분 급여에서 원천징수하였던 근로소득세 110,000원을 보통예금으로 납부하면서 세금과공과로 회계처리 하였음이 확인된다. (3점)

[2] 11월 28일 상품 매입 시 당사가 부담한 것으로 회계처리한 운반비 35,000원은 판매자인 양촌상사가 부담한 것으로 판명되다. (3점)

문제6 다음의 결산정리사항을 입력하여 결산을 완료하시오. (12점)

[1] 회사의 자금사정으로 인하여 영업부의 12월분 급여 1,000,000원을 다음 달 5일에 지급하기로 하였다. (3점)

[2] 결산일 현재 영업부에서 사용한 소모품비는 200,000원이다(단, 소모품 구입 시 전액 자산으로 처리하였다). (3점)

[3] 기말 현재 현금과부족 70,000원은 단기차입금에 대한 이자 지급액으로 판명되었다. (3점)

[4] 2019년 1월 1일에 취득하였던 비품에 대한 당기분 감가상각비를 계상하다(취득원가 65,500,000원, 잔존가액 15,500,000원, 내용연수 10년, 정액법). (3점)

문제7 다음 사항을 조회하여 알맞은 답안을 [이론문제 답안작성] 메뉴에 입력하시오. (10점)

[1] 5월 말 현재 외상매입금의 잔액이 가장 많은 거래처와 금액은 얼마인가? (3점)

[2] 전기 말과 비교하여 당기 6월 말 현재 외상매출금의 대손충당금 증감액은 얼마인가? (단, 증가 또는 감소 여부를 기재할 것) (3점)

[3] 6월 말 현재 유동자산과 유동부채의 차액은 얼마인가? (단, 음수로 기재하지 말 것) (4점)

제106회 전산회계 2급 기출문제

백제상사(코드번호 : 1064)

▮ 이 론 시 험 ▮

다음 문제를 보고 알맞은 것을 골라 이론문제 답안작성 메뉴에 입력하시오. (객관식 문항당 2점)

─── 〈 기 본 전 제 〉 ───
문제에서 한국채택국제회계기준을 적용하도록 하는 전제조건이 없는 경우, 일반기업회계기준을 적용한다.

01 다음 중 일반기업회계기준상 회계의 목적에 대한 설명으로 가장 거리가 먼 것은?

① 미래 자금흐름 예측에 유용한 회계 외 비화폐적 정보의 제공

② 경영자의 수탁책임 평가에 유용한 정보의 제공

③ 투자 및 신용의사결정에 유용한 정보의 제공

④ 재무상태, 경영성과, 현금흐름 및 자본변동에 관한 정보의 제공

02 다음 중 보기의 거래에 대한 분개로 틀린 것은?

① 차용증서를 발행하고 현금 1,000,000원을 단기차입 하다.

　(차) 현금　　　　　1,000,000원　　　(대) 단기차입금　　　1,000,000원

② 비품 1,000,000원을 외상으로 구입하다.

　(차) 비품　　　　　1,000,000원　　　(대) 외상매입금　　　1,000,000원

③ 상품매출 계약금으로 현금 1,000,000원을 수령하다.

　(차) 현금　　　　　1,000,000원　　　(대) 선수금　　　　　1,000,000원

④ 직원부담분 건강보험료와 국민연금 1,000,000원을 현금으로 납부하다.

　(차) 예수금　　　　1,000,000원　　　(대) 현금　　　　　　1,000,000원

03 다음 중 일정기간 동안 기업의 경영성과를 나타내는 재무보고서의 계정과목으로만 짝지어진 것은?

① 매출원가, 외상매입금　　　　　② 매출액, 미수수익

③ 매출원가, 기부금　　　　　　　④ 선급비용, 기부금

04 다음 중 거래의 8요소와 그 예시가 적절한 것을 모두 고른 것은?

> 가. 자산증가/자산감소 : 기계장치 100,000원을 구입하고, 대금은 보통예금으로 지급하다.
>
> 나. 자산증가/자본증가 : 현금 100,000원을 출자하여 회사를 설립하다.
>
> 다. 자산증가/부채증가 : 은행으로부터 100,000원을 차입하고 즉시 보통예금으로 수령하다.
>
> 라. 부채감소/자산감소 : 외상매입금 100,000원을 현금으로 지급하다.

① 가, 나   ② 가, 나, 다   ③ 가, 다, 라   ④ 가, 나, 다, 라

05 다음의 잔액시산표에서 (가), (나)에 각각 들어갈 금액으로 옳은 것은?

잔액시산표

안산㈜   2024.12.31.   단위 : 원

차변	계정과목	대변
100,000	현 금	
700,000	건 물	
	외 상 매 입 금	90,000
	자 본 금	(나)
	이 자 수 익	40,000
50,000	급 여	
(가)		(가)

	(가)	(나)		(가)	(나)
①	140,000원	740,000원	②	850,000원	740,000원
③	140,000원	720,000원	④	850,000원	720,000원

06 다음 중 결산 시 손익으로 계정을 마감하는 계정과목에 해당하는 것은?

① 이자수익   ② 자본금   ③ 미지급금   ④ 외상매출금

07 다음과 같은 특징을 가진 자산이 아닌 것은?

> • 보고기간 종료일로부터 1년 이상 장기간 사용 가능한 자산
> • 타인에 대한 임대 또는 자체적으로 사용할 목적의 자산
> • 물리적 형태가 있는 자산

① 상품 판매 및 전시를 위한 상가
② 상품 판매를 위한 재고자산
③ 상품 운반을 위한 차량운반구
④ 상품 판매를 위한 상가에 설치한 시스템에어컨

08 다음은 ㈜무릉의 재무제표 정보이다. 이를 이용하여 2024 회계연도 말 부채합계를 구하면 얼마인가?

구 분	2023년 12월 31일	2024년 12월 31일
자산합계	8,500,000원	11,000,000원
부채합계	4,000,000원	?
2024 회계연도 중 자본변동내역	당기순이익 800,000원	

① 3,700,000원 ② 4,700,000원 ③ 5,700,000원 ④ 6,200,000원

09 다음 중 재고자산과 관련된 지출 금액으로서 재고자산의 취득원가에서 차감하는 것은?

① 매입운임 ② 매출운반비 ③ 매입할인 ④ 급여

10 2024년 1월 1일 취득한 건물(내용연수 10년)을 정액법에 의하여 기말에 감가상각한 결과, 당기 감가상각비는 9,000원이었다. 건물의 잔존가치가 5,000원이라고 할 때 취득원가는 얼마인가?

① 100,000원 ② 95,000원 ③ 90,000원 ④ 85,000원

11 다음 중 유동자산에 속하지 않는 것은?

① 외상매출금 ② 선급비용 ③ 기계장치 ④ 상품

12 다음 자료에서 당기 기말손익계산서에 계상되는 임대료는 얼마인가?

> • 당기 임대료로 3,600,000원을 현금으로 받다.
> • 당기에 받은 임대료 중 차기에 속하는 금액은 900,000원이다.

① 900,000원   ② 2,700,000원   ③ 3,600,000원   ④ 4,500,000원

13 급여 지급 시 총급여 300,000원 중 근로소득세 10,000원을 차감하고 290,000원을 현금으로 지급하였다. 이 거래에서 나타날 유동부채 계정으로 적합한 것은?

① 예수금   ② 미수금   ③ 가수금   ④ 선수금

14 다음의 결산일 현재 계정별원장 중 자본금 원장에 대한 설명으로 옳지 않은 것은?

자본금			
12/31 차기이월	2,900,000원	01/01 전기이월	2,000,000원
		12/31 손익	900,000원

① 기초자본금은 2,000,000원이다.
② 당기순이익 900,000원이 발생되었다.
③ 차기의 기초자본금은 2,900,000원이다.
④ 결산일 자본금 원장은 손익 2,000,000원으로 마감되었다.

15 다음 중 세금과공과 계정을 사용하여 회계처리하는 거래는 무엇인가?

① 본사 업무용 건물의 재산세를 현금으로 납부하다.
② 급여 지급 시 근로소득세를 원천징수 후 잔액을 현금으로 지급하다.
③ 차량운반구를 취득하면서 취득세를 현금으로 지급하다.
④ 회사 대표자의 소득세를 현금으로 납부하다.

▮ 실 무 시 험 ▮

백제상사(코드번호 : 1064)는 사무용품을 판매하는 개인기업이다. 당기(11기)의 회계기간은 2024.1.1.~2024.12.31.이다. 전산세무회계 수험용 프로그램을 이용하여 다음 물음에 답하시오.

문제1 다음은 백제상사의 사업자등록증이다. [회사등록] 메뉴에 입력된 내용을 검토하여 누락분은 추가입력하고 잘못된 부분은 정정하시오(주소 입력 시 우편번호는 입력하지 않아도 무방함). (6점)

사 업 자 등 록 증

(일반과세자)

등록번호 : 305 - 52 - 36547

상   호 : 백제상사

성   명 : 최인승   생 년 월 일 : 1965 년 05 월 05 일

개 업 연 월 일 : 2014 년 03 월 14 일

사업장소재지 : 대전광역시 중구 대전천서로 7(옥계동)

사 업 의 종 류 : 업태 도소매   종목 문구 및 잡화

발 급 사 유 : 신규

공 동 사 업 자 :

사업자 단위 과세 적용사업자 여부 : 여 ( ) 부 (∨)

전자세금계산서 전용 전자우편주소 :

2014 년 03 월 20 일

대 전 세 무 서 장

문제2 다음은 백제상사의 [전기분재무상태표]이다. 입력되어 있는 자료를 검토하여 오류 부분은 정정하고 누락된 부분은 추가 입력하시오. (6점)

재 무 상 태 표

회사명 : 백제상사   제10기 2023.12.31. 현재   (단위 : 원)

과 목	금 액		과 목	금 액
현 금		45,000,000	외 상 매 입 금	58,000,000
당 좌 예 금		30,000,000	지 급 어 음	70,000,000
보 통 예 금		23,000,000	미 지 급 금	49,000,000
외 상 매 출 금	40,000,000		단 기 차 입 금	80,000,000
대 손 충 당 금	400,000	39,600,000	장 기 차 입 금	17,500,000
받 을 어 음	60,000,000		자 본 금	418,871,290
대 손 충 당 금	520,000	59,480,000	(당기순이익 :	
단 기 대 여 금		10,000,000	10,000,000)	
상 품		90,000,000		
토 지		274,791,290		
건 물	30,000,000			
감 가 상 각 누 계 액	2,500,000	27,500,000		
차 량 운 반 구	50,000,000			
감 가 상 각 누 계 액	14,000,000	36,000,000		
비 품	60,000,000			
감 가 상 각 누 계 액	2,000,000	58,000,000		
자 산 총 계		693,371,290	부채와자본총계	693,371,290

문제3 다음 자료를 이용하여 입력하시오.(6점)

[1] 거래처의 사업자등록증이 다음과 같이 정정되었다. 확인하여 변경하시오. (3점)

고구려상사 (코드 : 01111)	• 대표자명 : 이재천	• 사업자등록번호 : 365 - 35 - 12574	
	• 업태 : 도소매	• 종목 : 잡화	• 유형 : 동시
	• 사업장소재지 : 경기도 남양주시 진접읍 장현로 83		

[2] 백제상사의 거래처별 초기이월 자료는 다음과 같다. 주어진 자료를 검토하여 잘못된 부분은 오류를 정정하고, 누락된 부분은 추가하여 입력하시오. (3점)

계정과목	거래처명	금액(원)	계정과목	거래처명	금액(원)
외상매출금	고려상사	18,000,000원	외상매입금	조선상사	22,000,000원
	부여상사	9,000,000원		신라상사	17,000,000원
	발해상사	13,000,000원		가야상사	19,000,000원

문제4 다음 거래 자료를 일반전표입력 메뉴에 추가 입력하시오.(24점)

[1] 07월 09일 영업부에서 사용할 차량 45,000,000원을 구입하고 당좌수표를 발행하여 지급하다. (3점)

[2] 07월 10일 진영상사로부터 상품 1,000,000원(1,000개, 1개당 1,000원)을 매입하기로 계약하고, 계약금으로 상품 대금의 10%를 보통예금 계좌에서 이체하여 지급하다. (3점)

[3] 07월 25일 광주상사에 대한 상품 외상매입금 900,000원을 약정기일보다 빠르게 현금 지급하고, 외상매입금의 1%를 할인받다(단, 할인금액은 매입할인으로 처리한다). (3점)

[4] 08월 25일 보유하고 있던 건물(취득원가 30,000,000원)을 하나상사에 29,000,000원에 매각하다. 대금 중 10,000,000원은 보통예금 계좌로 받고, 잔액은 다음 달 10일에 수령하기로 하다. 단, 8월 25일까지 해당 건물의 감가상각누계액은 2,500,000원이다. (3점)

[5] 10월 13일 발해상사에 상품을 2,300,000원에 판매하고 대금 중 1,200,000원은 동점 발행 약속 어음을 수령하였으며, 잔액은 2개월 후에 받기로 하다. (3점)

[6] 10월 30일 직원의 결혼식에 보내기 위한 축하화환을 멜리꽃집에서 주문하고 대금은 현금으로 지급하면서 아래와 같은 현금영수증을 수령하다. (3점)

현금영수증

승인번호	구매자 발행번호	발행방법
G54782245	305 - 52 - 36547	지출증빙
신청구분	발행일자	취소일자
사업자번호	2024.10.30.	-
상품명		
축하3단화환		
구분	주문번호	상품주문번호
일반상품	2024103054897	2024103085414

판매자 정보

판매자상호	대표자명
멜리꽃집	김나리
사업자등록번호	판매자전화번호
201 - 17 - 45670	032 - 459 - 8751
판매자사업장주소	
인천시 계양구 방축로 106, 75 - 3	

금액

공급가액		1	0	0	0	0	0
부가세액							
봉사료							
승인금액		1	0	0	0	0	0

[7] 10월 31일 거래처 가야상사 직원인 정가야 씨의 결혼식 모바일 청첩장을 문자메시지로 받고 축의금 200,000원을 보통예금 계좌에서 지급하다. (3점)

[8] 11월 10일 회사의 사내 게시판에 부착할 사진을 우주사진관에서 현상하고, 대금은 현대카드로 결제하다. (3점)

카드매출전표
카드종류 : 현대카드
카드번호 : 1234 – 4512 – 20** – 9965
거래일시 : 2024.11.10. 09 : 30 : 51
거래유형 : 신용승인
금   액 : 30,000원
결제방법 : 일시불
승인번호 : 12345539
은행확인 : 신한은행
가맹점명 : 우주사진관
– 이하생략 –

문제5 일반전표입력메뉴에 입력된 내용 중 다음과 같은 오류가 발견되었다. 입력된 내용을 확인하여 정정하시오.(6점)

[1] 09월 08일 거래처 신라상사의 단기차입금 25,000,000원을 보통예금 계좌에서 이체하여 상환한 것으로 회계처리 하였으나 실제로는 거래처 조선상사에 대한 외상매입금 25,000,000원을 보통예금 계좌에서 이체하여 지급한 것으로 확인되었다. (3점)

[2] 11월 21일 당사가 현금으로 지급한 축의금 200,000원은 매출거래처 직원의 축의금이 아니라 대표자 개인이 부담해야 할 대표자 동창의 결혼축의금으로 판명되었다. (3점)

문제6 다음의 결산정리사항을 입력하여 결산을 완료하시오.(12점)

[1] 기말 외상매입금 중에는 미국 ABC사의 외상매입금 11,000,000원(미화 $10,000)이 포함되어 있는데, 결산일 현재의 적용환율은 미화 1$당 1,250원이다. (3점)

[2] 결산일 현재 실제 현금 보관액이 장부가액보다 66,000원 많음을 발견하였으나, 그 원인을 알 수 없다. (3점)

[3] 기말 현재 단기차입금에 대한 이자 미지급액 125,000원을 계상하다. (3점)

[4] 당기분 비품 감가상각비는 250,000원, 차량운반구 감가상각비는 1,200,000원이다. 모두 영업부서에서 사용한다. (3점)

문제7 다음 사항을 조회하여 답안을 이론문제 답안작성 메뉴에 입력하시오.(10점)

[1] 6월 말 현재 외상매출금 잔액이 가장 많은 거래처와 금액은 얼마인가? (4점)

[2] 1월부터 3월까지의 판매비와관리비 중 소모품비 지출액이 가장 많은 월의 금액과 가장 적은 월의 금액을 합산하면 얼마인가? (3점)

[3] 6월 말 현재 받을어음의 회수가능금액은 얼마인가? (3점)

제107회 전산회계 2급 기출문제

태형상사(코드번호 : 1074)

▌ 이 론 시 험 ▌

다음 문제를 보고 알맞은 것을 골라 이론문제 답안작성 메뉴에 입력하시오. (객관식 문항당 2점)

───── 〈 기 본 전 제 〉 ─────
문제에서 한국채택국제회계기준을 적용하도록 하는 전제조건이 없는 경우, 일반기업회계기준을 적용한다.

01 다음 중 회계상 거래에 해당하는 것은?

① 판매점 확장을 위하여 직원을 채용하고 근로계약서를 작성하다.

② 사업확장을 위하여 은행에서 운영자금을 차입하기로 결정하다.

③ 재고 부족이 예상되어 판매용 상품을 추가로 주문하다.

④ 당사 데이터센터의 화재로 인하여 서버용 PC가 소실되다.

02 다음 중 거래요소의 결합 관계가 잘못 짝지어진 것은?

① (차) 자본의 감소　　(대) 자산의 증가

② (차) 수익의 소멸　　(대) 자산의 감소

③ (차) 비용의 발생　　(대) 부채의 증가

④ (차) 부채의 감소　　(대) 자본의 증가

03 다음의 거래 중 비용이 발생하지 않는 것은?

① 업무용 자동차에 대한 당기분 자동차세 100,000원을 현금으로 납부하다.

② 적십자회비 100,000원을 현금으로 납부하다.

③ 상공회의소 회비 100,000원을 현금으로 납부하다.

④ 전월에 급여 지급 시 원천징수한 근로소득세를 현금으로 납부하다.

04 다음 계정과목 중 증가 시 재무상태표상 대변 항목이 아닌 것은?

① 자본금   ② 선수이자   ③ 선급금   ④ 외상매입금

05 다음의 자료에서 당좌자산의 합계액은 얼마인가?

• 현금 300,000원   • 보통예금 800,000원   • 외상매입금 400,000원
• 외상매출금 200,000원   • 단기매매증권 500,000원

① 1,700,000원   ② 1,800,000원   ③ 2,000,000원   ④ 2,200,000원

06 다음 자료에서 설명하는 계정과목으로 옳은 것은?

상품 판매대금을 조기에 수취함에 따른 계약상 약정에 의한 일정 대금의 할인

① 매출채권처분손실   ② 매출환입
③ 매출할인   ④ 매출에누리

07 다음 중 일반적인 상거래에서 발생한 것으로 아직 회수되지 않은 경우의 회계처리 시 계정과목으로 올바른 것은?

① 미수수익   ② 선수수익   ③ 미수금   ④ 외상매출금

08 다음 자료에서 기말자본은 얼마인가?

• 기초자본 1,000,000원   • 총비용 5,000,000원   • 총수익 8,000,000원

① 2,000,000원   ② 3,000,000원   ③ 4,000,000원   ④ 8,000,000원

09 다음은 당기 손익계산서의 일부를 발췌한 자료이다. 당기 매출액을 구하시오.

매출액	기초상품재고액	당기총매입액	기말상품재고액	매출총이익
? 원	25,000,000원	168,000,000원	15,000,000원	172,000,000원

① 350,000,000원   ② 370,000,000원   ③ 372,000,000원   ④ 382,000,000원

10 다음 자료의 ( ) 안에 들어갈 계정과목으로 가장 적절한 것은?

> ( )은 기업의 주된 영업활동인 상품 등을 판매하고 이에 대한 대금으로 상대방으로부터 수취한 어음이다.

① 지급어음   ② 받을어음   ③ 외상매출금   ④ 선수금

11 다음은 차량운반구의 처분과 관련된 자료이다. 차량운반구의 처분가액은 얼마인가?

> • 취득가액 : 16,000,000원 • 감가상각누계액 : 9,000,000원 • 유형자산처분손실 : 1,000,000원

① 6,000,000원   ② 7,000,000원   ③ 8,000,000원   ④ 14,000,000원

12 다음 중 일정 시점의 재무상태를 나타내는 재무보고서의 계정과목으로만 짝지어진 것이 아닌 것은?

① 외상매입금, 선수금   ② 임대료, 이자비용
③ 선급금, 외상매출금   ④ 선수금, 보통예금

13 다음 중 아래의 빈칸에 들어갈 내용으로 적절한 것은?

> 현금및현금성자산은 통화 및 타인발행수표 등 통화대용증권과 당좌예금, 보통예금 및 큰 거래비용 없이 현금으로 전환이 용이하고, 이자율 변동에 따른 가치변동의 위험이 경미한 금융상품으로서 취득 당시 만기일 또는 상환일이 ( ) 이내인 것을 말한다.

① 1개월   ② 2개월   ③ 3개월   ④ 6개월

14 재고자산의 단가 결정방법 중 아래의 자료에서 설명하는 특징을 가진 것은?

> • 실제 물량 흐름과 유사하다.
> • 현행수익에 과거원가가 대응된다.
> • 기말재고가 가장 최근에 매입한 상품의 단가로 계상된다.

① 선입선출법   ② 후입선출법   ③ 총평균법   ④ 개별법

15 다음 중 영업외수익에 해당하는 항목으로 적절한 것은?

① 미수수익   ② 경상개발비   ③ 외환차손   ④ 이자수익

▌ 실 무 시 험 ▌

태형상사(코드번호 : 1074)는 사무기기를 판매하는 개인기업으로 당기(제9기) 회계기간은 2024.1.1.~ 2024.12.31.이다. 전산세무회계 수험용 프로그램을 이용하여 다음 물음에 답하시오.

문제1 다음은 태형상사의 사업자등록증이다. [회사등록] 메뉴에 입력된 내용을 검토하여 누락분은 추가입 력하고 잘못된 부분은 정정하시오(주소 입력 시 우편번호는 입력하지 않아도 무방함). (6점)

사 업 자 등 록 증

(일반과세자)

등록번호 : 107 - 36 - 25785

상   호 : 태형상사

성   명 : 김상수   생 년 월 일 : 1968 년 10 월 26 일

개 업 연 월 일 : 2016 년 01 월 02 일

사업장소재지 : 서울특별시 서초구 명달로 105 (서초동)

사 업 의 종 류 : 업태   도소매   종목   사무기기

발 급 사 유 : 신규

공 동 사 업 자 :

사업자 단위 과세 적용사업자 여부 : 여( ) 부(∨)

전자세금계산서 전용 전자우편주소 :

2016 년 01 월 04일

서 초 세 무 서 장

국세청

문제2 다음은 태형상사의 전기분 재무상태표이다. 입력되어 있는 자료를 검토하여 오류부분은 정정하고 누락된 부분은 추가 입력하시오. (6점)

재 무 상 태 표

회사명 : 태형상사 　　　　　제8기 2023.12.31. 현재　　　　　(단위 : 원)

과　목	금　액		과　목	금　액
현　　　금		10,000,000	외 상 매 입 금	8,000,000
당 좌 예 금		3,000,000	지 급 어 음	6,500,000
보 통 예 금		10,500,000	미 지 급 금	3,700,000
외 상 매 출 금	5,400,000		예 수 금	700,000
대 손 충 당 금	100,000	5,300,000	단 기 차 입 금	10,000,000
받 을 어 음	9,000,000		자 본 금	49,950,000
대 손 충 당 금	50,000	8,950,000		
미 수 금		4,500,000		
상　　　품		12,000,000		
차 량 운 반 구	22,000,000			
감가상각누계액	12,000,000	10,000,000		
비　　　품	7,000,000			
감가상각누계액	2,400,000	4,600,000		
임 차 보 증 금		10,000,000		
자 산 총 계		78,850,000	부채및자본총계	78,850,000

문제3 다음 자료를 이용하여 입력하시오. (6점)

[1] 다음 자료를 이용하여 [기초정보관리]의 [거래처등록] 메뉴에서 거래처(금융기관)를 추가 등록하시오
(단, 주어진 자료 외의 다른 항목은 입력할 필요 없음). (3점)

• 거래처코드 : 98005	• 거래처명 : 신한은행	• 사업용 계좌 : 여
• 계좌번호 : 110-081-834009	• 계좌개설일 : 2023.01.01	• 유형 : 보통예금

[2] 태형상사의 거래처별 초기이월 자료는 다음과 같다. 주어진 자료를 검토하여 잘못된 부분은 오류를
정정하고, 누락된 부분은 추가 입력하시오. (3점)

계정과목	거래처	금 액	합 계
받을어음	기우상사	3,500,000원	9,000,000원
	하우스컴	5,500,000원	
지급어음	모두피씨	4,000,000원	6,500,000원
	하나로컴퓨터	2,500,000원	

문제4 다음의 거래 자료를 [일반전표입력] 메뉴를 이용하여 입력하시오. (24점)

[1] 07월 05일 세무은행으로부터 10,000,000원을 3개월간 차입하고, 선이자 300,000원을 제외한 잔
액이 당사 보통예금 계좌에 입금되었다(단, 선이자는 이자비용으로 처리하고, 하나의 전
표로 입력할 것). (3점)

[2] 07월 07일 대림전자에서 상품 3,960,000원을 매입하고, 대금은 전액 외상으로 하였다. (3점)

[3] 08월 03일 국제전자의 외상매출금 20,000,000원 중 15,000,000원은 보통예금 계좌로 입금되고 잔액은 국제전자가 발행한 어음으로 수취하였다. (3점)

[4] 08월 10일 취약계층의 코로나19 치료 지원을 위하여 한국복지협의회에 현금 1,000,000원을 기부하다. (3점)

[5] 09월 01일 영업부에서 매출거래처의 대표자 결혼식을 축하하기 위하여 화환을 구입하고 현금으로 결제하였다. (3점)

	영수증 (공급받는자용)			
NO.				
			태형상사 귀하	
공급자	사업자등록번호	109 - 92 - 21345		
	상 호	해피해피꽃	성 명	김남길
	사 업 장 소 재 지	서울시 강동구 천호대로 1037 (천호동)		
	업 태	도소매	종 목	꽃
작성일자		금액합계		비고
2024.09.01.		49,000원		
공급내역				
월/일	품명	수량	단가	금액
9/1	축하3단화환	1	49,000원	49,000원
합계		₩	49,000	
위 금액을 영수함				

[6] 09월 10일 영업부 사원의 급여 지급 시 공제한 근로자부담분 국민연금보험료 150,000원과 회사부담분 국민연금보험료 150,000원을 보통예금 계좌에서 이체하여 납부하다(단, 하나의 전표로 처리하고, 회사부담분 국민연금보험료는 세금과공과로 처리한다). (3점)

[7] 10월 11일 매출처 미래전산에 판매용 PC를 4,800,000원에 판매하기로 계약하고, 판매대금의 20%를 현금으로 미리 수령하였다. (3점)

[8] 11월 25일 전월분(10월 1일~10월 31일) 비씨카드 사용대금 500,000원을 보통예금 계좌에서 이체하여 지급하다(단, 미지급금 계정을 사용할 것). (3점)

문제5 **[일반전표입력]** 메뉴에 입력된 내용 중 다음의 오류가 발견되었다. 입력된 내용을 검토하고 수정 또는 삭제, 추가 입력하여 올바르게 정정하시오. (6점)

[1] 07월 29일 자본적지출로 처리해야 할 본사 건물 엘리베이터 설치대금 30,000,000원을 보통예금으로 지급하면서 수익적지출로 잘못 처리하였다. (3점)

[2] 11월 23일 대표자 개인 소유 주택의 에어컨 설치 비용 1,500,000원을 회사 보통예금 계좌에서 이체하여 지급하고 비품으로 계상하였다. (3점)

문제6 다음의 결산정리사항을 입력하여 결산을 완료하시오. (12점)

[1] 영업부에서 소모품 구입 시 당기 비용(소모품비)으로 처리한 금액 중 기말 현재 미사용한 금액은 30,000원이다. (3점)

[2] 단기투자목적으로 1개월 전에 ㈜동수텔레콤의 주식 50주(주당 액면금액 5,000원)를 주당 10,000원에 취득했는데, 기말 현재 이 주식의 공정가치는 주당 12,000원이다. (3점)

[3] 보험기간이 만료된 자동차보험을 10월 1일 갱신하고, 보험료 360,000원(보험기간 : 2024년 10월 1일 ~2025년 9월 30일)을 보통예금 계좌에서 이체하여 납부하고 전액 비용으로 처리하였다(단, 보험료는 월할 계산한다). (3점)

[4] 단기차입금에 대한 이자비용 미지급액 중 2023년 귀속분은 600,000원이다. (3점)

문제7 다음 사항을 조회하여 알맞은 답안을 이론문제 답안작성 메뉴에 입력하시오. (10점)

[1] 상반기(1월~6월) 동안 지출한 기업업무추진비(판) 금액은 얼마인가? (3점)

[2] 1월 말의 미수금 장부가액은 전기 말에 대비하여 얼마나 증가하였는가? (3점)

[3] 5월 말 현재 외상매출금 잔액이 가장 많은 거래처의 거래처코드와 잔액은 얼마인가? (4점)

제108회 전산회계 2급 기출문제

지우상사(코드번호 : 1084)

▮ 이 론 시 험 ▮

다음 문제를 보고 알맞은 것을 골라 ▐이론문제 답안작성▐ 메뉴에 입력하시오. (객관식 문항당 2점)

─────〈 기 본 전 제 〉─────
문제에서 한국채택국제회계기준을 적용하도록 하는 전제조건이 없는 경우, 일반기업회계기준을 적용한다.

01 다음 중 일정기간의 회계정보를 제공하는 재무제표가 아닌 것은?

① 현금흐름표　　　② 손익계산서　　　③ 재무상태표　　　④ 자본변동표

02 다음 중 계정의 잔액 표시가 잘못된 것을 고르시오.

①	받을어음	
	1,500,000원	

②	미지급금	
		1,500,000원

③	자본금	
		1,500,000원

④	임대료	
	1,500,000원	

03 다음은 당기의 재고자산 관련 자료이다. 당기의 상품 매출원가는 얼마인가?

• 기초상품재고액　10,000원	• 당기상품매입액　30,000원
• 상품매입에누리　1,000원	• 기말상품재고액　5,000원

① 34,000원　　　② 35,000원　　　③ 39,000원　　　④ 40,000원

04 12월 말 결산법인의 당기 취득 기계장치 관련 자료가 다음과 같다. 이를 바탕으로 당기 손익계산서에 반영될 당기의 감가상각비는 얼마인가?

> • 7월 1일 기계장치를 1,000,000원에 취득하였다.
> • 7월 1일 기계장치 취득 즉시 수익적지출 100,000원이 발생하였다.
> • 위 기계장치의 잔존가치는 0원, 내용연수는 5년, 상각방법은 정액법이다.
>   단, 월할상각할 것.

① 100,000원　　　② 110,000원　　　③ 200,000원　　　④ 220,000원

05 다음 자료에서 당기말 재무제표에 계상될 보험료는 얼마인가? 단, 회계연도는 매년 1월 1일부터 12월 31일까지이다.

> • 11월 1일 화재보험에 가입하고, 보험료 600,000원을 현금으로 지급하였다.
> • 보험기간은 가입시점부터 1년이며, 기간계산은 월할로 한다.
> • 이외 보험료는 없는 것으로 한다.

① 50,000원　　　② 100,000원　　　③ 300,000원　　　④ 600,000원

06 다음 중 재무상태표에 표시되는 매입채무 계정에 해당하는 것으로만 짝지어진 것은?

① 미수금, 미지급금　　　　　　② 가수금, 가지급금
③ 외상매출금, 받을어음　　　　④ 외상매입금, 지급어음

07 다음 중 계정과목의 분류가 올바른 것은?

① 유동자산 : 차량운반구　　　　② 비유동자산 : 당좌예금
③ 유동부채 : 단기차입금　　　　④ 비유동부채 : 선수수익

08 다음 중 현금및현금성자산에 포함되지 않는 것은?

① 우편환증서　　　　　　　　② 배당금지급통지서
③ 당좌차월　　　　　　　　　④ 자기앞수표

09 다음 중 상품 매입계약에 따른 계약금을 미리 지급한 경우에 사용하는 계정과목으로 옳은 것은?

① 가지급금   ② 선급금   ③ 미지급금   ④ 지급어음

10 다음 자료에서 부채의 합계액은 얼마인가?

• 외상매입금 3,000,000원	• 선수수익 500,000원	• 단기대여금 4,000,000원
• 미지급비용 2,000,000원	• 선급비용 1,500,000원	• 미수수익 1,000,000원

① 5,500,000원   ② 6,000,000원   ③ 6,500,000원   ④ 12,000,000원

11 다음 중 아래 빈칸에 들어갈 내용으로 적절한 것은?

유동자산은 보고기간종료일로부터 (   )년 이내에 현금화 또는 실현될 것으로 예상되는 자산을 의미한다.

① 1   ② 2   ③ 3   ④ 5

12 다음 자료에서 당기 외상매출금 기말잔액은 얼마인가?

• 외상매출금 기초잔액 3,000,000원	• 외상매출금 당기 발생액 7,000,000원
• 외상매출금 당기 회수액 1,000,000원	

① 0원   ② 3,000,000원   ③ 5,000,000원   ④ 9,000,000원

13 다음 중 재고자산에 대한 설명으로 적절하지 않은 것은?

① 재고자산은 정상적인 영업과정에서 판매를 위하여 보유하거나 생산과정에 있는 자산 및 생산 또는 서비스 제공과정에 투입될 원재료나 소모품의 형태로 존재하는 자산을 말한다.

② 재고자산의 취득원가는 취득과 직접적으로 관련되어 있으며 정상적으로 발생되는 기타 원가를 포함한다.

③ 선입선출법은 먼저 구입한 상품이 먼저 판매된다는 가정하에 매출원가 및 기말재고액을 구하는 방법이다.

④ 개별법은 상호 교환될 수 있는 재고자산 항목인 경우에만 사용 가능하다.

14 다음 중 수익의 이연에 해당하는 계정과목으로 옳은 것은?

① 선급비용   ② 미지급비용   ③ 선수수익   ④ 미수수익

15 다음 중 기말재고자산을 과대평가하였을 때 나타나는 현상으로 옳은 것은?

	매출원가	당기순이익		매출원가	당기순이익
①	과대계상	과소계상	②	과소계상	과대계상
③	과대계상	과대계상	④	과소계상	과소계상

▌실 무 시 험 ▌

지우상사(코드번호 : 1084)는 사무기기를 판매하는 개인기업으로 당기 회계기간은 2024.1.1.~2024.12.31.이다. 전산세무회계 수험용 프로그램을 이용하여 다음 물음에 답하시오.

문제1 다음은 지우상사의 사업자등록증이다. [회사등록] 메뉴에 입력된 내용을 검토하여 누락분은 추가입력하고 잘못된 부분은 정정하시오(주소 입력 시 우편번호는 입력하지 않아도 무방함). (6점)

사 업 자 등 록 증

(일반과세자)

등록번호 : 210 - 21 - 68451

상　　　　호 : 지우상사

성　　　　명 : 한세무　　　　생 년 월 일 : 1965 년 12 월 01 일

개 업 연 월 일 : 2012 년 02 월 01 일

사 업 장 소 재 지 : 경기도 부천시 가로공원로 20 - 1

사 업 의 종 류 : 업태 도소매　　　　종목 사무기기

발 급 사 유 : 신규

공 동 사 업 자 :

사업자 단위 과세 적용사업자 여부 : 여(　) 부(∨)

전자세금계산서 전용 전자우편주소 :

2012 년 02 월 02 일

부 천 세 무 서 장

문제2 지우상사의 전기분 손익계산서는 다음과 같다. 입력되어 있는 자료를 검토하여 오류부분은 정정하고 누락된 부분은 추가 입력하시오. (6점)

손 익 계 산 서

회사명 : 지우상사 제12기 2023년 1월 1일부터 2023년 12월 31일까지 (단위 : 원)

과　목	금　액	과　목	금　액
Ⅰ. 매출액	125,500,000	Ⅴ. 영업이익	11,850,000
1. 상품매출	125,500,000	Ⅵ. 영업외수익	500,000
Ⅱ. 매출원가	88,800,000	1. 이자수익	500,000
상품매출원가	88,800,000	Ⅶ. 영업외비용	1,200,000
1. 기초상품재고액	12,300,000	1. 이자비용	1,200,000
2. 당기상품매입액	79,000,000	Ⅷ. 소득세차감전이익	11,150,000
3. 기말상품재고액	2,500,000	Ⅸ. 소득세등	0
Ⅲ. 매출총이익	36,700,000	Ⅹ. 당기순이익	11,150,000
Ⅳ. 판매비와관리비	24,850,000		
1. 급　　여	14,500,000		
2. 복리후생비	1,200,000		
3. 여비교통비	800,000		
4. 기업업무추진비	750,000		
5. 수도광열비	1,100,000		
6. 감가상각비	3,950,000		
7. 임　차　료	1,200,000		
8. 차량유지비	550,000		
9. 수수료비용	300,000		
10. 광고선전비	500,000		

문제3 다음 자료를 이용하여 입력하시오.(6점)

[1] 다음 자료를 이용하여 [계정과목및적요등록] 메뉴에서 판매비및일반관리비 항목의 여비교통비 계정과목에 적요를 추가로 등록하시오. (3점)

대체적요 NO. 3 : 직원의 국내출장비 예금 인출

[2] [거래처별초기이월] 메뉴의 계정과목별 잔액은 다음과 같다. 주어진 자료를 검토하여 잘못된 부분은 오류를 정정하고, 누락된 부분은 추가 입력하시오. (3점)

계정과목	거래처명	금 액
외상매입금	라라무역	23,200,000원
	양산상사	35,800,000원
단기차입금	㈜굿맨	36,000,000원

문제4 다음 거래 자료를 일반전표입력 메뉴에 추가 입력하시오.(24점)

[1] 07월 15일 태영상사에 상품을 4,000,000원에 판매하고 판매대금 중 20%는 태영상사가 발행한 6개월 만기 약속어음으로 받았으며, 나머지 판매대금은 8월 말에 받기로 하였다. (3점)

[2] 08월 25일 큰손은행으로부터 아래와 같이 사업확장을 위한 자금을 차입하고 보통예금 계좌로 송금받았다. (3점)

차입금액	자금용도	연이자율	차입기간	이자 지급 방법
15,000,000원	시설자금	7%	3년	만기 일시 지급

[3] 09월 05일 영업부 사무실의 8월분 인터넷이용료 50,000원과 수도요금 40,000원을 삼성카드로 결제하였다. (3점)

[4] 10월 05일 명절을 맞이하여 과일세트 30박스를 싱싱과일에서 300,000원에 구입하여 매출거래처에 선물하였고, 영수증을 받았다. (3점)

[5] 10월 24일 새로운 창고를 건축하기 위하여 토지를 50,000,000원에 취득하면서 취득세 2,300,000원을 포함한 총 52,300,000원을 현금으로 지급하였다. (3점)

[6] 11월 02일 온나라상사의 파산으로 인하여 외상매출금을 회수할 수 없게 됨에 따라 온나라상사의 외상매출금 3,000,000원 전액을 대손처리하기로 하다. 11월 2일 현재 대손충당금 잔액은 900,000원이다. (3점)

[7] 11월 30일 영업부 대리 김민정의 11월분 급여를 보통예금 계좌에서 이체하여 지급하였다(단, 하나의 전표로 처리하되, 공제항목은 구분하지 않고 하나의 계정과목으로 처리할 것). (3점)

<table>
<tr><td colspan="4" align="center">2024년 11월분 급여명세서</td></tr>
<tr><td colspan="2">사 원 명 : 김민정</td><td colspan="2">부 서 : 영업부</td></tr>
<tr><td colspan="2">입 사 일 : 2023.10.01.</td><td colspan="2">직 급 : 대리</td></tr>
<tr><td>지급내역</td><td>지급액</td><td>공제내역</td><td>공제액</td></tr>
<tr><td>기 본 급 여</td><td>4,200,000원</td><td>국 민 연 금</td><td>189,000원</td></tr>
<tr><td>직 책 수 당</td><td>0원</td><td>건 강 보 험</td><td>146,790원</td></tr>
<tr><td>상 여 금</td><td>0원</td><td>고 용 보 험</td><td>37,800원</td></tr>
<tr><td>특 별 수 당</td><td>0원</td><td>소 득 세</td><td>237,660원</td></tr>
<tr><td>자가운전보조금</td><td>0원</td><td>지 방 소 득 세</td><td>23,760원</td></tr>
<tr><td>교 육 지 원 수 당</td><td>0원</td><td>기 타 공 제</td><td>0원</td></tr>
<tr><td>지급액 계</td><td>4,200,000원</td><td>공제액 계</td><td>635,010원</td></tr>
<tr><td>귀하의 노고에 감사드립니다.</td><td></td><td>차인지급액</td><td>3,564,990원</td></tr>
</table>

[8] 12월 15일 대한상사의 외상매입금 7,000,000원 중 2,000,000원은 현금으로 지급하고 잔액은 보통예금 계좌에서 이체하였다. (3점)

문제5 일반전표입력메뉴에 입력된 내용 중 다음과 같은 오류가 발견되었다. 입력된 내용을 확인하여 정정하시오.(6점)

[1] 08월 20일 두리상사에서 상품을 35,000,000원에 매입하기로 계약하고 현금으로 지급한 계약금 3,500,000원을 선수금으로 입금 처리하였음이 확인된다.(3점)

[2] 09월 16일 보통예금 계좌에서 나라은행으로 이체한 4,000,000원은 이자비용을 지급한 것이 아니라 단기차입금을 상환한 것이다. (3점)

문제6 다음의 결산정리사항을 입력하여 결산을 완료하시오.(12점)

[1] 2024년 4월 1일에 하나은행으로부터 30,000,000원을 12개월간 차입하고, 이자는 차입금 상환시점에 원금과 함께 일시 지급하기로 하였다. 적용이율은 연 5%이며, 차입기간은 2024.04.01.~ 2025.03.31.이다. 관련된 결산분개를 하시오(단 이자는 월할계산할 것). (3점)

[2] 결산일 현재 예금에 대한 기간경과분 발생이자는 15,000원이다. (3점)

[3] 기말 현재 영업부의 비품에 대한 2024년 당기분 감가상각비는 1,700,000원이다. (3점)

[4] 결산을 위하여 창고의 재고자산을 실사한 결과 기말상품재고액은 6,500,000원이다. (3점)

문제7 다음 사항을 조회하여 답안을 이론문제 답안작성 메뉴에 입력하시오.(10점)

[1] 2분기(4월~6월)에 수석상사에 발행하여 교부한 지급어음의 총 합계액은 얼마인가? (단, 전기이월 금액은 제외할 것) (3점)

[2] 상반기(1월~6월)의 보통예금 입금액은 총 얼마인가? (단, 전기이월 금액은 제외할 것) (3점)

[3] 상반기(1월~6월) 중 접대비(판매비와일반관리비)를 가장 적게 지출한 월(月)과 그 금액은 얼마인가? (4점)

제109회 전산회계 2급 기출문제

정금상사(코드번호 : 1094)

▌ 이 론 시 험 ▌

다음 문제를 보고 알맞은 것을 골라 이론문제 답안작성 메뉴에 입력하시오. (객관식 문항당 2점)

───── 〈 기 본 전 제 〉 ─────
문제에서 한국채택국제회계기준을 적용하도록 하는 전제조건이 없는 경우, 일반기업회계기준을 적용한다.

01 다음 중 거래의 종류와 해당 거래의 연결이 올바르지 않은 것은?

① 교환거래 : 상품 1,000,000원을 매출하기로 계약하고 매출대금의 10%를 현금으로 받다.

② 손익거래 : 당월분 사무실 전화요금 50,000원과 전기요금 100,000원이 보통예금 계좌에서 자동으로 이체되다.

③ 손익거래 : 사무실을 임대하고 1년치 임대료 600,000원을 보통예금 계좌로 입금받아 수익 계정으로 처리하다.

④ 혼합거래 : 단기차입금 1,000,000원과 장기차입금 2,000,000원을 보통예금 계좌에서 이체하여 상환하다.

02 다음 중 결산 시 대손상각 처리를 할 수 있는 계정과목에 해당하지 않는 것은?

① 받을어음　　　② 미수금　　　③ 외상매출금　　　④ 단기차입금

03 다음 중 현금 계정으로 처리할 수 없는 것은?

① 자기앞수표　　　　　　　② 당사 발행 당좌수표
③ 우편환증서　　　　　　　④ 배당금지급통지표

04 다음 자료에서 상품의 순매입액은 얼마인가?

> • 당기상품매입액 50,000원 • 상품매입할인 3,000원
> • 상품매입과 관련된 취득부대비용 2,000원 • 상품매출에누리 5,000원

① 44,000원 ② 47,000원 ③ 49,000원 ④ 52,000원

05 다음의 거래요소 중 차변에 올 수 있는 거래요소는 무엇인가?

① 수익의 발생 ② 비용의 발생 ③ 자산의 감소 ④ 부채의 증가

06 다음 중 외상매출금 계정이 대변에 기입될 수 있는 거래를 모두 찾으시오.

> 가. 상품을 매출하고 대금을 한 달 후에 지급받기로 했을 때
> 나. 외상매출금이 보통예금으로 입금되었을 때
> 다. 외상매출금을 현금으로 지급받았을 때
> 라. 외상매입한 상품 대금을 한 달 후에 보통예금으로 지급했을 때

① 가, 나 ② 나, 다 ③ 다, 라 ④ 가, 라

07 다음 중 재무상태표상 기말재고자산이 50,000원 과대계상 되었을 때 나타날 수 없는 것은?

① 당기순이익 50,000원 과소계상
② 매출원가 50,000원 과소계상
③ 영업이익 50,000원 과대계상
④ 차기이월되는 재고자산 50,000원 과대계상

08 다음 자료를 이용하여 영업이익을 계산하면 얼마인가?

> • 매출액 20,000,000원 • 복리후생비 300,000원
> • 매출원가 14,000,000원 • 유형자산처분손실 600,000원
> • 이자비용 300,000원 • 급여 2,000,000원

① 2,800,000원 ② 3,100,000원 ③ 3,700,000원 ④ 4,000,000원

09 다음 자료에 의한 기말 현재 대손충당금 잔액은 얼마인가?

> • 기말 매출채권 : 20,000,000원
> • 기말 매출채권 잔액에 대하여 1%의 대손충당금을 설정하기로 한다.

① 200,000원　　　② 218,000원　　　③ 250,000원　　　④ 320,000원

10 다음 중 일반기업회계기준상 유형자산의 감가상각방법으로 인정되지 않는 것은?

① 선입선출법　　　② 정률법　　　③ 연수합계법　　　④ 생산량비례법

11 다음의 지출내역 중 판매비와관리비에 해당하는 것을 모두 고른 것은?

> 가. 출장 여비교통비　　　　　　나. 거래처 대표자의 결혼식 화환 구입비
> 다. 차입금 이자　　　　　　　　라. 유형자산처분이익

① 가, 나　　　② 나, 다　　　③ 가, 라　　　④ 다, 라

12 다음 중 자본잉여금에 해당하지 않는 것은?

① 주식발행초과금　　　　　　② 감자차익
③ 자기주식처분이익　　　　　④ 임의적립금

13 다음 중 유동부채에 해당하는 항목의 합계금액으로 적절한 것은?

> • 유동성장기부채 4,000,000원　　• 장기차입금 5,000,000원
> • 미지급비용 1,400,000원　　　　• 선급비용 2,500,000원
> • 예수금 500,000원　　　　　　　• 외상매입금 3,300,000원

① 5,200,000원　　② 9,200,000원　　③ 11,700,000원　　④ 16,700,000원

14 다음 중 당좌자산에 해당하지 않는 항목은?

① 매출채권　　　② 현금　　　③ 선급비용　　　④ 건설중인자산

15 다음 중 유형자산에 대한 추가적인 지출이 발생했을 때 당기 비용으로 처리할 수 있는 거래를 고르시오.

① 건물의 피난시설을 설치하기 위한 지출

② 내용연수를 연장시키는 지출

③ 건물 내부의 조명기구를 교체하는 지출

④ 상당한 품질향상을 가져오는 지출

▌실 무 시 험 ▌

정금상사(코드번호 : 1094)는 신발을 판매하는 개인기업으로 당기(제14기)의 회계기간은 2024.1.1.~
2024.12.31.이다. 전산세무회계 수험용 프로그램을 이용하여 다음 물음에 답하시오.

─────── 〈 기 본 전 제 〉 ───────
• 문제에서 한국채택국제회계기준을 적용하도록 하는 전제조건이 없는 경우, 일반기업회계기준을 적용하여
  회계처리한다.
• 문제의 풀이와 답안작성은 제시된 문제의 순서대로 진행한다.

문제1 다음은 정금상사의 사업자등록증이다. [회사등록] 메뉴에 입력된 내용을 검토하여 누락분은 추가입
력하고 잘못된 부분을 정정하시오(주소 입력 시 우편번호는 입력하지 않아도 무방함). (6점)

문제2 다음은 정금상사의 전기분 손익계산서이다. 입력되어 있는 자료를 검토하여 오류부분을 정정하고 누락된 부분을 추가 입력하시오. (6점)

손 익 계 산 서

회사명 : 정금상사　　　　　제13기 2023.1.1.~2023.12.31.　　　　　(단위 : 원)

과　목	금　액	과　목	금　액
Ⅰ. 매　　출　　액	120,000,000	Ⅴ. 영　업　이　익	4,900,000
상　품　매　출	120,000,000	Ⅵ. 영　업　외　수　익	800,000
Ⅱ. 매　출　원　가	90,000,000	이　자　수　익	800,000
상　품　매　출　원　가	90,000,000	Ⅶ. 영　업　외　비　용	600,000
기　초　상　품　재　고　액	30,000,000	이　자　비　용	600,000
당　기　상　품　매　입　액	80,000,000	Ⅷ. 소　득　세　차　감　전　순　이　익	5,100,000
기　말　상　품　재　고　액	20,000,000	Ⅸ. 소　득　세　등	0
Ⅲ. 매　출　총　이　익	30,000,000	Ⅹ. 당　기　순　이　익	5,100,000
Ⅳ. 판　매　비　와　관　리　비	25,100,000		
급　　여	18,000,000		
복　리　후　생　비	5,000,000		
여　비　교　통　비	600,000		
기　업　업　무　추　진　비	300,000		
소　모　품　비	500,000		
광　고　선　전　비	700,000		

문제3 다음 자료를 이용하여 입력하시오. (6점)

[1] [계정과목및적요등록] 메뉴에서 판매비와관리비의 접대비 계정에 다음 내용의 적요를 등록하시오. (3점)

현금적요 No.5 : 거래처 명절선물 대금 지급

[2] 정금상사의 외상매출금과 단기대여금에 대한 거래처별 초기이월 잔액은 다음과 같다. 입력된 자료를 검토하여 잘못된 부분은 수정 또는 삭제, 추가 입력하여 주어진 자료에 맞게 정정하시오. (3점)

계정과목	거래처	잔 액	합 계
외상매출금	㈜사이버나라	45,000,000원	68,000,000원
	세계상회	23,000,000원	
단기대여금	㈜해일	10,000,000원	13,000,000원
	부림상사	3,000,000원	

문제4 [일반전표입력] 메뉴를 이용하여 다음의 거래 자료를 입력하시오. (24점)

[1] 08월 01일 단기매매목적으로 ㈜바이오의 발행주식 10주를 1주당 200,000원에 취득하였다. 대금은 취득과정에서 발생한 별도의 증권거래수수료 12,000원을 포함하여 보통예금 계좌에서 전액을 지급하였다. ㈜바이오의 발행주식 1주당 액면가액은 1,000원이다. (3점)

[2] 09월 02일 푸름상회에서 판매용 신발을 9,600,000원 매입하고 대금 중 5,000,000원은 푸름상회에 대한 외상매출금과 상계하여 처리하고 잔액은 외상으로 하다. (3점)

[3] 10월 05일 업무용 모니터(비품)를 구입하고 현금 550,000원을 다음과 같이 지급하다. (3점)

현금영수증(지출증빙용)							
CASH RECEIPT							

사업자등록번호	108 - 81 - 11116
현금영수증가맹점명	㈜성실산업
대표자	김성실
주소	서울 관악 봉천 458
전화번호	02 - 220 - 2223

품명	모니터	승인번호	12345
거래일시	2024.10.5	취소일자	

단위		백			천			원
금액 AMOUNT		5	5	0	0	0	0	0
봉사료 TIPS								
합계 TOTAL		5	5	0	0	0	0	0

[4] 10월 20일 영업부 직원의 건강보험료 회사부담분 220,000원과 직원부담분 220,000원을 보통예금 계좌에서 이체하여 납부하다(단, 하나의 전표로 처리하고, 회사부담분 건강보험료는 복리후생비 계정을 사용할 것). (3점)

[5] 11월 01일 광고 선전을 목적으로 불특정 다수에게 배포할 판촉물을 제작하고 제작대금 990,000원은 당좌수표를 발행하여 지급하다. (3점)

[6] 11월 30일 좋은은행에 예치한 1년 만기 정기예금의 만기가 도래하여 원금 10,000,000원과 이자 500,000원이 보통예금 계좌로 입금되다. (3점)

[7] 12월 05일 본사 영업부에 비치된 에어컨을 수리하고 수리비 330,000원을 신용카드(하나카드)로 결제하다. (3점)

[8] 12월 15일 에스파파상사로부터 상품을 25,000,000원에 매입하기로 계약하고, 계약금 1,000,000원을 보통예금 계좌에서 이체하여 지급하다. (3점)

문제5 **[일반전표입력] 메뉴에 입력된 내용 중 다음의 오류가 발견되었다. 입력된 내용을 검토하고 수정 또는 삭제, 추가 입력하여 올바르게 정정하시오. (6점)**

[1] 10월 27일 기업주가 사업 확장을 위하여 좋은은행에서 만기 1년 이내의 대출 10,000,000원을 단기차입하여 보통예금 계좌에 입금하였으나 이를 자본금으로 처리하였음을 확인하다. (3점)

[2] 11월 16일 보통예금 계좌에서 지급한 198,000원은 거래처에 선물하기 위해 구입한 신발이 아니라 판매를 목적으로 구입한 신발의 매입대금이었음이 확인되었다. (3점)

문제6 **다음의 결산정리사항을 입력하여 결산을 완료하시오. (12점)**

[1] 구입 시 자산으로 처리한 소모품 중 결산일 현재 사용한 소모품비는 550,000원이다. (3점)

[2] 2024년 7월 1일에 영업부의 1년치 보증보험료(보험기간 : 2024.07.01.~2025.06.30.) 1,200,000원을 보통예금 계좌에서 이체하면서 전액 비용계정인 보험료로 처리하였다. 기말수정분개를 하시오(단, 월할계산할 것). (3점)

[3] 현금과부족 계정으로 처리한 현금초과액 50,000원에 대한 원인이 결산일 현재까지 밝혀지지 않았다. (3점)

[4] 외상매출금 및 받을어음 잔액에 대하여만 1%의 대손충당금을 보충법으로 설정하시오(단, 기타 채권에 대하여는 대손충당금을 설정하지 않도록 한다). (3점)

문제7 다음 사항을 조회하여 알맞은 답안을 이론문제 답안작성 메뉴에 입력하시오. (10점)

[1] 상반기(1월~6월) 중 현금의 지출이 가장 많은 월(月)은 몇 월(月)이며, 그 금액은 얼마인가? (4점)

[2] 6월 30일 현재 유동부채의 금액은 얼마인가? (3점)

[3] 상반기(1월~6월) 중 복리후생비(판)의 지출이 가장 많은 월(月)과 적은 월(月)의 차액은 얼마인가?
(단, 반드시 양수로 입력할 것) (3점)

제110회 전산회계 2급 기출문제

▌ 이 론 시 험 ▌

다음 문제를 보고 알맞은 것을 골라 ▌이론문제 답안작성▌ 메뉴에 입력하시오. (객관식 문항당 2점)

───────── 〈 기 본 전 제 〉─────────
문제에서 한국채택국제회계기준을 적용하도록 하는 전제조건이 없는 경우, 일반기업회계기준을 적용한다.

01 다음 중 아래의 거래 요소가 나타나는 거래로 옳은 것은?

┌─────────────────────────────────┐
│　　　　　　　　　비용의 발생 – 자산의 감소　　　　　　　　　│
└─────────────────────────────────┘

① 임대차 계약을 맺고, 당월분 임대료 500,000원을 현금으로 받다.
② 상품 400,000원을 매입하고 대금은 외상으로 하다.
③ 단기차입금에 대한 이자 80,000원을 현금으로 지급하다.
④ 토지 80,000,000원을 구입하고 대금은 보통예금 계좌로 이체하다.

02 다음 중 유동부채에 해당하지 않는 것은?

① 유동성장기부채　　　　　　② 선급비용
③ 단기차입금　　　　　　　　④ 예수금

03 다음 중 아래의 (가)와 (나)에 각각 들어갈 내용으로 옳은 것은?

> 단기매매증권을 취득하면서 발생한 수수료는 ⎾_____(가)_____⏌(으)로 처리하고, 차량운반구를 취득하
> 면서 발생한 취득세는 ⎾_____(나)_____⏌(으)로 처리한다.

	(가)	(나)
①	수수료비용	차량운반구
②	단기매매증권	차량운반구
③	수수료비용	세금과공과
④	단기매매증권	수수료비용

04 다음 계정별원장에 기입된 거래를 보고 (A) 안에 들어갈 수 있는 계정과목으로 가장 적절한 것은?

(A)			
09/15	200,000원	기초	1,500,000원
기말	1,600,000원	09/10	300,000원

① 받을어음   ② 외상매입금   ③ 광고선전비   ④ 미수금

05 다음 중 유형자산의 취득원가를 구성하는 항목이 아닌 것은?

① 재산세   ② 취득세
③ 설치비   ④ 정상적인 사용을 위한 시운전비

06 다음 중 당좌자산에 해당하지 않는 것은?

① 현금및현금성자산   ② 매출채권
③ 단기투자자산   ④ 당좌차월

07 다음은 인출금 계정과목의 특징에 대한 설명이다. 다음 중 아래의 (가)~(다)에 각각 관련 설명으로 모두 옳은 것은?

> • 주로 기업주(사업주)의 (가)의 지출을 의미한다.
> • (나)에서 사용되며 임시계정에 해당한다.
> • (다)에 대한 평가계정으로 보고기간 말에 (다)으로 대체되어 마감한다.

	(가)	(나)	(다)
①	개인적 용도	개인기업	자본금 계정
②	사업적 용도	법인기업	자본금 계정
③	개인적 용도	법인기업	자산 계정
④	사업적 용도	개인기업	자산 계정

08 다음 중 손익계산서와 관련된 계정과목이 아닌 것은?

① 임차료
② 선급비용
③ 임대료
④ 유형자산처분이익

09 디음 중 미지급비용에 대한 설명으로 가장 적절힌 것은?

① 당기의 수익에 대응되는 지급된 비용
② 당기의 수익에 대응되는 미지급된 비용
③ 당기의 수익에 대응되지 않지만 지급된 비용
④ 당기의 수익에 대응되지 않지만 미지급된 비용

10 12월 말 결산일 현재 손익계산서상 당기순이익은 300,000원이었으나, 아래의 사항이 반영되어 있지 않음을 확인하였다. 아래 사항을 반영한 후의 당기순이익은 얼마인가?

> 손익계산서에 보험료 120,000원이 계상되어 있으나 해당 보험료 중 선급보험료 해당액은 30,000원으로 확인되었다.

① 210,000원
② 270,000원
③ 330,000원
④ 390,000원

11 다음 지출내역 중 영업외비용의 합계액은 얼마인가?

> • 영업용 자동차 보험료 : 5,000원
> • 대손이 확정된 외상매출금의 대손상각비 : 2,000원
> • 10년 만기 은행 차입금의 이자 : 3,000원
> • 사랑의열매 기부금 : 1,000원

① 1,000원 ② 3,000원 ③ 4,000원 ④ 6,000원

12 다음 중 판매비와관리비에 해당하는 계정과목이 아닌 것은?

① 기업업무추진비 ② 세금과공과 ③ 광고선전비 ④ 기타의대손상각비

13 다음은 회계의 순환과정을 나타낸 것이다. 아래의 (가)에 들어갈 용어로 옳은 것은?

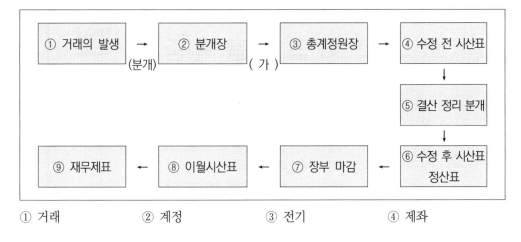

① 거래 ② 계정 ③ 전기 ④ 제좌

14 다음 자료에서 설명하고 있는 (A)와 (B)에 각각 들어갈 용어로 바르게 짝지은 것은 무엇인가?

> 일정 시점의 기업의 ☐☐☐(A)☐☐☐을(를) 나타낸 표를 재무상태표라 하고, 일정 기간의 기업의 ☐☐☐(B)☐☐☐을(를) 나타낸 표를 손익계산서라 한다.

	(A)	(B)
①	재무상태	경영성과
②	경영성과	재무상태
③	거래의 이중성	대차평균의 원리
④	대차평균의 원리	거래의 이중성

345

15 다음 중 상품에 대한 재고자산의 원가를 결정하는 방법에 해당하지 않는 것은?

① 개별법　　　　② 총평균법　　　　③ 선입선출법　　　　④ 연수합계법

▌실 무 시 험 ▌

수호상사(코드번호 : 1104)는 전자제품을 판매하는 개인기업으로 당기(제14기)의 회계기간은 2024.1.1.~2024.12.31.이다. 전산세무회계 수험용 프로그램을 이용하여 다음 물음에 답하시오.

문제1 다음은 수호상사의 사업자등록증이다. [회사등록] 메뉴에 입력된 내용을 검토하여 누락분은 추가 입력하고 잘못된 부분은 정정하시오(주소 입력 시 우편번호는 입력하지 않아도 무방함). (6점)

사 업 자 등 록 증
(일반과세자)

등록번호 : 417 - 26 - 00528

상　　　　　호 : 수호상사

성　　　　　명 : 김선호　　　　　생 년 월 일 : 1969 년 09 월 13 일

개 업 연 월 일 : 2011 년 09 월 14 일

사업장소재지 : 대전광역시 동구 대전로 987(삼성동)

사 업 의 종 류 : │업태│ 도소매　　　　　│종목│ 전자제품

발 급 사 유 : 신규

공 동 사 업 자 :

사업자 단위 과세 적용사업자 여부 : 여( ) 부(∨)

전자세금계산서 전용 전자우편주소 :

2011년 09 월 04 일

대 전 세 무 서 장

문제2 다음은 수호상사의 전기분 손익계산서이다. 입력되어 있는 자료를 검토하여 오류부분은 정정하고 누락된 부분은 추가 입력하시오. (6점)

손 익 계 산 서

회사명 : 수호상사   제13기 2023.1.1. ~ 2023.12.31.   (단위 : 원)

과 목	금 액	과 목	금 액
Ⅰ 매 출 액	257,000,000	Ⅴ 영 업 이 익	18,210,000
상 품 매 출	257,000,000	Ⅵ 영 업 외 수 익	3,200,000
Ⅱ 매 출 원 가	205,000,000	이 자 수 익	200,000
상 품 매 출 원 가	205,000,000	임 대 료	3,000,000
기 초 상 품 재 고 액	20,000,000	Ⅶ 영 업 외 비 용	850,000
당 기 상 품 매 입 액	198,000,000	이 자 비 용	850,000
기 말 상 품 재 고 액	13,000,000	Ⅷ 소득세차감전순이익	20,560,000
Ⅲ 매 출 총 이 익	52,000,000	Ⅸ 소 득 세 등	0
Ⅳ 판 매 비 와 관 리 비	33,790,000	Ⅹ 당 기 순 이 익	20,560,000
급 여	24,000,000		
복 리 후 생 비	1,100,000		
기 업 업 무 추 진 비	4,300,000		
감 가 상 각 비	500,000		
보 험 료	700,000		
차 량 유 지 비	2,300,000		
소 모 품 비	890,000		

문제3 다음 자료를 이용하여 입력하시오. (6점)

[1] 다음 자료를 이용하여 기초정보관리의 [거래처등록] 메뉴에서 거래처(금융기관)를 추가로 등록하시오. (단, 주어진 자료 외의 다른 항목은 입력할 필요 없음.) (3점)

• 거래처코드 : 98006	• 거래처명 : 한경은행	• 유형 : 보통예금
• 계좌번호 : 1203 – 4562 – 49735	• 사업용 계좌 : 여	

[2] 수호상사의 외상매출금과 외상매입금의 거래처별 초기이월 채권과 채무잔액은 다음과 같다. 입력된 자료를 검토하여 잘못된 부분은 수정 또는 삭제, 추가 입력하여 주어진 자료에 맞게 정정하시오. (3점)

계정과목	거래처	잔 액	합 계
외상매출금	믿음전자	20,000,000원	35,000,000원
	우진전자	10,000,000원	
	㈜형제	5,000,000원	
외상매입금	중소상사	12,000,000원	28,000,000원
	숭실상회	10,000,000원	
	국보상사	6,000,000원	

문제4 [일반전표입력] 메뉴를 이용하여 다음의 거래 자료를 입력하시오. (24점)

[1] 07월 16일 우와상사에 상품 3,000,000원을 판매하기로 계약하고, 계약금 600,000원을 보통예금 계좌로 입금받았다. (3점)

[2] 08월 04일 당사의 영업부에서 장기간 사용할 목적으로 비품을 구입하고 대금은 BC카드(신용카드)로 결제하였다(단, 미지급금 계정을 사용하여 회계처리할 것). (3점)

[3] 08월 25일 영업용 차량운반구에 대한 자동차세 120,000원을 현금으로 납부하다. (3점)

[4] 09월 06일 거래처 수분상사의 외상매출금 중 1,800,000원이 예정일보다 빠르게 회수되어 할인금액 2%를 제외한 금액을 당좌예금 계좌로 입금받았다(단, 매출할인 계정을 사용할 것). (3점)

[5] 09월 20일 영업부 직원들을 위한 간식을 현금으로 구매하고 아래의 현금영수증을 수취하였다. (3점)

```
[고객용]
              현금 매출 전표
--------------------------------------------
간식천국                378 - 62 - 00158
이재철                   TEL : 1577 - 0000
대구광역시 동구 안심로 15
2024/09/20  11 : 53 : 48    NO : 18542
노나머거본파이        5          50,000
에너지파워드링크      30        150,000
합계수량/금액          35        200,000
--------------------------------------------
받을금액                          200,000
현      금                         200,000
--------------------------------------------
          현금영수증(지출증빙)
거 래 자 번 호 : 417 - 26 - 00528
승 인 번 호 : G141080158
전 화 번 호 : 현금영수증문의☎126 - 1 - 1
홈 페 이 지 : https : //hometax.go.kr
```

[6] 10월 05일 당사의 상품을 홍보할 목적으로 홍보용 포스트잇을 제작하고 사업용카드(삼성카드)로 결제하였다. (3점)

```
홍보물닷컴
500,000원
--------------------------------------------
카드종류        신용카드
카드번호        8504 - 1245 - 4545 - 0506
거래일자        2024.10.05.  15 : 29 : 45
일시불/할부     일시불
승인번호        28516480
--------------------------------------------
   [상품명]              [금액]
홍보용 포스트잇        500,000원
--------------------------------------------
          합 계 액    500,000원
          받은금액    500,000원
--------------------------------------------
가맹점정보

가맹점명        홍보물닷컴
사업자등록번호   305 - 35 - 65424
가맹점번호       23721275
대표자명        엄하진
전화번호        051 - 651 - 0000

        이용해주셔서 감사합니다.
  교환/환불은 영수증을 지참하여 일주일 이내 가능합니다.

                          삼성카드
```

[7] 10월 13일 대전시 동구청에 태풍 피해 이재민 돕기 성금으로 현금 500,000원을 기부하였다. (3점)

[8] 11월 01일 영업부 직원의 국민건강보험료 회사부담분 190,000원과 직원부담분 190,000원을 보통예금 계좌에서 이체하여 납부하였다(단, 회사부담분은 복리후생비 계정을 사용할 것). (3점)

문제5 **[일반전표입력]** 메뉴에 입력된 내용 중 다음의 오류가 발견되었다. 입력된 내용을 검토하고 수정 또는 삭제, 추가 입력하여 올바르게 정정하시오. (6점)

[1] 08월 16일 운반비로 계상한 50,000원은 무선상사로부터 상품 매입 시 당사 부담의 운반비를 지급한 것이다. (3점)

[2] 09월 30일 농협은행에서 차입한 장기차입금을 상환하기 위하여 보통예금 계좌에서 11,000,000원을 지급하고 이를 모두 차입금 원금을 상환한 것으로 회계처리 하였으나 이 중 차입금원금은 10,000,000원이고, 나머지 1,000,000원은 차입금에 대한 이자로 확인되었다. (3점)

문제6 다음의 결산정리사항을 입력하여 결산을 완료하시오. (12점)

[1] 영업부에서 사용하기 위하여 소모품을 구입하고 자산으로 처리한 금액 중 당기 중에 사용한 금액은 70,000원이다. (3점)

[2] 기말 현재 가수금 잔액 200,000원은 강원상사의 외상매출금 회수액으로 판명되었다. (3점)

[3] 결산일까지 현금과부족 100,000원의 원인이 판명되지 않았다. (3점)

[4] 당기분 차량운반구에 대한 감가상각비 600,000원과 비품에 대한 감가상각비 500,000원을 계상하다. (3점)

문제7 다음 사항을 조회하여 알맞은 답안을 　이론문제 답안작성 　메뉴에 입력하시오. (10점)

[1] 6월 말 현재 외상매출금 잔액이 가장 적은 거래처의 상호와 그 외상매출금 잔액은 얼마인가? (3점)

[2] 상반기(1~6월) 중 복리후생비(판) 지출액이 가장 많은 달의 지출액은 얼마인가? (3점)

[3] 6월 말 현재 차량운반구의 장부가액은 얼마인가? (4점)

제111회 전산회계 2급 기출문제

파라상사(코드번호 : 1114)

▌이 론 시 험 ▌

다음 문제를 보고 알맞은 것을 골라 이론문제 답안작성 메뉴에 입력하시오. (객관식 문항당 2점)

──── 〈 기 본 전 제 〉 ────

문제에서 한국채택국제회계기준을 적용하도록 하는 전제조건이 없는 경우, 일반기업회계기준을 적용한다.

01 다음 중 복식부기와 관련된 설명이 아닌 것은?

① 차변과 대변이라는 개념이 존재한다.

② 대차평균의 원리가 적용된다.

③ 모든 거래에 대해 이중으로 기록하여 자기검증기능이 있다.

④ 재산 등의 증감변화에 대해 개별 항목의 변동만 기록한다.

02 다음의 내용이 설명하는 계정과목으로 옳은 것은?

재화의 생산, 용역의 제공, 타인에 대한 임대 또는 자체적으로 사용할 목적으로 보유하는 물리적 형체가 있는 자산으로서, 1년을 초과하여 사용할 것이 예상되는 자산을 말한다.

① 건물　　　　② 사채　　　　③ 보험차익　　　　④ 퇴직급여

03 다음 괄호 안에 들어갈 내용으로 올바른 것은?

현금및현금성자산은 취득 당시 만기가 (　　　　　) 이내에 도래하는 금융상품을 말한다.

① 1개월　　　　② 3개월　　　　③ 6개월　　　　④ 1년

04 다음 중 일반기업회계기준에 의한 회계의 특징으로 볼 수 없는 것은?

① 복식회계　　　　② 영리회계　　　　③ 재무회계　　　　④ 단식회계

05 다음 중 재고자산에 대한 설명으로 틀린 것은?

① 판매를 위하여 보유하고 있는 상품 또는 제품은 재고자산에 해당한다.

② 판매와 관련하여 발생한 수수료는 판매비와관리비로 비용처리 한다.

③ 판매되지 않은 재고자산은 매입한 시점에 즉시 당기 비용으로 인식한다.

④ 개별법은 가장 정확하게 매출원가와 기말재고액을 결정하는 방법이다.

06 다음의 자료가 설명하는 내용의 계정과목으로 올바른 것은?

> 금전을 수취하였으나 그 내용이 확정되지 않은 경우에 임시로 사용하는 계정과목이다.

① 미지급비용   ② 미지급금   ③ 가수금   ④ 외상매입금

07 다음은 영업활동 목적으로 거래처 직원과 함께 식사하고 받은 현금영수증이다. 이를 회계처리할 경우 차변에 기재할 계정과목으로 옳은 것은?

```
# Easy Check
KICC          가맹점명, 가맹점주소가 실제와 다른
              경우 신고안내 (포상금 10만원 지급)
              여신금융협회 : 02-2011-0777

              현금영수증
기맹점명 :   망향비빔국수        대표자 :    이명환
사업자번호 : 145-54-45245     전화번호 :  031-542-4524
주소 :      경기도 안양시 만안구

거래유형 :                              지출증빙
거래종류 :                              승인거래
식별번호 :                        855-12-01853
취소시 원거래일자 :
거래일시 :                           2024/06/29

공급가액 :                            20,000원
부가세 :                               2,000원
봉사료 :
합계 :                               22,000원

승인번호 :                         1245345225
              현금영수증 문의(국세청) : 126
              http://현금영수증.kr
```

① 기부금   ② 기업업무추진비

③ 복리후생비   ④ 세금과공과

08 재고자산은 그 평가방법에 따라 금액이 달라질 수 있다. 다음 중 평가방법에 따른 기말재고자산 금액의 변동이 매출원가와 매출총이익에 미치는 영향으로 옳은 것은?

① 기말재고자산 금액이 감소하면 매출원가도 감소한다.

② 기말재고자산 금액이 감소하면 매출총이익은 증가한다.

③ 기말재고자산 금액이 증가하면 매출원가도 증가한다.

④ 기말재고자산 금액이 증가하면 매출총이익이 증가한다.

09 다음 중 판매비와관리비에 해당하는 계정과목은 모두 몇 개인가?

• 기부금	• 세금과공과	• 이자비용	• 보험료
• 미수금	• 미지급비용	• 선급비용	

① 1개   ② 2개   ③ 3개   ④ 4개

10 다음 중 아래의 잔액시산표에 대한 설명으로 옳은 것은?

잔액시산표

일산상사   2024.1.1.~2024.12.31.   (단위 : 원)

차 변	원면	계정과목	대 변
220,000	1	현 금	
700,000	2	건 물	
	3	외상매입금	90,000
	4	자 본 금	820,000
	5	이자 수익	60,000
50,000	6	급 여	
970,000			970,000

① 당기의 기말자본금은 820,000원이다.

② 유동자산의 총합계액은 900,000원이다.

③ 판매비와관리비는 130,000원이다.

④ 당기순이익은 10,000원이다.

11 다음 중 회계상 거래와 관련하여 자산의 증가와 자산의 감소가 동시에 발생하는 거래로 옳은 것은?

① 영업용 차량을 현금 1,000,000원을 주고 구입하였다.

② 사무실 월세 1,000,000원을 현금으로 지급하였다.

③ 정기예금 이자 1,000,000원을 현금으로 수령하였다.

④ 상품을 1,000,000원에 외상으로 구입하였다.

12 다음은 서울상사의 수익적 지출 및 자본적 지출에 관한 내용이다. 다음 중 성격이 나머지와 다른 하나는 무엇인가?

① 사무실 유리창이 깨져서 새로운 유리창을 구입하여 교체하였다.

② 기계장치의 경미한 수준의 부속품이 마모되어 해당 부속품을 교체하였다.

③ 상가 건물의 편의성을 높이기 위해 엘리베이터를 설치하였다.

④ 사업장의 벽지가 찢어져서 외주업체를 통하여 다시 도배하였다.

13 다음은 합격물산의 세금 납부내역이다. 이에 대한 회계처리 시 (A)와 (B)의 차변 계정과목으로 주어진 자료에서 가장 바르게 짝지은 것은?

(A) 합격물산 대표자의 소득세 납부 (B) 합격물산 사옥에 대한 건물분 재산세 납부

	(A)	(B)
①	세금과공과	세금과공과
②	세금과공과	인출금
③	인출금	세금과공과
④	인출금	건 물

14 다음은 합격물산의 당기 말 부채계정 잔액의 일부이다. 재무상태표에 표시될 매입채무는 얼마인가?

• 선수금 10,000원 • 지급어음 20,000원 • 외상매입금 30,000원
• 단기차입금 40,000원 • 미지급금 50,000원

① 50,000원　　　② 60,000원　　　③ 100,000원　　　④ 110,000원

15 다음의 자료에서 기초자본은 얼마인가?

• 기초자본 (　?　) • 총수익 100,000원 • 기말자본 200,000원 • 총비용 80,000원

① 170,000원　　　② 180,000원　　　③ 190,000원　　　④ 200,000원

▌실 무 시 험 ▐

파라상사(코드번호 : 1114)는 문구 및 잡화를 판매하는 개인기업으로 당기의 회계기간은 2024.1.1.~
2024.12.31.이다. 전산세무회계 수험용 프로그램을 이용하여 다음 물음에 답하시오.

문제1 다음은 파라상사의 사업자등록증이다. [회사등록] 메뉴에 입력된 내용을 검토하여 누락분은 추가입력하고 잘못된 부분은 정정하시오(주소 입력 시 우편번호는 입력하지 않아도 무방함). (6점)

사 업 자 등 록 증

(일반과세자)

등록번호 : 855 - 12 - 01853

상   호 : 파라상사
성   명 : 박연원   생 년 월 일 : 1966 년 07 월 22 일

개 업 연 월 일 : 2013 년 02 월 02 일
사 업 장 소 재 지 : 경기도 안양시 동안구 귀인로 237 (평촌동)

사 업 의   종 류 : 업태 도소매   종목 문구 및 잡화

발 급 사 유 : 신규
공 동 사 업 자 :

사업자 단위 과세 적용사업자 여부 : 여 ( ) 부 (∨)
전자세금계산서 전용 전자우편주소 :

2022년 02 월 20 일

동 안 양 세 무 서 장

국세청
National Tax Service

문제2 다음은 파라상사의 전기분 재무상태표이다. 입력되어 있는 자료를 검토하여 오류부분은 정정하고 누락된 부분은 추가 입력하시오. **(6점)**

재 무 상 태 표

회사명 : 파라상사   제11기 2023.12.31. 현재   (단위 : 원)

과 목	금 액		과 목	금 액
현 금		2,500,000	외 상 매 입 금	50,000,000
당 좌 예 금		43,000,000	지 급 어 음	8,100,000
보 통 예 금		50,000,000	미 지 급 금	29,000,000
외 상 매 출 금	20,000,000		단 기 차 입 금	5,000,000
대 손 충 당 금	900,000	19,100,000	장 기 차 입 금	10,000,000
받 을 어 음	4,900,000		자 본 금	49,757,000
대 손 충 당 금	43,000	4,857,000	(당 기 순 이 익	
미 수 금		600,000	: 8,090,000)	
상 품		7,000,000		
장 기 대 여 금		2,000,000		
차 량 운 반 구	10,000,000			
감 가 상 각 누 계 액	2,000,000	8,000,000		
비 품	7,600,000			
감 가 상 각 누 계 액	2,800,000	4,800,000		
임 차 보 증 금		10,000,000		
자 산 총 계		151,857,000	부 채 와 자 본 총 계	151,857,000

문제3 다음 자료를 이용하여 입력하시오. (6점)

[1] 파라상사의 외상매입금과 미지급금에 대한 거래처별 초기이월 잔액은 다음과 같다. 입력된 자료를 검토하여 잘못된 부분은 삭제 또는 수정, 추가 입력하여 주어진 자료에 맞게 정정하시오. (3점)

계정과목	거래처	잔 액
외상매입금	고래전자	12,000,000원
	건우상사	11,000,000원
	석류상사	27,000,000원
미지급금	앨리스상사	25,000,000원
	용구상사	4,000,000원

[2] 다음의 내용을 [계정과목및적요등록] 메뉴를 이용하여 보통예금 계정과목에 현금적요를 등록하시오. (3점)

현금적요 : 적요No.5, 미수금 보통예금 입금

문제4 **[일반전표입력] 메뉴를 이용하여 다음의 거래 자료를 입력하시오. (24점)**

[1] 07월 13일 전기에 대손 처리하였던 나마상사의 외상매출금 2,000,000원이 회수되어 보통예금 계좌로 입금되었다. (3점)

[2] 08월 01일 남선상사에 대한 외상매입금 2,000,000원을 지급하기 위하여 오름상사로부터 상품판매대금으로 받은 약속어음을 배서양도 하였다. (3점)

[3] 08월 31일 창고가 필요하여 다음과 같이 임대차계약을 체결하고 임차보증금을 보통예금 계좌에서 이체하여 지급하였다(단, 보증금의 거래처를 기재할 것). (3점)

부동산 월세 계약서

본 부동산에 대하여 임대인과 임차인 쌍방은 다음과 같이 합의하여 임대차계약을 체결한다.

1. 부동산의 표시

소재지	부산광역시 동래구 금강로73번길 6 (온천동)					
건 물	구조	철근콘크리트	용도	창고	면적	50㎡
임대부분	상동 소재지 전부					

2. 계약내용

제 1 조   위 부동산의 임대차계약에 있어 임차인은 보증금 및 차임을 아래와 같이 지불하기로 한다.

보증금	일금 이천만원 원정(₩ 20,000,000원) (보증금은 2024년 8월 31일에 지급하기로 한다.)
차 임	일금 삼십만원 원정 (₩ 300,000원)은 익월 10일에 지불한다.

제 2 조   임대인은 위 부동산을 임대차 목적대로 사용·수익할 수 있는 상태로 하여 2024년 08월 31일까지 임차인에게 인도하며, 임대차기간은 인도일로부터 2026년 08월 30일까지 24개월로 한다.

...중략...

(갑) 임대인 : 온천상가 대표 김온천 (인)

(을) 임차인 : 파라상사 대표 박연원 (인)

[4] 09월 02일 대표자가 개인적인 용도로 사용할 목적으로 컴퓨터를 구입하고 사업용카드(삼성카드)로 결제하였다. (3점)

```
웅장컴퓨터
1,500,000원

카드종류          신용카드
카드번호          1351 - 1234 - 5050 - 9990
거래일자          2024.09.02.  11 : 11 : 34
일시불/할부        일시불
승인번호          48556494

    [상품명]                      [금액]
    컴퓨터                       1,500,000원
------------------------------------------------
                  합 계 액        1,500,000원
                  받은금액        1,500,000원

가맹점정보

가맹점명          웅장컴퓨터
사업자등록번호      105 - 21 - 32549
가맹점번호         23721275
대표자명          진영기
전화번호          02 - 351 - 0000

          이용해주셔서 감사합니다.
   교환/환불은 영수증을 지참하여 일주일 이내 가능합니다.

                                      삼성카드
```

[5] 09월 16일 만안상사에 당사가 보유하고 있던 차량운반구(취득원가 10,000,000원, 처분 시까지의 감가상각누계액 2,000,000원)를 9,000,000원에 매각하고 대금은 만안상사 발행 자기 앞수표로 받았다. (3점)

[6] 09월 30일 기업 운영자금을 확보하기 위하여 10,000,000원을 우리은행으로부터 2년 후에 상환하는 조 건으로 차입하고, 차입금은 보통예금 계좌로 이체받았다. (3점)

[7] 10월 02일 거래처 포스코상사로부터 상품을 2,000,000원에 외상으로 매입하고, 상품 매입과정 중에 발생 한 운반비 200,000원(당사가 부담)은 현금으로 지급하였다. (3점)

[8] 10월 29일 신규 채용한 영업부 신입사원들이 사용할 컴퓨터 5대를 주문하고, 견적서 금액의 10%
를 계약금으로 보통예금 계좌에서 송금하였다. (3점)

견 적 서

공급자	사업자번호	206 – 13 – 30738			견적번호 : 효은 – 01112 아래와 같이 견적서를 발송 2024년 10월 29일	
	상 호	효은상사	대 표 자	김효은 (인)		
	소 재 지	서울시 성동구 행당로 133 (행당동)				
	업 태	도소매	종 목	컴퓨터		
	담 당 자	한슬기	전화번호	1599 – 7700		

품명	규격	수량(개)	단가(원)	금액(원)	비고
삼성 센스 시리즈	S – 7	5	2,000,000	10,000,000	
	이하 여백				
합 계 금 액				10,000,000	

유효기간 : 견적 유효기간은 발행 후 15일
납 기 : 발주 후 3일
결제방법 : 현금결제 및 카드결제 가능
송금계좌 : KB국민은행 / 666 – 12 – 90238
기 타 : 운반비 별도

문제5 [일반전표입력] 메뉴에 입력된 내용 중 다음의 오류가 발견되었다. 입력된 내용을 검토하고 수
정 또는 삭제, 추가 입력하여 올바르게 정정하시오. (6점)

[1] 10월 05일 자본적지출로 회계처리해야 할 영업점 건물 방화문 설치비 13,000,000원을 수익적지
출로 회계처리 하였다. (3점)

[2] 10월 13일 사업용 신용카드(삼성카드)로 결제한 복리후생비 400,000원은 영업부의 부서 회식대가
아니라 영업부의 매출거래처 접대목적으로 지출한 것으로 확인되었다. (3점)

문제6 다음 사항을 조회하여 알맞은 답안을 `이론문제 답안작성` 메뉴에 입력하시오. (9점)

[1] 기말 결산일 현재까지 기간 경과분에 대한 미수이자 1,500,000원 발생하였는데 이와 관련하여 어떠한 회계처리도 되어있지 아니한 상태이다. (3점)

[2] 당기에 납부하고 전액 비용으로 처리한 영업부의 보험료 중 선급액 120,000원에 대한 결산분개를 하시오. (3점)

[3] 당기 중에 단기운용목적으로 ㈜기유의 발행주식 1,000주(1주당 액면금액 1,000원)를 1주당 1,500원에 취득하였으며, 기말 현재 공정가치는 1주당 1,600원이다. 단, 취득 후 주식의 처분은 없었다. (3점)

[4] 기말 매출채권(외상매출금, 받을어음) 잔액에 대하여만 1%를 보충법에 따라 대손충당금을 설정하시오. (3점)

문제7 다음 사항을 조회하여 알맞은 답안을 `이론문제 답안작성` 메뉴에 입력하시오. (10점)

[1] 3월(3월 1일~3월 31일) 중 외상 매출 건수는 총 몇 건인가? (3점)

[2] 6월 말 현재 거래처 자담상사에 대한 선급금 잔액은 얼마인가? (3점)

[3] 현금과 관련하여 상반기(1~6월) 중 입금액이 가장 많은 달의 그 입금액과 출금액이 가장 많은 달의 그 출금액과의 차액은 얼마인가? (단, 음수로 입력하지 말 것) (4점)

Part. 5

FAT 2급 기출문제

제61회 FAT2급 기출문제

너와나커피(코드번호 : 4261)

▌ 실무이론평가 ▌

아래 문제에서 특별한 언급이 없으면 기업의 보고기간(회계기간)은 매년 1월 1일부터 12월 31일까지입니다. 또한 기업은 일반기업회계기준 및 관련 세법을 계속적으로 적용하고 있다고 가정하고 물음에 가장 합당한 답을 고르시기 바랍니다.

01 다음에서 제시하는 결합관계에 해당하는 것은?

(차) 자산의 증가	(대) 자산의 감소

① 상품을 외상으로 매입하다.
② 단기차입금을 현금으로 상환하다.
③ 현금을 출자 받아 사업을 개시하다.
④ 매출채권을 현금으로 회수하다.

02 다음은 무엇에 대한 설명인가?

> 기업의 순자산으로서 기업실체의 자산에 대한 소유주의 잔여청구권이다.

① 자산   ② 부채   ③ 자본   ④ 수익

03 다음 자료를 토대로 한공기업의 2024년 12월 31일 재무제표에 기록될 기말상품재고액을 계산하면 얼마인가?

> • 2024. 1. 1. 기초상품재고액 :   90,000원
> • 2024년 중 상품 총 매입액 :   1,500,000원
> • 2024년 중 매입에누리액 :   200,000원
> • 2024년 매출원가 :   1,000,000원

① 390,000원   ② 410,000원   ③ 480,000원   ④ 590,000원

04 다음 대화 중 선생님의 질문에 대하여 바르게 대답한 학생으로 묶은 것은?

> • 선생님 : 현금및현금성자산에 포함되는 예를 한가지씩 발표해보세요.
> • 동룡 : 보통예금이 포함됩니다.
> • 진주 : 자기앞수표가 있습니다.
> • 정봉 : 외상매출금도 있습니다.
> • 미옥 : 단기매매차익을 목적으로 취득한 주식이 있습니다.

① 동룡, 정봉　　　　　　　　② 동룡, 진주
③ 진주, 미옥　　　　　　　　④ 정봉, 미옥

05 다음 중 먼저 구입한 상품이 먼저 사용되거나 판매되는 것으로 가정하여 기말재고액을 결정하는 방법은?

① 선입선출법　　　　　　　　② 이동평균법
③ 총평균법　　　　　　　　　④ 후입선출법

06 다음 자료에 의하여 매출액을 계산하면 얼마인가?

• 당기 총매출액	100,000원	• 당기 매출할인	5,000원
• 당기 매출에누리와 환입	10,000원	• 매출 운반비	20,000원

① 100,000원　　　　　　　　② 90,000원
③ 85,000원　　　　　　　　④ 82,000원

07 다음 중 감가상각 대상 자산에 해당하지 **않는** 것은?

① 건물　　　　　　　　　　② 상품
③ 비품　　　　　　　　　　④ 차량운반구

08 다음 자료에 의한 2024년 12월 31일의 결산분개로 옳은 것은?(월할계산 하기로 한다.)

> • 2024년 4월 1일 은행으로부터 2,000,000원을 차입하였다.
> • 이자율은 연 12%이며, 1년분 이자는 2025년 3월 31일 전액 지급예정이다.

① (차) 이자비용　180,000원　　(대) 미지급비용　180,000원
② (차) 이자비용　240,000원　　(대) 미지급비용　240,000원
③ (차) 이자비용　180,000원　　(대) 선급비용　　180,000원
④ (차) 이자비용　240,000원　　(대) 선급비용　　240,000원

09 다음은 한공상사가 취득한 차량운반구에 대한 자료이다. 2024년 감가상각비는 얼마인가?

> • 취득일자 : 2024년 7월 1일
> • 취득원가 : 40,000,000원 (잔존가치 없음)
> • 내용연수 : 10년 (월할상각)
> • 감가상각방법 : 정액법

① 2,000,000원　　　　　　　　② 3,000,000원
③ 4,000,000원　　　　　　　　④ 5,000,000원

10 다음 중 손익계산서의 영업이익에 영향을 미치는 계정과목이 **아닌** 것은?

① 접대비　　　　　　　　　　② 유형자산처분손실
③ 경상연구개발비　　　　　　④ 대손상각비

▌ 실무수행평가 ▌

너와나커피(회사코드 4261)는 커피 도소매업을 운영하는 개인기업으로, 회계기간은 제7기(2024.1.1.~ 2024.12.31.)이다. 제시된 자료와 자료설명을 참고하여, [수행과제]를 완료하고 [평가문제]의 물음에 답하시오.

실무수행 유의사항	1. 타계정 대체와 관련된 적요는 반드시 코드를 입력하여야 한다.
	2. 채권·채무, 예금거래 등 관리대상 거래자료에 대하여는 거래처코드를 반드시 입력한다.
	3. 자금관리 등 추가 작업이 필요한 경우 문제의 요구에 따라 추가 작업하여야 한다.
	4. 등록된 계정과목 중 가장 적절한 계정과목을 선택한다.
	5. 부가가치세는 고려하지 않는다.

실무수행1 기초정보관리의 이해

회계관련 기초정보는 입력되어 있다. [자료설명]을 참고하여 [수행과제]를 수행하시오.

① 거래처등록

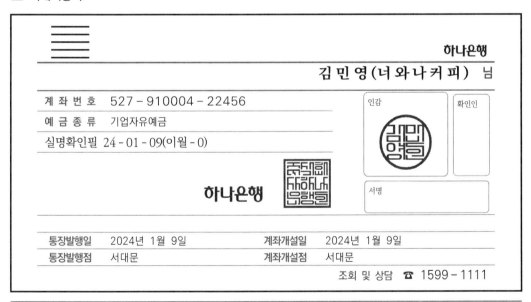

자료설명	하나은행에서 계좌를 개설하고 기업자유예금 보통예금 통장을 발급받았다.
수행과제	통장을 참고하여 거래처등록을 하시오.(코드 : 98005, 금융기관명 : 하나은행(보통), 구분 : 0.일반으로 할 것.)

② 거래처별초기이월 등록 및 수정

미지급금 명세서

코 드	거래처명	금 액	비 고
32012	(주)우리자동차	16,000,000원	승용차 구입대금
32013	(주)하나컴퓨터	2,200,000원	컴퓨터 구입대금
	합 계	18,200,000원	

자료설명	너와나커피의 전기분 재무제표는 이월받아 등록되어 있다.
수행과제	미지급금에 대한 거래처별 초기이월사항을 입력하시오.

실무수행2 거래자료입력

실무프로세스 자료이다. [자료설명]을 참고하여 [수행과제]를 수행하시오.

① 증빙에 의한 전표입력

	영 수 증 (공급받는자용)			자료설명	사무실에서 사용할 문구를 구입하고 대금은 현금으로 지급하였다.(단, '사무용품비'로 처리할 것.)

<table>
<tr><td colspan="5">NO.</td><td rowspan="1"></td></tr>
</table>

NO.	영 수 증 (공급받는자용)

너와나커피 귀하

공급자	사업자등록번호	211-14-24517		
	상 호	수할인마트	성명	김상철
	사업장소재지	서울특별시 서대문구 충정로7길 12 (충정로2가)		
	업 태	도소매업	종목	잡화

작성일자	공급대가총액	비고
2024.6.10.	₩ 25,000	

공 급 내 역				
월/일	품명	수량	단가	금액
6/10	형광펜			10,000
6/10	서류파일			15,000
합 계			₩ 25,000	

위 금액을 (영수)(청구)함

자료설명	사무실에서 사용할 문구를 구입하고 대금은 현금으로 지급하였다.(단, '사무용품비'로 처리할 것.)
수행과제	거래자료를 입력하시오.

2 증빙에 의한 전표입력

■ 자동차세 영수증

	2024년분 자동차세 세액 신고납부서				납세자 보관용 영수증	
납세자	김민영					
주　소	서울특별시 서대문구 충정로7길 29 - 13 (충정로3가)					
과세대상	62모 7331 (승용차)	구　분	자동차세	지방교육세	납부할 세액 합계	
		당초산출세액	345,000			
		선납공제액(9.15%)			345,000 원	
과세기간	2024.1.1. ~2024.6.30.	요일제감면액(5%)				
		납부할세액	345,000	0		

〈납부장소〉

위의 금액을 영수합니다.
2024년　6월　30일

*수납인이 없으면 이 영수증은 무효입니다　　*공무원은 현금을 수납하지 않습니다.

자료설명	영업부의 업무용 승용차에 대한 자동차세를 현금으로 납부한 영수증이다.
수행과제	거래자료를 입력하시오.

3 통장사본에 의한 거래입력

■ 보통예금(국민은행) 거래내역

		내　용	찾으신금액	맡기신금액	잔　액	거래점
번호	거래일	계좌번호 096 - 24 - 0094 - 123　너와나커피				
1	2024 - 7 - 10	(주)비발디커피	30,000,000		***	***

자료설명	거래처 (주)비발디커피에 30,000,000원(상환일 : 2025년 3월 31일)을 대여하기로 하고 국민은행 보통예금 계좌에서 이체하였다.
수행과제	거래자료를 입력하시오.

4 재고자산의 매입거래

거래명세서 (공급받는자 보관용)

공급자		공급받는자	
등록번호	131-81-12978	등록번호	109-09-67470
상호	(주)콜럼비아 / 성명 윤정훈	상호	너와나커피 / 성명 김민영
사업장주소	서울특별시 강남구 강남대로 250	사업장주소	서울특별시 서대문구 충정로7길 29-13 (충정로3가)
업태	도소매업 / 종사업장번호	업태	도소매업 / 종사업장번호
종목	커피외	종목	커피외

거래일자	미수금액	공급가액	총 합계금액
2024.7.20.		1,500,000	1,500,000

NO	월	일	품목명	규격	수량	단가	공급가액	합계
1	7	20	더치커피 세트		50	30,000	1,500,000	1,500,000

자료설명	1. 상품을 구입하고 발급 받은 거래명세서이다. 2. 7월 14일 지급한 계약금을 차감한 잔액은 월말에 지급하기로 하였다.
수행과제	거래자료를 입력하시오.

5 증빙에 의한 전표입력

신용카드매출전표

가맹점명 LG패션 (031)555-8766
사업자번호 130-42-35528
대표자명 김순자
주   소 경기도 수원시 팔달구 매산로 1-8
(매산로1가)

삼성카드   신용승인
거래일시 2024-8-10 오전 11 : 08 : 04
카드번호 7445-8841-****-30**
유효기간   **/**
가맹점번호   87687393
매 입 사 : 삼성카드(전자서명전표)

판매금액   1,200,000원
합   계   1,200,000원

캐셔 : 032507 김서은

20240810/10062411/00046160

자료설명	직원들의 근무복인 유니폼을 구입하고 신용카드로 결제하였다.
수행과제	거래자료를 입력하시오. (단, '복리후생비'로 처리할 것.)

6 단기매매증권 구입 및 매각

자료 1. 주식매매 내역서

자료 2. 보통예금(신한은행) 거래내역

번호	거래일	내 용	찾으신금액	맡기신금액	잔 액	거래점
		계좌번호 308 – 24 – 374555 너와나커피				
1	2024 – 8 – 20	주식매각대금 입금		8,800,000	***	***

자료설명	[8월 20일] 단기매매목적으로 보유하고 있는 현대자동차 주식(장부금액 : 8,000,000원)을 8,800,000원에 매각하고 받은 내역이다.
수행과제	주식 매각과 관련된 거래자료를 입력 하시오.

7 증빙에 의한 전표입력

화재보험료 영수증

너와나커피(김민영) 귀하

보 험 료 :   1,870,000 원정   No. 42513876

보험계약자 (피보험자)	상호 (성명)	너와나커피(김민영)		납세번호 (사업자등록번호)		109 – 09 – 67470	
	주소	서울특별시 서대문구 충정로7길 29 – 13 (충정로3가)					
품 명	수량	보험일		요율	보험가입금액 (감정가격)	보험료	공제일
물품보관창고	1	2024.8.25.00 : 00시~2025.8.25.24 : 00		0.0187	100,000,000	1,870,000	

위의 금액을 정히 영수 (납입) 하였기에 이를 증명합니다.

2024년 8월 25일

한국손해보험(주)

회   장   김보험
주 민 등 록 번 호   590822 – 2320917
사 업 자 고 유 번 호   102 – 82 – 04254

알림	1. 이 영수증에는 회장직인 및 취급자인이 있어야 합니다. 2. 이 영수증에 영수일자가 없는 것, 컴퓨터로 기록되지 않은 것, 또는 기재사항을 고쳐쓴 것은 무효입니다. 3. 이 영수증 이외의 어떠한 형태의 사제 영수증은 무효입니다	취급 최영한

자료설명	[8월 25일] 상품 보관용으로 사용 중인 창고건물을 화재보험에 가입하고 보험료는 현금으로 지급하였다.
수행과제	거래자료를 입력하시오.(단, '비용'으로 처리할 것.)

8 통장사본에 의한 거래입력

자료 1. 인터넷요금 고지서

kt 광랜 모바일명세서	2024.08.
납부급액	**120,500원**
이용총액	120,500원
이용기간	2024.08.01. ~ 2024.08.31.
서비스번호	59141325
명세서번호	937610125
납기일	2024.09.29.

자료 2. 보통예금(농협은행) 거래내역

번호	거래일	내 용	찾으신금액	맡기신금액	잔 액	거래점
		계좌번호 201 - 6611 - 04712 너와나커피				
1	2024 - 9 - 29	인터넷요금	120,500		***	***

자료설명	인터넷요금 고지서에 의한 인터넷요금이 납기일에 농협은행 보통예금 계좌에서 이체되었다.
수행과제	거래자료를 입력하시오.(단, '비용'으로 처리할 것.)

실무수행3 전표수정

실무프로세스 자료이다. [자료설명]을 참고하여 [수행과제]를 수행하시오.

① 입력자료 수정

■ 보통예금(신협은행) 거래내역

번호	거래일	내 용	찾으신금액	맡기신금액	잔 액	거래점
		계좌번호 1122 - 098 - 123143 너와나커피				
1	2024 - 12 - 10	(주)망고식스	26,810,000		***	***

자료설명	(주)망고식스에 지급해야 할 외상매입금을 신협은행 보통예금 계좌에서 이체하여 지급하였다.
수행과제	통장 거래내역을 확인하고 올바르게 수정하시오.

② 입력자료 수정

NO.		영 수 증 (공급받는자용)			
		너와나커피 귀하			
공급자	사 업 자 등 록 번 호	211 - 14 - 22014			
	상 호	제일서점	성명	노기석	
	사 업 장 소 재 지	서울특별시 강남구 강남대로 312			
	업 태	도소매업	종목	도서	
작성일자		공급대가총액		비고	
2024.9.20.		₩ 24,000			
공 급 내 역					
월/일	품명	수량	단가	금액	
9/20	도서			24,000	
합 계			₩ 24,000		
위 금액을 영수(청구)함					

자료설명	도서구입과 관련된 회계처리가 중복 입력되어 있음을 확인하였다.
수행과제	오류자료를 수정하시오.

실무수행4 결산

[결산자료]를 참고하여 결산을 수행하시오.(단, 제시된 자료 이외의 자료는 없다고 가정함.)

① 수동결산 및 자동결산

자료설명	1. 구입시 비용처리한 소모품 중 기말현재 미사용액은 600,000원으로 확인되었다. 2. 기말 상품재고액은 43,200,000원이다.
수행과제	1. 수동결산 또는 자동결산 메뉴를 이용하여 결산을 완료하시오. 2. 12월 31일 기준으로 '손익계산서 ➜ 재무상태표'를 순서대로 조회 작성하시오.(단, 손익계산서 조회 작성 시 상단부 [기능모음]의 '추가'를 이용하여 '손익대체분개'를 수행할 것.)

평가문제 실무수행평가 (62점)

입력자료 및 회계정보를 조회하여 [평가문제]의 답안을 입력하시오.

평가문제 답안입력 유의사항

❶ 답안은 **지정된 단위의 숫자로만 입력**해 주십시오.

* 한글 등 문자 금지

	정답	오답(예)
(1) **금액은 원 단위로 숫자를 입력**하되, 천 단위 콤마(,)는 생략 가능합니다. (1 - 1) 답이 0원인 경우 반드시 "0" 입력 (1 - 2) 답이 음수(-)인 경우 숫자 앞에 " - " 입력 (1 - 3) 답이 소수인 경우 반드시 " . " 입력	1,245,000 1245000	1.245.000 1,245,000원 1,245,0000 12,45,000 1,245천원
(2) 질문에 대한 **답안은 숫자로만 입력**하세요.	4	04 4건, 4매, 4명 04건, 04매, 04명
(3) **거래처 코드번호는 5자리 숫자로 입력**하세요.	00101	101 00101번

❷ 답안에 천원단위(000) 입력시 더존 프로그램 숫자 입력 방법과 다르게 숫자키패드 '+' 기능은 지원되지 않습니다.

❸ 더존 프로그램에서 조회되는 자료를 복사하여 붙여넣기가 가능합니다.

❹ 수행과제를 올바르게 입력하지 않고 작성한 답과 모범답안이 다른 경우 오답처리됩니다.

번호	평가 문제	배점
11	**평가문제 [거래처등록 조회]** 금융 거래처별 계좌번호로 옳지 않은 것은? ① 국민은행(보통) 096 – 24 – 0094 – 123 ② 신한은행(보통) 308 – 24 – 374555 ③ 하나은행(보통) 527 – 910004 – 22456 ④ 농협은행(보통) 112 – 42 – 562489	3
12	**평가문제 [거래처원장 조회]** 12월 말 거래처별 '131.선급금' 잔액으로 옳지 않은 것은? ① 금강커피　　　 400,000원　　　② 소양강커피　 200,000원 ③ (주)콜럼비아　 500,000원　　　④ 이스턴캐슬　 500,000원	3
13	**평가문제 [거래처원장 조회]** 12월 말 거래처별 '253.미지급금' 잔액으로 옳지 않은 것은? ① 성진빌딩(주)　 7,000,000원　　　② (주)하나컴퓨터　　 2,000,000원 ③ (주)은비까비　 2,970,000원　　　④ (주)우리자동차　 16,000,000원	3
14	**평가문제 [거래처원장 조회]** 12월 말 '103.보통예금' 신한은행(코드 : 98002)의 잔액은 얼마인가?	3
15	**평가문세 [거래처원상 조회]** 12월 말 '253.미지급금' 삼성카드(코드 : 99605)의 잔액은 얼마인가?	4
16	**평가문제 [예적금현황 조회]** 12월 말 은행별 예금 잔액으로 옳은 것은? ① 국민은행(보통)　 62,009,000원　　　② 신협은행(보통)　 89,824,000원 ③ 우리은행(당좌)　 13,000,000원　　　④ 농협은행(보통)　 2,879,500원	3
17	**평가문제 [분개장 조회]** 9월(9/1~9/30) 동안의 전표 중 '전표 : 1.일반, 선택 : 1.출금' 전표의 건수는?	3
18	**평가문제 [일/월계표 조회]** 8월에 발생한 '판매관리비'의 계정과목 중 현금지출이 가장 큰 계정과목의 코드번호를 입력하시오.	3
19	**평가문제 [현금출납장 조회]** 6월 말 '현금' 잔액은 얼마인가?	2
20	**평가문제 [현금출납장 조회]** 8월(8/1~8/31)의 '현금' 출금액은 얼마인가?	4

번호	평가 문제	배점
21	**평가문제 [손익계산서 조회]** 당기에 발생한 '판매비와관리비'의 계정별 금액으로 옳은 것은? ① 통신비　　1,745,610원　　　② 사무용품비　　30,000원 ③ 소모품비　　2,640,000원　　　④ 도서인쇄비　288,000원	3
22	**평가문제 [손익계산서 조회]** 당기에 발생한 '상품매출원가' 금액은 얼마인가?	4
23	**평가문제 [손익계산서 조회]** 당기에 발생한 '복리후생비' 금액은 얼마인가?	4
24	**평가문제 [손익계산서 조회]** 당기에 발생한 '세금과공과금' 금액은 얼마인가?	2
25	**평가문제 [손익계산서 조회]** 당기에 발생한 '영업외수익' 금액은 얼마인가?	3
26	**평가문제 [재무상태표 조회]** 12월 말 '단기매매증권' 잔액은 얼마인가?	3
27	**평가문제 [재무상태표 조회]** 12월 말 '단기대여금' 잔액은 얼마인가?	4
28	**평가문제 [재무상태표 조회]** 12월 말 '소모품' 잔액은 얼마인가?	4
29	**평가문제 [재무상태표 조회]** 12월 말 '외상매입금' 잔액은 얼마인가?	3
30	**평가문제 [재무상태표 조회]** 12월 말 재무상태표의 '자본금' 금액은 얼마인가? ① 515,250,370원　　　　　② 515,540,370원 ③ 520,687,070원　　　　　④ 515,935,370원	1
	총 점	62

평가문제 회계정보분석 (8점)

회계정보를 조회하여 [답안수록] 메뉴에 해당문제의 답안을 입력하시오.

31. 재무상태표 조회 (4점)

유동비율이란 기업의 단기 지급능력을 평가하는 지표이다. 전기분 유동비율은 얼마인가?(단, 소숫점 이하는 버림 할 것.)

$$유동비율(\%) = \frac{유동자산}{유동부채} \times 100$$

① 18% ② 20%

③ 530% ④ 540%

32. 손익계산서 조회 (4점)

매출총이익률은 매출로부터 얼마의 이익을 얻느냐를 나타내는 지표이다. 전기분 매출총이익률은 얼마인가?(단, 소숫점 이하는 버림 할 것.)

$$매출총이익률(\%) = \frac{매출총이익}{매출액} \times 100$$

① 30% ② 36%

③ 39% ④ 42%

제63회 FAT 2급 기출문제

더향기로와(코드번호 : 4263)

▌ 실무이론평가 ▌

아래 문제에서 특별한 언급이 없으면 기업의 보고기간(회계기간)은 매년 1월 1일부터 12월 31일까지입니다. 또한 기업은 일반기업회계기준 및 관련 세법을 계속적으로 적용하고 있다고 가정하고 물음에 가장 합당한 답을 고르시기 바랍니다.

01 다음은 신문기사의 일부이다. (가)에 들어갈 내용으로 가장 적절한 것은?

> 외부감사인의 회계감사 대상 회사의 재무제표 작성 지원을 금지하며, 회사가 자체 결산 능력을 갖추고 (가)의 책임 하에 재무제표를 작성하도록 했다.
>
> (XX신문, 2024년 3월 31일)

① 내부감사인   ② 과세당국

③ 경영자   ④ 공인회계사

02 다음 중 회계상 거래에 해당하지 **않는** 것은?

① 기계장치를 90,000,000원에 취득하고 현금을 지급하였다.

② 종업원을 채용하고 근로계약서를 작성하였다.

③ 결산기말에 단기매매증권의 공정가치가 장부금액 대비 100,000원 하락하였다.

④ 사무실에 보관 중이던 상품 10,000,000원을 분실하였다.

03 다음 중 재무상태표에 표시되지 **않는** 계정과목은?

① 매출채권   ② 미수수익

③ 선급비용   ④ 경상연구개발비

04 다음 자료를 토대로 계산한 재고자산의 취득원가는 얼마인가?

| • 상품 매입금액 | 600,000원 | • 판매수수료 | 60,000원 |
| • 매입운반비 | 8,000원 | • 광고선전비 | 10,000원 |

① 600,000원   ② 608,000원   ③ 668,000원   ④ 678,000원

05 다음 중 무형자산에 대한 설명으로 옳지 **않은** 것은?

① 물리적 실체는 없으나 식별가능하다.
② 특별한 경우를 제외하고는 잔존가치는 취득원가의 10%로 본다.
③ 기업이 통제하고 있으며, 미래 경제적 효익이 있는 자산이다.
④ 영업활동에 사용할 목적으로 보유하는 자산이다.

06 다음 중 유형자산에 대한 자본적 지출의 예시를 올바르게 설명한 학생은?

| • 서현 : 건물의 벽에 도색을 하였어요. |
| • 인철 : 에어컨이 고장나서 수리를 하였어요. |
| • 지원 : 자동차 타이어가 소모되어 교체히였어요. |
| • 혜인 : 건물 안에 엘리베이터를 새로 설치했어요. |

① 서현   ② 인철
③ 지원   ④ 혜인

07 다음 ( ) 에 들어갈 용어로 옳은 것은?

| ( )은(는) 기업실체의 경제적 거래나 사건에 대해 관련된 수익과 비용을 그 현금유출입이 있는 기간이 아니라 당해 거래나 사건이 발생한 기간에 인식하는 것을 말한다. |

① 발생주의   ② 수익비용대응
③ 이연   ④ 현금주의

08 다음 자료를 토대로 매출원가를 계산하면 얼마인가?

• 기초상품 재고액	150,000원	• 당기 총매입액	600,000원
• 매입에누리	60,000원	• 기말상품 재고액	100,000원

① 590,000원   ② 650,000원

③ 750,000원   ④ 850,000원

09 다음의 오류가 당기 매출원가와 당기순이익에 미치는 영향으로 옳은 것은?

기말 재고자산을 150,000원으로 계상하였으나 정확한 기말재고금액은 120,000원이다.

	매출원가	당기순이익
①	과대	과대
②	과대	과소
③	과소	과소
④	과소	과대

10 다음은 (주)한공의 2024년 5월 지출예산서의 일부이다. 이를 집행하여 회계처리했을 때 계정과목으로 옳은 것은?

지출예산서

결재	재무이사	김 한국
	부 장	이 공인
	담당직원	박 회계

(가) 직원 단합을 위한 가족동반 야유회 개최비   5,000,000원

(나) 직원 업무역량 강화를 위한 영어학원 지원비 3,000,000원

	(가)	(나)
①	복리후생비	접대비
②	접대비	교육훈련비
③	복리후생비	교육훈련비
④	접대비	복리후생비

▌ 실무수행평가 ▐

더향기로와(회사코드 4263)는 화장품, 비누 및 방향제 도·소매업을 운영하는 개인기업으로, 회계기간은 제7기(2024.1.1. ~ 2024.12.31.)이다. 제시된 자료와 [자료설명]을 참고하여 [수행과제]를 완료하고 [평가문제]의 물음에 답하시오.

실무수행 유의사항	1. 타계정 대체와 관련된 적요는 반드시 코드를 입력하여야 한다. 2. 채권·채무, 예금거래 등 관리대상 거래자료에 대하여는 거래처코드를 반드시 입력한다. 3. 자금관리 등 추가 작업이 필요한 경우 문제의 요구에 따라 추가 작업하여야 한다. 4. 등록된 계정과목 중 가장 적절한 계정과목을 선택한다. 5. 부가가치세는 고려하지 않는다.

실무수행1 기초정보관리의 이해

회계관련 기초정보는 입력되어 있다. [자료설명]을 참고하여 [수행과제]를 수행하시오.

① 사업자등록증에 의한 거래처등록

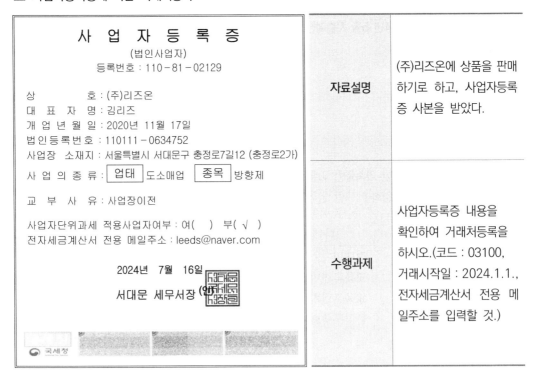

자료설명	(주)리즈온에 상품을 판매하기로 하고, 사업자등록증 사본을 받았다.
수행과제	사업자등록증 내용을 확인하여 거래처등록을 하시오.(코드 : 03100, 거래시작일 : 2024.1.1., 전자세금계산서 전용 메일주소를 입력할 것.)

② 거래처별 초기이월 등록

외상매출금 명세서

코 드	거래처명	적 요	금 액	비 고
03000	(주)강남미인	상품 외상매출대금	41,000,000원	
03003	하늘화장품	상품 외상매출대금	50,000,000원	
합 계			91,000,000원	

외상매입금 명세서

코 드	거래처명	적 요	금 액	비 고
04010	(주)뷰티천국	상품 외상매입대금	14,000,000원	
04201	(주)샤인스타	상품 외상매입대금	20,000,000원	
합 계			34,000,000원	

자료설명	거래처별 초기이월 자료는 등록되어 있다.
수행과제	외상매출금, 외상매입금에 대한 거래처별 초기이월사항을 등록하시오.

실무수행2 **거래자료입력**

실무프로세스 자료이다. [자료설명]을 참고하여 [수행과제]를 수행하시오.

① 증빙에 의한 전표입력

신용카드매출전표		
카드종류 : 신한카드 회원번호 : 9876 - 5432 - **** - 5**7 거래일시 : 2024.1.11. 21 : 05 : 16 거래유형 : 신용승인 매　　출 : 72,000원 합　　계 : 72,000원 결제방법 : 일시불 승인번호 : 61232124 가맹점명 : 아빠곰탕(156 - 12 - 31570) - 이 하 생 략-	자료설명	매출거래처에 상품(디퓨저)을 납품한 후 거래처 직원들과 식사를 하고 신한카드로 결제하였다.
	수행과제	거래자료를 입력하시오.

② 재고자산의 매입거래

거래명세서 (공급받는자 보관용)

공급자					공급받는자				
등록번호	216 - 81 - 74881				등록번호	110 - 23 - 02115			
상호	(주)순수해	성명	조이서		상호	더향기로와	성명	김향기	
사업장 주소	서울특별시 강남구 강남대로 252 (도곡동)				사업장 주소	서울특별시 강남구 강남대로 246 (도곡동, 다림빌딩) 101호			
업태	도소매업		종사업장번호		업태	도매 및 소매업		종사업장번호	
종목	방향제 외				종목	화장품, 비누 및 방향제			

거래일자	미수금액	공급가액	총 합계금액
2024.2.13.		5,000,000	5,000,000

NO	월	일	품목명	규격	수량	단가	공급가액	합계
1	2	13	라임바질 디퓨저		100	50,000	5,000,000	5,000,000

자료설명	1. 거래처 (주)순수해로부터 상품(라임바질 디퓨저)을 구입하고 발급받은 거래명세서이다. 2. 대금 중 2월 1일 지급한 계약금을 차감한 잔액은 당월 말일에 지급하기로 하였다.
수행과제	거래자료를 입력하시오.

③ 증빙에 의한 전표입력

자료 1. 건강보험료 납부영수증

자료 2. 보통예금(기업은행) 거래내역

번호	거래일	내 용	찾으신금액	맡기신금액	잔 액	거래점
		계좌번호 764502 - 01 - 047720 더향기로와				
1	2024 - 3 - 10	건강보험료	167,500		***	***

자료설명	2월 급여지급분에 대한 건강보험료(장기요양보험료 포함)를 납부기한일에 기업은행 보통예금 계좌에서 이체하여 납부하였다.(50%는 급여지급시 원천징수한 금액이며, 50%는 회사부담분이다. 당사는 회사 부담분을 '복리후생비'로 처리하고 있다.)
수행과제	거래자료를 입력하시오.

④ 기타 일반거래

자료 1. 월세계약서 내역

(사 무 실) 월 세 계 약 서

☐ 임 대 인 용
■ 임 차 인 용
☐ 사무소보관용

부동산의 표시	소재지	서울특별시 강남구 강남대로 246 (도곡동, 다림빌딩) 101호					
	구 조	철근콘크리트조	용도	사무실		면적	85㎡

월 세 보 증 금	금	70,000,000원정	월세	1,500,000원정

제 1 조 위 부동산의 임대인과 임차인 합의하에 아래와 같이 계약함.

제 2 조 위 부동산의 임대차에 있어 임차인은 보증금을 아래와 같이 지불키로 함.

계 약 금	20,000,000원정은 계약시 지불하고
중 도 금	원정은 년 월 일 지불하며
잔 금	50,000,000원정은 2024년 4월 3일 중개업자 입회하에 지불함.

제 3 조 위 부동산의 명도는 2024년 4월 3일로 함.

제 4 조 임대차 기간은 2024년 4월 3일로부터 (24)개월로 함.

제 5 조 **월세금액은 매월(18)일에 지불**키로 하되 만약 기일내에 지불치 못할 시에는 보증금액에서 공제키로 함.(국민은행, 계좌번호 : 601213 - 72 - 172658, 예금주 : 강남빌딩(주))

〜〜〜〜〜〜 중 략 〜〜〜〜〜〜

임 대 인	주 소	서울특별시 강남구 삼성로 107길 8(삼성동)				
	사업자등록번호	125 - 81 - 28548	전화번호	02 - 555 - 1255	성명	강남빌딩㈜ ㊞

자료 2. 보통예금(우리은행) 거래내역

번호	거래일	내 용	찾으신금액	맡기신금액	잔 액	거래점
		계좌번호 301-9493-2245-61 더향기로와				
1	2024-4-18	강남빌딩(주)	1,500,000		***	***

자료설명	4월분 월세를 우리은행 보통예금 계좌에서 이체하여 지급하였다.
수행과제	거래자료를 입력하시오.

⑤ 유·무형자산의 구입

거래명세서 (공급받는자 보관용)

공급자	등록번호	119-81-24789			공급받는자	등록번호	110-23-02115		
	상호	(주)더존소프트	성명	박용철		상호	더향기로와	성명	김향기
	사업장 주소	서울특별시 금천구 가산로 80				사업장 주소	서울특별시 강남구 강남대로 246 (도곡동, 다림빌딩) 101호		
	업태	도소매업	종사업장번호			업태	도매 및 소매업	종사업장번호	
	종목	소프트웨어				종목	화장품, 비누 및 방향제		

거래일자	미수금액	공급가액	총 합계금액
2024.7.20.		2,700,000	2,700,000

NO	월	일	품목명	규격	수량	단가	공급가액	합계
1	7	20	위하고(웹버전)				2,700,000	2,700,000

자료설명	비대면 재택근무를 위한 회계세무 소프트웨어 '위하고(웹버전)'를 구입하고, 구입대금은 다음달 말일에 지급하기로 하였다.
수행과제	거래자료를 입력하시오.

6 기타 일반거래

여 비 정 산 서

소속	영업부	**직위**	과장	**성명**	김진수
출장내역	일 시	2024년 9월 6일 ~ 2024년 9월 8일			
	출 장 지	광주			
	출장목적	신규거래처 방문 및 신제품 홍보			
출장비	지급받은 금액	400,000원	실제소요액	420,000원	정산차액 20,000원
지출내역	숙박비	200,000원	식 비	100,000원	교통비 120,000원

2024년 9월 8일

신청인 김 진 수 (인)

자료설명	출장을 마친 직원의 여비정산 내역을 보고받고, 정산차액은 현금으로 지급하였다.
수행과제	9월 6일의 거래를 확인한 후 정산거래를 입력하시오.

7 증빙에 의한 전표입력

현금영수증
(지출증빙용)

사업자등록번호 : 110-23-35523
사업자명 : 폼생폼사
가맹점주소 : 서울특별시 서대문구 충정로7길 31
(충정로2가)

현금영수증 회원번호
110-23-02115 더향기로와

승인번호 : 25457923 (PK)
거래일시 : **2024년 10월 22일**

공급금액 243,000원
총합계 243,000원

휴대전화, 카드번호 등록
http://현금영수증.kr
국세청문의(126)
38036925-GCA10106-3870-U490
<<<<<이용해 주셔서 감사합니다.>>>>>

자료설명	직원들의 근무복을 현금으로 구입하고 수취한 현금영수증이다.
수행과제	거래자료를 입력하시오. (단, '복리후생비'로 처리할 것.)

⑧ 재고자산의 매출거래

거래명세서 (공급자 보관용)

공급자	등록번호	110-23-02115			공급받는자	등록번호	101-12-42117		
	상호	더향기로와	성명	김향기		상호	에스티마음	성명	최상조
	사업장주소	서울특별시 강남구 강남대로 246 (도곡동, 다림빌딩) 101호				사업장주소	서울특별시 서대문구 통일로 131 (충정로2가, 공화당빌딩)		
	업태	도매 및 소매업	종사업장번호			업태	도소매업	종사업장번호	
	종목	화장품, 비누 및 방향제				종목	화장품		

거래일자	미수금액	공급가액	총 합계금액
2024.11.24.		2,700,000	2,700,000

NO	월	일	품목명	규격	수량	단가	공급가액	합계
1	11	24	아이젤 크림		30	90,000	2,700,000	2,700,000

자료설명	에스티마음에 상품(아이젤 크림)을 판매하고 대금 중 2,000,000원은 현금으로 받았으며, 잔액은 외상으로 하였다.
수행과제	거래자료를 입력하시오.

실무수행3 전표수정

실무프로세스 자료이다. [자료설명]을 참고하여 [수행과제]를 수행하시오.

① 입력자료 수정

자료설명	6월 30일에 입력된 거래는 영업부에서 사용하고 있는 업무용 승용차에 대한 자동차세를 납부한 거래이다.
수행과제	거래자료를 수정하시오.

2 입력자료 수정

NO.	**영 수 증** (공급받는자용)				
	더향기로와			귀하	
공급자	사 업 자 등 록 번 호	211 - 14 - 56789			
	상 호	공항서점	성명	추현영	
	사 업 장 소 재 지	서울특별시 강서구 공항대로 164			
	업 태	도소매업	종목	도서	
작성일자		공급대가총액		비고	
2024.12.20.		₩ 30,000			
공 급 내 역					
월/일	품명	수량	단가	금액	
12/20	계정과목별 회계실무	1	30,000	30,000	
합 계			₩ 30,000		
위 금액을 영수(청구)함					

자료설명	회계업무관련 도서를 현금으로 구입한 회계처리가 잘못 입력되어 있음을 확인하였다.
수행과제	오류자료를 수정하시오.

실무수행4 결산

[결산자료]를 참고하여 결산을 수행하시오.(단, 제시된 자료 이외의 자료는 없다고 가정함.)

1 수동결산 및 자동결산

자료설명	1. 구입시 자산처리한 소모품 중 기말현재 사용한 소모품은 200,000원으로 확인되었다. 2. 기말상품재고액은 33,000,000원이다.
수행과제	1. 수동결산 또는 자동결산 메뉴를 이용하여 결산을 완료하시오. 2. 12월 31일을 기준으로 '손익계산서 → 재무상태표'를 순서대로 조회 작성하시오.(단, 손익계산서 조회 작성 시 상단부 [기능모음]의 '추가'를 이용하여 '손익대체분개'를 수행할 것.)

평가문제 실무수행평가 (62점)

입력자료 및 회계정보를 조회하여 [평가문제]의 답안을 입력하시오.

평가문제 답안입력 유의사항

❶ 답안은 **지정된 단위의 숫자로만 입력**해 주십시오.

* 한글 등 문자 금지

	정답	오답(예)
(1) **금액은 원 단위로 숫자를 입력**하되, 천 단위 콤마(,)는 생략 가능합니다.	1,245,000 1245000	1.245.000 1,245,000원 1,245,0000 12,45,000 1,245천원
(1-1) 답이 0원인 경우 반드시 "0" 입력 (1-2) 답이 음수(-)인 경우 숫자 앞에 " - " 입력 (1-3) 답이 소수인 경우 반드시 " . " 입력		
(2) 질문에 대한 **답안은 숫자로만 입력**하세요.	4	04 1건, 1매, 1명 04건, 04매, 04명
(3) **거래처 코드번호는 5자리 숫자로 입력**하세요.	00101	101 00101번

❷ 답안에 천원단위(000) 입력시 더존 프로그램 숫자 입력 방법과 다르게 숫자키패드 '+' 기능은 지원되지 않습니다.

❸ 더존 프로그램에서 조회되는 자료를 복사하여 붙여넣기가 가능합니다.

❹ 수행과제를 올바르게 입력하지 않고 작성한 답과 모범답안이 다른 경우 오답처리됩니다.

번호	평가 문제	배점
11	**평가문제 [거래처등록 조회]** 거래처등록과 관련된 내용 중 옳지 않은 것은? ① '03100.(주)리즈온'의 대표자 성명은 '김리즈'이다. ② '03100.(주)리즈온'의 주업종은 '방향제 도소매업'이다. ③ '03101.깨끗해'의 사업자등록번호는 '110 - 81 - 02129'이다. ④ '03101.깨끗해'의 담당자메일주소는 'white@bill36524.com'이다.	4
12	**평가문제 [예적금현황 조회]** 12월 말 은행별 예금 잔액으로 옳은 것은? ① 국민은행(보통) 31,680,000원 ② 기업은행(보통) 1,628,660원 ③ 우리은행(보통) 2,870,000원 ④ 축협은행(보통) 8,000,000원	4
13	**평가문제 [거래처원장 조회]** 6월 말 거래처별 '251.외상매입금' 잔액으로 옳지 않은 것은? ① 01121.(주)더좋은화장품 3,730,000원 ② 02256.(주)순수해 4,500,000원 ③ 04010.(주)뷰티천국 14,000,000원 ④ 04201.(주)샤인스타 22,000,000원	3
14	**평가문제 [거래처원장 조회]** 6월 말 거래처별 '253.미지급금' 잔액으로 옳지 않은 것은? ① 00566.(주)탐브라운 35,500,000원 ② 03004.아빠곰탕 310,000원 ③ 99601.신한카드 8,000원 ④ 99602.농협카드 1,860,000원	4
15	**평가문제 [거래처원장 조회]** 12월 말 '108.외상매출금' 잔액이 가장 적은 거래처코드를 기록하시오.	3
16	**평가문제 [거래처원장 조회]** 12월 말 '50013.(주)더존소프트'의 '253.미지급금' 잔액은 얼마인가?	3
17	**평가문제 [현금출납장 조회]** 당기 '현금' 출금 금액은 얼마인가?	2
18	**평가문제 [총계정원장 조회]** 당기에 발생한 '812.여비교통비'의 월별 금액이 옳지 않은 것은? ① 9월 288,000원 ② 10월 8,000원 ③ 11월 41,800원 ④ 12월 186,700원	3

번호	평가 문제	배점
19	**평가문제 [총계정원장 조회]** 당기 중 '254.예수금'의 차변 감소 금액이 가장 적은 월은 몇 월인가?	3
20	**평가문제 [일/월계표 조회]** 9월 한달 동안 '가지급금'의 대변 감소 금액은 얼마인가?	3
21	**평가문제 [일/월계표 조회]** 10월 한달 동안 발생한 '복리후생비' 금액은 얼마인가?	3
22	**평가문제 [일/월계표 조회]** 12월 한달 동안 발생한 '도서인쇄비' 금액은 얼마인가?	3
23	**평가문제 [손익계산서 조회]** 당기에 발생한 '판매비와관리비'의 금액으로 옳지 않은 것은? ① 복리후생비 14,532,950원　　② 접대비 12,554,500원 ③ 임차료　　10,250,000원　　④ 통신비　1,295,110원	3
24	**평가문제 [손익계산서 조회]** 당기에 발생한 '상품매출'은 얼마인가?	3
25	**평가문제 [손익계산서 조회]** 당기에 발생한 '상품매출원가'는 얼마인가?	2
26	**평가문제 [손익계산서 조회]** 당기에 발생한 '세금과공과금'은 얼마인가?	4
27	**평가문제 [재무상태표 조회]** 12월 말 '소모품' 잔액은 얼마인가?	4
28	**평가문제 [재무상태표 조회]** 12월 말 '선급금' 잔액은 얼마인가?	3
29	**평가문제 [재무상태표 조회]** 12월 말 '무형자산' 잔액은 얼마인가?	3
30	**평가문제 [재무상태표 조회]** 12월 말 '자본금' 잔액은 얼마인가? ① 427,832,280원　　　　② 527,732,280원 ③ 637,832,280원　　　　④ 727,732,280원	2
	총 점	62

평가문제 회계정보분석 (8점)

회계정보를 조회하여 [회계정보분석] 답안을 입력하시오.

31. 재무상태표 조회 (4점)

당좌비율은 유동자산 중 현금화할 수 있는 당좌자산으로 단기채무를 충당할 수 있는 정도를 나타내는 비율이다. 전기말 당좌비율을 계산하면 얼마인가?(단, 소숫점 이하는 버림 할 것.)

$$당좌비율(\%) = \frac{당좌자산}{유동부채} \times 100$$

① 350%   ② 371%

③ 380%   ④ 391%

32. 손익계산서 조회 (4점)

영업이익률이란 기업의 주된 영업활동에 의한 성과를 판단하는 지표이다. 전기분 영업이익률은 얼마인가?(단, 소수점 이하는 버림 할 것.)

$$영업이익률(\%) = \frac{영업이익}{매출액} \times 100$$

① 22%   ② 32%

③ 305%   ④ 336%

제65회 FAT 2급 기출문제

순양가구(코드번호 : 4265)

▌ 실무이론평가 ▌

아래 문제에서 특별한 언급이 없으면 기업의 보고기간(회계기간)은 매년 1월 1일부터 12월 31일까지입니다. 또한 기업은 일반기업회계기준 및 관련 세법을 계속적으로 적용하고 있다고 가정하고 물음에 가장 합당한 답을 고르시기 바랍니다.

01 다음과 같은 거래 요소의 결합관계에 해당하는 거래는?

(차) 자산의 증가   (대) 부채의 증가

① 종업원 급여 5,000,000원을 현금으로 지급하다.
② 상품 300,000원을 외상으로 판매하다.
③ 은행으로부터 1,000,000원을 1년간 차입하여 보통예금으로 입금하다.
④ 전기에 발생한 매출채권 200,000원을 현금으로 회수하다.

02 다음 거래를 분개할 때 수익과 비용의 변동이 있는 경우가 **아닌** 것은?

① 거래처에 대한 받을어음 100,000원을 현금으로 회수하였다.
② 거래처 대여금에 대한 이자 200,000원이 보통예금 계좌로 입금되었다.
③ 종업원에 대한 급여 미지급액 2,000,000원을 결산 반영하였다.
④ 직원들의 회식비로 현금 500,000원을 지급하였다.

03 다음 중 재무상태표에 대한 설명으로 옳지 **않은** 것은?

① 자산과 부채는 원칙적으로 상계하여 표시하지 않는다.
② 자산과 부채는 1년을 기준으로 유동과 비유동으로 분류하는 것이 원칙이다.
③ 재무상태표는 정보이용자에게 기업의 유동성, 재무적 탄력성 등을 평가하는데 유용한 정보를 제공한다.
④ 재무상태표의 기본요소는 자산, 부채 및 수익이다.

04 다음은 한공상사의 외상매출금과 관련된 내용이다. 당기의 외상매출금 회수액은 얼마인가?

• 외상매출금 기초금액	40,000원
• 당기외상매출액	180,000원
• 외상매출금 기말금액	60,000원

① 160,000원　　　　　　　　　　② 180,000원
③ 200,000원　　　　　　　　　　④ 240,000원

05 다음은 한공상사의 건물 취득과 관련된 자료이다. 건물의 취득원가는 얼마인가?

• 건물 구입 금액	20,000,000원	• 구입 시 중개수수료	200,000원
• 취득세	920,000원	• 건물취득 후 납부한 화재 보험료	80,000원

① 20,000,000원　　　　　　　　② 20,200,000원
③ 21,120,000원　　　　　　　　④ 21,200,000원

06 다음 중 기말 재고자산에 포함되지 않는 항목은?

① 상품　　　　　　　　　　　　② 원재료
③ 제품　　　　　　　　　　　　④ 건설중인자산

07 다음 자료를 토대로 도·소매업을 운영하는 한공상사의 영업이익을 계산하면 얼마인가?

손익계산서

한공상사　　　　　2024년 1월 1일부터 2024년 12월 31일까지　　　　　(단위 : 원)

비 용	금 액	수 익	금 액
매출원가	200,000	매 출	400,000
급　　여	60,000		
복리후생비	10,000		
임차료	50,000		
기부금	20,000		
당기순이익	60,000		
	400,000		400,000

① 50,000원　　　　　　　　　　② 70,000원
③ 80,000원　　　　　　　　　　④ 100,000원

08 다음은 회계부서 팀원간의 대화이다. (가)에 들어갈 계정과목으로 옳은 것은?

> 한과장 : 김대리, 어제 노인회관에 무상으로 제공한 난방기는 어떻게 처리했나요?
>
> 김대리 : 네. 무상으로 제공한 난방기는 (가)계정으로 회계처리했습니다.

① 기부금   ② 접대비
③ 복리후생비   ④ 광고선전비

09 다음 중 결산정리사항에 해당하지 **않는** 것은?

① 단기차입금의 상환
② 감가상각비의 계상
③ 선급비용의 계상
④ 미수이자의 계상

10 다음은 한공상사의 대손충당금 관련 자료이다. 당기말 대손충당금 잔액은 얼마인가?

> • 기초 대손충당금 잔액은 30,000원이다.
> • 당기 중 매출채권 10,000원을 대손처리하였다.
> • 기말 결산시 대손상각비 20,000원을 계상하였다.

① 10,000원   ② 20,000원
③ 30,000원   ④ 40,000원

▌ 실무수행평가 ▌

순양가구(회사코드 4265)는 가구 도소매업을 운영하는 개인기업으로, 회계기간은 제7기(2024.1.1. ~ 2024.12.31.)이다. 제시된 자료와 [자료설명]을 참고하여, [수행과제]를 완료하고 [평가문제]의 물음에 답하시오.

실무수행 유의사항	1. 타계정 대체와 관련된 적요는 반드시 코드를 입력하여야 한다. 2. 채권·채무, 예금거래 등 관리대상 거래자료에 대하여는 거래처코드를 반드시 입력한다. 3. 자금관리 등 추가 작업이 필요한 경우 문제의 요구에 따라 추가 작업하여야 한다. 4. 등록된 계정과목 중 가장 적절한 계정과목을 선택한다. 5. 부가가치세는 고려하지 않는다.

실무수행1 기초정보관리의 이해

회계관련 기초정보는 입력되어 있다. [자료설명]을 참고하여 [수행과제]를 수행하시오.

① 사업자등록증에 의한 회사등록 수정

사 업 자 등 록 증 (일반과세자) 등록번호 : 220 - 32 - 10078 상 호 : 순양가구 대 표 자 : 이현진 개 업 년 월 일 : 2018년 2월 13일 사업장 소재지 : 서울특별시 서대문구 충정로7길 29 - 11 (충정로3가) 사 업 의 종 류 : 업태 도소매업 종목 가구 교 부 사 유 : 사업장이전 사업자단위과세 적용사업자여부 : 여( ) 부(√) 2024년 1월 9일 서대문 세무서장 (인) 국세청	**자료설명** 순양가구는 사업장을 이전하고 서대문세무서로부터 사업자등록증을 변경 발급받았다. **수행과제** 회사등록메뉴에서 변경된 내용을 반영하시오.

② 계정과목 추가 및 적요등록 수정

자료설명	순양가구는 가구협회에 회원으로 가입하고, 매월 납부할 회비를 계정과목으로 등록하여 사용하려고 한다.
수행과제	'850.회사설정계정과목'을 '850.협회비'로 수정하고, 표준재무제표용 표준코드와 현금적요를 등록하시오. - 계정구분 : 4.경비, 표준코드 : 058. ①기타) - 현금적요 : 01. 가구협회 회비 현금 납부

실무수행2 거래자료입력

실무프로세스 자료이다. [자료설명]을 참고하여 [수행과제]를 수행하시오.

① 증빙에 의한 전표입력

<table>
<tr><td>
신용카드매출전표

카드종류 : 국민카드
회원번호 : 4447 - 8664 - **** - 7**9
거래일시 : 2024.03.21.　20 : 05 : 16
거래유형 : 신용승인
매　　출 : 200,000원
합　　계 : 200,000원
결제방법 : 일시불
승인번호 : 26785995

가맹점명 : (주)대양문구(110 - 81 - 45128)
- 이 하 생 략-
</td>
<td>자료설명</td>
<td>사무실에서 사용할 소모품을 구입하면서 국민카드로 결제하고 받은 신용카드매출전표이다.</td>
</tr>
<tr>
<td>수행과제</td>
<td>거래자료를 입력하시오.
(단, '비용'으로 회계처리 할 것.)</td>
</tr>
</table>

② 증빙에 의한 전표입력

영 수 증 (공급받는자용)				
NO			순양가구 귀하	
공급자	사업자 등록번호	305 - 12 - 34510		
	상 호	친절퀵서비스	성명	김지성
	사업장 소재지	서울특별시 서대문구 독립문공원길 99 (현저동)		
	업 태	서비스업	종목	포장, 배송
작성일자		공급대가총액		비고
2024.4.11.		17,000원		
공 급 내 역				
월/일	품명	수량	단가	금액
4/11	배송비			17,000
합 계		17,000원		
위 금액을 (영수)(청구)함				

자료설명	포장 및 배송 전문업체인 친절퀵서비스에 판매상품 배송을 요청하고 당사부담 배송비는 현금으로 지급하였다.
수행과제	거래자료를 입력하시오.

③ 기타 일반거래

영수증 (입금증, 영수증, 계산서, 전자통장거래확인증 등 겸용)

타행 송금의뢰 확인증

2024년 5월 9일

입금 은행 : 수협은행		
입금 계좌 : 1235 - 12 - 3252000	대 체 :	₩3,300,000
수 취 인 : 재벌가구		
적 요 :	합 계 :	₩3,300,000
의 뢰 인 : 순양가구	송금수수료 :	0

유성지점 (☎ 1544 - 9999)

국민은행

자료설명	[5월 9일] 재벌가구의 상품 외상매입대금 중 일부를 국민은행 보통예금 계좌에서 지급하였다.
수행과제	거래자료를 입력하시오.

④ 기타 일반거래

■ 보통예금(신협은행) 거래내역

번호	거래일	내 용	찾으신금액	맡기신금액	잔 액	거래점
		계좌번호 201 - 6611 - 04712 순양가구				
1	2024 - 06 - 07	주식매입	3,000,000		***	***

자료설명	단기매매차익을 목적으로 거래소에 상장된 (주)대박의 주식 100주(주당 액면금액 10,000원)를 주당 30,000원에 매입하고, 대금은 신협은행 보통예금 계좌에서 이체하였다.
수행과제	거래자료를 입력하시오.

⑤ 재고자산의 매출거래

거래명세서 (공급자 보관용)

공급자	등록번호	220 - 32 - 10078			공급받는자	등록번호	211 - 28 - 35011		
	상호	순양가구	성명	이현진		상호	가구천국	성명	이나경
	사업장주소	서울특별시 서대문구 충정로7길 29 - 11 (충정로3가)				사업장주소	서울특별시 구로구 개봉로1길 188		
	업태	도소매업	종사업장번호			업태	도매업	종사업장번호	
	종목	가구				종목	일반가구		

거래일자	미수금액	공급가액	총 합계금액
2024.9.13.		2,500,000	2,500,000

NO	월	일	품목명	규격	수량	단가	공급가액	합계
1	9	13	사무용 가구		5	500,000	2,500,000	2,500,000

자료설명	가구천국에 상품을 판매하고 발급한 거래명세서이며, 대금은 전액 외상으로 하였다.
수행과제	거래자료를 입력하시오.

6 약속어음 발행거래

전 자 어 음

(주)가구나라 귀하   00420241023123456789

금 칠백만원정   7,000,000원

위의 금액을 귀하 또는 귀하의 지시인에게 지급하겠습니다.

지급기일 2024년 12월 31일	발행일 2024년 10월 23일
지 급 지 국민은행	발행지 서울특별시 서대문구 충정로7길
지급장소 서대문지점	주 소 29 - 11 (충정로3가)
	발행인 순양가구

자료설명	[10월 23일] (주)가구나라에서 상품 7,000,000원을 매입하고, 대금은 전자어음을 발행하여 지급하였다.
수행과제	1. 거래자료를 입력하시오. 2. 자금관련 정보를 입력하여 지급어음 현황에 반영하시오.(단, 등록된 어음을 사용할 것.)

7 통장사본에 의한 거래입력

■ 보통예금(농협은행) 거래내역

번호	거래일	내 용	찾으신금액	맡기신금액	잔 액	거래점
		계좌번호 112 - 01 - 123154 순양가구				
1	2024 - 11 - 22	매출 계약금		4,400,000	***	***

자료설명	(주)서영전자의 상품매출 계약금이 농협은행 보통예금 계좌에 입금된 거래내역이다.
수행과제	거래자료를 입력하시오.

8 기타일반거래

자료 1. 급여대장

2024년 12월 급여대장

직급	성명	급 여	공 제 액			차감지급액
			소득세 등	건강보험료 등	공제액합계	
과장	우석근	3,500,000원	156,440원	301,760원	458,200원	3,041,800원
대리	남수현	3,000,000원	93,330원	297,760원	391,090원	2,608,910원
합 계		6,500,000원	249,770원	599,520원	849,290원	5,650,710원

자료 2. 보통예금(신한은행) 거래내역

번호	거래일	내 용	찾으신금액	맡기신금액	잔 액	거래점
		계좌번호 308 – 24 – 374555 순양가구				
1	2024 – 12 – 26	급여	5,650,710		***	***

자료설명	12월분 급여를 신한은행 보통예금 계좌에서 이체하여 지급한 내역이다.
수행과제	거래자료를 입력하시오.(공제액합계는 '예수금'으로 처리할 것.)

실무수행3 전표수정

실무프로세스 자료이다. [자료설명]을 참고하여 [수행과제]를 수행하시오.

① 입력자료수정

NO _20240215_ **입 금 표** (공급자용)	

대한자동차 귀하

공급자	사 업 자 등록번호	220 - 32 - 10078		
	상 호	순양가구	성명	이현진
	사 업 장 소 재 지	서울특별시 서대문구 충정로7길 29 - 11 (충정로3가)		
	업 태	도소매업	종목	가구
작성일	공급대가총액		비고	
2024.2.15.	6,600,000			
공 급 내 역				
월/일	품명	수량	단가	금액
2/15	화물차			6,600,000
합 계	₩6,600,000			
위 금액을 (영수)(청구)함				

자료설명	[2월 15일] 배달용 차량을 중고로 판매하고 발생한 미수금을 현금으로 받고 발급한 입금표이다.
수행과제	1월 13일 거래자료를 참고하여 입력 자료를 적절하게 수정하시오.

② 입력자료수정

2024년 9월 청구서	
작성일자 : 2024.10. 1. 납부기한 : 2024.10.20.	
금 액	232,000원
고객명	순양가구
이용번호	02 - 314 - 1245
명세서번호	**25328**
이용기간	9월 1일~9월 30일
9월 이용요금	232,000원
공급자등록번호	110 - 81 - 92484
공급받는자 등록번호	220 - 32 - 10078
공급가액	232,000원
부가가치세(VAT)	0원
10원미만 할인요금	0원
입금전용계좌	국민은행
(주)케이티 서대문지점(전화국)	

자료설명	통신요금의 납부 내역을 확인한 결과 10월 1에 이중으로 입력되었음을 발견하였다. (회사는 작성일자로 미지급금을 계상하고 납부기한일에 자동이체하여 지급하고 있다.)
수행과제	9월분 청구서를 참고하여 적절하게 처리하시오.

실무수행4 결산

[결산자료]를 참고하여 결산을 수행하시오.(단, 제시된 자료 이외의 자료는 없다고 가정함.)

① 수동결산 및 자동결산

자료설명	1. 장기대여금에 대한 당기 기간경과분 미수이자 790,000원을 계상하다. 2. 기말상품재고액은 34,000,000원이다.
수행과제	1. 수동결산 또는 자동결산 메뉴를 이용하여 결산을 완료하시오. 2. 12월 31일을 기준으로 '손익계산서 → 재무상태표'를 순서대로 조회 작성하시오.(단, 손익계산서 조회 작성 시 상단부 [기능모음]의 '추가'를 이용하여 '손익대체분개'를 수행할 것.)

평가문제 실무수행평가 (62점)

입력자료 및 회계정보를 조회하여 [평가문제]의 답안을 입력하시오.

번호	평가 문제	배점
11	**평가문제 [회사등록 조회]** 회사등록과 관련된 내용 중 옳지 않은 것은? ① 대표자 성명은 '이현진'이다. ② 업태는 '도소매업'이다. ③ 사업장은 '서울특별시 강남구'에 위치하고 있다. ④ 사업장 세무서는 '서대문세무서'이다.	4
12	**평가문제 [계정과목및적요등록 조회]** '850.협회비' 계정과 관련된 내용으로 옳지 않은 것은? ① 구분은 '4.경비'이다. ② 표준재무제표항목의 표준코드 '048.판매수수료'를 사용하고 있다. ③ 현금적요는 1개를 사용하고 있다. ④ 대체적요는 사용하고 있지 않다.	4
13	**평가문제 [예적금현황 조회]** 12월 말 은행별 예금 잔액으로 옳지 않은 것은? ① 국민은행(보통) 1,701,000원 ② 농협은행(보통) 32,459,000원 ③ 신한은행(보통) 349,290원 ④ 신협은행(보통) 6,000,000원	4
14	**평가문제 [거래처원장 조회]** 5월 말 '251.외상매입금' 잔액이 가장 많은 거래처 코드를 기입하시오.	3
15	**평가문제 [거래처원장 조회]** 9월 말 가구천국(코드 : 01131)의 '108.외상매출금' 잔액은 얼마인가?	3
16	**평가문제 [거래처원장 조회]** 12월 말 국민카드(코드 : 99600)의 '253.미지급금' 잔액은 얼마인가?	3
17	**평가문제 [지급어음현황 조회]** 2024년에 만기가 도래하는 '252.지급어음' 금액은 얼마인가?	3
18	**평가문제 [현금출납장 조회]** 4월 말 '현금' 잔액은 얼마인가?	3
19	**평가문제 [일/월계표 조회]** 10월 한달 동안 매입한 '상품' 금액은 얼마인가?	3
20	**평가문제 [일/월계표 조회]** 10월 한달 동안 '미지급금'의 감소액(차변 합계)은 얼마인가?	3

번호	평가 문제	배점
21	**평가문제 [손익계산서 조회]** 당기에 발생한 '판매비와관리비'의 계정 중 금액이 올바르지 않은 것은? ① 급여 297,289,000원 ② 통신비 1,772,110원 ③ 운반비 794,400원 ④ 도서인쇄비 288,000원	3
22	**평가문제 [손익계산서 조회]** 당기에 발생한 '상품매출' 금액은 얼마인가?	4
23	**평가문제 [손익계산서 조회]** 당기에 발생한 '소모품비' 금액은 얼마인가?	3
24	**평가문제 [손익계산서 조회]** 당기에 발생한 '이자수익'은 얼마인가?	3
25	**평가문제 [재무상태표 조회]** 12월 말 '단기매매증권' 잔액은 얼마인가?	3
26	**평가문제 [재무상태표 조회]** 12월 말 '미수수익' 잔액은 얼마인가?	2
27	**평가문제 [재무상태표 조회]** 12월 말 '미수금' 잔액은 얼마인가?	3
28	**평가문제 [재무상태표 조회]** 12월 말 '예수금' 잔액은 얼마인가?	3
29	**평가문제 [재무상태표 조회]** 12월 말 '선수금' 잔액은 얼마인가?	3
30	**평가문제 [재무상태표 조회]** 12월 말 '자본금' 잔액은 얼마인가? ① 568,771,270원 ② 720,435,170원 ③ 820,435,170원 ④ 920,435,170원	2
총 점		62

평가문제 회계정보분석 (8점)

회계정보를 조회하여 [답안수록] 메뉴에 해당문제의 답안을 입력하시오.

31. 손익계산서 조회 (4점)

    이자보상비율은 기업의 채무상환능력을 나타내는 지표이다. 전기분 이자보상비율은 얼마인가?(단, 소숫점 이하는 버림 할 것.)

$$\text{이자보상비율(\%)} = \frac{\text{영업이익}}{\text{이자비용}} \times 100$$

① 1,280%   ② 1,488%

③ 2,420%   ④ 2,670%

32. 재무상태표 조회 (4점)

    부채비율은 기업의 지급능력을 측정하는 비율로 높을수록 채권자에 대한 위험이 증가한다. 전기분 부채비율은 얼마인가?(단, 소숫점 이하는 버림 할 것.)

$$\text{부채비율(\%)} = \frac{\text{부채총계}}{\text{자기자본(자본총계)}} \times 100$$

① 51%   ② 64%

③ 194%   ④ 201%

제66회 FAT 2급 기출문제

바오바오(코드번호 : 4266)

▌실무이론평가 ▌

아래 문제에서 특별한 언급이 없으면 기업의 보고기간(회계기간)은 매년 1월 1일부터 12월 31일까지입니다. 또한 기업은 일반기업회계기준 및 관련 세법을 계속적으로 적용하고 있다고 가정하고 물음에 가장 합당한 답을 고르시기 바랍니다.

01 다음 중 아래 거래요소의 결합관계에 해당하는 거래는 무엇인가?

① 투자자로부터 시가 5,000,000원의 건물을 기증받다.

② 단기차입금 600,000원을 현금으로 지급하다.

③ 거래처로부터 받을어음 대금 800,000원을 현금으로 수취하다.

④ 종업원급여 1,500,000원을 보통예금 계좌에서 이체하여 지급하다.

02 다음 중 재무제표의 기본요소에 대한 설명으로 옳지 **않은** 것은?

① 자산은 미래에 경제적 효익을 창출할 것으로 기대되는 자원이다.

② 자산은 현재 기업실체에 의해 지배되어야 한다.

③ 부채는 기업실체가 현재 시점에서 부담하여야 하는 경제적 의무이다.

④ 부채는 미래에 자원의 유입이 예상되는 권리이다.

03 다음에서 설명하는 회계의 기본가정으로 옳은 것은?

> • 회계순환과정에 있어 기말결산정리를 하게 되는 근거가 되는 가정이다.
> • 기업실체 존속기간을 일정한 기간 단위로 분할하여 각 기간에 대해 경제적 의사결정에 유용한 정보를 보고하는 것이다.

① 계속기업의 가정　　　　　　　② 기업실체의 가정
③ 화폐단위의 가정　　　　　　　④ 기간별 보고의 가정

04 다음 중 회계의 순환과정에서 재무제표가 작성되는 순서로 옳은 것은?

① 분개장 → 시산표 → 총계정원장 → 재무제표
② 분개장 → 총계정원장 → 시산표 → 재무제표
③ 총계정원장 → 분개장 → 시산표 → 재무제표
④ 총계정원장 → 시산표 → 분개장 → 재무제표

05 다음 자료를 토대로 한공상사의 외상매출금 당기 회수액을 계산하면 얼마인가?

> • 기초금액　　　　　　　　　　　　　　　　　　32,000원
> • 당기 외상매출액　　　　　　　　　　　　　　200,000원
> • 기말금액　　　　　　　　　　　　　　　　　　40,000원

① 160,000원　　　　　　　　　② 192,000원
③ 200,000원　　　　　　　　　④ 208,000원

06 다음은 한공상사의 건물 취득과 관련된 자료이다. 건물의 취득원가는 얼마인가?

> • 건물 구입금액 : 10,000,000원　　　　• 건물구입 시 중개수수료 : 100,000원
> • 건물 취득세 : 70,000원　　　　　　　• 건물구입 후 납부한 화재 보험료 : 50,000원

① 10,000,000원　　　　　　　② 10,100,000원
③ 10,170,000원　　　　　　　④ 10,220,000원

07 다음 자료를 토대로 기초자본과 비용총액을 계산하면 얼마인가?(자본거래는 없는 것으로 가정한다.)

• 기초자산 250,000원	• 기초부채 120,000원
• 기말자본 160,000원	• 수익총액 80,000원

	기초자본	비용총액
①	100,000원	30,000원
②	100,000원	50,000원
③	130,000원	30,000원
④	130,000원	50,000원

08 다음은 한공상사가 구입한 화환의 영수증이다. 화환을 **(가) 거래처 직원의 결혼식에 제공하는 경우**와, **(나) 한공상사 직원의 결혼식에 제공하는 경우**의 계정과목으로 옳은 것은?

영 수 증

2024/10/08

예쁜꽃화원   Tel. (02)222-6430

서울 금천구 가산로 115

214-12-45123

종 명	수 량	단 가	금 액
결혼식화환			80,000

합계 : 80,000원

감사합니다.

	(가)	(나)
①	복리후생비	접대비
②	접대비	복리후생비
③	복리후생비	기부금
④	기부금	복리후생비

09 다음 자료를 토대로 대손처리 후 대손충당금 잔액을 계산하면 얼마인가?

> • 2024년 1월   1일 : 대손충당금 잔액 250,000원
> • 2024년 10월 12일 : 거래처 파산으로 외상매출금 120,000원과 받을어음 50,000원이 회수불능
>   으로 판명되다.

① 80,000원   ② 120,000원

③ 130,000원   ④ 170,000원

10 다음은 한공상사 영업팀 출장 관련 자료이다. 11월 5일의 회계처리로 옳은 것은?

> • 11월 2일   경리담당자는 영업팀 김대리에게 출장비 300,000원을 사전에 현금으로 지급하였다.
> • 11월 5일   출장을 마치고 돌아온 김대리는 증빙을 첨부하여 출장비로 350,000원을 보고하였으
> 며, 차액은 현금으로 정산되었다.
>
> 회계처리 :
>
> | | | | | |
> |---|---|---|---|---|
> | 가. (차) 여비교통비 | 350,000원 | (대) 현금 | 350,000원 | |
> | 나. (차) 가지급금 | 350,000원 | (대) 현금 | 50,000원 | |
> | | | 가지급금 | 300,000원 | |
> | 다. (차) 여비교통비 | 350,000원 | (대) 현금 | 50,000원 | |
> | | | 가지급금 | 300,000원 | |
> | 라. (차) 가수금 | 350,000원 | (대) 현금 | 50,000원 | |
> | | | 가지급금 | 300,000원 | |

① 가   ② 나

③ 다   ④ 라

▌ 실무수행평가 ▌

바오바오(회사코드 4266)는 인형 및 장난감 도소매업을 운영하는 개인기업으로, 회계기간은 제7기 (2024.1.1. ~ 2024.12.31.)이다. 제시된 자료와 [자료설명]을 참고하여, [수행과제]를 완료하고 [평가문제]의 물음에 답하시오.

실무수행 유의사항	1. 타계정 대체와 관련된 적요는 반드시 코드를 입력하여야 한다. 2. 채권·채무, 예금거래 등 관리대상 거래자료에 대하여는 거래처코드를 반드시 입력한다. 3. 자금관리 등 추가 작업이 필요한 경우 문제의 요구에 따라 추가 작업하여야 한다. 4. 등록된 계정과목 중 가장 적절한 계정과목을 선택한다. 5. 부가가치세는 고려하지 않는다.

실무수행1 기초정보관리의 이해

　　　　회계관련 기초정보는 입력되어 있다. [자료설명]을 참고하여 [수행과제]를 수행하시오.

① 사업자등록증에 의한 거래처등록

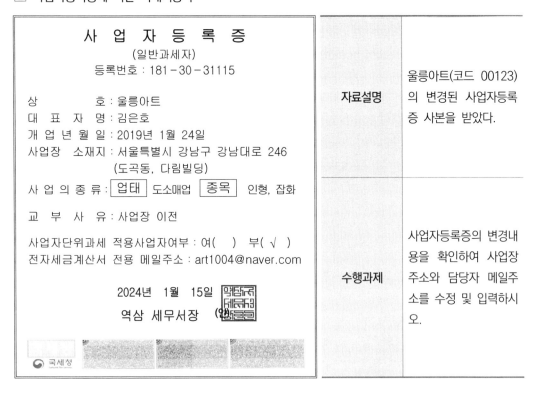

자료설명	울릉아트(코드 00123)의 변경된 사업자등록증 사본을 받았다.
수행과제	사업자등록증의 변경내용을 확인하여 사업장 주소와 담당자 메일주소를 수정 및 입력하시오.

② 전기분 재무상태표의 입력수정

재 무 상 태 표

제6(당)기 2023.12.31. 현재
제5(전)기 2022.12.31. 현재

바오바오 (단위 : 원)

과 목	제6기 (2023.12.31.)		제5기 (2022.12.31.)	
자 산				
Ⅰ. 유 동 자 산		407,180,000		414,375,000
(1) 당 좌 자 산		350,180,000		329,255,000
현 금		10,001,280		1,250,000
보 통 예 금		254,780,000		14,300,000
외 상 매 출 금	95,000,000		179,500,000	
대 손 충 당 금	22,400,000	72,600,000	1,795,000	177,705,000
받 을 어 음	12,928,000		136,000,000	
대 손 충 당 금	129,280	12,798,720		0
(2) 재 고 자 산		57,000,000		85,120,000
상 품		57,000,000		85,120,000
Ⅱ. 비 유 동 자 산		87,600,000		89,136,000
(1) 투 자 자 산		0		0
(2) 유 형 자 산		57,600,000		34,136,000
차 량 운 반 구	60,000,000		32,600,000	
감 가 상 각 누 계 액	12,000,000	48,000,000	5,100,000	27,500,000
비 품	12,000,000		8,500,000	
감 가 상 각 누 계 액	2,400,000	9,600,000	1,864,000	6,636,000
(3) 무 형 자 산		0		0
(4) 기 타 비 유 동 자 산		30,000,000		55,000,000
임 차 보 증 금		30,000,000		55,000,000
자 산 총 계		494,780,000		503,511,000
부 채				
Ⅰ. 유 동 부 채		88,490,000		79,730,000
외 상 매 입 금		13,700,000		50,250,000
지 급 어 음		5,300,000		3,000,000
미 지 급 금		9,700,000		16,000,000
예 수 금		1,350,000		480,000
단 기 차 입 금		58,440,000		10,000,000
Ⅱ. 비 유 동 부 채		0		0
부 채 총 계		88,490,000		79,730,000
자 본				
자 본 금		406,290,000		423,781,000
(당 기 순 이 익 108,980,000)				
자 본 총 계		406,290,000		423,781,000
부 채 와 자 본 총 계		494,780,000		503,511,000

자료설명	전기(제6기)분 재무제표는 입력되어 있으며 재무제표 검토결과 입력오류를 발견하였다.
수행과제	입력이 누락되었거나 오류부분을 찾아 수정 입력하시오.

실무수행2 거래자료입력

실무프로세스 자료이다. [자료설명]을 참고하여 [수행과제]를 수행하시오.

① 통장사본에 의한 거래입력

■ 보통예금(기업은행) 거래내역

번호	거래일	내 용	찾으신금액	맡기신금액	잔 액	거래점
		계좌번호 764502 – 01 – 047720 바오바오				
1	2024 – 2 – 17	차입금이자	584,400		***	***

자료설명	단기차입금에 대한 이자비용을 기업은행 보통예금 계좌에서 이체하여 지급하였다.
수행과제	거래자료를 입력하시오.

② 증빙에 의한 전표입력

영 수 증 2024/3/2 성보카정비 　　　　　　(T.02 - 823 - 1234) 서울특별시 서대문구 충정로7길 29 - 8 (충정로3가) 123 - 45 - 67891 품 목　수 량　단 가　　금 액 오일교체　　1　　30,000　　30,000 합계 : 30,000원 감사합니다.	자료설명	업무용 승용차의 엔진오일을 교체하고, 대금은 다음달에 지급하기로 하였다. (단, '차량유지비'로 처리할 것.)
	수행과제	거래자료를 입력하시오.

③ 기타 일반거래

출장비 정산서

일 자	출발지	도착지	KTX	숙박비	식 대	계
2024.3.18.	서울	부산	47,500원	100,000원	40,000원	187,500원
2024.3.21.	부산	서울	47,500원	-	60,000원	107,500원
합 계			95,000원	100,000원	100,000원	295,000원
지급받은금액						250,000원
추가지급액						45,000원

자료설명	[3월 22일] 출장을 마친 직원(김태연)의 출장비 내역을 보고 받고, 차액은 현금으로 지급하였다.
수행과제	3월 15일의 거래를 확인하여 거래자료를 입력하시오. (단, 출장비 지출내역은 '여비교통비'로 처리하고, '가지급금'은 거래처를 입력할 것.)

④ 약속어음 수취거래

전 자 어 음

바오바오 귀하　　　　　　　　　　　　00420240426123456789

금　오백만원정　　　　　　　　　　　5,000,000원

위의 금액을 귀하 또는 귀하의 지시인에게 지급하겠습니다.

지급기일　2024년 7월 31일　　　　발행일　2024년 4월 26일
지 급 지　국민은행　　　　　　　　발행지　서울특별시 서대문구
지급장소　강남지점　　　　　　　　주 소　홍제내2나길 29
　　　　　　　　　　　　　　　　　발행인　(주)현진아트

자료설명	[4월 26일] (주)현진아트의 상품 외상매출대금 일부를 전자어음으로 수취하였다.
수행과제	1. 거래자료를 입력하시오. 2. 자금관련정보를 입력하여 받을어음현황에 반영하시오.

⑤ 재고자산의 매출거래

거래명세서 (공급자 보관용)

공급자					공급받는자			
등록번호	109 – 09 – 67470				등록번호	119 – 54 – 37124		
상호	바오바오	성명	고지후		상호	장난감나라	성명	조수민
사업장주소	서울특별시 서대문구 충정로7길 29 – 13 (충정로3가)				사업장주소	서울특별시 서대문구 독립문로8길 120 (북아현동)		
업태	도소매업		종사업장번호		업태	도소매업		종사업장번호
종목	인형, 장난감				종목	인형, 잡화		

거래일자	미수금액	공급가액	세액	총 합계금액
2024.5.27.		800,000		800,000

NO	월	일	품목명	규격	수량	단가	공급가액	세액	합계
1	5	27	곰인형		80	10,000	800,000		800,000

자료설명	상품을 외상으로 매출하고 발급한 거래명세서이다.
수행과제	거래내역을 입력하시오.

⑥ 기타 일반거래

영수증 (입금증. 영수증, 계산서, 전자통장거래확인증 등 겸용)

타행 송금의뢰 확인증

2024년 7월 20일

입금 은행 : 농협은행		
입금 계좌 : 1235 – 12 – 3252000	대 체 :	₩5,665,000
수 취 인 : (주)소윤문구	------	
적 요 :	합 계 :	₩5,665,000
의 뢰 인 바오바오	송금수수료 :	0

유성지점 (☎ 1544 – 9999)

국민은행

자료설명	[7월 20일] (주)소윤문구의 상품 외상매입대금 일부를 국민은행 보통예금 계좌에서 인출하여 송금하였다.
수행과제	거래자료를 입력하시오.

7 증빙에 의한 전표입력

매 출 전 표	
카드종류 신한카드	거래일자 2024.8.10.10 : 13 : 42
카드번호(CARD NO) 4658 - 1232 - **** - 45**	

승인번호 20240810101234	금액 AMOUNT			백 4	9	0	천 0	0	0	원
일반 일시불	할부	부가세 V.A.T								
	전단지	봉사료 CASHBACK								
거래유형		합계 TOTAL		4	9	0	0	0	0	

가맹점명 예솔광고	
대표자명 임예솔	사업자번호 216 - 23 - 37552
전화번호 02 - 439 - 7248	가맹점번호 84566611
주소 서울특별시 구로구 구로동로 104	

상기의 거래 내역을 확인합니다.   서명   바오바오

자료설명	신제품 판매촉진을 위한 광고전단지를 제작하고, 결제한 신용카드매출전표이다.
수행과제	거래자료를 입력하시오.

8 기타 일반거래

■ 보통예금(농협은행) 거래내역

번호	거래일	내 용	찾으신금액	맡기신금액	잔 액	거래점
		계좌번호 201 - 6611 - 04712 바오바오				
1	2024 - 12 - 15	계약금		1,600,000	***	***

자료설명	(주)인선팬시와 상품매출 계약을 체결하고, 계약금을 농협은행 보통예금 계좌로 입금받았다.
수행과제	거래자료를 입력하시오.

실무수행3 전표수정

실무프로세스 자료이다. [자료설명]을 참고하여 [수행과제]를 수행하시오.

① 입력자료 수정

신용카드매출전표	자료설명	매출거래처 담당자와 식사를 하고 신용카드로 결제하였다.
카드종류 : 삼성카드 회원번호 : 7445 – 8841 – **** – 3**1 거래일시 : 2024.11.10. 12 : 04 : 16 거래유형 : 신용승인 매 출 : 77,000원 합 계 : 77,000원 결제방법 : 일시불 승인번호 : 26785995 가맹점명 : 가윤한식 (314 - 25 - 12349) - 이 하 생 략-	수행과제	거래자료를 수정하시오.

② 입력자료 수정

자료 1. 자동차 보험증권

증 권 번 호	2557466	계 약 일	2024년 12월 1일
보 험 기 간	2024 년 12 월 1 일 00 : 00부터 2025 년 12월 1일 24 : 00까지		
보 험 계 약 자	바오바오	주민(사업자)번호	109 - 09 - 67470
피 보 험 자	바오바오	주민(사업자)번호	109 - 09 - 67470

보험료 납입사항

총보험료	96 만원	납입보험료	96만원	미납입 보험료	0 원

자료 2. 보통예금(신협은행) 거래내역

번호	거래일	내 용	찾으신금액	맡기신금액	잔 액	거래점
		계좌번호 1122-098-123143 바오바오				
1	2024-12-1	참좋은손해보험(주)	960,000		***	***

자료설명	배달용 화물차의 보험료를 신협은행 보통예금에서 이체한 거래가 입력 누락 되었다.
수행과제	거래내역을 확인 후 추가 입력 하시오.('비용'으로 처리할 것.)

실무수행4 결산

[결산자료]를 참고하여 결산을 수행하시오.(단, 제시된 자료 이외의 자료는 없다고 가정함.)

① 수동결산 및 자동결산

자료설명	1. 단기대여금에 대한 당기 기간경과분 미수이자 500,000원을 계상하다. 2. 기말상품재고액은 27,000,000원이다.
수행과제	1. 수동결산 또는 자동결산 메뉴를 이용하여 결산을 완료하시오. 2. 12월 31일을 기준으로 '손익계산서 → 재무상태표'를 순서대로 조회 작성하시오.(단, 손익계산서 조회 작성 시 상단부 [기능모음]의 '추가'를 이용하여 '손익대체분개'를 수행할 것.)

평가문제	**실무수행평가 (62점)**	
	입력자료 및 회계정보를 조회하여 [평가문제]의 답안을 입력하시오.	

번호	평가 문제	배점
11	**평가문제 [거래처등록 조회]** 울릉아트(코드 : 00123)의 거래처등록사항으로 옳지 않은 것은? ① 울릉아트의 대표자명은 '김은호'이다. ② 메일주소는 ulleungdo@naver.com이다. ③ 업태는 '도소매업'이다. ④ 주소는 '서울특별시 강남구 강남대로 246 (도곡동, 다림빌딩)'이다.	4
12	**평가문제 [계정별원장 조회]** 상반기(1/1~6/30) 중 '134.가지급금'이 감소된 거래처의 코드번호를 입력하시오.	2
13	**평가문제 [거래처원장 조회]** 12월 말 거래처별 '108.외상매출금' 잔액으로 옳지 않은 것은? ① 00106.장난감나라 21,880,000원 ② 00167.유리인형 3,300,000원 ③ 00185.(주)현진아트 21,000,000원 ④ 08707.(주)장난감왕국 5,500,000원	3
14	**평가문제 [거래처원장 조회]** 12월 말 '259.선수금' 잔액이 가장 많은 기래처코드를 입력하시오.	4
15	**평가문제 [거래처원장 조회]** 12월 말 거래처별 '253.미지급금' 잔액으로 옳은 것은? ① 99600.국민카드 500,000원 ② 99601.신한카드 2,000,000원 ③ 99602.비씨카드 185,000원 ④ 99605.삼성카드 6,575,200원	4
16	**평가문제 [받을어음현황 조회]** 만기일이 2024년에 도래하는 '받을어음'의 보유금액 합계는 얼마인가?	4
17	**평가문제 [예적금현황 조회]** 12월 말 은행별 보통예금 잔액으로 옳지 않은 것은? ① 신협은행(보통) 108,920,000원 ② 국민은행(보통) 64,574,000원 ③ 농협은행(보통) 50,000,000원 ④ 기업은행(보통) 25,975,600원	3
18	**평가문제 [현금출납장 조회]** 3월 말 '현금' 잔액은 얼마인가?	3
19	**평가문제 [일/월계표 조회]** 5월 한 달 동안 발생한 '상품매출' 금액은 얼마인가?	4

번호	평가 문제	배점
20	**평가문제 [일/월계표 조회]** 1/4분기(1월~3월) 동안 발생한 '이자비용' 금액은 얼마인가?	3
21	**평가문제 [손익계산서 조회]** 당기 '상품매출원가' 금액은 얼마인가?	2
22	**평가문제 [손익계산서 조회]** 당기에 발생한 '판매비와 관리비'의 계정별 금액으로 옳지 않은 것은? ① 여비교통비　2,009,600원　　② 접대비　11,661,500원 ③ 차량유지비　6,618,700원　　④ 광고선전비　5,300,000원	3
23	**평가문제 [손익계산서 조회]** 당기에 발생한 '보험료' 금액은 얼마인가?	3
24	**평가문제 [손익계산서 조회]** 당기에 발생한 '이자수익' 금액은 전기 대비 얼마나 증가하였는가?	3
25	**평가문제 [재무상태표 조회]** 1월 말 '유형자산' 금액은 얼마인가?	3
26	**평가문제 [재무상태표 조회]** 1월 말 '받을어음의 장부금액(받을어음 – 대손충당금)'은 얼마인가?	3
27	**평가문제 [재무상태표 조회]** 4월 말 '미지급금' 잔액은 얼마인가?	4
28	**평가문제 [재무상태표 조회]** 7월 말 '외상매입금' 잔액은 얼마인가?	3
29	**평가문제 [재무상태표 조회]** 12월 말 '미수수익' 잔액은 얼마인가?	2
30	**평가문제 [재무상태표 조회]** 12월 말 '자본금' 잔액은 얼마인가? ① 476,419,670원　　　　② 491,419,670원 ③ 516,001,000원　　　　④ 678,001,000원	2
총 점		62

423

평가문제 회계정보분석 (8점)

회계정보를 조회하여 [회계정보분석] 답안을 입력하시오.

31. 손익계산서 조회 (4점)

매출총이익률은 매출로부터 얼마의 이익을 얻느냐를 나타내는 비율로 높을수록 판매, 매입활동이 양호한 편이다. 전기 매출총이익률은 얼마인가?(단, 소수점 이하는 버림할 것.)

$$매출총이익률(\%) = \frac{매출총이익}{매출액} \times 100$$

① 28% ② 40%

③ 252% ④ 254%

32. 손익계산서 조회 (4점)

영업이익률은 기업의 주된 영업활동에 의한 성과를 판단하는 비율로 판매활동과 직접 관계없는 영업외손익을 제외한 순수 영업활동의 수익성을 나타내는 지표이다. 전기 영업이익률을 계산하면 얼마인가?(단, 소수점 이하는 버림할 것.)

$$영업이익률(\%) = \frac{영업이익}{매출액} \times 100$$

① 20% ② 26%

③ 537% ④ 576%

제68회 FAT 2급 기출문제

비전뮤직(코드번호 : 4268)

▌ 실무이론평가 ▌

아래 문제에서 특별한 언급이 없으면 기업의 보고기간(회계기간)은 매년 1월 1일부터 12월 31일까지입니다. 또한 기업은 일반기업회계기준 및 관련 세법을 계속적으로 적용하고 있다고 가정하고 물음에 가장 합당한 답을 고르시기 바랍니다.

01 다음 중 아래 거래요소의 결합관계에 해당하는 거래는 무엇인가?

(차변)		(대변)
부채의 감소	- - - - - - - - - -	자산의 감소

① 거래처로부터 매출채권 대금 500,000원을 현금으로 수취하다.

② 단기차입금 500,000원을 현금으로 상환하다.

③ 투자자로부터 시가 10,000,000원의 건물을 기증받다.

④ 종업원급여 5,000,000원을 보통예금 계좌에서 이체하여 지급하다.

02 다음 중 회계상 거래에 해당하지 **않는** 것은?

① 기계장치를 100,000,000원에 취득하고 현금으로 지급하였다.

② 사무실에 보관중이던 상품 20,000,000원을 도난·분실하였다.

③ 종업원에게 5,000,000원의 급여를 지급하였다.

④ 물품창고를 월 임차료 1,000,000원에 임차하는 계약을 체결하였다.

03 다음 (주)한공의 거래에 대한 회계 처리 시 차변 계정과목으로 옳은 것은?

사무실에서 사용하고 있던 책상을 장부가액으로 처분하고 대금은 거래처 발행 약속어음으로 받다.

① 선급금   ② 외상매출금

③ 단기대여금   ④ 미수금

04 다음은 (주)한공의 2024년 매출채권 관련 자료이다. 기말 매출채권 잔액은 얼마인가?

• 기초 매출채권 :	200,000원	• 외상매출분에 대한 현금회수 :	300,000원
• 외상매출액 :	900,000원	• 회수불능 매출채권 대손처리 :	100,000원

① 700,000원   ② 800,000원

③ 900,000원   ④ 1,100,000원

05 다음 중 먼저 구입한 상품이 먼저 사용되거나 판매되는 것으로 가정하여 기말재고액을 결정하는 방법은?

① 선입선출법   ② 이동평균법

③ 총평균법   ④ 후입선출법

06 다음 중 유형자산의 감가상각에 대한 설명으로 옳지 **않은** 것은?

① 취득원가, 내용연수, 잔존가치 등은 감가상각 계산의 요소이다.

② 유형자산 중 토지, 건물, 비품은 감가상각 대상이다.

③ 감가상각 방법에는 정액법, 정률법, 연수합계법, 생산량비례법 등이 있다.

④ 간접법에 의한 장부기록은 차변에 감가상각비, 대변에 감가상각누계액으로 한다.

07 다음 ( ) 에 들어갈 용어로 옳은 것은?

( )은(는) 기업실체의 경제적 거래나 사건에 대해 관련된 수익과 비용을 그 현금유출입이 있는 기간이 아니라 해당 거래나 사건이 발생한 기간에 인식하는 것을 말한다.

① 현금주의   ② 수익비용대응

③ 이연   ④ 발생주의

08 한공기업의 재고자산 매입금액은 2,000,000원이다. 다음 사항이 반영된 재고자산 금액은 얼마인가?

• 매입운임	1,200,000원
• 매입에누리	400,000원

① 2,000,000원   ② 2,400,000원

③ 2,800,000원   ④ 3,200,000원

09 다음은 (주)한공의 지출결의서 일부이다. 회계처리 계정과목으로 옳은 것은?

지출결의서	결재	담당자	팀장	이사
		정교육	이★★	박★★

업무와 관련하여 임직원 교육을 위한 온라인 강의 수강료를 청구합니다.

  1. 비즈니스 영어   3,000,000원
  2. 전자상거래 실무   4,500,000원

일   자 : 2023년 12월 3일
담당자 : 정교육

① 교육훈련비   ② 복리후생비
③ 지급수수료   ④ 급여

10 다음 중 (가)에 해당하는 결산정리사항으로 옳은 것은?

결산정리사항	재무제표에 미치는 영향
(가)	비용의 발생, 부채의 증가

① 임차료 선급분 300,000원을 계상하다.
② 임대료 선수분 200,000원을 계상하다.
③ 이자수익 미수분 100,000원을 계상하다.
④ 이자비용 미지급분 400,000원을 계상하다.

▌실무수행평가 ▌

비전뮤직(회사코드 4268)은 악기 도소매업을 운영하는 개인기업으로, 회계기간은 제7기(2024.1.1. ~ 2024.12.31.)이다. 제시된 자료와 자료설명을 참고하여, [수행과제]를 완료하고 [평가문제]의 물음에 답하시오.

실무수행 유의사항	1. 타계정 대체와 관련된 적요는 반드시 코드를 입력하여야 한다. 2. 채권·채무, 예금거래 등 관리대상 거래자료에 대하여는 거래처코드를 반드시 입력한다. 3. 자금관리 등 추가 작업이 필요한 경우 문제의 요구에 따라 추가 작업하여야 한다. 4. 등록된 계정과목 중 가장 적절한 계정과목을 선택한다. 5. 부가가치세는 고려하지 않는다.

실무수행1 기초정보관리의 이해

회계관련 기초정보는 입력되어 있다. [자료설명]을 참고하여 [수행과제]를 수행하시오.

① 사업자등록증에 의한 거래처등록 수정

사 업 자 등 록 증 (일반과세자) 등록번호 : 305 - 32 - 81253 상 호 : 소리나라 대 표 자 명 : 김민정 개 업 년 월 일 : 2018년 2월 20일 사업장 소재지 : 대전광역시 서구 문정로 3번길 80 사 업 의 종 류 : 업태 도소매업 종목 악기외 교 부 사 유 : 정정 사업자단위과세 적용사업자여부 : 여( ) 부(√) 전자세금계산서 전용메일주소 : minjeong@bill36524.com 2024년 03월 28일 대전 세무서장 (인) ◎ 국세청	자료설명	거래처 소리나라(01014)의 대표자명이 변경되어 사업자등록증 사본을 받았다.
	수행과제	사업자등록증을 확인하여 변경사항을 수정하시오. (단, 전자세금계산서 전용 메일주소도 수정할 것.)

② 전기분 손익계산서의 입력수정

손 익 계 산 서

제6(당)기 2023년 1월 1일부터 2023년 12월 31일까지
제5(전)기 2022년 1월 1일부터 2022년 12월 31일까지

비전뮤직 (단위 : 원)

과 목	제6(당)기		제5(전)기	
	금 액		금 액	
Ⅰ. 매 출 액		300,000,000		68,550,000
상 품 매 출	300,000,000		68,550,000	
Ⅱ. 매 출 원 가		160,000,000		29,290,000
상 품 매 출 원 가		160,000,000		29,290,000
기 초 상 품 재 고 액	20,000,000		1,470,000	
당 기 상 품 매 입 액	180,000,000		47,820,000	
기 말 상 품 재 고 액	40,000,000		20,000,000	
Ⅲ. 매 출 총 이 익		140,000,000		39,260,000
Ⅳ. 판 매 비 와 관 리 비		96,530,000		21,745,000
급 여	60,000,000		12,000,000	
복 리 후 생 비	10,200,000		950,000	
여 비 교 통 비	1,300,000		650,000	
접 대 비	4,500,000		700,000	
통 신 비	1,230,000		450,000	
수 도 광 열 비	2,850,000		375,000	
세 금 과 공 과 금	3,700,000		120,000	
감 가 상 각 비	6,500,000		700,000	
보 험 료	1,200,000		1,200,000	
차 량 유 지 비	2,500,000		3,600,000	
운 반 비	1,750,000		500,000	
수 선 비	800,000		500,000	
Ⅴ. 영 업 이 익		43,470,000		17,515,000
Ⅵ. 영 업 외 수 익		1,200,000		1,400,000
이 자 수 익	1,200,000		1,400,000	
Ⅶ. 영 업 외 비 용		4,250,000		600,000
이 자 비 용	4,250,000		600,000	
Ⅷ. 소득세차감전순이익		40,420,000		18,315,000
Ⅸ. 소 득 세 등		0		0
Ⅹ. 당 기 순 이 익		40,420,000		18,315,000

자료설명	전기(제6기)분 재무제표는 입력되어 있으며, 재무제표 검토결과 입력오류를 발견하였다.
수행과제	입력이 누락되었거나 오류부분을 찾아 수정 입력하시오.

실무수행2 거래자료입력

실무프로세스 자료이다. [자료설명]을 참고하여 [수행과제]를 수행하시오.

① 증빙에 의한 전표입력

자료 1. 자동차보험증권

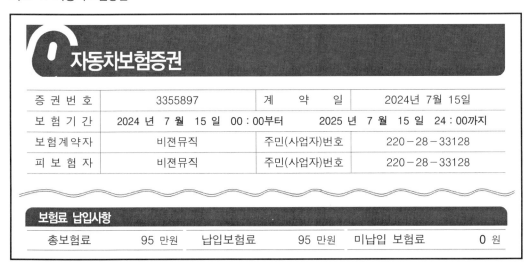

증 권 번 호	3355897	계 약 일	2024년 7월 15일
보 험 기 간	2024 년 7 월 15 일 00 : 00부터		2025 년 7 월 15 일 24 : 00까지
보 험 계 약 자	비젼뮤직	주민(사업자)번호	220 - 28 - 33128
피 보 험 자	비젼뮤직	주민(사업자)번호	220 - 28 - 33128

보험료 납입사항

총보험료	95 만원	납입보험료	95 만원	미납입 보험료	0 원

자료 2. 보통예금(신협은행) 거래내역

번호	거래일	내 용	찾으신금액	맡기신금액	잔 액	거래점
		계좌번호 201 - 6611 - 04712 비젼뮤직				
1	2024 - 7 - 15	보험료	950,000		***	***

자료설명	영업부 업무용 승용차의 보험료를 신협은행 보통예금 계좌에서 이체하여 납부하였다.
수행과제	거래자료를 입력 하시오.(단, '비용'으로 처리할 것.)

② 증빙에 의한 전표입력

영 수 증 (공급받는자용)				
NO			비견뮤직 귀하	
공급자	사업자 등록번호	305 - 12 - 34510		
	상 호	빠른퀵서비스	성명	김배송
	사업장 소재지	서울 서초구 헌릉로 341		
	업 태	서비스업	종목	포장, 배송
작성일자		공급대가총액		비고
2024.8.10.		30,000원		
공 급 내 역				
월/일	품명	수량	단가	금액
8/10	배송비			30,000
합 계			30,000원	
위 금액을 (영수)(청구)함				

자료설명	판매상품 배송을 요청하고 회사가 부담하는 배송비는 현금으로 지급하였다.
수행과제	거래자료를 입력하시오.

③ 증빙에 의한 전표입력

신용카드매출전표
카드종류 : 국민카드
회원번호 : 4447 - 8664 - **** - 7**9
거래일시 : 2024.08.22.　14 : 05 : 16
거래유형 : 신용승인
매　　출 : 3,000,000원
합　　계 : 3,000,000원
결제방법 : 일시불
승인번호 : 26785995

가맹점명 : (주)오토오피스(225 - 81 - 12588)
- 이 하 생 략-

자료설명	사무실에서 사용할 컴퓨터를 구매하면서 국민카드로 결제하고 받은 신용카드매출전표이다.
수행과제	거래자료를 입력하시오. (단, '자산'으로 회계처리 할 것.)

④ 재고자산의 매입거래

거래명세서 (공급받는자 보관용)

공급자	등록번호	211-28-35011			공급받는자	등록번호	220-28-33128		
	상호	승윤악기	성명	강승윤		상호	비전뮤직	성명	최성진
	사업장주소	서울시 구로구 개봉로1길 188				사업장주소	서울특별시 강남구 강남대로 496 (논현동)		
	업태	도매업	종사업장번호			업태	도소매업	종사업장번호	
	종목	악기외				종목	악기		

거래일자	미수금액	공급가액	세액	총 합계금액
2024.8.29.		10,000,000		10,000,000

NO	월	일	품목명	규격	수량	단가	공급가액	세액	합계
1	8	29	전자식기타		20	500,000	10,000,000		10,000,000

자료설명	상품을 외상으로 매입하고 발급받은 거래명세서이다.
수행과제	거래자료를 입력하시오.

⑤ 약속어음 수취거래

전 자 어 음

비전뮤직 귀하   00420240926123456789

금 오백만원정   5,000,000원

위의 금액을 귀하 또는 귀하의 지시인에게 지급하겠습니다.

지급기일 2024년 12월 26일   발행일 2024년 9월 26일
지 급 지 국민은행   발행지
지급장소 서대문지점   주 소   서울특별시 서대문구 가좌로 35
                            발행인 수연플롯

자료설명	[9월 26일] 수연플롯의 상품 외상판매대금을 전자어음으로 수취하였다.
수행과제	1. 거래자료를 입력하시오. 2. 자금관련정보를 입력하여 받을어음현황에 반영하시오.

6 통장사본에 의한 거래입력

■ 보통예금(농협은행) 거래내역

		내 용	찾으신금액	맡기신금액	잔 액	거래점
번호	거래일	계좌번호 112 - 01 - 123154 비전뮤직				
1	2024 - 10 - 15			2,000,000	***	***

자료설명	농협은행 보통예금 계좌에 내역을 알 수 없는 2,000,000원이 입금되었다.
수행과제	거래자료를 입력하시오.

7 유·무형자산의 구입

거래명세서 (공급받는자 보관용)

공급자	등록번호	119 - 81 - 24789			공급받는자	등록번호	220 - 28 - 33128		
	상호	(주)더존소프트	성명	박용철		상호	비전뮤직	성명	최성진
	사업장 주소	서울특별시 금천구 가산로 80				사업장 주소	서울특별시 강남구 강남대로 496 (논현동)		
	업태	도소매업	종사업장번호			업태	도소매업	종사업장번호	
	종목	소프트웨어				종목	악기		

거래일자	미수금액	공급가액	총 합계금액
2024.10.25.		5,000,000	5,000,000

NO	월	일	품목명	규격	수량	단가	공급가액	합계
1	10	25	위하고프로그램		2	2,500,000	5,000,000	5,000,000

자료설명	회계세무 소프트웨어 '위하고'를 구입하고, 대금은 신한은행 보통예금 계좌에서 이체하여 지급하였다.
수행과제	거래자료를 입력하시오.

⑧ 기타 일반거래

자료 1. 월세계약서 내역

(사 무 실) 월 세 계 약 서					□ 임 대 인 용 ■ 임 차 인 용 □ 사무소보관용		
부동산의 표시	소재지	서울특별시 강남구 강남대로 496 (논현동) 101호					
	구 조	철근콘크리트조	용도	사무실		면적	85㎡
월 세 보 증 금		금 40,000,000원정		월세 2,000,000원정			

제 1 조 위 부동산의 임대인과 임차인 합의하에 아래와 같이 계약함.

제 2 조 위 부동산의 임대차에 있어 임차인은 보증금을 아래와 같이 지불키로 함.

계 약 금	원정은 계약시 지불하고
중 도 금	원정은 년 월 일 지불하며
잔 금	40,000,000원정은 2024년 10월 3일 중개업자 입회하에 지불함.

제 3 조 위 부동산의 명도는 2024년 10월 3일로 함.

제 4 조 임대차 기간은 2024년 10월 3일로부터 (24)개월로 함.

제 5 조 **월세금액은 매월(28)일에 지불키로 하되** 만약 기일내에 지불치 못할 시에는 보증금액에서
공제키로 함.(국민은행, 계좌번호 : 601213 - 72 - 172658, 예금주 : (주)강남빌딩)

〰〰〰〰〰〰 **중 략** 〰〰〰〰〰〰

임 대 인	주 소	서울특별시 서대문구 충정로 7길 110 - 22				
	사업자등록번호	119 - 81 - 15261	전화번호	02 - 555 - 1255	성명	(주)강남빌딩 ㊞

자료 2. 보통예금(국민은행) 거래내역

번호	거래일	내용	찾으신금액	맡기신금액	잔액	거래점
		계좌번호 096 - 24 - 0094 - 123 비전뮤직				
1	2024 - 10 - 28	(주)강남빌딩	2,000,000		***	***

자료설명	10월분 월세를 국민은행 보통예금 계좌에서 이체하여 지급하였다.
수행과제	거래자료를 입력하시오.

실무수행3 전표수정

실무프로세스 자료이다. [자료설명]을 참고하여 [수행과제]를 수행하시오.

① 입력자료 수정

은행CD입출금기 거래명세표			
거래일자	CD처리번호	취급	CD번호
2024-3-13	8754	312825	018
개설은행	계 좌 번 호(신용카드번호)		
농협은행	112-01-123154		
거래권종	거 래 종 류	거 래 금 액	
	타행이체	₩ 420,000	
거래시각	거 래 후 잔 고		
15:00		******	
이체은행	이체입금계좌번호	예금주	
신한은행	31255-16-47335	이찬미 (찬미악기)	
미 결 제 타 점 권 입 금 액			

자료설명: 찬미악기에서 상품을 구입하기로 하고, 계약금을 농협은행 보통예금 계좌에서 이체한 내역이다.

수행과제: 거래자료를 수정하시오.

② 입력자료 수정

거래명세서 (공급받는자 보관용)

공급자	등록번호	114-81-58741			공급받는자	등록번호	220-28-33128		
	상호	망스악기(주)	성명	김새롬		상호	비젼뮤직	성명	최성진
	사업장 주소	서울특별시 서대문구 충정로 30				사업장 주소	서울특별시 강남구 강남대로 496 (논현동)		
	업태	도소매업	종사업장번호			업태	도소매업	종사업장번호	
	종목	악기				종목	악기		

거래일자	미수금액	공급가액	세액	총 합계금액
2024.9.13.		200,000		200,000

NO	월	일	품목명	규격	수량	단가	공급가액	세액	합계
1	9	13	클래식기타		2	100,000	200,000		200,000

자료설명: 9월 13일에 상품을 매입한 거래가 7월 14일로 입력되어 있음을 발견하였다.

수행과제: 거래자료를 수정하시오.

실무수행4 결산

[결산자료]를 참고하여 결산을 수행하시오.(단, 제시된 자료 이외의 자료는 없다고 가정함.)

① 수동결산 및 자동결산

자료설명	1. 10월 14일 보험료 2,500,000원 중 기간 미경과분 1,875,000원을 계상하다. 2. 기말상품재고액은 25,000,000원이다.
수행과제	1. 수동결산 또는 자동결산 메뉴를 이용하여 결산을 완료하시오. 2. 12월 31일을 기준으로 '손익계산서 ➡ 재무상태표'를 순서대로 조회 작성하시오.(단, 손익계산서 조회 작성 시 상단부 [기능모음]의 '추가'를 이용하여 '손익대체분개'를 수행할 것.)

평가문제 실무수행평가 (62점)

입력자료 및 회계정보를 조회하여 [평가문제]의 답안을 입력하시오.

평가문제 답안입력 유의사항		

❶ 답안은 **지정된 단위의 숫자로만 입력**해 주십시오.

　* 한글 등 문자 금지

	정답	오답(예)
(1) **금액은 원 단위로 숫자를 입력**하되, 천 단위 콤마(,)는 생략 가능합니다. 　(1-1) 답이 0원인 경우 반드시 "0" 입력 　(1-2) 답이 음수(-)인 경우 숫자 앞에 " - " 입력 　(1-3) 답이 소수인 경우 반드시 " . " 입력	1,245,000 1245000	1.245.000 1,245,000원 1,245,0000 12,45,000 1,245천원
(2) 질문에 대한 **답안은 숫자로만 입력**하세요.	4	04 4건, 4매, 4명 04건, 04매, 04명
(3) **거래처 코드번호는 5자리 숫자로 입력**하세요.	00101	101 00101번

❷ 답안에 천원단위(000) 입력시 더존 프로그램 숫자 입력 방법과 다르게 숫자키패드 '+' 기능은 지원되지 않습니다.

❸ 더존 프로그램에서 조회되는 자료를 복사하여 붙여넣기가 가능합니다.

❹ 수행과제를 올바르게 입력하지 않고 작성한 답과 모범답안이 다른 경우 오답처리됩니다.

[실무수행 평가]

번호	평가 문제	배점
11	**평가문제 [거래처등록 조회]** 거래처별 기본사항과 추가사항으로 옳지 않은 것은? ① 00120.금강악기의 대표자는 전영하이다. ② 00123.레몬트이앵글의 담당자메일주소는 sujin@bill36524.com이다. ③ 01014.소리나라의 대표자는 김민정이다. ④ 01014.소리나라의 담당자메일주소는 sori@bill36524.com이다.	4
12	**평가문제 [거래처원장 조회]** 8월 말 거래처별 '251.외상매입금' 잔액으로 옳지 않은 것은? ① 00185.한강종합악기(주) 5,665,000원 ② 01121.망스악기(주) 14,510,000원 ③ 01131.승윤악기 1,000,000원 ④ 05015.골드악기(주) 2,450,000원	2
13	**평가문제 [거래처원장 조회]** 12월 말 거래처별 '108.외상매출금' 잔액으로 옳은 것은? ① 00106.이디악기 6,050,000원 ② 01131.승윤악기 15,000,000원 ③ 03200.수연플롯 2,000,000원 ④ 08707.비발디피아노(주) 5,000,000원	3
14	**평가문제 [거래처원징 조회]** 12월 말 카드사별 '253.미지급금' 잔액으로 옳지 않은 것은? ① 99600.국민카드 1,976,000원 ② 99601.신한카드 3,976,000원 ③ 99602.비씨카드 0원 ④ 99605.삼성카드 6,543,200원	4
15	**평가문제 [예적금현황 조회]** 12월 말 은행별 예금잔액으로 옳은 것은? ① 국민은행(보통) 35,870,000원 ② 농협은행(보통) 15,141,500원 ③ 신한은행(보통) 1,000,000원 ④ 신협은행(보통) 50,000원	3
16	**평가문제 [손익계산서 조회]** 당기에 발생한 판매비와관리비의 계정별 금액으로 옳지 않은 것은? ① 차량유지비 6,594,200원 ② 운반비 684,000원 ③ 도서인쇄비 388,000원 ④ 소모품비 4,000,000원	2
17	**평가문제 [일일자금명세(경리일보) 조회]** 8월 10일 '현금' 당일잔액은 얼마인가?	4
18	**평가문제 [합계잔액시산표 조회]** 12월 말 '유형자산' 계정 중 잔액이 가장 큰 계정과목의 코드번호를 입력하시오.	3

번호	평가 문제	배점
19	**평가문제 [합계잔액시산표 조회]** 12월 말 '받을어음' 잔액은 얼마인가?	3
20	**평가문제 [총계정원장 조회]** 당기에 '251.외상매입금'이 가장 많이 증가(대변)한 월을 입력하시오.	4
21	**평가문제 [분개장 조회]** 당기의 전표 중 '선택 : 2.입금' 전표의 건수는?	3
22	**평가문제 [일/월계표 조회]** 7월 한달 동안 발생한 '보험료' 금액은 얼마인가?	4
23	**평가문제 [손익계산서 조회]** 당기에 발생한 '상품매출원가' 금액은 얼마인가?	4
24	**평가문제 [손익계산서 조회]** 당기에 발생한 '임차료' 금액은 얼마인가?	3
25	**평가문제 [재무상태표 조회]** 3월 말 '선급금' 잔액은 얼마인가?	4
26	**평가문제 [재무상태표 조회]** 3월 말 '미지급금' 잔액은 얼마인가?	2
27	**평가문제 [재무상태표 조회]** 10월 말 '가수금' 잔액은 얼마인가?	3
28	**평가문제 [재무상태표 조회]** 12월 말 '선급비용' 잔액은 얼마인가?	3
29	**평가문제 [재무상태표 조회]** 12월 말 '무형자산' 금액은 얼마인가?	3
30	**평가문제 [재무상태표 조회]** 12월 말 재무상태표의 '자본금' 금액은 얼마인가? ① 469,232,420원 ② 474,906,920원 ③ 526,884,420원 ④ 526,894,420원	1
	총 점	62

평가문제 회계정보분석 (8점)

회계정보를 조회하여 [회계정보분석]의 답안을 입력하시오.

31. 재무상태표 조회 (4점)

당좌비율은 유동자산 중 현금화할 수 있는 당좌자산으로 단기채무를 충당할 수 있는 정도를 나타내는 비율이다. 전기말 당좌비율을 계산하면 얼마인가?(단, 소숫점 이하는 버림 할 것.)

$$당좌비율 (\%) = \frac{당좌자산}{유동부채} \times 100$$

① 229% ② 264%

③ 270% ④ 273%

32. 손익계산서 조회 (4점)

영업이익률은 기업의 주된 영업활동에 의한 성과를 판단하는 비율로 판매활동과 직접 관계없는 영업외손익을 제외한 순수 영업활동의 수익성을 나타내는 지표이다. 전기 영업이익률을 계산하면 얼마인가?(단, 소숫점 이하는 버림 할 것.)

$$영업이익률(\%) = \frac{영업이익}{매출액} \times 100$$

① 12% ② 14%

③ 576% ④ 690%

Part. *6*

기출문제 해답

제100회 전산회계 2급 기출문제 해답

▌ 이 론 시 험 ▌

1	2	3	4	5	6	7	8	9	10	11	12	13	14	15
③	③	③	②	④	③	②	②	②	③	②	③	④	④	③

01 ① (차) 현금   1,000,000원 (자산 증가)   (대) 자본금   1,000,000원 (자본 증가)

     ② (차) 외상매입금   2,000,000원 (부채 감소)   (대) 현금   2,000,000원 (자산 감소)

     ③ (차) 보통예금   300,000원 (자산 증가)   (대) 이자수익   300,000원 (수익 발생)

     ④ (차) 비품   500,000원 (자산 증가)   (대) 미지급금   5,000,000원 (부채 증가)

02 일정 기간 동안 기업의 경영성과에 대한 정보를 제공하는 재무보고서는 손익계산서로, 매출원가는 비용항목으로 매출액에서 차감하고, 기부금은 영업외비용 계정과목으로 자본을 감소시킨다.

03 차량운반구는 비유동자산(유형자산)에 해당한다.

04 부채와 자본은 잔액이 항상 대변에 남는다.

     • 미수금, 선급비용, 미수수익은 자산, 선수수익은 부채이다.

05 손익계산서의 당기순이익은 발생주의에 의해 작성되므로 금액의 크기는 현금주의에 의해 작성되는 금액의 크기와 무관하다.

06 상품 등의 판매촉진을 위하여 불특정다수인에게 선전하는 데에 소요되는 비용은 광고선전비이다. 접대비란 거래관계의 활성화 또는 판매증대를 목적으로 지출하는 비용으로 교제비, 기밀비, 사례금 등이 있다.

07 750,000원 = 상품 전기이월액 350,000원 + 당기매입액 770,000원 - 기말재고액 370,000원

08 15,800,000원 = 취득가액 20,000,000원 - 감가상각누계액 3,900,000원 - 유형자산처분손실 300,000원

     • 감가상각누계액 : (취득가액 20,000,000원 - 잔존가액 500,000원) × 1/5 = 3,900,000원

     • 회계처리 2024.01.01.

       (차) 현금 등   15,800,000원   (대) 기계장치   20,000,000원

          감가상각누계액   3,900,000원

          유형자산처분손실   300,000원

09 ②

10 감가상각비는 판매비와관리비에 해당한다.

     • 이자비용, 외환차손, 기타의 대손상각비는 영업외비용이다.

11 휴대폰 판매회사가 보유하고 있는 판매용 휴대폰은 재고자산(상품)이다.

     • 유형자산은 재화의 생산, 용역의 제공, 타인에 대한 임대 또는 자체적으로 사용할 목적으로 보유하는 물리적 형체가 있는 자산으로서, 1년을 초과하여 사용할 것이 예상되는 자산을 말한다.

12. 상품 이외의 자산 매각으로 발생한 미수액은 미수금으로 처리한다.

- 정상적인 영업활동(일반적인 상거래)에서 발생한 판매대금의 미수액 : 매출채권
- 일반적인 상거래 이외에서 발생했으나 아직 기록(회수)되지 않은 수익 : 미수수익
- 수익 중 차기 이후에 속하는 금액이지만 그 대가를 미리 받은 경우 : 선수수익

13 매입할인액은 재고자산의 취득원가에서 차감하여야 하는 것이나 이를 당기매입액에서 차감하지 않고 영업외수익으로 회계처리 하였을 경우 당기매입액이 과대계상 되어 매출원가 과대계상, 매출총이익 과소계상을 초래한다.

- 매출총이익 – 판매비와관리비 = 영업이익 과소계상
- 영업이익 + 영업외수익 – 영업외비용 = 당기순이익 불변

14 (차) 소모품비 (비용 발생)   1,000,000원   (대) 미지급금 (부채 증가)   500,000원
  현금 (자산 감소)   500,000원

15 • 기초자본 : 기초자산 500,000원 – 기초부채 300,000원 = 200,000원
- 당기순이익 : 총수익 1,000,000원 – 총비용 800,000원 = 200,000원
- 기말자본 : 기초자본 200,000원 + 당기순이익 200,000원 = 400,000원
- 기말부채 : 기말자산 800,000원 – 기말자본 400,000원 = 400,000원

▌ 실 무 시 험 ▐

[1]
[회사등록] > • 사업자등록번호 정정 : 460 - 47 - 53502 → 130 - 47 - 50505
  • 개업연월일 정정 : 2018년 1월 5일 → 2018년 5월 1일
  • 관할세무서 정정 : 145.관악 → 152.남부천

[2]
[전기분손익계산서] > • 급여 정정 : 50,500,000원 → 34,300,000원
  • 차량유지비 정정 : 2,500,000원 → 3,500,000원
  • 기부금 추가 입력 : 3,000,000원

[3 - 1]
[계정과목및적요등록] > 계정과목 : 824.운반비 > 대체적요 등록 : 4. 퀵 서비스 요금 보통예금 이체 지급

[3 - 2]
[거래처등록] > [신용카드] 탭 > • 코드 : 99871
  • 거래처명 : 믿음카드
  • 유형 : 2.매입
  • 카드번호 : 1234 - 5678 - 9012 - 3452
  • 카드종류(매입) : 3.사업용카드

[4-1] 일반전표입력

07.02. (차) 광고선전비(판) 3,300,000원 (대) 미지급금(푸른상사) 3,300,000원

[4-2] 일반전표입력

07.26. (차) 선급금(좌동철강) 1,000,000원 (대) 당좌예금 1,000,000원

[4-3] 일반전표 입력

08.23. (차) 가수금 5,000,000원 (대) 외상매출금(승리상사) 5,000,000원

[4-4] 일반전표 입력

08.28. (차) 당좌예금 10,000,000원 (대) 상품매출 25,000,000원

　　　　외상매출금(강서상사) 15,000,000원

[4-5] 일반전표입력

09.10. (차) 통신비(판) 5,000원 (대) 현금 5,000원

　　　또는 출금전표 통신비(판) 5,000원

[4-6] 일반전표입력

09.28. (차) 현금 1,000,000원 (대) 상품매출 6,500,000원

　　　　받을어음(나나상점) 5,500,000원

[4-7] 일반전표입력

10.28. (차) 기업업무추진비(판) 150,000원 (대) 현금 150,000원

　　　또는 출금전표 기업업무추진비(판) 150,000원

[4-8] 일반전표입력

10.31. (차) 세금과공과(판) 260,000원 (대) 현금 260,000원

　　　또는 출금전표 세금과공과(판) 260,000원

[5-1] 일반전표입력

• 수정 전

11.02. (차) 보통예금 9,750,000원 (대) 받을어음(천둥상점) 10,000,000원

　　　　수수료비용(판) 250,000원

• 수정 후

11.02. (차) 보통예금 9,750,000원 (대) 받을어음(천둥상점) 10,000,000원

　　　　매출채권처분손실 250,000원

[5-2] 일반전표입력

• 수정 전

12.04. (차) 상품 1,650,000원 (대) 당좌예금 1,650,000원

• 수정 후

12.04. (차) 상품 1,650,000원 (대) 현금 1,650,000원

[6-1] 일반전표입력

12.31. (차) 선수수익 2,400,000원 (대) 임대료(904) 2,400,000원

• 월 임대료 : 4,800,000원÷12개월=400,000원

• 당기분 임대료 : 400,000원×6개월(2024.7.1.~2024.12.31.)=2,400,000원

[6-2] 일반전표입력

12.31. (차) 자본금 658,000원 (대) 인출금 658,000원

• 합계잔액시산표에서 인출금 잔액(-658,000원) 조회 후 입력

[6-3] 일반전표입력

12.31. (차) 소모품 300,000원 (대) 소모품비(판) 300,000원

[6-4]

• 일반전표입력

12.31. (차) 감가상각비(판) 870,000원 (대) 감가상각누계액(비품) 560,000원

감가상각누계액(차량운반구) 310,000원

• 또는 [결산자료입력]>[결산반영금액]>4) 감가상각비>비품 : 560,000원 입력>F3 전표추가

차량운반구 : 310,000원 입력

[7-1] 70,248,000원

• 판매가능한 상품 : 기초상품재고액+당기상품매입액

• [합계잔액시산표]>기간 : 6월 30일>상품 차변 합계액

• 또는 [계정별원장]>조회기간 : 1월 1일~6월 30일>계정과목 : 146.상품>차변 합계액

[7-2] 3,750,000원

• [일계표(월계표)]>조회기간 : 1월 1일~5월 30일>기업업무추진비 차변 중 현금으로 지출한 금액

[7-3] 250,000원

=2월 430,000원-6월 180,000원=250,000원

• [총계정원장]>조회기간 : 1월 1일~6월 30일>계정과목 : 837.건물관리비 조회

제101회 전산회계 2급 기출문제 해답

우성상사(코드번호 : 1014)

▌이 론 시 험 ▌

1	2	3	4	5	6	7	8	9	10	11	12	13	14	15
④	①	①	④	②	③	④	②	②	②	①	④	①	③	③

01 당좌차월은 단기차입금, 받을어음은 매출채권에 해당한다.

02 (가) 유동자산, (나) 유동부채

03 (차) 비품(자산 증가)　　　　　　　1,500,000원　　　(대) 미지급금(부채 증가)　　1,500,000원
　　　　　　　　　　　　　　　　　　　　　　　　　　　　　　　　　　　　: 교환거래

04 매입환출, 매입에누리, 매입할인은 상품의 총매입액에서 차감한다.

05 1,180,000원 = 수정 전 당기순이익 1,000,000원 - 미지급이자 20,000원 + 선급보험료 200,000원

06 150,000원 = 회수불능채권 200,000원 - 대손충당금 50,000원

　　(차) 대손충당금　　　　　　　　　50,000원　　　(대) 매출채권　　　　　　　　200,000원
　　　　대손상각비　　　　　　　　　150,000원

07 (가) 기말재고자산 금액이 감소하면 매출원가가 증가하고, (라) 기말재고자산 금액이 증가하면 매출원
　　가가 감소하여 매출총이익이 증가한다.

08 [일반기업회계기준 문단 10.8] 유형자산은 최초에는 취득원가로 측정하며, 매입할인 등이 있는 경우
　　에는 이를 차감하여 취득원가를 산출한다.

09 보통예금

　　(차) 보통예금　　　　　　　　　×××원　　　(대) 비품　　　　　　　　　　×××원

10 무형자산은 재화의 생산이나 용역의 제공, 타인에 대한 임대, 관리에 사용할 목적으로 기업이 보유하
　　고 있으며, 물리적 실체는 없지만 식별할 수 있고, 기업이 통제하고 있으며, 미래 경제적효익이 있는
　　비화폐성자산으로, 소프트웨어는 무형자산에 해당한다.

11 유동부채인 예수금, 미지급금, 선수수익보다 비유동부채인 사채가 나중에 배열된다.

12 450,000원 = 당기 외상매입금 지급액 1,100,000원 - 당기 외상매입액 1,000,000원 + 매입환출
　　　　　　　50,000원 + 기말 외상매입금 300,000원

외상매입금

매입환출	50,000원	기초잔액	450,000원
지급액	1,100,000원	당기매입	1,000,000원
기말잔액	300,000원		
	1,450,000원		1,450,000원

13 900,000원＝기초자본금 1,000,000원＋추가출자액 300,000원＋(총수익 400,000원

－총비용 290,000원) － 기말자본금 510,000원

14 영업부 직원의 급여는 판매비와관리비에 해당하므로 영업손익에 영향을 미친다.

• 기부금, 이자비용, 이자수익은 영업외손익이므로 영업손익에 영향을 미치지 않는다.

15 10,000,000원＝기초상품재고액 3,000,000원＋당기상품매입액 10,000,000원 － 기말상품재고액

3,000,000원

▌실 무 시 험 ▌

[1]

[회사등록]＞• 과세유형 수정 : 2.간이과세자 → 1.일반과세자

• 대표자명 수정 : 손희정 → 손우성

• 업태 수정 : 서비스 → 도소매

[2]

[전기분재무상태표]＞• 현금 수정 : 3,000,000원 → 43,000,000원

• 대손충당금(외상매출금) 추가입력 : 400,000원

• 감가상각누계액(차량운반구) 수정 : 1,200,000원 → 14,000,000원

[3-1]

[거래처등록]＞[신용카드] 탭＞• 코드 : 99811

• 거래처명 : 나라카드

• 유형 : 2.매입

• 카드번호(매입) : 1000 - 2000 - 3000 - 4000

• 카드종류(매입) : 3.사업용카드

[3-2]

1. 외상매출금＞• 유통상사 9,000,000원 → 10,000,000원으로 수정

• 브런치상사 21,000,000원 → 20,000,000원으로 수정

2. 외상매입금＞• 순임상사 20,000,000원 추가입력

[4-1] 일반전표입력

07.09. (차) 차량운반구 15,000,000원 (대) 당좌예금 15,000,000원

[4-2] 일반전표입력

08.01. (차) 건물관리비(판) 300,000원 (대) 보통예금 300,000원

[4-3] 일반전표입력

08.04. (차) 세금과공과(판)   62,500원   (대) 현금   62,500원

        또는 출금전표 세금과공과(판)   62,500원

[4-4] 일반전표입력

08.12. (차) 도서인쇄비(판)   20,000원   (대) 현금   20,000원

        또는 출금전표 도서인쇄비(판)   20,000원

[4-5] 일반전표입력

08.18. (차) 단기매매증권   6,000,000원   (대) 보통예금   6,130,000원

        수수료비용(영업외비용)   130,000원

[4-6] 일반전표입력

09.03. (차) 선수금(수원문구)   500,000원   (대) 상품매출   5,000,000원

        외상매출금(수원문구)   4,500,000원

[4-7] 일반전표입력

10.18. (차) 수선비(판)   150,000원   (대) 미지급금(현대카드)   150,000원

                          또는 미지급비용(현대카드)

[4-8] 일반전표입력

11.24. (차) 기부금   1,000,000원   (대) 현금   1,000,000원

        또는 출금전표 기부금   1,000,000원

[5-1] 일반전표입력

수정 전 : 09.14. (차) 세금과공과(판)   130,000원   (대) 현금   130,000원

수정 후 : 09.14. (차) 차량운반구   130,000원   (대) 현금   130,000원

        또는 출금전표 차량운반구   130,000원

[5-2] 11월 21일 일반전표입력

수정 전 : 11.21. (차) 기업업무추진비(판)   100,000원   (대) 현금   100,000원

수정 후 : 11.21. (차) 복리후생비(판)   100,000원   (대) 현금   100,000원

        또는 출금전표 복리후생비(판)   100,000원

[6-1] 일반전표입력

12.31. (차) 미수수익   60,000원   (대) 이자수익   60,000원

[6-2] 일반전표입력

12.31. (차) 외상매입금(㈜홍상사)   150,000원   (대) 가지급금   150,000원

[6-3] 일반전표입력

12.31. (차) 보통예금   900,000원   (대) 단기차입금(행복은행)   900,000원

[6-4]

1. [결산자료입력]>2. 매출원가>⑩ 기말 상품 재고액>결산반영금액 7,000,000원 입력>F3 전표추가
2. 또는 일반전표입력

12.31. (결차) 상품매출원가   222,920,000원   (결대) 상품   222,920,000원
  • 상품매출원가 : 합계잔액시산표(또는 계정별원장 또는 총계정원장) 상품 차변 합계액 229,920,000
    원 - 기말상품재고액 7,000,000원 = 222,920,000원

[7-1] 600,000원

[일계표(월계표)]>조회기간 : 4월~6월>5.판매비및관리비 : 수수료비용>차변 현금

[7-2] 1,500,000원

 = 2월 1,800,000원 - 5월 300,000원
[총계정원장]>조회기간 : 1월~6월>계정과목 : 복리후생비(판)

[7-3] 5,200,000원

[거래처별계정과목별원장]>조회기간 : 1월~6월>계정과목 : 선급금>거래처 : 인천상사

제102회 전산회계 2급 기출문제 해답

유리상사(코드번호 : 1024)

▌이 론 시 험 ▐

1	2	3	4	5	6	7	8	9	10	11	12	13	14	15
④	③	②	④	③	①	④	③	④	②	①	③	②	②	①

01 임차보증금, 차량운반구, 선납세금은 자산계정으로 잔액이 차변에 남고, 선수금은 부채계정으로 잔액이 대변에 남는다.

02 이자비용은 영업외비용에 속한다.

03 재무제표의 종류는 재무상태표, 손익계산서, 현금흐름표, 자본변동표, 주석이 있으며, 일정기간 동안의 기업의 경영성과(수익, 비용, 이익)에 대한 정보를 제공하는 보고서는 손익계산서이다.

04 1년

05 3,960,000원 = 기초잔액 2,000,000원 + 당기외상매출액 5,000,000원 - 기말잔액 3,000,000원
　　　　　　　　　 - 매출할인액 40,000원

06 선입선출법에 대한 설명이다.

07 건물 내부의 조명기구 교체는 수익적 지출에 해당한다.

08 360,000원 = 취득가액 680,000원 + 유형자산처분이익 450,000원 - 처분가액 770,000원

09 가수금은 실제 현금의 입금 등은 있었지만 거래의 내용이 불분명하거나 거래가 완전히 종결되지 않아 계정과목이나 금액이 미확정인 경우에 현금의 수입을 일시적인 채무로 표시하는 계정과목을 말한다.

10 • a (차) 상품　　　　　　　　　 ×××원　　　 (대) 외상매입금　　　　　　　 ×××원
　　 • b (차) 외상매입금　　　　　　 ×××원　　　 (대) 현금　　　　　　　　　　 ×××원
　　 • c (차) 외상매입금　　　　　　 ×××원　　　 (대) 보통예금　　　　　　　　 ×××원
　　 • d (차) 보통예금　　　　　　　 ×××원　　　 (대) 외상매출금　　　　　　　 ×××원

11 기업주가 기업의 현금, 상품 등을 개인적으로 소비하는 것을 인출이라고 하며, 기업주의 인출이 자주 발생하는 경우 별도로 인출금 계정을 설정하여 처리할 수 있다. 기업주의 인출이 발생한 경우에는 인출금 계정 차변에 기입하였다가 기말 결산 시 인출금 계정 잔액을 자본금 계정에 대체한다.

12 차입금 지급이자와 기부금은 영업외비용에 해당한다.

13 손실 100,000원 = 감가상각비 (-)200,000원 + 이자수익 100,000원

14 30,000원 = 보험료 40,000원 - 선급보험료 10,000원

　　 07월 01일 (차) 보험료　　　　　　 40,000원　　　 (대) 현금　　　　　　 40,000원
　　 12월 31일 (차) 선급보험료　　　　 10,000원　　　 (대) 보험료　　　　　 10,000원

15 수익이 증가하면 자산의 증가 또는 부채의 감소에 따라 자본의 증가

▌실 무 시 험 ▌

[1]

[회사등록]>• 과세유형 수정 : 2.간이과세자 → 1.일반과세자

• 사업장소재지 수정 : 광주광역시 남구 봉선중앙로 153번길

→ 광주광역시 남구 봉선중앙로123번길 1(주월동)

• 개업연월일 수정 : 2012.05.19. → 2012.05.09.

[2]

[전기분재무상태표]>• 보통예금 수정 : 5,900,000원 → 9,500,000원

• 미수금 추가입력 : 1,000,000원

• 단기차입금 수정 : 23,000,000원 → 24,460,000원

[3-1]

[거래처별초기이월]>• 외상매출금 : 참푸른상사 8,500,000원 → 15,000,000원으로 수정

• 외상매입금 : ㈜부일 6,000,000원 → 10,000,000원으로 수정

[3-2]

[거래처등록]>[일반거래처] 탭>• 코드 : 01000

• 거래처명 : 잘먹고잘살자

• 거래처유형 : 2.매입

• 사업자등록번호 : 214 - 13 - 84536

• 대표자성명 : 김영석

• 업태 : 서비스

• 종목 : 한식

[4-1] 일반전표입력

07.06. (차) 교육훈련비(판)	100,000원	(대) 보통예금		100,000원

[4-2] 일반전표입력

08.02. (차) 보통예금	100,000,000원	(대) 임차보증금(강남상사)	100,000,000원	

[4-3] 일반전표입력

08.29. (차) 기업업무추진비(판)	300,000원	(대) 미지급금(비씨카드)		300,000원
		또는 미지급비용(비씨카드)		

[4-4] 일반전표입력

09.06. (차) 정기예금	10,000,000원	(대) 보통예금		10,000,000원

[4-5] 일반전표입력

09.20. (차) 상품   1,000,000원   (대) 당좌예금   600,000원

                                     현금   400,000원

[4-6] 일반전표입력

09.30. (차) 급여(판)   750,000원   (대) 예수금   6,000원

                                    보통예금   744,000원

[4-7] 일반전표 입력

10.11. (차) 건물   3,000,000원   (대) 보통예금   3,000,000원

[4-8] 일반전표입력

10.13. (차) 대손충당금(109.외상매출금)   300,000원   (대) 외상매출금(미림전자)   2,600,000원

      대손상각비   2,300,000원

[5-1] 일반전표입력

• 수정 전 : 07.09. (차) 세금과공과(판)   200,000원   (대) 현금   200,000원

• 수정 후 : 07.09. (차) 기부금   200,000원   (대) 현금   200,000원

        또는 출금전표 기부금   200,000원

[5-2] 일반전표입력

• 수정 전 : 10.12. (차) 보통예금   5,000,000원   (대) 외상매출금(영랑문구)   5,000,000원

• 수정 후 : 10.12. (차) 보통예금   5,000,000원   (대) 단기대여금(영랑문구)   5,000,000원

[6-1] 일반전표입력

12.31. (차) 잡손실   100,000원   (대) 현금과부족   100,000원

[6-2] 일반전표입력

12.31. (차) 가수금   500,000원   (대) 선수금(인천상사)   500,000원

[6-3] 일반전표입력

12.31. (차) 이자비용   200,000원   (대) 미지급비용   200,000원

• 기간경과분 미지급이자 : 10,000,000원 × 6% × 4개월/12개월 = 200,000원

[6-4]

1. 결산자료입력 > 4) 감가상각비 > 차량운반구 > 결산반영금액 7,000,000원 입력 > F3 전표추가

2. 또는 일반전표입력

12.31. (차) 감가상각비(판)   7,000,000원   (대) 감가상각누계액(차량운반구)   7,000,000원

• 감가상각비 : (취득가액 60,000,000원 - 잔존가치 4,000,000원) ÷ 8년 = 7,000,000원

[7-1] 44,000원

[계정별원장] 또는 [총계정원장]>조회기간 : 1월 1일~6월 30일>계정과목 : 가지급금(134) 조회

[7-2] 1,400,000원

=2월 2,000,000원-5월 600,000원

[총계정원장]>조회기간 : 1월 1일~6월 30일>계정과목 : 기업업무추진비(판)(813) 조회

[7-3] 타이거상사, 540,000원

[거래처원장]>조회기간 : 1월 1일~6월 30일>계정과목 : 미지급금(253) 조회

제103회 전산회계 2급 기출문제 해답

충정물산(코드번호 : 1034)

▌ 이 론 시 험 ▐

1	2	3	4	5	6	7	8	9	10	11	12	13	14	15
④	④	③	②	④	②	③	④	③	③	③	③	①	③	①

01 외상매출금은 일반적인 상거래에서 발생한 매출채권을, 미수금은 일반적인 상거래 외의 거래(유형자산 처분 등)에서 발생한 채권을 말한다.

02 기말재고 과소평가 시 매출원가는 과대계상 되고, 당기순이익은 과소계상 된다.

03 미지급금은 일반적인 상거래 외의 거래에서 발생하는 부채이다.

04 직원을 채용하기로 한 것은 자산, 부채, 자본, 수익, 비용의 증감 변화를 가져오지 않으므로 회계상의 거래가 아닌 일반적인 거래에 해당한다.

05 유동부채 : 단기차입금

06 ② 외상매출금을 현금으로 받아 즉시 당좌예입 하였다. : (차) 당좌예금 (대) 외상매출금

    ① 종업원의 급여를 보통예금에서 이체해 지급하였다. : (차) 급여 (대) 보통예금

    ③ 상품을 매출하고 대금은 거래처가 발행한 당좌수표로 받았다. : (차) 현금 (대) 상품매출

    ④ 상품을 매입하고 대금은 약속어음을 발행하여 지급하였다. : (차) 상품 (대) 지급어음

07 단기매매증권 취득 시 발생한 매입수수료는 영업외비용으로 처리한다.

08 받을어음

09 정액법은 자산의 내용연수 동안 일정액의 감가상각액을 인식하는 방법이다.

10 2,700,000원 = 처분가액 1,000,000원 + 감가상각누계액 1,800,000원 - 유형자산처분이익 100,000원

    • 유형자산처분이익 : 처분가액 1,000,000 - (취득가액 - 감가상각누계액 1,800,000원) = 100,000원

11 임차보증금 30,000,000원이 자산계정이다.

    • 미지급금, 예수금, 선수금은 모두 부채계정이다.

12 1,400,000원 = 기말부채 600,000원 + 기말자본 800,000원

    • 당기순이익 : 총수익 1,500,000원 - 총비용 1,000,000원 = 500,000원

    • 기말자본 : 기초자본 300,000원 + 당기순이익 500,000원 = 800,000원

13 예수금

14 이자비용과 기부금은 영업외비용에 포함된다.

15 18,000원 = 매출액 130,000원 - 매출원가 112,000원

    • 매출원가 : 기초상품재고액 24,000원 + 당기총매입액 108,000원 - 기말상품재고액 20,000원

                = 112,000원

▌ 실 무 시 험 ▌

[1]

[기초정보관리]>회사등록> • 대표자명 수정 : 최기수 → 최성호
　　　　　　　　　　　　 • 업태 수정 : 제조 → 도소매
　　　　　　　　　　　　 • 개업연월일 수정 :

[2]

[전기분손익계산서]> • 급여 수정 : 21,400,000원 → 12,400,000원
　　　　　　　　　 • 소모품비(830) 190,000원 추가입력
　　　　　　　　　 • 영업외비용 수정 : 기부금(953) 50,000원 → 잡손실(980) 50,000원

[3-1]

[거래처등록]>[일반거래처] 탭> • 거래처코드 : 0330
　　　　　　　　　　　　　　 • 거래처명 : 영랑실업
　　　　　　　　　　　　　　 • 유형 : 1.매출
　　　　　　　　　　　　　　 • 사업자등록번호 : 227 - 32 - 25868
　　　　　　　　　　　　　　 • 대표자성명 : 김화랑
　　　　　　　　　　　　　　 • 업태 : 도소매
　　　　　　　　　　　　　　 • 종목 : 전자제품
　　　　　　　　　　　　　　 • 주소 : 강원도 속초시 영랑로5길 3(영랑동)

[3-2]

[계정과목및적요등록]>복리후생비(811)>대체적요 : 적요NO. 3, 직원회식비 신용카드 결제

[4-1] 일반전표입력

07월 21일 (차) 현금　　　　　　　　　 2,000,000원　　(대) 외상매출금(영우상회) 10,000,000원
　　　　　　　　보통예금　　　　　　　 8,000,000원
　　또는　　(차) 보통예금　　　　　　　 8,000,000원　　(대) 외상매출금(영우상회)　8,000,000원
　　　　입금전표 외상매출금(영우상회) 2,000,000원

[4-2] 일반전표입력

08월 05일 (차) 토지　　　　　　　　　 20,400,000원　　(대) 당좌예금　　　　　　　 20,000,000원
　　　　　　　　　　　　　　　　　　　　　　　　　　　현금　　　　　　　　　　 400,000원
　　또는　　(차) 토지　　　　　　　　　 20,000,000원　　(대) 당좌예금　　　　　　　 20,000,000원
　　　　출금전표 토지　　　　　　　　　 400,000원

455

[4-3] 일반전표입력

08월 26일	(차) 예수금	90,000원	(대) 보통예금	180,000원
	세금과공과(판)	90,000원		

[4-4] 일반전표입력

09월 08일	(차) 복리후생비(판)	200,000원	(대) 미지급금(우리카드)	200,000원
	또는 미지급비용			

[4-5] 일반전표입력

09월 20일	(차) 기업업무추진비(판)	100,000원	(대) 현금	100,000원
	또는 출금전표 접대비(판)	100,000원		

[4-6] 일반전표입력

10월 05일	(차) 비품	2,500,000원	(대) 미지급금(선진상사)	2,500,000원

[4-7] 일반전표입력

11월 30일	(차) 임차보증금(㈜한성)	50,000,000원	(대) 보통예금	50,000,000원

[4-8] 일반전표입력

12월 09일	(차) 보통예금	4,875,000원	(대) 단기차입금(대한은행)	5,000,000원
	이지비용	125,000원		

[5-1] 일반전표 수정

• 수정 전

10월 01일	(차) 외상매입금(순천상사)	101,000원	(대) 보통예금	101,000원

• 수정 후

10월 01일	(차) 외상매입금(순천상사)	100,000원	(대) 보통예금	101,000원
	수수료비용(판)	1,000원		

[5-2] 일반전표 수정

• 수정 전

11월 26일	(차) 보통예금	400,000원	(대) 가수금(순천상사)	400,000원

• 수정 후

11월 26일	(차) 보통예금	400,000원	(대) 외상매출금(순천상사)	400,000원

[6-1] 일반전표입력

12월 31일	(차) 선급비용	300,000원	(대) 보험료(판)	300,000원

• 선급비용 : 900,000원×4개월/12개월=300,000원

[6-2] 일반전표입력

12월 31일 (차) 여비교통비(판)   44,000원   (대) 가지급금   44,000원

[6-3] 일반전표입력

12월 31일 (차) 자본금   500,000원   (대) 인출금   500,000원

[6-4] 일반전표입력

12월 31일 (차) 소모품   200,000원   (대) 소모품비(판)   200,000원

[7-1] 95,000,000원

- [재무상태표]>기간 : 6월 조회>유동부채 금액 확인

[7-2] 5월, 60,000,000원

- [총계정원장]>기간 : 1월 1일~6월 30일>계정과목 : 상품매출(401) 조회

[7-3] 3,200,000원

- [거래처원장]>기간 : 1월 1일~4월 30일>계정과목 : 외상매출금(108)>거래처 : 오렌지유통 조회

제104회 전산회계 2급 기출문제 해답

가온상사(코드번호 : 1044)

▌ 이 론 시 험 ▌

1	2	3	4	5	6	7	8	9	10	11	12	13	14	15
④	③	②	④	①	③	④	③	③	①	①	③	③	③	③

01 혼합거래는 차변이나 대변의 한쪽 금액 일부가 수익 또는 비용이 나타나는 거래를 의미한다.

02 자본의 증가와 부채의 증가는 모두 대변에 기입되는 거래로 동시에 나타날 수 없다.

03 기부금은 경영성과를 나타내는 손익계산서의 영업외비용 계정과목이다.

04 [일반기업회계기준 문단 2.19] 자산과 부채는 유동성이 높은 항목부터 배열하는 것을 원칙으로 한다.

05 100,000원＝기말 매출채권 10,000,000원×1%

06 후입선출법은 나중에 구매한 상품이 먼저 판매된다는 가정하에 매출원가 및 기말재고액을 구하는 방법이다.

07 기말재고액이 과대계상 될 경우, 매출원가는 과소계상 된다.

08 판매 목적의 취득은 재고자산으로 영업활동 목적의 취득은 유형자산으로 처리한다.

09 [일반기업회계기준 문단 10.40] 유형자산의 감가상각방법에는 정액법, 체감잔액법(예를 들면, 정률법 등), 연수합계법, 생산량비례법 등이 있다.

10 외상매입금을 조기 지급하여 매입할인을 받은 경우, 당기 총매입액에서 이를 차감하여 순매입액이 감소하고, 매출총이익과 영업이익은 증가한다.

11 '(차) 이자수익 (대) 선수이자'의 누락으로 부채의 과소계상, 수익의 과대계상이 나타난다.

12 이익잉여금은 손익거래 결과이며, 나머지는 자본거래 결과이다.

13 15,000,000원＝(기말자본금 70,000,000원＋인출액 5,000,000원) - (기초자본금 50,000,000원
＋당기순이익 10,000,000원)

기말자본금 70,000,000원＋인출액 5,000,000원＝기초자본금 50,000,000원
＋당기순이익 10,000,000원＋추가출자액 A

14 판매촉진 목적으로 광고, 홍보, 선전 등을 위하여 지급한 금액은 광고선전비로 판매비와관리비에 해당하며, 영업이익을 감소시킨다.

15 임대보증금은 부채계정이다.

▌ 실 무 시 험 ▌

[1]

[회사등록]>• 종목 수정 : 컴퓨터 부품 → 문구 및 잡화

　　　　　• 개업연월일 수정 : 2017년 01월 05일 → 2017년 03월 09일

　　　　　• 관할세무서 수정 : 145.관악 → 134.안산

[2]

[전기분재무상태표]>• 정기예금 수정 : 2,000,000원 → 20,000,000원

　　　　　　　• 차량운반구 감가상각누계액 수정 : 13,000,000원 → 23,000,000원

　　　　　　　• 외상매입금 수정 : 17,000,000원 → 45,000,000원

[3-1]

[계정과목및적요등록]>146.상품>대체적요 : 적요NO. 5, 상품 어음 매입

[3-2]

[거래처등록]>[일반거래처] 탭>• 거래처코드 : 1001

　　　　　　　　　　• 거래처명 : 모닝문구

　　　　　　　　　　• 유형 : 1.매출

　　　　　　　　　　• 사업자등록번호 : 305-24-63212

　　　　　　　　　　• 대표자명 : 최민혜

　　　　　　　　　　• 업태 : 도소매

　　　　　　　　　　• 종목 : 문구 및 잡화

　　　　　　　　　　• 주소 : 대전광역시 대덕구 한밭대로 1000(오정동)

[4-1] 일반전표입력

07월 15일 (차) 보통예금	50,000,000원	(대) 단기차입금(대전중앙신협)	50,000,000원

[4-2] 일반전표입력

07월 16일 (차) 상품	6,600,000원	(대) 선급금(로뎀문구)	660,000원
		당좌예금	5,940,000원

[4-3] 일반전표입력

07월 28일 (차) 여비교통비(판)	5,000원	(대) 미지급금(신한카드)	5,000원
		또는 미지급비용	

[4-4] 일반전표입력

08월 28일 (차) 현금	20,000,000원	(대) 상품매출	25,000,000원
받을어음(씨엔제이상사)	5,000,000원		

[4-5] 일반전표입력

09월 20일 (차) 매출환입및에누리(402) 3,000,000원   (대) 외상매출금(반월상사)   3,000,000원

[4-6] 일반전표입력

10월 15일 (차) 외상매입금(조선상사) 1,300,000원   (대) 받을어음(발해상사)   1,200,000원
                                                          현금   100,000원

[4-7] 일반전표입력

11월 27일 (차) 미지급금(비전상사) 12,500,000원   (대) 당좌예금   10,000,000원
                                                          채무면제이익   2,500,000원

[4-8] 일반전표입력

12월 30일 (차) 차량운반구   2,637,810원   (대) 현금   2,637,810원
           또는 출금전표 차량운반구 2,637,810원

[5-1] 일반전표입력

수정 전 : 09월 15일 (차) 현금   100,000원   (대) 외상매출금(월평문구)   100,000원
수정 후 : 09월 15일 (차) 현금   100,000원   (대) 선수금(월평문구)   100,000원

[5-2] 일반전표입력

수정 전 : 12월 18일 (차) 비품   1,100,000원   (대) 현금   1,100,000원
수정 후 : 12월 18일 (차) 비품   1,000,000원   (대) 현금   1,100,000원
                      소모품비(판)   100,000원

[6-1] 일반전표입력

12월 31일 (차) 미수수익   3,000,000원   (대) 임대료(904)   3,000,000원
• 월 임대료 : 6,000,000원÷12개월 = 500,000원
• 당기분 임대료 : 월 임대료 500,000원×6개월(2024.7.1.~2024.12.31.) = 3,000,000원

[6-2] 일반전표입력

12월 31일 (차) 단기매매증권   500,000원   (대) 단기매매증권평가이익   500,000원
• 평가이익 : (기말 공정가치 30,000원 - 취득가액 25,000원)×100주 = 500,000원

[6-3] 일반전표입력

12월 31일 (차) 선급비용   90,000원   (대) 보험료(판)   90,000원

[6-4]

1. [결산자료입력]>F8대손상각>대손율(%) : 1.00 입력>결산반영>F3전표추가
2. 또는 [결산자료입력]>5). 대손상각>• 외상매출금 : 3,021,300원 입력>F3전표추가
                              • 받을어음 : 322,000원

3. 또는 일반전표입력

12월 31일	(차) 대손상각비(판)	3,343,300원	(대) 대손충당금(109)		3,021,300원
			대손충당금(111)		322,000원
또는	(차) 대손상각비(판)	3,021,300원	(대) 대손충당금(109)		3,021,300원
	대손상각비(판)	322,000원	대손충당금(111)		322,000원

• 외상매출금 기말 잔액 352,130,000원×1% - 500,000원 = 3,021,300원
• 받을어음 기말 잔액 62,200,000원×1% - 300,000원 = 322,000원

[7-1] 2,800,000원

• [총계정원장] > [월별] 탭
>기간 : 2024년 01월 01일~2024년 06월 30일
>계정과목 : 401.상품매출 조회
>상품매출액이 가장 적은 달(月)의 금액 확인 : 2,800,000원(1월)

[7-2] 34,000,000원

= 비품 35,000,000원 - 비품 감가상각누계액 1,000,000원
• [재무상태표] > 기간 : 2024년 3월 조회 > 비품 계정 및 비품감가상각누계액 계정 금액 확인

[7-3] 1,638,000원

= 1,770,000원(광진상사) - 132,000원(우림상사)
• [거래처원장] > 기간 : 2024년 1월 1일~2024년 6월 30일 > 계정과목 : 131.선급금 조회

제105회 전산회계 2급 기출문제 해답

무한상사(코드번호 : 1054)

▌이 론 시 험 ▌

1	2	3	4	5	6	7	8	9	10	11	12	13	14	15
①	④	①	②	③	②	①	④	③	④	③	②	①	④	③

01 [일반기업회계기준 문단 2.4] 재무제표는 재무상태표, 손익계산서, 현금흐름표, 자본변동표로 구성되며, 주석을 포함한다.

02 일정 시점 현재 기업이 보유하고 있는 경제적 자원인 자산과 경제적 의무인 부채, 그리고 자본에 대한 정보를 제공하는 재무보고서는 재무상태표이다. 감가상각비와 급여는 손익계산서 계정과목으로 나머지 계정과목은 재무상태표 계정과목이다.

03

	거래요소의 결합관계	거래의 종류
①	자산의 증가 - 부채의 증가	교환거래
②	자산의 증가 - 자산의 감소	교환거래
③	부채의 감소 - 자산의 감수	교환거래
④	비용의 발생 - 자산의 감소	손익거래

04 ②

05 800,000원 = 외상매출금 회수액 700,000원 + 기말 외상매출금 400,000원
　　　　　　 - 기초 외상매출금 300,000원

06 유동성이 높은 항목부터 배열하면 당좌자산 - 재고자산 - 유형자산 - 무형자산 순으로 나열한다.

07 3,100,000원 = 상품매출액 11,000,000원 - 상품매출원가 7,900,000원

　• 상품매출원가 : 기초상품재고액　4,000,000원 + 당기순상품매입액　9,900,000원 - 기말상품재고액 6,000,000원 = 7,900,000원

　• 당기순상품매입액 : 당기상품매입액 10,000,000원 - 매입에누리 100,000원 = 9,900,000원

08 1,500,000원 = 당기총비용 1,100,000원 + 당기순이익 400,000원

　• 당기순이익 : 기말자본 1,000,000원 - 기초자본 600,000원 = 400,000원

09 무형자산인 영업권은 비유동자산이다.

10 재고자산의 매입원가는 매입금액에 매입운임, 하역료 및 보험료 등 취득과정에서 정상적으로 발생한 부대원가를 가산한 금액이다. 매입환출은 매입원가에서 차감한다.

11 수익적지출(수선비)로 처리해야 할 것을 자본적지출(건물)로 회계처리한 경우 비용의 과소계상과 자산의 과대계상으로 인해 당기순이익이 과대계상 된다.

12 임대보증금과 임차보증금이 서로 바뀌었다.

13 ①

14 이자비용은 영업외비용에 속한다.

15 기부금은 영업외비용으로 영업손익과 관련이 없다.

▌ 실 무 시 험 ▌

[1]

[기초정보관리]>[회사등록]>• 대표자명 정정 : 김지술 → 이학주

　　　　　　　　　　　• 사업자등록번호 정정 : 135 - 27 - 40377 → 130 - 47 - 50505

　　　　　　　　　　　• 개업연월일 정정 : 2009.03.20. → 2013.05.23.

[2]

[전기분재무제표]>[전기분손익계산서]>• 차량유지비 정정 : 50,500,000원 → 3,500,000원

　　　　　　　　　　　　　　　　　• 이자수익 정정 : 2,500,000원 → 2,200,000원

　　　　　　　　　　　　　　　　　• 기부금 추가 입력 : 3,000,000원

[3-1]

[거래처별초기이월]>• 외상매출금 : 월평상사 35,000,000원 → 45,000,000원으로 수정입력

　　　　　　　　　• 지급어음 : 도륜상사 100,000,000원 → 150,000,000원으로 수정입력

　　　　　　　　　• 단기차입금 : 선익상사 80,000,000원 추가 입력

[3-2]

[거래처등록]>[신용카드] 탭>• 코드 : 99871

　　　　　　　　　　　　• 거래처명 : 씨엔제이카드

　　　　　　　　　　　　• 유형 : 2.매입

　　　　　　　　　　　　• 카드번호 : 1234 - 5678 - 9012 - 3452

　　　　　　　　　　　　• 카드종류(매입) : 3.사업용카드

[4-1] 일반전표입력

07.02.	(차) 상품	6,000,000원	(대) 지급어음(성심상사)	5,500,000원
			현금	500,000원

[4-2] 일반전표입력

08.05.	(차) 수수료비용(판)	3,500,000원	(대) 현금	3,500,000원
	또는 수수료비용(984)			

　　　또는 출금전표 수수료비용(판) 3,500,000원

　　　또는 수수료비용(984)

[4-3] 일반전표입력

08.19. (차) 단기차입금(탄방상사)   20,000,000원   (대) 보통예금   20,600,000원
　　　　　이자비용   600,000원

[4-4] 일반전표입력

08.20. (차) 상품   15,000,000원   (대) 보통예금   16,000,000원
　　　　　비품   1,000,000원

[4-5] 일반전표입력

08.23. (차) 외상매입금(소리상사)   500,000원   (대) 가지급금   500,000원

[4-6] 일반전표입력

10.10. (차) 상품   3,000,000원   (대) 선급금(고구려상사)   300,000원
　　　　　　　　　　　　　　　　　　　　외상매입금(고구려상사)   2,700,000원

[4-7] 일반전표입력

11.18. (차) 차량유지비(판)   30,000원   (대) 현금   30,000원
　　　또는 출금전표 차량유지비(판)   30,000원

[4-8] 일반전표입력

12.20. (차) 세금과공과(판)   259,740원   (대) 미지급금(현대카드)   259,740원
　　　　　　　　　　　　　　　　　　　　또는 미지급비용

[5-1] 일반전표입력

• 수정 전 : 11.05. (차) 세금과공과(판)   110,000원   (대) 보통예금   110,000원
• 수정 후 : 11.05. (차) 예수금   110,000원   (대) 보통예금   110,000원

[5-2] 일반전표입력

• 수정 전 : 11.28.(차) 상품   7,535,000원   (대) 외상매입금(양촌상사)   7,500,000원
　　　　　　　　　　　　　　　　　　　　　미지급금   35,000원

• 수정 후 : 11.28.(차) 상품   7,500,000원   (대) 외상매입금(양촌상사)   7,500,000원

[6-1] 일반전표입력

12.31. (차) 급여(판)   1,000,000원   (대) 미지급비용   1,000,000원
　　　　　　　　　　　　　　　　　　　　또는 미지급금

[6-2] 일반전표입력

12.31. (차) 소모품비(판)   200,000원   (대) 소모품   200,000원

[6-3] 일반전표입력

12.31. (차) 이자비용   70,000원   (대) 현금과부족   70,000원

[6-4]

1. [결산자료입력]>4. 판매비와일반관리비>4). 감가상각비>비품>결산반영금액란 5,000,000원 입력
                                                          >F3 전표추가

2. 또는 일반전표입력

12.31. (차) 감가상각비(판)   5,000,000원   (대) 감가상각누계액(비품)   5,000,000원
- (65,500,000원 - 15,500,000원)÷10년 = 5,000,000원

[7-1] 갈마상사, 76,300,000원

- [거래처원장]>조회기간 : 1월 1일~5월 31일>계정과목 : 251.외상매입금
                                    >거래처별 외상매입금 잔액 조회

[7-2] 1,500,000원 증가

= 2,000,000원 - 500,000원
- [재무상태표]>조회일자 : 6월
              >현재 외상매출금 대손충당금과 전기말 외상매출금 대손충당금 비교

[7-3] 116,633,300원

= 유동자산 합계액 463,769,900원 - 유동부채 합계액 347,136,600원
- [재무상태표]>조회일자 : 6월>유동자산과 유동부채의 차액 확인

제106회 전산회계 2급 기출문제 해답

백제상사(코드번호 : 1064)

▌이 론 시 험 ▐

1	2	3	4	5	6	7	8	9	10	11	12	13	14	15
①	②	③	④	④	①	②	③	③	②	③	②	①	④	①

01 재무보고의 목적

- 투자 및 신용의사결정에 유용한 정보의 제공
- **미래 현금흐름 예측에 유용한 (화폐적)정보의 제공**
- 재무상태, 경영성과, 현금흐름 및 자본변동에 관한 정보의 제공
- 경영자의 수탁책임 평가에 유용한 정보의 제공

02 주된 영업활동(상품 매매 등)이 아닌 비품을 외상으로 구입한 경우에는 미지급금 계정을 사용한다.

(차) 비품   1,000,000원   (대) 미지급금   1,000,000원

03 일정기간 동안 기업의 경영성과에 대한 정보를 제공하는 재무보고서는 손익계산서로, **매출원가는 영업비용이고, 기부금은 영업외비용**이다.

04 모두 옳다.

가. (차) 기계장치   100,000원(자산증가)   (대) 보통예금   100,000원(자산감소)
나. (차) 현금   100,000원(자산증가)   (대) 자본금   100,000원(자본증가)
다. (차) 보통예금   100,000원(자산증가)   (대) 차입금   100,000원(부채증가)
라. (차) 외상매입금   100,000원(부채감소)   (대) 현금   100,000원(자산감소)

05 잔액시산표 등식에 따라 기말자산과 총비용은 차변에 기말부채, 기초자본, 총수익은 대변에 잔액을 기재한다.

(가) = 100,000 + 700,000 + 50,000 = 850,000원

(나) = 850,000 - 90,000 - 40,000 = 720,000원

06 결산 시 **비용 계정과 수익 계정은 손익 계정으로 마감**한다.

07 회사가 판매를 위하여 보유하고 있는 자산은 재고자산(상품)이다.

유형자산은 재화의 생산, 용역의 제공, 타인에 대한 임대 또는 자체적으로 사용할 목적으로 보유하는 물리적 형체가 있는 자산으로서, 1년을 초과하여 사용할 것이 예상되는 자산을 말한다.

08 기초자본 = 기초자산(8,500,000) - 기초부채(4,000,000) = 4,500,000원

기말자본 = 기초자본(4,500,000) + 당기순이익(800,000) = 5,300,000원

기말부채 = 기말자산(11,000,000) - 기말자본(5,300,000) = 5,700,000원

09 **매입할인은 재고자산의 취득원가에서 차감**한다.

10 감가상각비 = (취득가액 – 잔존가치) ÷ 내용연수

취득가액 = 감가상각비(9,000) × 내용연수(10) + 잔존가치(5,000) = 95,000원

11 기계장치는 비유동자산인 유형자산에 속한다.

12 임대료(당기수익) = 임대료 수령액(3,600,000) – 선수수익(900,000) = 2,700,000원

• 수령시점 :	(차)	현금	3,600,000원	(대)	임대료	3,600,000원	
• 기말결산 :	(차)	임대료	900,000원	(대)	선수수익	900,000원	

13 급여 지급 시 종업원이 부담해야 할 소득세 등을 회사가 일시적으로 받아두는 경우 예수금 계정을 사용한다.

• 회계처리 :	(차)	급여	300,000원	(대)	예수금(유동부채)	10,000원
					현금	290,000원

14 결산일 자본금 원장의 손익(당기순이익)은 900,000원이며, 마감되는 차기이월액(차기 기초자본금)은 2,900,000원이다.

15 ① (차) 세금과공과 ××× (대) 현금 ×××

② (차) 급여 ××× (대) 예수금 ×××
　　　 현금 ×××

③ (차) 차량운반구 ××× (대) 현금 ×××

④ (차) 인출금(또는 자본금) ××× (대) 현금 ×××

▌실 무 시 험 ▌

문제 1.

- 사업장주소 : 대전광역시 서구 둔산동 86→대전광역시 중구 대전천서로　7(옥계동)
- 사업자등록번호 정정 : 350 – 22 – 28322 → 305 – 52 – 36547
- 종목 정정 : 의류 → 문구 및 잡화

문제 2.

- 외상매출금 : 4,000,000원 → 40,000,000원
- 감가상각누계액(213) : 200,000원 → 2,000,000원
- 토지 : 추가 입력 274,791,290원

문제 3.

[1] [거래처등록]/[일반거래처]
- 유형 수정 : 매출 → 동시
- 종목 수정 : 전자제품 → 잡화
- 주소 수정 : 서울 마포구 마포대로 33(도화동) → 경기도 남양주시 진접읍 장현로 83

[2] [거래처별초기이월]
- 외상매출금>• 발해상사 10,000,000원 → 13,000,000원
- 외상매입금>• 신라상사 7,000,000원 → 17,000,000원
    - 가야상사 5,000,000원 → 19,000,000원

문제 4.

[1] (차) 차량운반구   45,000,000   (대) 당좌예금   45,000,000

[2] (차) 선급금(진영상사)   100,000   (대) 보통예금   100,000

[3] (차) 외상매입금(광주상사)   900,000   (대) 현금   891,000
    매입할인(148)   9,000

☞ 매입할인(900,000×1%)은 상품의 매입할인을 선택한다.

[4] (차) 감가상각누계액(203)   2,500,000   (대) 건물   30,000,000
    보통예금   10,000,000   유형자산처분이익   1,500,000
    미수금(하나상사)   19,000,000

☞ 처분손익＝처분가액(29,000,000)－장부가액(30,000,000－2,500,000)＝1,500,000원(처분이익)

[5] (차) 받을어음(발해상사)   1,200,000   (대) 상품매출   2,300,000
    외상매출금(발해상사)   1,100,000

[6] (차) 복리후생비(판)   100,000   (대) 현금   100,000

[7] (차) 기업업무추진비(판)   200,000   (대) 보통예금   200,000

[8] (차) 도서인쇄비(판)   30,000   (대) 미지급금(현대카드)   30,000

문제 5.

[1] 〈수정전〉

(차) 단기차입금(신라상사)　　25,000,000　　(대) 보통예금　　25,000,000

　　　〈수정후〉

(차) 외상매입금(조선상사)　　25,000,000　　(대) 보통예금　　25,000,000

[2] 〈수정전〉

(차) 기업업무추진비(판)　　200,000　　(대) 현금　　200,000

　　　〈수정후〉

(차) 인출금(또는 자본금)　　200,000　　(대) 현금　　200,000

☞ 기중에는 인출금계정을 사용하다가 결산시 자본금계정으로 대체하는 것이 일반적이다.

문제 6.

[1] 〈수동결산〉

(차) 외화환산손실　　1,500,000　　(대) 외상매입금(미국 ABC사)　　1,500,000

☞환산손익(부채)＝기말공정가액(1,250원×$10,000)－장부가액(11,000,000)＝＋1,500,000원(손실)

[2] 〈수동결산〉

(차) 현금　　66,000　　(대) 잡이익　　66,000

☞기중에는 현금과부족계정을 사용하나, 결산일에는 바로 손익으로 처리한다.

[3] 〈수동결산〉

(차) 이자비용　　125,000　　(대) 미지급비용　　125,000

☞지급시기가 도래하지 않았으므로 미지급비용을 사용한다.

[4] 〈수동/자동결산〉

(차) 감가상각비(판)　　1,450,000　　(대) 감가상각누계액(209)　　1,200,000

　　　　　　　　　　　　　　　　　　　감가상각누계액(213)　　250,000

[결산자료입력]＞4.판매비와일반관리비＞4).감가상각비＞

　　　　　　• 차량운반구 1,200,000원, 비품 250,000원 입력＞F3전표추가

문제 7.

[1] 우리상사, 35,500,000원
- [거래처원장]>기간 : 1월 1일~6월 30일>계정과목 : 외상매출금(108)>조회 후 거래처별 잔액 비교

[2] 361,650원 = 1월(316,650) + 2월(45,000)
- [총계정원장]>기간 : 1월 1일~3월 31일>계정과목 : 소모품비(830) 조회

[3] 72,880,000원 = 받을어음(73,400,000) − 대손충당금(520,000)
- [재무상태표]>기간 : 6월>받을어음 73,400,000원에서 받을어음 대손충당금 520,000원 차감

제107회 전산회계2급 기출문제 해답

태형상사(코드번호 : 1074)

▌이 론 시 험 ▌

1	2	3	4	5	6	7	8	9	10	11	12	13	14	15
④	①	④	③	②	③	④	③	①	②	①	②	③	①	④

01 재산 증감의 변화가 없는 계약, 의사결정, 주문 등은 회계상 거래에 해당하지 않는다.

02 거래의 8요소 중 자산의 증가는 차변에 기록하는 항목이다.

03 급여 지급 시 전월에 원천징수한 근로소득세는 예수금 계정으로 처리한다.

04 재무상태표상의 대변 항목은 부채와 자본으로, 선급금은 자산항목이다.

05 1,800,000원 = 현금 300,000원 + 보통예금 800,000원 + 외상매출금 200,000원
+ 단기매매증권 500,000원

06 매출할인

07 외상매출금

- 정상적인 영업활동(일반적인 상거래)에서 발생한 판매대금의 미수액 : 외상매출금
- 유형자산을 처분하고 대금을 미회수했을 경우 : 미수금
- 수익 중 차기 이후에 속하는 금액이지만 그 대가를 미리 받은 경우 : 선수수익

08 4,000,000원 = 기초자본 1,000,000원 + 당기순이익 3,000,000원

- 당기순이익 : 총수익 8,000,000원 - 총비용 5,000,000원 = 3,000,000원

09 350,000,000원 = 매출총이익 172,000,000원 + 매출원가 178,000,000원

- 매출원가 : 기초상품재고액 25,000,000원 + 당기총매입액 168,000,000원 - 기말상품재고액
15,000,000원 = 178,000,000원

10 받을어음에 대한 설명이다.

11 6,000,000원 = 장부가액 7,000,000원 - 유형자산처분손실 1,000,000원

- 장부가액 : 취득가액 16,000,000원 - 감가상각누계액 9,000,000원 = 7,000,000원

12 일정 시점 현재 기업이 보유하고 있는 경제적 자원인 자산과 경제적 의무인 부채, 그리고 자본에 대한
정보를 제공하는 재무보고서는 재무상태표로, 임대료와 이자비용은 손익계산서 계정과목이다. 나머
지 계정은 재무상태표 계정과목이다.

13 3개월

14 선입선출법에 대한 설명이다.

15 이자수익은 영업외수익에 해당한다.
- 미수수익 : 자산
- 경상개발비 : 판매비와관리비
- 외환차손 : 영업외비용

▌실 무 시 험 ▐

문제 1.

[회사등록]>[기본사항] 탭> • 사업자등록번호 정정 : 107 - 35 - 25785 → 107 - 36 - 25785
- 과세유형 수정 : 2.간이과세 → 1.일반과세
- 업태 수정 : 제조 → 도소매

문제 2.

[전기분재무상태표]> • 대손충당금(109) 추가 : 100,000원
- 감가상각누계액(213) 수정 : 6,000,000원 → 2,400,000원
- 외상매입금 수정 : 11,000,000원 → 8,000,000원

문제 3.

[1] [기초정보관리]>[거래처등록]>[금융기관] 탭> • 거래처코드 : 98005
- 거래처명 : 신한은행
- 유형 : 1.보통예금
- 계좌번호 : 110 - 081 - 834009
- 계좌개설일 : 2023 - 01 - 01
- 사업용 계좌 : 1.여

[2] [전기분재무제표]>[거래처별초기이월]> • 받을어음>하우스컴 5,500,000원 추가 입력
- 지급어음>모두피씨 2,500,000원 → 4,000,000원 수정
  하나로컴퓨터 6,500,000원 → 2,500,000원 수정

문제 4.

[1] 일반전표입력

07.05.	(차) 보통예금	9,700,000원	(대) 단기차입금(세무은행)	10,000,000원
	이자비용	300,000원		

[2] 일반전표입력

07.07.	(차) 상품	3,960,000원	(대) 외상매입금(대림전자)	3,960,000원

[3] 일반전표입력

08.03.	(차) 보통예금	15,000,000원	(대) 외상매출금(국제전자)	20,000,000원
	받을어음(국제전자)	5,000,000원		

[4] 일반전표입력

08.10.	(차) 기부금	1,000,000원	(대) 현금	1,000,000원
	또는 출금전표 기부금	1,000,000원		

[5] 일반전표입력

09.01.	(차) 기업업무추진비(판)	49,000원	(대) 현금	49,000원
	또는 출금전표 기업업무추진비(판)49,000 원			

[6] 일반전표입력

09.10.	(차) 예수금	150,000원	(대) 보통예금	300,000원
	세금과공과(판)	150,000원		

[7] 일반전표입력

10.11.	(차) 현금	960,000원	(대) 선수금(미래전산)	960,000원
	또는 입금전표 선수금(미래전산) 960,000원			

[8] 일반전표입력

11.25.	(차) 미지급금(비씨카드)	500,000원	(대) 보통예금	500,000원

문제 5.

[1] 일반전표입력

• 수정 전   (차) 수선비(판)   30,000,000원   (대) 보통예금   30,000,000원
• 수정 후   (차) 건물   30,000,000원   (대) 보통예금   30,000,000원

[2] 일반전표입력

• 수정 전 :   (차) 비품   1,500,000원   (대) 보통예금   1,500,000원
• 수정 후 :   (차) 인출금   1,500,000원   (대) 보통예금   1,500,000원
               (또는 자본금)

문제 6.

[1] 일반전표입력

12.31.   (차) 소모품   30,000원   (대) 소모품비(판)   30,000원

[2] 일반전표입력

12.31.   (차) 단기매매증권   100,000원   (내) 난기매매증권평가이익   100,000원

[3] 일반전표입력

12.31.   (차) 선급비용   270,000원   (대) 보험료(판)   270,000원

• 당기분 보험료 : $360,000원 \times 3/12 = 90,000원$
• 차기분 보험료 : $360,000원 \times 9/12 = 270,000원$

[4] 일반전표입력

12.31.   (차) 이자비용   600,000원   (대) 미지급비용   600,000원

문제 7.

[1] 6,500,000원

- [총계정원장]>기간 : 1월 1일~6월 30일>계정과목 : 기업업무추진비(판)>합계금액 확인

[2] 550,000원=2024년 1월 5,050,000원−전기 말 4,500,000원

- [재무상태표]>기간 : 1월>미수금 금액 확인

[3] 거래처코드 : 00112(또는 112), 금액 : 36,500,000원

- [거래처원장]>기간 : 1월 1일~5월 31일>계정과목 : 외상매출금>거래처별 잔액 및 거래처코드 확인

제108회 전산회계 2급 기출문제 해답

지우상사(코드번호 : 1084)

▌이론시험▌

1	2	3	4	5	6	7	8	9	10	11	12	13	14	15
③	④	①	①	②	④	③	③	②	①	①	④	④	③	②

01 **재무상태표는 일정시점의 재무상태를 나타내는 재무제표**이다.

02 자산 항목과 비용 항목은 잔액이 차변에 발생하고, 부채 항목 및 자본 항목과 수익 항목의 잔액은 대변에 기록된다. **임대료는 수익 계정이므로 잔액이 대변에 발생**한다.

03

상 품			
기초상품	10,000	*매출원가(?)*	*34,000*
총매입액	30,000		
(매입에누리)	(1,000)	기말상품	5,000
계	39,000	계	39,000

04 감가상각비(정액법) = [취득가액(1,000,000) - 잔존가치(0)] ÷ 내용연수(5년) = 200,000원/년

감가상각비(7.1~12.31) = 200,000원/년 ÷ 12개월 × 6개월 = 100,000원

수익적지출은 감가상각대상금액이 아니다.

05 당기보험료(2개월) = 600,000 ÷ 12개월 × 2개월 = 100,000원

06 매입채무는 외상매입금과 지급어음의 통합계정이다.

07 업무에 사용하기 위한 차량운반구는 유형자산으로 비유동자산에 해당한다.

당좌예금은 당좌자산으로 유동자산에 해당한다.

선수수익은 유동부채에 해당한다.

08 당좌차월은 기말에 단기차입금으로 대체된다.

10 부채 = 외상매입금(3,000,000) + 선수수익(500,000) + 미지급비용(2,000,000) = 5,500,000원

11 보고기간 종료일로부터 **1년 이내에 현금화 또는 실현될 것으로 예상되는 자산**을 유동자산으로 분류한다.

12

외상매출금			
기초잔액	3,000,000	회수액	1,000,000
발생액	7,000,000	*기말잔액*	*9,000,000*
계	10,000,000	계	10,000,000

13 개별법은 통상적으로 **상호 교환될 수 없는 재고자산(고가품) 항목의 원가**를 계산할 때 사용한다.

14 선수수익은 수익의 이연, 미수수익은 수익의 계상, 선급비용은 비용의 이연, 미지급비용은 비용의 계상에 해당한다.

15 **자산과 이익은 비례관계**이다. 따라서 자산이 과대평가시 당기순이익은 과대계상 된다.

또한 **이익과 원가는 반비례관계**이다. 원가가 과소계상 되면 이익은 과대계상 된다.

▌실 무 시 험 ▌

문제 1.

- 업태 수정입력 : 제조 → 도소매
- 종목 수정입력 : 의약품 → 사무기기
- 사업장관할세무서 수정입력 : 621.금정 → 130.부천

문제 2.

- 기업업무추진비 수정입력 : 800,000원 → 750,000원
- 819.임차료 1,200,000원 추가입력
- 951.이자비용 1,200,000원 추가입력

문제 3.

[1] [계정과목및적요등록]

812.여비교통비>• 적요NO. 3 •대체적요 : 직원의 국내출장비 예금 인출

[2] [거래처별초기이월]

- 외상매입금 : 라라무역 2,320,000원 → 23,200,000원으로 수정입력
- 외상매입금 : 양산상사 35,800,000원 추가입력
- 단기차입금 : ㈜굿맨 36,000,000원 추가입력

문제 4.

[1] (차) 받을어음(태영상사)   800,000   (대) 상품매출   4,000,000

      외상매출금(태영상사)   3,200,000

[2] (차) 보통예금   15,000,000   (대) 장기차입금(큰손은행)   15,000,000

[3] (차) 통신비(판)   50,000   (대) 미지급금(삼성카드)   90,000

      수도광열비(판)   40,000

[4] (차) 기업업무추진비(판)   300,000   (대) 현금   300,000

[5] (차) 토지   52,300,000   (대) 현금   52,300,000

[6] (차) 대손충당금(109)   900,000   (대) 외상매출금(온나라상사)   3,000,000

      대손상각비(판)   2,100,000

[7] (차) 급여(판)   4,200,000   (대) 예수금   635,010

                                             보통예금   3,564,990

[8] (차) 외상매입금(대한상사)   7,000,000   (대) 보통예금   5,000,000

                                             현금   2,000,000

문제 5.

[1] 〈수정전〉

     (차) 현금   3,500,000   (대) 선수금(두리상사)   3,500,000

     〈수정후〉

     (차) 선급금(두리상사)   3,500,000   (대) 현금   3,500,000

[2] 〈수정전〉

     (차) 이자비용   4,000,000   (대) 보통예금   4,000,000

     〈수정후〉

     (차) 단기차입금(나라은행)   4,000,000   (대) 보통예금   4,000,000

문제 6.

[1] 〈수동결산〉

(차) 이자비용   1,125,000   (대) 미지급비용   1,125,000

☞ 이자비용＝30,000,000×5%(연이자율)÷12개월×9개월＝1,125,000원

[2] 〈수동결산〉

(차) 미수수익   15,000   (대) 이자수익   15,000

[3] 〈수동/자동결산〉

(차) 감가상각비(판)   1,700,000   (대) 감가상각누계액(213)   1,700,000

[결산자료입력]＞기간 : 20x1년 01월~20x1년 12월＞4. 판매비와 일반관리비

　　　　　　＞4). 감가상각비＞비품 결산반영금액란 1,700,000원 입력＞F3 전표추가

[4] 〈수동/자동결산〉

[결산자료입력]＞기간 : 2024년 01월~2024년 12월 ＞2. 매출원가

　　　　　　＞⑩ 기말 상품 재고액 결산반영금액란 6,500,000원 입력＞F3 전표추가

(결차) 상품매출원가   187,920,000   (결대) 상품   187,920,000

☞ 매출원가＝기초상품재고액(2,500,000)＋당기상품매입액(191,920,000)－기말상품재고액 (6,500,000원)
　　　　＝187,920,000원

문제 7.

[1] 30,000,000원

• 거래처원장＞기간 : 2024년 4월 1일~2024년 6월 30일＞계정과목 : 252.지급어음

　　　＞수석상사 대변 합계액

[2] 86,562,000원

• 총계정원장(또는 계정별원장)＞기간 : 2024년 1월 1일~2024년 6월 30일

　　　　　　　＞계정과목 : 103.보통예금

　　　　　　　＞차변 합계액 – 전기이월 35,000,000원

[3] 3월, 272,000원

• 총계정원장＞기간 : 2024년 1월 1일~2024년 6월 30일＞계정과목 : 813.접대비 조회

제109회 전산회계2급 기출문제 해답

정금상사(코드번호 : 1094)

▌이 론 시 험 ▌

1	2	3	4	5	6	7	8	9	10	11	12	13	14	15
④	④	②	③	②	②	①	③	①	①	①	④	②	④	③

01 교환거래에 해당하고 회계처리는 아래와 같다.

(차) 단기차입금(부채의 감소) 1,000,000원 (대) 보통예금(자산의 감소) 3,000,000원
　　 장기차입금(부채의 감소) 2,000,000원

• 혼합거래는 하나의 거래에서 교환거래와 손익거래가 동시에 발생하는 거래이다.

02 결산 시 대손상각 처리가 가능한 계정과목은 채권에 해당하는 계정과목이다. 단기차입금 계정은 채무에 해당하는 계정과목이므로 대손처리가 불가능한 계정이다.

03 당사 발행 당좌수표는 당좌예금 계정으로 처리한다.

04 순매입액 49,000원 = 당기매입액 50,000원 + 취득부대비용 2,000원 - 매입할인 3,000원

05 자산의 증가, 부채의 감소, 비용의 발생 등은 차변항목이다.

06 외상매출금이 대변에 기입되는 거래는 외상매출금을 현금이나 보통예금 등으로 회수한 때이다.

07 ① 기말재고자산이 과대계상 되면 매출원가가 과소계상 되고 당기순이익은 과대계상된다.

08 3,700,000원 = 매출액 20,000,000원 - 매출원가 14,000,000원 - 급여 2,000,000원
　　　　　　　　 - 복리후생비 300,000원

※ 이자비용과 유형자산처분손실은 영업외비용이므로 영업이익을 계산할 때 반영하지 않는다.

09 200,000원 = 기말 매출채권 20,000,000원 × 1%

10 [일반기업회계기준 문단 10.40] 유형자산의 감가상각방법에는 정액법, 체감잔액법(예를 들면, 정률법 등), 연수합계법, 생산량비례법 등이 있다.

11 출장 여비교통비와 거래처 대표자의 결혼식 화환 구입비(기업업무추진비)가 판매비와관리비에 해당한다.

• 지급이자 : 영업외비용
• 유형자산처분이익 : 영업외수익

12 ④ 임의적립금은 이익잉여금에 해당한다.

13 9,200,000원 = 유동성장기부채 4,000,000원 + 미지급비용 1,400,000원 + 예수금 500,000원
　　　　　　　 + 외상매입금 3,300,000원

• 선급비용은 당좌자산에 해당하고, 장기차입금은 비유동부채에 해당한다.

14 건설중인자산은 유형자산에 해당한다.

15 건물 내부의 조명기구를 교체하는 지출은 수선유지를 위한 수익적지출에 해당하며 이는 자본적지출에 해당하지 않으므로 발생한 기간의 비용으로 인식한다.

▌ 실 무 시 험 ▌

문제 1.

[기초정보관리]>[회사등록]>[기본사항] 탭>
- 사업자등록번호 : 646 - 40 - 01031 → 646 - 04 - 01031
- 종목 : 식료품 → 신발
- 사업장관할세무서 : 508.안동 → 212.강동

문제 2.

[전기분손익계산서]>
- 여비교통비 500,000원 → 600,000원으로 수정
- 광고선전비 600,000원 → 700,000원으로 수정
- 기부금 600,000원 → 이자비용 600,000원으로 수정

문제 3.

[1] [계정과목및적요등록]>판매비및일반관리비>접대비(판)>현금적요 No.5 : 거래처 명절선물 대금 지급

[2] [거래처별초기이월]>
- 외상매출금>㈜사이버나라 20,000,000원 → 45,000,000원으로 수정
- 단기대여금>㈜해일 20,000,000원 → 10,000,000원으로 수정
- 부림상사 30,000,000원 → 3,000,000원으로 수정

문제 4.

[1] 일반전표입력

08.01.	(차) 단기매매증권	2,000,000원	(대) 보통예금	2,012,000원
	수수료비용(984)	12,000원		

[2] 일반전표입력

09.02.	(차) 상품	9,600,000원	(대) 외상매출금(푸름상회)	5,000,000원
			외상매입금(푸름상회)	4,600,000원

[3] 일반전표입력

10.05.   (차) 비품   550,000원   (대) 현금   550,000원

또는 출금전표 비품   550,000원

[4] 일반전표입력

10.20.   (차) 예수금   220,000원   (대) 보통예금 440,000원

복리후생비(판)   220,000원

[5] 일반전표입력

11.01.   (차) 광고선전비(판)   990,000원   (대) 당좌예금   990,000원

[6] 일반전표입력

11.30.   (차) 보통예금   10,500,000원   (대) 정기예금   10,000,000원

이자수익   500,000원

[7] 일반전표입력

12.05.   (차) 수선비(판)   330,000원   (대) 미지급금(하나카드) 330,000원

(또는 미지급비용)

[8] 일반전표입력

12.15.   (차) 선급금(에스파파상사) 1,000,000원   (대) 보통예금   1,000,000원

문제 5.

[1] 일반전표입력

• 수정 전

10.27.   (차) 보통예금   10,000,000원   (대) 자본금   10,000,000원

• 수정 후

10.27.   (차) 보통예금   10,000,000원   (대) 단기차입금(좋은은행) 10,000,000원

[2] 일반전표입력

• 수정 전 :

11.16.   (차) 기업업무추진비(판)   198,000원   (대) 보통예금   198,000원

• 수정 후 :

11.16.   (차) 상품 198,000원   (대) 보통예금   198,000원

문제 6.

[1] 일반전표입력

12.31.　　　(차) 소모품비(판)　　　550,000원　　(대) 소모품　　　　550,000원

[2] 일반전표입력

12.31.　　　(차) 선급비용　　　600,000원　　(대) 보험료(판)　　600,000원

• 선급비용 : 1,200,000원×6개월/12개월＝600,000원

[3] 일반전표입력

12.31.　　　(차) 현금과부족　　　50,000원　　(대) 잡이익　　　50,000원

[4]

1. [결산자료입력]>F8 대손상각>추가설정액>• 108.외상매출금 : 1,281,200원 입력
　　　　　　　　　　　　　　　　　　• 110.받을어음 : 467,000원 입력
　　　　　　　　　　　　　　>결산반영
　　　　　　　　　　　　　　>F3전표추가

2. 또는 [결산자료입력]>4. 판매비와 일반관리비
　　　　　　　　　>5). 대손상각>• 외상매출금 1,281,200원 입력
　　　　　　　　　　　　　　　• 받을어음 467,000원 입력
　　　　　　　　>F3전표추가

3. 또는 일반전표입력

12.31.　　　(차) 대손상각비(판)　1,748,200원　(대) 대손충당금(109)　1,281,200원
　　　　　　　　　　　　　　　　　　　　　　대손충당금(111)　　467,000원

• 대손충당금(109) : 외상매출금 128,120,000원×1%＝1,281,200원
• 대손충당금(111) : 받을어음 46,700,000원×1%＝467,000원

문제 7.

[1] 4월, 24,150,000원

　• [총계정원장]>기간 : 1월 1일~6월 30일>계정과목 : 101.현금 조회

[2] 158,800,000원

　• [재무상태표]>기간 : 6월>유동부채 잔액 확인

[3] 1,320,000원＝2월 1,825,000원－6월 505,000원

　• [총계정원장]>기간 : 1월 1일~6월 30일>계정과목 : 811.복리후생비 조회

제110회 전산회계 2급 기출문제 해답

수호상사(코드번호 : 1104)

▌ 이 론 시 험 ▌

1	2	3	4	5	6	7	8	9	10	11	12	13	14	15
③	②	①	②	①	④	①	②	②	③	③	④	③	①	④

01　　(차) 이자비용(비용의 발생)　　80,000원　　(대) 현금(자산의 감소)　　　　80,000원

① (차) 현금(자산의 증가)　　500,000원　　(대) 임대료수익(수익의 발생)　500,000원

② (차) 상품(자산의 증가)　　400,000원　　(대) 외상매입금(부채의 발생)　400,000원

④ (차) 토지(자산의 증가)　80,000,000원　　(대) 보통예금(자산의 감소) 80,000,000원

02 선급비용은 유동자산에 해당한다.

03 단기매매증권 취득 시 발생한 수수료는 별도의 비용으로 처리하고, 차량운반구 취득 시 발생한 취득세는 차량운반구의 원가에 포함한다.

04 기초잔액이 대변에 기록되는 항목은 부채 또는 자본 항목이다. 보기 중 외상매입금만 부채 항목이다.
- 자산 : 받을어음, 미수금
- 비용 : 광고선전비

05 재산세는 유형자산의 보유기간 중 발생하는 지출로써 취득원가를 구성하지 않고 지출 즉시 비용으로 처리한다.

06 당좌차월은 단기차입금으로 유동부채에 해당한다. 당좌차월, 단기차입금 및 유동성장기차입금 등은 보고기간 종료일로부터 1년 이내에 결제되어야 하므로 영업주기와 관계없이 유동부채로 분류한다. 또한 비유동부채 중 보고기간 종료일로부터 1년 이내에 자원의 유출이 예상되는 부분은 유동부채로 분류한다.

07 인출금 계정은 개인기업의 사업주가 개인적 용도로 지출한 금액을 처리하는 임시계정으로 결산기일에 자본금 계정으로 대체하여 마감한다.

08 선급비용은 자산에 해당하므로 재무상태표상 계정과목에 해당한다.

09 미지급비용이란 당기의 수익에 대응되는 비용으로서 아직 지급되지 않은 비용을 말한다.

10 330,000원 = 수정 전 당기순이익 300,000원 + 차기분 보험료 30,000원

　　(차) 선급보험료(자산증가)　　　30,000원　　　(대) 보험료(비용감소)　　　30,000원

11 4,000원 = 10년 만기 은행 차입금 이자 3,000원 + 사랑의열매 기부금 1,000원

12 기타의대손상각비는 영업외비용에 해당한다.

13 전기란 분개장의 거래 기록을 해당 계정의 원장에 옮겨 적는 것을 말한다.

14 • 재무상태표 : 일정 시점 현재 기업의 재무상태(자산, 부채, 자본)를 나타내는 보고서

• 손익계산서 : 일정 기간 동안의 기업의 경영성과(수익, 비용)를 나타내는 보고서

• 거래의 이중성 : 회계상 거래를 장부에 기록할 때 거래내용을 차변 요소와 대변 요소로 구분하여 각각 기록해야 한다는 것

• 대차평균의 원리 : 거래의 이중성에 따라 기록된 모든 회계상 거래는 차변과 대변의 금액이 항상 일치해야 한다는 것

15 [일반기업회계기준 문단 10.40] 연수합계법은 유형자산의 감가상각방법의 종류이다. 재고자산의 원가결정방법으로는 개별법, 선입선출법, 후입선출법, 이동평균법, 총평균법이 있다.

▌ 실 무 시 험 ▌

문제 1.

[회사등록]> • 종목 : 문구및잡화 → 전자제품

• 개업연월일 : 2011 - 01 - 05 → 2011 - 09 - 14

• 사업장관할세무서 : 145.관악 → 305.대전

문제 2.

[전기분손익계산서]> • 급여(801) : 20,000,000원 → 24,000,000원

• 복리후생비(811) : 1,500,000원 → 1,100,000원

• 잡이익(930) 3,000,000원 삭제 → 임대료(904) 3,000,000원 추가입력

문제 3.

[1] [거래처등록]>[금융기관] 탭> • 거래처코드 : 98006

• 거래처명 : 한경은행

• 유형 : 1.보통예금

• 계좌번호 : 1203 - 4562 - 49735

• 사업용 계좌 : 1.여

[2] [거래처별초기이월]> • 외상매출금> • 믿음전자 : 15,000,000원 → 20,000,000원

• 리트상사 5,000,000원 삭제 → ㈜형제 5,000,000원 추가입력

• 외상매입금> • 중소상사 : 1,000,000원 → 12,000,000원

문제 4.

[1] 일반전표입력

07.16.   (차) 보통예금   600,000원   (대) 선수금(우와상사)   600,000원

[2] 일반전표입력

08.04.   (차) 비품   15,000,000원   (대) 미지급금(BC카드)   15,000,000원

[3] 일반전표입력

08.25.   (차) 세금과공과(판)   120,000원   (대) 현금   120,000원
             또는 출금전표 세금과공과(판) 120,000원

[4] 일반전표입력

09.06.   (차) 당좌예금   1,764,000원   (대) 외상매출금(수분상사) 1,800,000원
             매출할인(403)   36,000원

[5] 일반전표입력

09.20.   (차) 복리후생비(판)   200,000원   (대) 현금   200,000원
             또는 출금전표 복리후생비(판)   200,000원

[6] 일반전표입력

10.05.   (차) 광고선전비(판)   500,000원   (대) 미지급금(삼성카드)   500,000원
                                                      (또는 미지급비용)

[7] 일반전표입력

10.13.   (차) 기부금   500,000원   (대) 현금   500,000원
             또는 출금전표 기부금   500,000원

[8] 일반전표입력

11.01.   (차) 예수금   190,000원   (대) 보통예금   380,000원
             복리후생비(판)   190,000원

문제 5.

[1] 일반전표입력 수정

• 수정 전 :

    08.16.   (차) 운반비   50,000원   (대) 현금   50,000원

• 수정 후 :

    .08.16.   (차) 상품   50,000원   (대) 현금   50,000원

                         또는 출금전표 상품   50,000원

    ※ 상품 매입 시 발생한 당사 부담 운반비는 상품계정으로 처리한다.

[2] 일반전표입력 수정

• 수정 전 :

    09.30.   (차) 장기차입금(농협은행) 11,000,000원   (대) 보통예금   11,000,000원

• 수정 후 :

    09.30.   (차) 장기차입금(농협은행) 10,000,000원   (대) 보통예금   11,000,000원

                         이자비용   1,000,000원

문제 6.

[1] 일반전표입력

12.31.   (차) 소모품비(판)   70,000원   (대) 소모품   70,000원

[2] 일반전표입력

12.31.   (차) 가수금   200,000원   (대) 외상매출금(강원상사)   200,000원

[3] 일반전표입력

12.31.   (차) 현금과부족   100,000원   (대) 잡이익   100,000원

[4]

1. [결산자료입력]>4.판매비와일반관리비>4).감가상각비>• 차량운반구 결산반영금액란 600,000원

                                             입력

                                       • 비품 결산반영금액란 500,000원 입력

                                       >F3전표추가

2. 또는 일반전표입력

12.31.　　　(차) 감가상각비　　　1,100,000원　　(대) 감가상각누계액(209)　　600,000원

　　　　　　　　　　　　　　　　　　　　　　　　　감가상각누계액(213)　　500,000원

문제 7.

[1] 드림상사, 4,200,000원

- [거래처원장]>기간 : 2024년 01월 01일~2024년 06월 30일>계정과목 : 108.외상매출금

[2] 2,524,000원

- [총계정원장]>[월별] 탭>기간 : 2024년 01월 01일~2024년 06월 30일
  >계정과목 : 811.복리후생비

[3] 16,000,000원 = 차량운반구 22,000,000원 − 차량운반구 감가상각누계액 6,000,000원

- [재무상태표]>기간 : 2024년 06월

제111회 전산회계 2급 기출문제 해답

파라상사(코드번호 : 1114)

▌ 이 론 시 험 ▌

1	2	3	4	5	6	7	8	9	10	11	12	13	14	15
④	①	②	④	③	③	②	④	②	④	①	③	③	①	②

01 ①②③은 복식부기에 관련된 설명이고 ④는 단식부기에 대한 설명이다.

02 '유형자산'은 재화의 생산, 용역의 제공, 타인에 대한 임대 또는 자체적으로 사용할 목적으로 보유하는 **물리적 형체가 있는 자산으로서, 1년을 초과하여 사용할 것이 예상되는 자산**을 말한다.

03 현금및현금성자산은 통화 및 타인발행수표 등 통화대용증권과 당좌예금, 보통예금 및 큰 거래비용 없이 현금으로 전환이 용이하고 이자율 변동에 따른 가치변동의 위험이 경미한 금융상품으로서 **취득 당시 만기일(또는 상환일)이 3개월 이내인 것**을 말한다.

04 단식회계는 현금흐름을 발생순서에 따라 모든 거래를 수입 또는 지출로 기록하는 회계를 말한다.

복식회계 : 일정한 원칙에 따라 재화의 증감과 손익을 계상하는 회계

영리회계 : 영리를 목적으로 손익을 계상하는 회계

재무회계 : 기업 외부의 이해관계자들에게 유용한 정보를 제공하기 위한 회계

일반기업회계기준은 복식회계, 재무회계, 영리법인을 주목적으로 하는 회계기준이다.

05 **판매되지 않는 재고자산은 자산으로 인식**하고, 판매하여 수익을 인식한 기간에 매출원가(비용)로 인식한다.

07 접대비(기업업무추진비)는 거래처와의 교제 등을 위하여 지출한 금액이다.

기부금 : 업무와 관련 없이 비영리법인(사회단체나 종교단체) 등에 납부한 성금 등

복리후생비 : 종업원의 복리후생을 위하여 지출하는 비용

세금과공과 : 재산세, 자동차세, 면허세, 상공회의소회비 등

08 **자산과 이익은 비례관계이고, 이익과 비용은 반비례관계**이다.

기말재고자산 금액이 증가하면 매출원가가 감소하고, 매출총이익은 증가한다.

09 판매비와 관리비 : 보험료, 세금과공과

유동자산항목 : 미수금, 선급비용, 유동부채 : 미지급비용, 영업외비용 : 이자비용, 기부금

10 당기순이익 = 이자수익(60,000) − 급여(50,000) = 10,000원

기말자본금 = 기초자본금(820,000) + 당기순이익(10,000) = 830,000원

유동자산(현금) = 220,000원   판매비와 관리비(급여) = 50,000원

11 ① (차) 차량운반구   1,000,000원(자산 증가)   (대) 현금   1,000,000원(자산 감소)

    ② (차) 임차료   1,000,000원(비용 발생)   (대) 현금   1,000,000원(자산 감소)

    ③ (차) 현금   1,000,000원(자산 증가)   (대) 이자수익   1,000,000원(수익 발생)

    ④ (차) 상품   1,000,000원(자산 증가)   (대) 외상매입금 1,000,000원(부채 증가)

12 엘리베이터 설치는 건물의 자산가치를 증가시키므로 자본적지출에 해당한다.

    ①, ②, ④은 수익적지출에 해당한다.

13 **개인기업의 대표자 소득세 납부는 인출금**으로, 사옥 건물에 대한 재산세는 세금과공과로 처리한다.

14 매입채무 = 지급어음(20,000) + 외상매입금(30,000) = 50,000원

15 총수익(100,000) - 총비용(80,000) = 20,000원(이익)

    기초자본(??) + 이익(20,000) = 기말자본(200,000)

    ∴ 기초자본 = 180,000원

▌ 실 무 시 험 ▌

문제 1.

    [기본사항] 탭 > • 대표자명 수정 : 이기호 → 박연원   • 업태 수정 : 제조 → 도소매

                 • 개업연월일 수정 : 2018.08.02. → 2013.02.02.

문제 2.

    • 미수금 600,000원 추가입력

    • 지급어음 810,000원 → 8,100,000원으로 수정

    • 단기차입금 500,000원 → 5,000,000원으로 수정

문제 3.

[1] [거래처별초기이월] >

    • 외상매입금 > • 고래전자 10,000,000원 → 12,000,000원으로 수정

               • 석류상사 27,000,000원 추가입력

    • 미지급금 > • 앨리스상사 2,500,000원 → 25,000,000원으로 수정

[2] [계정과목및적요등록]

    103.보통예금 > 현금적요No.5 : 미수금 보통예금 입금

문제 4.

[1] (차) 보통예금   2,000,000   (대) 대손충당금(109)   2,000,000

[2] (차) 외상매입금(남선상사)   2,000,000   (대) 받을어음(오름상사)   2,000,000

[3] (차) 임차보증금(온천상가)   20,000,000   (대) 보통예금   20,000,000

[4] (차) 인출금   1,500,000   (대) 미지급금(삼성카드)   1,500,000
     ☞ 기중에는 인출금 계정을 사용하고 결산시 자본금으로 대체한다.

[5] (차) 현금   9,000,000   (대) 차량운반구   10,000,000
        감가상각누계액(209)   2,000,000   유형자산처분이익   1,000,000
     ☞ 처분손익 = 처분가액(9,000,000) – 장부가액(10,000,000 – 2,000,000) = 1,000,000원(이익)

[6] (차) 보통예금   10,000,000   (대) 장기차입금(우리은행)   10,000,000

[7] (차) 상품   2,200,000   (대) 외상매입금(포스코상사)   2,000,000
                                             현금   200,000

[8] (차) 선급금(효은상사)   1,000,000   (대) 보통예금   1,000,000

문제 5.

[1] 〈수정전〉
     (차) 수선비(판)   1,300,000   (대) 현금   1,300,000
     〈수정후〉
     (차) 건물   13,000,000   (대) 현금   13,000,000

[2] 〈수정전〉
     (차) 복리후생비(판)   400,000   (대) 미지급금(삼성카드)   400,000
     〈수정후〉
     (차) 기업업무추진비(판)   400,000   (대) 미지급금(삼성카드)   400,000
        (기업업무추진비)

문제 6.

[1] 〈수동결산〉

(차) 미수수익   1,500,000   (대) 이자수익   1,500,000

[2] 〈수동결산〉

(차) 선급비용   120,000   (대) 보험료(판)   120,000

[3] 〈수동결산〉

(차) 단기매매증권   100,000   (대) 단기매매증권평가이익   100,000

☞ 평가손익(단기매매증권) = [공정가치(1,600) − 취득원가(1,500)] × 1,000주 = 100,000원(이익)

[4] 〈수동/자동결산〉

(차) 대손상각비   563,500   (대) 대손충당금(외상매출금)   323,500

                                          대손충당금(받을어음)   240,000

• 대손충당금(외상) = 322,350,000원 × 1% − 2,900,000원 = 323,500원

• 대손충당금(받을어음) = 28,300,000원 × 1% − 43,000원 = 240,000원

[결산자료입력] > F8대손상각 > • 외상매출금 323,500원, 받을어음 240,000원 입력

                      > 결산반영 후 F3전표추가

문제 7.

[1] 3건 또는 4건

[계정별원장] > 기간 : 03월 01일~03월 31일 > 계정과목 : 108.외상매출금 조회 > 차변 3건

                                   > 계정과목 : 110.받을어음 조회 > 차변 1건

☞ 문제에서 외상매출건수라고 제시하였으므로 받을어음을 포함한 것도 정답으로 인용

[2] 5,200,000원

• [거래처원장] > 기간 : 01월 01일~06월 30일 > 계정과목 : 131.선급금 > 거래처 : 1010.자담상사

                                                     > 잔액 확인

[3] 23,400,000원 = 5월 입금액(44,000,000) − 2월 출금액(20,600,000)

• [총계정원장] > 기간 : 01월 01일~06월 30일 > 계정과목 : 101.현금 조회

• 월별 입금액 및 월별 출금액 확인 : 입금액 5월 44,000,000원 − 출금액 2월 20,600,000원

제61회 FAT2급 기출문제 해답

▌ 실무이론평가 ▌

1	2	3	4	5	6	7	8	9	10
④	③	①	②	①	③	②	①	①	②

01 ① 상품(자산의 증가)　　　　　/ 외상매입금(부채의 증가)

② 단기차입금(부채의 감소) / 현금(자산의 감소)

③ 현금(자산의 증가)　　　　　/ 자본금(자본의증가)

④ 현금(자산의 증가)　　　　　/ 매출채권(자산의 감소)

02 기업의 순자산으로서 소유주의 잔여청구권은 자본이다.

03 기말상품재고액 : 90,000원+(1,500,000원 - 200,000원) - 1,000,000원 = 390,000원

04 외상매출금은 매출채권으로 처리한다.

단기매매차익을 목적으로 구입한 주식은 단기매매증권으로 처리한다.

05 먼저 구입한 상품이 먼저 사용되거나 판매되는 것으로 가정하여 기말재고액을 결정하는 방법을 선입선출법이라고 한다.

06 매출액 = 총매출액 - 매출에누리와 환입 - 매출할인

= 100,000원 - 10,000원 - 5,000원 = 85,000원

07 상품은 감가상각 대상자산이 아니다.

08 미지급비용 : 2,000,000원×12%×9개월/12개월 = 180,000원

09 (40,000,000원 - 0원)/10년×6개월/12개월 = 2,000,000원

10 유형자산처분손실은 영업외비용으로 영업이익 산출에 영향을 미치지 않는다.

▌ 실무수행평가 ▌

실무수행 1. 기초정보관리의 이해

1 거래처등록

[거래처등록]

2 거래처별 초기이월 등록 및 수정

[거래처별초기이월]
- 253.미지급금 계정 : 거래처별 금액 입력

실무수행 2. 거래자료입력

1 증빙에 의한 전표입력

[일반전표입력] 6월 10일

(차) 829.사무용품비	25,000원	(대) 101.현금	25,000원
또는 (출) 829.사무용품비	25,000원		

2 증빙에 의한 전표입력

[일반전표입력] 6월 30일

(차) 817.세금과공과금	345,000원	(대) 101.현금	345,000원
또는 (출) 817.세금과공과금	345,000원		

3 통장사본에 의한 거래입력

[일반전표입력] 7월 10일

(차) 114.단기대여금	30,000,000원	(대) 103.보통예금	30,000,000원
(08707.(주)비발디커피)		(98001.국민은행(보통))	

④ 재고자산의 매입 거래

[일반전표입력] 7월 20일

(차)	146.상품	1,500,000원	(대)	131.선급금 (02205.(주)콜럼비아)	500,000원
				251.외상매입금 (02205.(주)콜럼비아)	1,000,000원

⑤ 증빙에 의한 거래입력

[일반전표입력] 8월 10일

(차)	811.복리후생비	1,200,000원	(대)	253.미지급금 (99605.삼성카드)	1,200,000원

⑥ 단기매매증권 구입과 매각

[일반전표입력] 8월 20일

(차)	103.보통예금 (98002.신한은행(보통))	8,800,000원	(대)	107.단기매매증권	8,000,000원
				906.단기매매증권처분익	800,000원

⑦ 증빙에 의한 거래입력

[일반전표입력] 8월 25일

(차)	821.보험료	1,870,000원	(대)	101. 현금	1,870,000원
또는 (출)	821.보험료	1,870,000원			

⑧ 통장사본의 의한 거래입력

[일반전표입력] 9월 29일

(차)	814.통신비	120,500원	(대)	103.보통예금 (98004.농협은행(보통))	120,500원

실무수행 3. 전표수정

① 입력자료 수정

[일반전표입력] 12월 10일

- 수정전 : (차)	251.외상매입금 (01121.(주)망고식스)	26,810,000원	(대)	103.보통예금 (98002.신한은행(보통))	26,810,000원
- 수정후 : (차)	251.외상매입금 (01121.(주)망고식스)	26,810,000원	(대)	103.보통예금 (98000.신협은행(보통))	26,810,000원

② 입력자료 수정

　[일반전표입력] 9월 20일

　[일반전표입력] 9월 20일 전표 중 한 건 삭제

　　(차) 826.도서인쇄비　　　　　　　24,000원　　(대) 101.현금　　　　　　　24,000원

실무수행 4. 결산

① 수동결산 및 자동결산

　[일반전표입력] 12월 31일

　　(차) 172.소모품　　　　　　　600,000원　　(대) 830.소모품비　　　　　　600,000원

　[결산자료입력] 1월 ~ 12월

　- 기말상품재고액 43,200,000원을 입력한다.

　- 상단부 　전표추가(F3)　를 클릭하면 [일반전표입력] 메뉴에 분개가 생성된다.

　　(차) 451.상품매출원가　　　204,015,000원　　(대) 146.상품　　　　204,015,000원

　[기초상품재고액 48,000,000원 + 당기상품매입액 199,215,000원 - 기말상품재고액 43,200,000원]

　= 상품매출원가 204,015,000원

　[재무제표 작성]

　- 손익계산서([기능모음]의 '추가' 클릭) → 재무상태표를 조회 작성한다.

평가문제. 실무수행평가 (62점)

번호	평가 문제	배점
11	④ 농협은행(보통) 112 - 42 - 562489	3
12	③ (주)콜럼비아　500,000원	3
13	② (주)하나컴퓨터　2,000,000원	3
14	(38,800,000)원	3
15	(7,698,200)원	4
16	④ 농협은행(보통)　2,879,500원	3
17	(34)건	3
18	(821)	3
19	(19,459,810)원	2
20	(6,528,500)원	4

번호	평가 문제	배점
21	① 통신비 1,745,610원	3
22	(204,015,000)원	4
23	(15,773,000)원	4
24	(1,701,500)원	2
25	(9,000,000)원	3
26	(70,000,000)원	3
27	(140,000,000)원	4
28	(600,000)원	4
29	(157,015,000)원	3
30	③ 520,687,070원	1
총 점		62

평가문제. 회계정보분석 (8점)

31. 재무상태표 조회 (4점)

    ④ (414,300,000원÷76,600,000원)×100≒540%

32. 손익계산서 조회 (4점)

    ④ (414,300,000원÷76,600,000원)×100≒540%

제63회 FAT 2급 기출문제 해답

더향기로와(코드번호 : 4263)

▌ 실무이론평가 ▌

1	2	3	4	5	6	7	8	9	10
③	②	④	②	②	④	①	①	④	③

01 경영자는 기업실체 외부의 이해관계자에게 재무제표를 작성하고 보고할 일차적인 책임을 진다.

02 회계상의 거래는 기업의 자산, 부채, 자본의 증감을 가져오거나 수익, 비용을 발생시키는 모든 활동을 말한다. 종업원을 채용하고 근로계약서만을 작성한 것은 자산, 부채, 자본의 증감을 초래하지 않으므로 회계상의 거래가 아니다.

03 연구비는 비용이므로 손익계산서에 표시되는 계정이다.

04 상품 매입금액 600,000원 + 매입운반비 8,000원 = 608,000원

05 무형자산은 특별한 경우를 제외하고는 잔존가치가 없는 것으로 본다.

06 건물 벽의 도색, 에어컨의 수리, 자동차 타이어의 교체는 발생한 기간의 비용으로 인식한다.

07 '발생주의'는 기업실체의 경제적 거래나 사건에 대해 관련된 수익과 비용을 그 현금유출입이 있는 기간이 아니라 당해 거래나 사건이 발생한 기간에 인식하는 것을 말한다.

08 매출원가 = 기초상품재고액 + 당기 총매입액 - 매입에누리 - 기말상품재고액
　　　　 = 150,000원 + 600,000원 - 60,000원 - 100,000원 = 590,000원

09 기말 재고자산이 과대계상 되면 매출원가는 30,000원 과소계상 되고 당기순이익은 30,000원 과대계상된다.

10 직원 단합을 위한 가족동반 야유회 개최비는 복리후생비로, 직원 업무역량 강화를 위한 영어학원 지원비는 교육훈련비로 회계처리한다.

▌ 실무수행평가 ▌

실무수행 1. 기초정보관리의 이해

① 사업자등록증에 의한 거래처등록

[거래처등록]

- 기본사항 등록 : 코드, 거래처, 사업자등록번호, 대표자, 업태, 종목, 사업장주소 등

- 추가사항 등록 : 전자세금계산서 전용 메일주소 'leeds@naver.com '

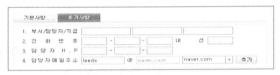

[거래처등록]

② 거래처별 초기이월 등록 및 수정

[거래처별초기이월]

- 108. 외상매출금 계정 : 거래처 코드별 금액 입력

	코드	계정과목	전기분재무상태표	차 액	거래처합계금액		코드	거래처	금액
1	101	현금	51,200,000	51,200,000			03000	(주)강남미인	41,000,000
2	102	당좌예금	26,200,000		26,200,000		03003	하늘화장품	50,000,000
3	103	보통예금	105,210,000		105,210,000				
4	107	단기매매증권	12,430,000	12,430,000					
5	108	외상매출금	91,000,000		91,000,000				

- 251. 외상매입금 계정 : 거래처 코드별 금액 입력

거래처별 초기이월								기능모음(F11) ▼	
	코드	계정과목	전기분재무상태표	차 액	거래처합계금액		코드	거래처	금액
18	213	감가상각누계액	1,000,000	1,000,000			04010	(주)뷰티천국	14,000,000
19	240	소프트웨어	15,000,000	15,000,000			04201	(주)샤인스타	20,000,000
20	251	외상매입금	34,000,000		34,000,000				

실무수행 2. 거래자료입력

1 증빙에 의한 전표입력

[일반전표입력] 1월 11일

(차) 813.기업업무추진비	72,000원	(대)) 253.미지급금	72,000원
		(99601.신한카드)	

2 재고자산 매입거래

[일반전표입력] 2월 13일

(차) 146.상품	5,000,000원	(대) 131.선급금	500,000원
		(02256.(주)순수해)	
		251.외상매입금	4,500,000원
		(02256.(주)순수해)	

3 증빙에 의한 거래입력

[일반전표입력] 3월 10일

(차) 811.복리후생비	83,750원	(대) 103.보통예금	167,500원
254.예수금	83,750원	(98001.기업은행(보통))	

4 기타 일반거래

[일반전표입력] 4월 18일

(차) 819.임차료	1,500,000원	(대) 103.보통예금	1,500,000원
		(98002.우리은행(보통))	

5 유·무형자산 구입

[일반전표입력] 7월 20일

(차) 240.소프트웨어	2,700,000원	(대) 253.미지급금	2,700,000원
(50013.(주)더존소프트)			

6 기타 일반거래

[일반전표입력] 9월 8일

(차) 812.여비교통비	420,000원	(대) 134.가지급금	400,000원
		(03102.김진수)	
		101.현금	20,000원

7 증빙에 의한 전표입력

[일반전표입력] 10월 22일

(차) 811.복리후생비	243,000원	(대) 101.현금		243,000원
또는 (출) 811.복리후생비	243,000원			

8 재고자산 매출 거래

[일반전표입력] 11월 24일

(차) 101.현금	2,000,000원	(대) 401.상품매출	2,700,000원
108.외상매출금 700,000원			
(00177.에스티마음)			

실무수행 3. 전표수정

1 입력자료 수정

[일반전표입력] 6월 30일

수정전 : (차) 822.차량유지비	340,000원	(대) 103.보통예금	340,000원
		(98000.국민은행(보통))	
수정후 : (차) 817.세금과공과금	340,000원	(대) 103.보통예금	340,000원
		(98000.국민은행(보통))	

2 입력자료 수정

[일반전표입력] 12월 20일
수정전 : (출) 826.도서인쇄비 60,000원
수정후 : (출) 826.도서인쇄비 30,000원

실무수행 4. 결산

1 수동결산 및 자동결산

[일반전표입력] 12월 31일

(차) 830.소모품비	200,000원	(대) 122.소모품	200,000원

[결산자료입력]

- 기말상품재고액 33,000,000원을 입력하고 상단부 전표추가(F3) 를 클릭하여 자동분개 생성

(차) 451.상품매출원가	188,795,000원	(대) 146.상품	188,795,000원

[기초상품재고액 15,000,000원+당기상품매입액 206,795,000원-기말상품재고액 33,000,000원
=상품매출원가 188,795,000원

[재무제표 작성]
 - 손익계산서([기능모음]의 '추가' 클릭) ➡ 재무상태표를 조회 작성한다.

평가문제. 실무수행평가 (62점)

번호	평가 문제	배점
11	③ '03101.깨끗해'의 사업자등록번호는 '110 - 81 - 02129'이다.	4
12	② 기업은행(보통) 1,628,660원	4
13	③ 04010.(주)뷰티천국 14,000,000원	3
14	③ 99601.신한카드 8,000원	4
15	(00177)	3
16	(3,700,000)원	3
17	(267,582,450)원	2
18	① 9월 288,000원	3
19	(3)월	3
20	(600,000)원	3
21	(327,000)원	3
22	(50,000)원	3
23	③ 임차료 10,250,000원	3
24	(894,330,000)원	3
25	(188,795,000)원	2
26	(1,604,840)원	4
27	(1,556,200)원	4
28	(2,800,000)원	3
29	(18,700,000)원	3
30	④ 727,732,280원	2
	총 점	62

평가문제. 회계정보분석 (8점)

31. 재무상태표 조회 (4점)
   ② (320,130,000원÷86,130,000원)×100≒371%

32. 손익계산서 조회 (4점)
   ② (196,470,000원÷600,000,000원)×100≒32%

제65회 FAT 2급 기출문제 해답

순양가구(코드번호 : 4265)

▌ 실무이론평가 ▌

1	2	3	4	5	6	7	8	9	10
③	①	④	①	③	④	③	①	①	④

01 (차) 보통예금   1,000,000원   (대) 단기차입금   1,000,000원

       (자산의 증가)   (부채의 증가)

02 ① (차) 현   금   100,000원   (대) 받을어음   100,000원

     ② (차) 보통예금   200,000원   (대) 이자수익   200,000원

     ③ (차) 급   여   2,000,000원   (대) 미지급비용   2,000,000원

     ④ (차) 복리후생비   500,000원   (대) 현   금   500,000원

03 재무상태표의 기본요소는 자산, 부채 및 자본이다.

04 외상매출금회수액 = 기초금액(40,000원) + 당기외상매출액(180,000원) - 기말금액(60,000원)

                     = 160,000원

05 건물 구입 시 지급하는 중개수수료, 취득세는 건물 취득원가에 포함된다.

     건물 취득원가 = 건물구입금액(20,000,000원) + 중개수수료(200,000원) + 취득세(920,000원)

                  = 21,120,000원

06 건설중인자산은 유형자산에 해당한다.

07 매출액 400,000원 - 매출원가 200,000원 = 매출총이익 200,000원

     매출총이익 200,000원 - 판매비와관리비(급여, 복리후생비, 임차료) 120,000원

     = 영업이익 80,000원

08 사업과 무관하게 무상으로 제공한 경우에는 기부금 계정으로 회계처리 한다.

09 단기차입금의 상환은 결산정리사항이 아니다.

10 당기말 대손충당금 잔액 = 30,000원 - 10,000원 + 20,000원 = 40,000원

▌ 실무수행평가 ▌

실무수행 1. 기초정보관리의 이해

① 사업자등록증에 의한 회사등록 수정

[회사등록]
- 사업장주소 : '서울특별시 강남구 강남대로 496 (논현동)'을
  '서울특별시 서대문구 충정로7길 29-11 (충정로3가)'로 수정
- 사업장세무서 : '220.역삼'을 ➡ '110.서대문'으로 수정

② 계정과목 추가 및 적요등록 수정

[계정과목및적요등록]
- 850.회사설정계정과목을 '850.협회비(계정구분 : 4.경비)'로 계정과목 수정
- 표준코드 : '058. ①기타' 등록
- 현금적요 등록

실무수행 2. 거래자료입력

① 증빙에 의한 전표입력

[일반전표입력] 3월 21일

(차) 830.소모품비	200,000원	(대) 253.미지급금		200,000원
		(99600.국민카드)		

② 재고자산 매입거래

[일반전표입력] 4월 11일

(차) 824.운반비	17,000원	(대) 101.현금		17,000원
또는 (출) 824.운반비	17,000원			

③ 기타 일반거래

[일반전표입력] 5월 9일

(차) 251.외상매입금	3,300,000원	(대) 103.보통예금		3,300,000원
(00167.재벌가구)		(98000.국민은행(보통))		

④ 기타 일반거래

[일반전표입력] 6월 7일

    (차) 107.단기매매증권   3,000,000원   (대) 103.보통예금   3,000,000원
                                                          (98004.신협은행(보통))

⑤ 재고자산 매출거래

[일반전표입력] 9월 13일

    (차) 108.외상매출금   2,500,000원   (대) 401.상품매출   2,500,000원
        (01131.가구천국)

⑥ 약속어음 발행거래

[일반전표입력] 10월 23일

    (차) 146.상품   7,000,000원   (대) 252.지급어음   7,000,000원
        (01121.(주)가구나라)
[지급어음관리]

지급어음 관리							삭제(F5)
어음상태	2 발행	어음번호	00420241023123456789	어음종류	4 전자	발행일	2024-10-23
만기일	2024-12-31	지급은행	98400 국민은행(당좌)	지점	강남		

⑦ 통장사본의 의한 거래입력

[일반전표입력] 11월 22일

    (차) 103.보통예금   4,400,000원   (대) 259.선수금   4,400,000원
        (98001.농협은행(보통))   (05015.(주)서영전자)

⑧ 기타 일반거래

[일반전표입력] 12월 26일

    (차) 801.급여   6,500,000원   (대) 254.예 수 금   849,290원
                                           103.보통예금   5,650,710원
                                           (98002.신한은행(보통))

실무수행 3. 전표수정

① 입력자료 수정

[일반전표입력] 2월 15일
- 수정전 : (입) 108.외상매출금   6,600,000원
        (02110.대한자동차)

    – 수정후 : (입) 120.미수금   6,600,000원

            (02110.대한자동차)

② 입력자료 수정

    [일반전표입력] 10월 1일

    – [일반전표입력] 10월 1일 중복입력 전표 중 한 건 삭제

실무수행 4. 결산

① 수동결산 및 자동결산

    [일반전표입력] 12월 31일

      (차) 116.미수수익   790,000원   (대) 901.이자수익   790,000원

    [결산자료입력]

    – 기말상품재고액 34,000,000원을 입력하고 상단부 전표추가(F3) 를 클릭하여 자동분개 생성

      (차) 451.상품매출원가   190,215,000원   (대) 146.상품   190,215,000원

    [기초상품재고액 40,000,000원 + 당기상품매입액 184,215,000원 – 기말상품재고액 34,000,000원

    = 상품매출원가 190,215,000원]

    [재무제표 작성]

    – 손익계산서([기능모음]의 '추가' 클릭) ➜ 재무상태표를 조회 작성한다.

평가문제. 실무수행평가 (62점)

번호	평가 문제	배점
11	③ 사업장은 '서울특별시 강남구'에 위치하고 있다.	4
12	② 표준재무제표항목의 표준코드 '048.판매수수료'를 사용하고 있다.	4
13	④ 신협은행(보통) 6,000,000원	4
14	(00167)	3
15	(2,000,000)원	3
16	(532,000)원	3
17	(10,500,000)원	3
18	(33,229,500)원	3
19	(17,000,000)원	3
20	(464,000)원	3

번호	평가 문제	배점
21	② 통신비　　　1,772,110원	3
22	(805,921,000)원	4
23	(2,200,000)원	3
24	(9,430,000)원	3
25	(92,000,000)원	3
26	(1,230,000)원	2
27	(2,000,000)원	3
28	(14,035,420)원	3
29	(8,580,000)원	3
30	① 568,771,270원	2
총 점		62

평가문제. 회계정보분석 (8점)

31. 손익계산서 조회 (4점)

　② (63,270,000원÷4,250,000원)×100≒1,488%

32. 재무상태표 조회 (4점)

　① (166,600,000원÷324,700,000원)×100≒51%

제66회 FAT 2급 기출문제 해답

바오바오(코드번호 : 4266)

▌ 실무이론평가 ▌

1	2	3	4	5	6	7	8	9	10
①	①	④	①	③	③	①	④	②	①

01 (차) 현금(자산 증가) 800,000원 (대) 받을어음(자산 감소) 800,000원

02 부채는 미래에 자원의 유출 또는 사용이 예상되는 의무이다.

03 기간별 보고의 가정에 대한 설명이다.

04 회계의 순환과정에서 장부가 작성되는 순서는 분개장 → 총계정원장 → 시산표 → 재무제표 순이다.

05 외상매출금 회수액 = 기초금액(32,000원) + 당기외상매출액(200,000원) - 기말금액(40,000원)
= 192,000원

06 건물 취득원가에 중개수수료와 취득세는 포함하고, 취득 후 납부한 화재보험료는 제외한다.
건물 취득원가 = 건물구입금액(10,000,000원) + 중개수수료(100,000원) + 취득세(70,000원)
= 10,170,000원

07 기초자본 = 250,000원(기초자산) - 120,000원(기초부채) = 130,000원
당기순이익 = 160,000원(기말자본) - 130,000원(기초자본) = 30,000원
비용총액 = 80,000원(수익총액) - 30,000원(당기순이익) = 50,000원

08 거래처 직원의 경우는 접대비로, 회사 직원의 경우는 복리후생비로 회계처리한다.

09 2024년 1월 1일 : 대손충당금 잔액 250,000원
2024년 10월 12일 : 거래처 파산으로 외상매출금 120,000원과 받을어음 50,000원이 회수불능으로 판명되다.
대손충당금 잔액 = 대손충당금(250,000원) - 매출채권 회수불능액(120,000원 + 50,000원)
= 80,000원

10 11월 2일 (차) 가지급금 300,000원 (대) 현금 300,000원
11월 5일 (차) 여비교통비 350,000원 (대) 가지급금 300,000원
현금 50,000원

▌ **실무수행평가** ▌

실무수행 1. 기초정보관리의 이해

① 사업자등록증에 의한 거래처등록

[거래처등록]

1. 사업장주소 변경 : 서울특별시 강남구 강남대로 246 (도곡동, 다림빌딩)
2. 전자세금계산서 전용 메일주소 입력 : art1004@naver.com

② 전기분 재무상태표의 입력 및 수정

[전기분 재무상태표]

- 111.대손충당금 129,000원을 129,280원으로 수정 입력
- 213.감가상각누계액 2,400,000원 추가 입력
- 차액 0원 확인

실무수행 2. 거래자료입력

① 통장사본의 의한 거래입력

[일반전표입력] 2월 17일

(차) 931.이자비용	584,400원	(대) 103.보통예금	584,400원
		(98005.기업은행(보통))	

② 증빙에 의한 전표입력

[일반전표입력] 3월 2일

(차) 822.차량유지비	30,000원	(대) 253.미지급금	30,000원
		(02117.성보카정비)	

③ 기타 일반거래

[일반전표입력] 3월 22일

(차) 812.여비교통비	295,000원	(대) 134.가지급금	250,000원
(03050.김태연)			
		101.현금	45,000원

④ 약속어음 수취거래

[일반전표입력] 4월 26일

(차) 110.받을어음	5,000,000원	(대) 108.외상매출금	5,000,000원
(00185.(주)현진아트)		(00185.(주)현진아트)	

[받을어음 관리]

어음상태	1	보관	어음종류	6	전자	어음번호	00420240426123456789		수취구분	1	자수
발 행 인	00185	(주)현진아트		발행일		2024-04-26	만 기 일	2024-07-31	배 서 인		
지급은행	100	국민은행	지 점	강남	할 인 기 관			지 점	할인율(%)		
지급거래처						* 수령된 어음을 타거래처에 지급하는 경우에 입력합니다.					

삭제(F5)

⑤ 재고자산 매출거래

[일반전표입력] 5월 27일

(차) 108.외상매출금	800,000원	(대) 401.상품매출	800,000원
(00106.장난감나라)			

⑥ 기타 일반거래

[일반전표입력] 7월 20일

(차) 251.외상매입금	5,665,000원	(대) 103.보통예금	5,665,000원
(00125.(주)소윤문구)		(98001.국민은행(보통))	

⑦ 증빙에 의한 전표입력

[일반전표입력] 8월 10일

(차) 833.광고선전비	490,000원	(대) 253.미지급금	490,000원
		(99601.신한카드)	

⑧ 기타 일반거래

[일반전표입력] 12월 15일

(차) 103.보통예금	1,600,000원	(대) 259.선수금	1,600,000원
(98004.농협은행(보통))		(03401.(주)인선팬시)	

실무수행 3. 전표수정

① 입력자료 수정

[일반전표입력] 11월 10일

수정전 : (차) 813.기업업무추진비	77,000원	(대) 253.미지급금	77,000원
		(99600.국민카드)	
수정후 : (차) 813.기업업무추진비	77,000원	(대) 253.미지급금	77,000원
		(99605.삼성카드)	

② 입력자료 수정

[일반전표입력] 12월 1일

(차) 821.보험료	960,000원	(대) 103.보통예금	960,000원
		(98000.신협은행(보통))	

실무수행 4. 결산

① 수동결산 및 자동결산

[일반전표입력] 12월 31일

(차) 116.미수수익	500,000원	(대) 901.이자수익	500,000원

[결산자료입력]

- 기말상품재고액 27,000,000원을 입력하고 상단부 전표추가(F3) 를 클릭하여 자동분개 생성

(차) 451.상품매출원가	227,715,000원	(대) 146.상품	227,715,000원

[기초재고액 57,000,000원 + 당기매입액 197,715,000원 - 기말재고액 27,000,000원]

= 상품매출원가 227,715,000원

[재무상태표 등 작성]

- 손익계산서 [기능모음]의 '추가' 클릭 → 재무상태표 조회 작성

평가문제. 실무수행평가 (62점)

번호	평가 문제	배점
11	② 메일주소는 ulleungdo@naver.com이다.	4
12	(03050)	2
13	③ 00185.(주)현진아트 21,000,000원	3
14	(03401)	4
15	④ 99605.삼성카드 6,575,200원	4
16	(8,000,000)원	4
17	③ 농협은행(보통) 50,000,000원	3
18	(35,352,640)원	3
19	(37,014,000)원	4
20	(960,400)원	3
21	(227,715,000)원	2
22	④ 광고선전비 5,300,000원	3
23	(11,406,000)원	3
24	(5,450,000)원	3
25	(57,600,000)원	3
26	(12,798,720)원	3
27	(215,000)원	4
28	(96,750,000)원	3
29	(500,000)원	2
30	① 476,419,670원	2
총 점		62

평가문제. 회계정보분석 (8점)

31. 손익계산서 조회 (4점)
    ② (238,000,000원÷583,000,000원)×100≒40%

32. 재무상태표 조회 (4점)
    ① (117,530,000원÷583,000,000원)×100≒20%

제68회 FAT 2급 기출문제 해답

비전뮤직 (코드번호 : 4268)

▌ 실무이론평가 ▌

1	2	3	4	5	6	7	8	9	10
②	④	④	①	①	②	④	③	①	④

01 (차) 단기차입금(부채 감소)　　　　　500,000원　　　(대) 현금(자산 감소)　　　　　500,000원

02 회계상의 거래는 기업의 자산, 부채, 자본의 증감을 가져오거나 수익, 비용을 발생시키는 모든 활동을 말한다. 물품창고를 월 임차료 1,000,000원에 임차하는 계약을 체결한 것은 자산, 부채, 자본의 증감을 초래하지 않으므로 회계상의 거래가 아니다.

03 (차) 미수금　　　　　　　　　　×××원　　　(대) 비품　　　　　　　　　　×××원

04 기말매출채권 = 기초매출채권 + 외상매출액 – 현금회수 – 대손처리
　　　　　　 = 200,000원 + 900,000원 – 300,000원 – 100,000원 = 700,000원

05 먼저 구입한 상품이 먼저 사용되거나 판매되는 것으로 가정하여 기말재고액을 결정하는 방법을 선입 선출법이라고 한다.

06 유형자산 중에서 토지는 감가상각 대상이 아니다.

07 '발생주의'는 기업실체의 경제적 거래나 사건에 대해 관련된 수익과 비용을 그 현금유출입이 있는 기간이 아니라 해당 거래나 사건이 발생한 기간에 인식하는 것을 말한다.

08 재고자산 금액 = 2,000,000원 + 1,200,000원 – 400,000원 = 2,800,000원

09 업무와 관련한 임직원 교육비는 교육훈련비에 해당한다.

10 (차) 이자비용　　　　　　　　400,000원　　　(대) 미지급비용　　　　　　　400,000원

▌실무수행평가 ▌

실무수행 1. 기초정보관리의 이해

① 사업자등록증에 의한 거래처등록

　[거래처등록]
　- 대표자명 : 김나라 ➡ 김민정으로 수정
　- 전자세금계산서 전용 메일주소 : nara@bill36524.com ➡ minjeong@bill36524.com으로 수정

② 전기분 손익계산서의 입력수정

　[전기분 손익계산서]
　- 822.차량유지비 500,000원 ➡ 2,500,000원으로 수정입력
　- 820.수선비 800,000원을 추가입력
　- 당기순이익 40,420,000원 확인

실무수행 2. 거래자료입력

① 증빙에 의한 전표입력

　[일반전표입력] 7월 15일

(차) 821.보험료	950,000원	(대) 103.보통예금	950,000원
		(98004.신협은행(보통))	

② 증빙에 의한 전표입력

　[일반전표입력] 8월 10일

(차) 824.운반비	30,000원	(대) 101.현금	30,000원
또는 (출) 824.운반비	30,000원		

③ 증빙에 의한 전표입력

　[일반전표입력] 8월 22일

(차) 212.비품	3,000,000원	(대) 253.미지급금	3,000,000원
		(99600.국민카드)	

④ 재고자산의 매입거래

[일반전표입력] 8월 29일

(차) 146.상품	10,000,000원	(대) 251.외상매입금	10,000,000원
(01131.승윤악기)			

⑤ 약속어음 수취거래

[일반전표입력] 9월 26일

(차) 110.받을어음	5,000,000원	(대) 108.외상매출금	5,000,000원
(03200.수연플롯)		(03200.수연플롯)	

[받을어음관리]

받을어음 관리								삭제(F5)
어음상태	1 보관	어음종류	6 전자	어음번호	00420240926123456789		수취구분	1 자수
발행인	03200 수연플롯			발행일	2024-09-26	만기일	2024-12-26	배서인
지급은행	100 국민은행	지점	서대문	할인기관			지점	할인율(%)
지급거래처					* 수령된 어음을 타거래처에 지급하는 경우에 입력합니다.			

⑥ 통장사본에 의한 거래입력

[일반전표입력] 10월 15일

(차) 103.보통예금	2,000,000원	(대) 257.가수금	2,000,000원
(98001.농협은행(보통))			

⑦ 유·무형자산의 구입

[일반전표입력] 10월 25일

(차) 240.소프트웨어	5,000,000원	(대) 103.보통예금	5,000,000원
		(98002.신한은행(보통))	

⑧ 기타 일반거래

[일반전표입력] 10월 28일

(차) 819.임차료	2,000,000원	(대) 103.보통예금	2,000,000원
		(98000.국민은행(보통))	

실무수행 3. 전표수정

① 입력자료 수정

[일반전표입력] 3월 13일

수정전 : (차) 253.미지급금	420,000원	(대) 103.보통예금	420,000원
(03210.찬미악기)		(98001.농협은행(보통))	

수정후 : (차) 131.선급금   420,000원   (대) 103.보통예금   420,000원

        (03210.찬미악기)   (98001.농협은행(보통))

② 입력자료 수정

방법 1.

[일반전표입력] 7월 14일 전표를 조회하여 상단부 이동(Ctrl+F4) 메뉴를 클릭하여 9월 13일로 이동

	일	번호	구분	코드	계정과목	코드	거래처	적요	차변	대변
☐	14	00001	차변	146	상품			상품외상매입	200,000	
☐	14	00001	대변	251	외상매입금	01121	망스악기(주)	상품외상매입		200,000

이동(전표이동)

전표이동일자 2024 년 09 월 13 일 변경적요(품명) ＊'일'를 입력 시 입력된 '일'로 변경되어 이동됩니다.

일	번호	구분	코드	계정과목	코드	거래처	적요	차변	대변	제품	업무용
14	00001	차변	146	상품			상품외상매입	200,000			
14	00001	대변	251	외상매입금	01121	망스악기(주)	상품외상매입		200,000		

방법 2.

[일반전표입력] 7월 14일 전표 삭제 후 9월 13일 거래로 전표 입력

     (차) 146.상품   200,000원   (대) 251.외상매입금   200,000원

                                         (01121.망스악기(주))

실무수행 4. 결산

① 수동결산 및 자동결산

[일반전표입력] 12월 31일

     (차) 133.선급비용   1,875,000원   (대) 821.보험료   1,875,000원

[결산자료입력]

 - 기말상품재고액 25,000,000원을 입력하고 상단부 전표추가(F3) 를 클릭하여 자동분개 생성

     (차) 451.상품매출원가   196,715,000원   (대) 146.상품   196,715,000원

[기초상품재고액 40,000,000원 + 당기상품매입액 181,715,000원 - 기말상품재고액 25,000,000원
= 상품매출원가 196,715,000원

[재무상태표 등 작성]

 - 손익계산서 [기능모음]의 '추가' 클릭 ➡ 재무상태표 조회 작성

평가문제. 실무수행평가 (62점)

번호	평가 문제	배점
11	④ 01014.소리나라의 담당자메일주소는 sori@bill36524.com이다.	4
12	③ 01131.승윤악기　1,000,000원	2
13	③ 03200.수연플롯　2,000,000원	3
14	① 99600.국민카드　1,976,000원	4
15	④ 신협은행(보통)　　50,000원	4
16	② 운반비　　684,000원	4
17	(24,835,860)원	3
18	(212)	3
19	(69,800,000)원	3
20	(9)월	3
21	(16)건	2
22	(1,500,000)원	3
23	(196,715,000)원	3
24	(13,750,000)원	3
25	(420,000)원	3
26	(8,200,000)원	3
27	(10,000,000)원	4
28	(2,400,000)원	3
29	(15,000,000)원	2
30	② 474,906,920원	2
	총 점	62

평가문제. 회계정보분석 (8점)

31. 재무상태표 조회 (4점)
　　① (416,300,000원÷181,600,000원)×100≒229%

32. 손익계산서 조회 (4점)
　　② (43,470,000원÷300,000,000원)×100≒14%

•• 저자약력 ••

이 상 은

[약 력]
• 부산대학교 산업대학원 경영학석사(회계학 전공)
• 경남대학교 대학원 경영학박사(회계학 전공)
• (현)경남대학교 겸임교수 · 창원대학교 강사
    마산여성인력개발센터 ERP 외래교수
    김해여성센터(김해시동부여성인력개발센터) 전산세무회계 외래교수
    한국공인회계사회 AT 자격시험 출제위원
    한국세무회계학회 · 한국전산회계학회 부회장
    한국경영실무학회 부회장 · 한국산업비즈니스학회 부회장 외 다수
    한국세무회계교육연구회 회장
    창원시장애인수영연맹 부회장
    한국전산회계교육연구회 부회장
    경남학원연합회 컴퓨터교육협의회 회장 · 창원학원연합회 컴퓨터분과 회장
    정우컴퓨터전산회계학원 원장
• (전)창신대학교 겸임교수 · 창원문성대학교 겸임교수 · 울산과학대학교 겸임교수
    경남과학기술대학교 · 경남도립 남해대학 · 한국국제대학교 외래교수
    경남여성새로일하기지원본부 전산세무회계 외래교수
    경상남도여성능력개발센터 · 창원여성인력개발센터 전산세무회계 외래교수
    한국장애인고용공단 창원맞춤훈련센터 외래교수
    거제여성새로일하기지원본부 전산세무회계 외래교수
    창원교육지원청 학교폭력대책심의위원회 위원
    창원여자중학교 운영위원회 위원장
    창원초등학교 운영위원회 위원장
    창원초등학교 학교폭력대책위원회 위원장
    한국전산세무회계강사협의회 부회장 및 경남지회장
    한국국제회계학회 상임이사
    전국회계교육협의회 부회장
    한국지식경영교육협회 상임이사 및 경남지회장
    경상남도학교운영위원연합회 정보통신위원장

[저 서]
• 전산회계&FAT 2급, 전산회계&FAT 1급, 전산세무&TAT 2급(도서출판 어울림)
• 누구나 쉽게 접할 수 있는 회계기초(도서출판 영민) 공저
• 전산회계2급, 전산회계1급, 전산세무2급, 회계원리(도서출판 다음)
• 기업회계 3급, 2급(도서출판 다음) 공저
• 위너 전산회계 2급, 1급, 전산세무 2급(도서출판 다음)
• 전산세무 1급(경영과회계) 공저
• ERP 정보관리사 회계 1,2급(산문출판) 공저
• ERP 정보관리사 회계 1,2급 및 인사 1,2급(도서출판 다음) 공저
• ERP 정보관리사 회계 1,2급(무역경영사 및 도서출판 청람) 공저

2024 전산회계 2급 & FAT 2급

개 정 판 발 행	: 2024년 4월 11일	
저　　　자	: 이 상 은	
발　행　인	: 허 병 관	
발　행　처	: 도서출판 어울림	
주　　　소	: 서울시 영등포구 양산로 57 – 5, 1301호 (양평동3가)	
전　　　화	: 02 – 2232 – 8607, 8602	
팩　　　스	: 02 – 2232 – 8608	
등　　　록	: 제2 – 4071호	
Homepage	: http://www.aubook.co.kr	

저자와의
협의하에
인지생략

ISBN　　978 – 89 – 6239 – 945 – 5　　13320　　　　　　　　　　정 가　　24,000원